2020-2021：河南期刊业高质量发展研究报告

中共河南省委宣传部出版处　编

中原出版传媒集团
中原传媒股份公司

大象出版社
·郑州·

图书在版编目(CIP)数据

2020—2021:河南期刊业高质量发展研究报告/中共河南省委宣传部出版处编. —郑州:大象出版社,2022.8

ISBN 978-7-5711-1574-6

Ⅰ.①2… Ⅱ.①中… Ⅲ.①期刊-出版工作-研究报告-河南-2020-2021 Ⅳ.①G237.5

中国版本图书馆 CIP 数据核字(2022)第 139476 号

2020—2021:河南期刊业高质量发展研究报告

2020—2021:HENAN QIKAN YE GAO ZHILIANG FAZHAN YANJIU BAOGAO

中共河南省委宣传部出版处 编

出 版 人 汪林中
责任编辑 王晓媛 江雯清 张韶闻 高 莉
责任校对 钟 骄
特约设计 刘 民
美术编辑 杜晓燕

出版发行 大象出版社(郑州市郑东新区祥盛街 27 号 邮政编码 450016)
发行科 0371-63863551 总编室 0371-65597936
网 址 www.daxiang.cn
印 刷 北京汇林印务有限公司
经 销 各地新华书店经销
开 本 720 mm×1020 mm 1/16
印 张 29.25
字 数 322 千字
版 次 2022 年 8 月第 1 版 2022 年 8 月第 1 次印刷
定 价 128.00 元

印厂地址 北京市大兴区黄村镇南六环磁各庄立交桥南 200 米(中轴路东侧)
邮政编码 102600 电话 010-61264834

序　言

为落实习近平总书记关于加快推动媒体融合发展，构建全媒体传播格局相关讲话精神，以及党的十九届五中全会精神，坚持创新驱动发展战略，加快建设科技强国的总目标和总要求，为贯彻中宣部、教育部、科技部联合印发的《关于推动学术期刊繁荣发展的意见》，以及中国科协、中宣部、教育部、科技部联合印发的《关于深化改革培育世界一流科技期刊的意见》等相关文件精神，为做好河南省期刊繁荣发展工作，河南省新闻出版局委托中国新闻出版研究院对河南省期刊进行调研，撰写调查报告，提出具体意见和建议，以推动河南省期刊高质量发展。

为完成这一课题，研究院专门成立了以党委副书记、纪委书记董毅敏为负责人，邀请中国科协、《中国科学》杂志社国家自然科学基金、人大书报资料中心、北京印刷学院、《新华文摘》等专家参与的“河南省期刊高质量发展报告”课题组。

本调研技术路线为：

1. 确定方案

根据河南省新闻出版局年度期刊核验表相关数据，以及河南省期刊名录对期刊进行重新分类，分为大众综合类、社会科学类及自然科学技术类三大门类，将原来分类里的学报类分拆到自然科学技术类和社会科学类中。

按照期刊出版所涉及各项信息，课题组制作了河南省期刊编辑人员状况调查问卷及河南省期刊状况调查问卷，经河南省新闻出版局组织发放，面向河南省期刊社、河南省期刊编辑进行调查，问卷数据通过问卷星平台回收，综合其他途径数据，结合编辑人员座谈会、现场调研等，形成结论，撰写并提交调研报告。

2. 数据来源

本报告采用了河南省新闻出版局提供的“河南省期刊调研核验表”与本课题组下发的河南省期刊编辑人员状况调查问卷、河南省期刊状况调查问卷回收数据。因为部分期刊数据缺失，本课题组将三组数据互为补充，参照分析。

此外，还采取了国家新闻出版署编写的《2020中国新闻出版统计资料汇编》相关数据，以及中国知网评价研究中心和中国科学技术信息研究所提供的数据，结合龙源期刊网、中邮阅读网等期刊平台数据，并以中邮报刊发行数据等作为补充数据，形成了涵盖河南省期刊社、期刊管理人员、期刊编辑等的多层次、多角度的量化数据基础，为掌握和分析河南省期刊的基本概况和办刊情况奠定了基础。

3. 组织座谈

课题组由河南省新闻出版局牵头，分别组织河南省大众综合类期刊、社会科学类期刊、自然科学技术类期刊（以下称“自然科学类期刊”）负责人、编辑召开了三场线上座谈会，以前期调研所反映、总结出的问题作为座谈会议题，向与会者介绍经验并组织展开讨论。课题组充分听取意见，形成会议纪要和记录材料。会后课题组还收到了《妇女生活》《农家参谋》等期刊的书面反馈，课题组又联系了一些重点关注的期刊，听取意见，以上这些调查材料为报告中的问题和建议提供了佐证。

4. 撰写报告

在相关量化数据、问卷调查、座谈调研以及专家咨询的基础上，对大众综合、社会科学、自然科学三类期刊分别撰写调研报告。

报告分别从所属类别期刊总体情况、期刊社状况、期刊社编辑人员状况、社会效益和经济效益，以及表现出的特征、存在的问题等方面提出相应的建议，得出结论。

5. 审议提交报告

对三份报告进行汇总，经专家组进行论证和核验，确定报告准确、有效后，进行数据汇总和比照，形成《河南期刊业高质量发展研究报告》总报告，形成对河南省期刊建设的意见和建议，提交河南省新闻出版局审阅。

本报告的主要内容：

（1）按期刊类别调研河南省期刊总体状况。涉及河南省期刊的数量为245种，在具体种类划分上，分为大众综合类期刊（63种）、社会科学类期刊（46种）和自然科学类期刊（136种）。

在各个大类基础上，课题组继续对大众综合类期刊按教育、经管、党政、文博、文学艺术、少儿、青年等详细类目划分，对社会科学类期刊按学报类社会科学期刊、其他社会科学期刊划分，对自然科学类期刊按照所属自然科学领域等继续进行更细致、精确类目的划分，力求做到能够使河南省各个期刊品类形成较为精确的同类期刊群聚合。

（2）将河南省整体共245种期刊分为有关联的期刊类目关系，注意联系到各个期刊种类的规模、涵盖面，在此基础上厘清河南省期刊相关隶属关系，对各期刊类目、各期刊的主管单位和主办单位分别所属部门、地域等进行关联，概括描述了河南省期刊总体状况。

（3）系统分析河南省期刊社状况。依据核验表数据，分别从河南省期刊社的资金投入条件、办公条件、人员数量及部门设置结构、各期刊社经营状况、各期刊社的经济效益实现与社会效益实现等状况进行比较，对河南省期刊社的规模、人员、部门结构及经营状况进行综合性考量，对期刊社的办刊情况进行评价和分类，对具体类目期刊社建立起整体模型。

（4）通过问卷方式调研河南省期刊人员状况。河南省期刊社总体办刊人员数量为班子成员与具体采编人员，共2440人左右。河南省期刊编辑人员状况调查问卷回收 1115 份有效问卷，符合置信区间。该问卷涉及河南省期刊社编辑人员的个人自然信息部分、对单位基本情况理解部分、编辑人员具体工作情况、编辑人员薪资待遇及工作体悟、职业素养等方面。在此问卷信息整理分析基础上，能够对河南省期刊编辑人员进行职业画像，建立起河南省期刊编辑人员的总体形象模型，掌握河南省期刊编辑人员的队伍情况，总结其中存在的问题，并提出解决这些问题的建议，以推动编辑队伍建设与管理。

（5）分析河南省各类期刊存在的问题。在河南省期刊总体数据、期刊社个体数据及编辑人员数据基础上，分析河南省各类期刊存在的问题及原因。这些问题分别从各类期刊的办刊数量、品种与覆盖面，期刊队伍的性别、年龄、职称、梯队建设、人员管理、能力模型、业务提升，以及具体期刊的办刊质量、经济效益、社会效益等各个角度进行提炼，对河南省期刊存在的问题进行归纳总结。

（6）对河南省各类期刊的发展提出具体建议。本报告在前期分析的基础上，围绕“如何提高河南期刊高质量发展”问题进行分析并提出对策建议，归纳为期刊管理和工作制度层面、期刊品质和内容提升层面，以及河南省期刊的新媒体和多元化发展等层面，从行业管理、人员管理、制度建设、办刊能力提升、编辑队伍建设、规模化等方面对期刊管理部门提出具体建议。

■数据来源

1. 国家新闻出版署 .《2020 中国新闻出版统计资料汇编》. 中国书籍出

版社 .2020

数据统计时间：2019 年。

2. 河南省新闻出版局提供的河南省期刊调研核验表

数据统计时间：2019 年。

数据范围：包括河南 245 种期刊的数据，根据课题组分类，大众综合类期刊 63 种，社会科学类期刊 46 种，自然科学类期刊 136 种。

3. 河南省新闻出版局提供的河南省期刊分类表

数据范围：河南省新闻出版局原有的用于年检核验的分类表，社科类 82 种，自科类 85 种，学报类 78 种，共计 245 种期刊。

数据统计时间：2020 年 6 月 23 日。

4. 河南期刊高质量发展调研组 . 河南省期刊状况调查问卷

数据统计时间：2021 年 7 月，本问卷调查回收数据 232 份，其中大众综合类期刊 67 份，自然科学类期刊 107 份，社会科学类期刊 58 份。整体比例与河南省期刊调研核验表接近。

5. 河南期刊高质量发展调研组 . 河南省期刊编辑人员状况调查问卷

数据统计时间：2021 年 7 月，本问卷调查回收数据 1115 份，其中，大众综合类期刊编辑 153 份，自然科学类期刊（含学报）编辑 428 份，社会科学类期刊（含学报）编辑 534 份。

河南省期刊编辑人员（含班子成员、采编人员）为 2440 人，问卷回收 1115 份，符合置信区间，问卷各项相关数据整体比例与河南省期刊调研核验表接近。

6. 中国知网评价研究中心

数据统计时间：2021 年。

数据范围：包括河南省社会科学期刊 76 种，自然科学期刊 98 种。

7. 中国科学技术信息研究所

数据统计时间：2020 年。

数据范围：河南省共有 251 种期刊，其中 79 种自然科学类期刊、76 种大众综合类期刊、55 种大学学报—自然科学版期刊、22 种大学学报—社会科学版期刊、19 种社会科学类期刊。

目　录

自然科学类

哲学社会科学类

大众综合类

自然科学类

引 言

习近平总书记在党的十九届五中全会中提出要推进社会主义文化强国建设。党的十九大要求“加快建设创新型国家”，并指明了方向：2035 年基本实现社会主义现代化，我国经济实力、科技实力将大幅跃升，跻身创新型国家前列。随着进入创新型国家建设的新时期，我国自然科学类期刊迎来了创新发展的历史机遇。

2019 年，中国科协、中宣部、教育部、科技部等四部委发布的《关于深化改革培育世界一流科技期刊的意见》，贯彻落实了中央全面深化改革委员会第五次会议提出的“要以建设世界一流科技期刊为目标，科学编制重点建设期刊目录，做精做强一批基础和传统优势领域期刊”的重要精神；而中国科协、财政部、教育部、科学技术部、国家新闻出版署、中国科学院、中国工程院等七部门联合实施的卓越行动计划，则是推动培育世界一流自然科学类期刊体系建设的重要举措，通过尖兵引领、梯次跟进，试点先行、机制创新，激发自然科学类期刊内生活力，营造自然科学类期刊发展的良好生态，实现自然科学类期刊管理、运营与评价等机制的深刻调整，全力推进数字化、专业化、集团化、国际化进程，形成有效支撑世界一流自然科学类期刊建设的体系。这些都为自然科学类期刊的发展提供了方向。

2020 年 2 月，教育部和科技部联合印发的《关于规范高等学校 SCI 论文相关指标使用树立正确评价导向的若干意见》，以及中国科协在建立我国高质量自然科学类期刊分级目录制度上积极探索，打破了影响世界一流自然科学期刊发展的“唯 SCI”壁垒，也是响应习近平总书记关于“把论文写在祖国的大地上”的重要指示精神。通过建立全面、客观反映期刊水平的评价标准，遵照同行评议、价值导向、等效应用的原则，形成各领域自然科学类期刊分级目录，及时发布，以供各领域科技工作者使用、供学术文献成果评价参考，推动同等水平的国内外期刊等效使用，促使高质量优秀科研论文回流，增加我国自然科学类期刊的优质稿源，推动自然科学类期刊的快速发展。

习近平总书记在河南省考察时提出希望河南围绕加快转变经济发展方式和提高经济整体素质及竞争力，着力打好四张牌，以发展优势产业为主导推进产业结构优化升级，以构建自主创新体系为主导推进创新驱动发展，以强化基础能力建设为主导推进培育发展新优势，以人为核心推进新型城镇化（概括为产业结构优化升级、创新驱动发展、基础能力建设、新型城镇化），着力解决好教育、就业、社会保障、医疗卫生等人民群众的切身利益问题。这为河南省科学技术创新发展指明了方向，也为河南省自然科学类期刊发展提供了机遇。

河南省自然科学类期刊肩负着指导本省特色自然科学产业优化转型、构建适应新时代和新科技环境产业结构的重任，同时又面临着出版行业整体由传统出版向数字出版转型的新机遇和新挑战，可谓任重而道远。在长期发展过程中，河南省自然科学类期刊构建了时效性强、专业领域细化清晰、高校及主要科研团队精准指导等多方面优势。相对而言也还存在着如新兴产业不发达，数字出版生态链尚未成熟，人才培养和保留措施欠缺以及国际化影响力不足等问题。而且河南省是生产应用的大省，创新和科研能力略显不足，河南省自然科学类期刊发展面临着挑战和机遇。

本报告通过对河南省期刊社及其工作人员的调查问卷和比较分析，发现问题，加强优势，解决不足，提出建议，为更多期刊社的发展提供借鉴。

第一章

河南省自然科学类期刊总体状况

第一节 数量

根据《2020 中国新闻出版统计资料汇编》的数据，全国各省（自治区、直辖市）自然科学类期刊品种数量排名，河南省自然科学类期刊品种为 114 种（分类标准不同），排名第 13 位，略高于全国各省份平均数 112 种，河南省自然科学类期刊在数量上稍具优势。而且河南省自然科学类期刊品种数高于大众综合类期刊和社会科学类期刊。

按照河南省新闻出版局的分类，自然科学类期刊包括所有主题定位为理科教育、农业、工业、医学、技术科研的期刊，共 85 种。

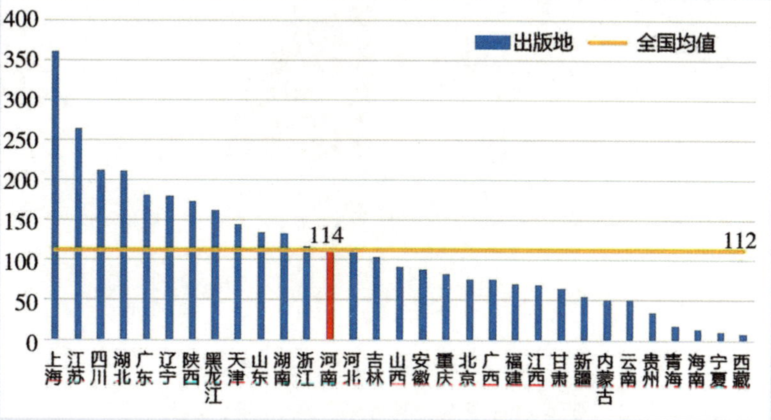

图 1-1-1　全国各省份自然科学类期刊数排名

数据来源：《2020 中国新闻出版统计资料汇编》

按照本课题组的分类，自然科学类期刊共 136 种，定位在引导专业一线生产方向、发表自然科学类技术科研论文、专业研究交流的学术刊物，其中包含学报 56 种。

第二节　品种与主管主办单位

无论是按照统计资料汇编还是本课题组重新分类的品种数量，河南省自然科学类期刊都体现出了很高的数量优势，这一数量优势来源于河南省众多高校、职业院校以“学校名称 + 学报”方式命名的自然科学类学报期刊。

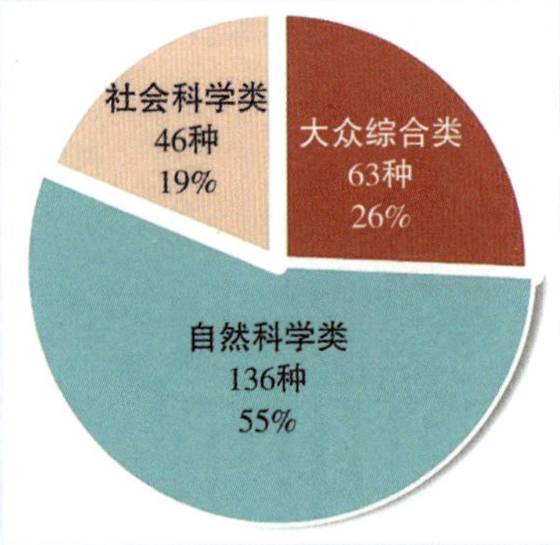

图 1-1-2 河南省期刊分类表

数据来源：课题组对河南省期刊重新分类表

根据河南省期刊调研核验表，自然科学类期刊在隶属关系上体现出远超于其他两种期刊的聚合性，共同隶属于河南省教育厅的比例高达 81%，以自然科学类学报为主；其余期刊则根据各自的专业类型分别隶属于相关国家或省级机构。

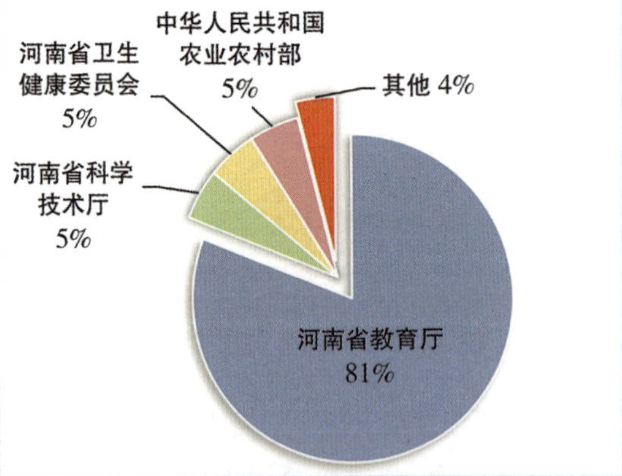

图 1-1-3 河南省自然科学类期刊主管单位隶属情况

数据来源：河南省期刊调研核验表

自然科学类期刊创刊年份与河南省期刊整体情况类似，都集中在改革开放以后，尤其是在 1980—1989 年，占比 47.15%。但是，自然科学类期刊在 1979 年之前创刊的比例高达 26.13%，社会科学类期刊在 1979 年之前创刊的比例只有 13.89%；自然科学类期刊在 2000 年以后创刊的比例只有 9.91%，社会科学类期刊在 2000 年以后创刊的比例却高达 27.78%。这说明，自然科学类期刊平均创刊时间更早，在改革开放前创刊的刊物较多，新刊物较少。这与河南省科技向新兴科技转向的趋势不相符合，也就是说，河南省自然科学类期刊的办刊方向需要向新兴科技转型。

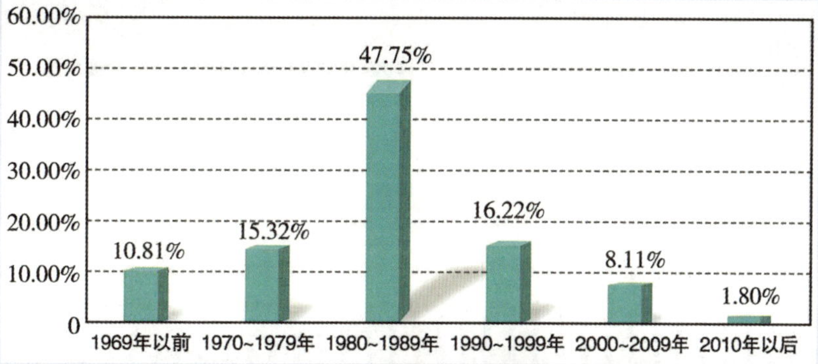

图 1-1-4　河南省自然科学类期刊创刊时间

数据来源：河南省期刊调研核验表

第三节　总印数、平均印数、定价总金额

通过国家新闻出版署发布，由中国新闻出版研究院统计中心完成的《2020 中国新闻出版统计资料汇编》，对 2019 年度河南省自然科学类期刊总印数、平均期印数、总印张数和定价总金额分析，河南省各指标在全国的占比，以及与全国平均数对比情况，能够发现

期刊的出版能力和办刊能力。

根据《2020 中国新闻出版统计资料汇编》，河南省全部期刊的平均期印数为 301.22 万册，占全国的 2%。

河南省自然科学类期刊平均期印数为 35.16 万册，低于全国自然科学类期刊各省平均值 37.93 万册。在本省的三类期刊中占比 12%，占比最低（社会科学类期刊 142.73 万册，占比 47%；大众综合类期刊 123.33 万册，占比 41%）。

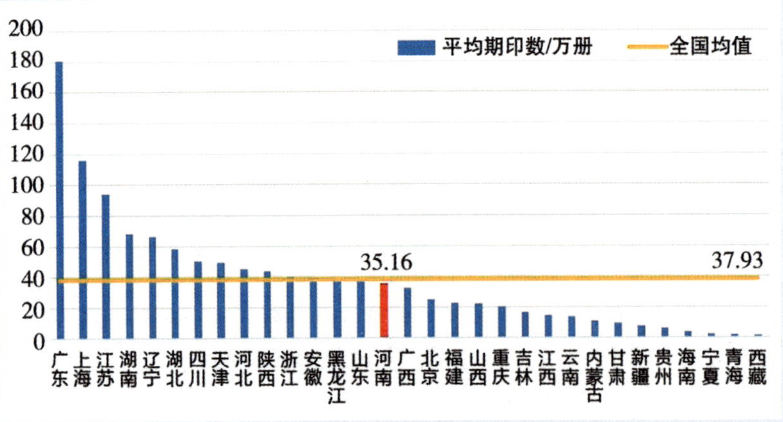

图 1-1-5　河南省自然科学类期刊平均期印数

数据来源：《2020 中国新闻出版统计资料汇编》

根据《2020 中国新闻出版统计资料汇编》，河南省期刊总印数为 8059 万册，其中自然科学类期刊 867 万册，占比 11%。

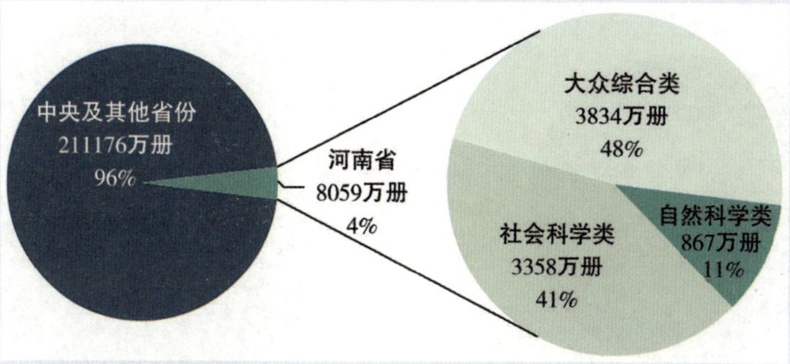

图 1-1-6　2019 年河南省期刊总印数

数据来源：《2020 中国新闻出版统计资料汇编》

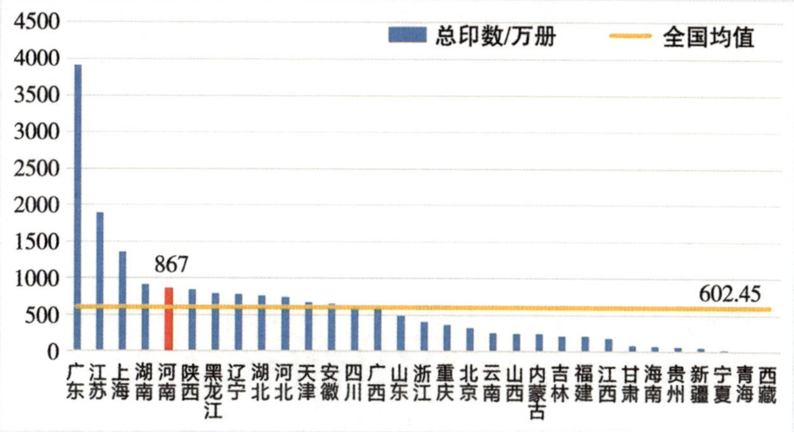

图 1-1-7　河南省自然科学类期刊总印数

数据来源：《2020 中国新闻出版统计资料汇编》

根据《2020 中国新闻出版统计资料汇编》，河南省期刊总印张数为 376493 千印张，占全国的 3%。在河南省三类期刊中，自然科学类期刊的总印张数最低，占比 10%。

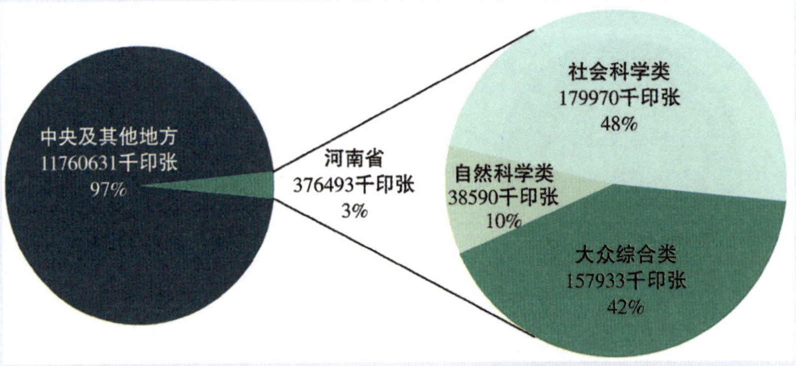

图 1-1-8　2019 年河南省期刊总印张数

数据来源：《2020 中国新闻出版统计资料汇编》

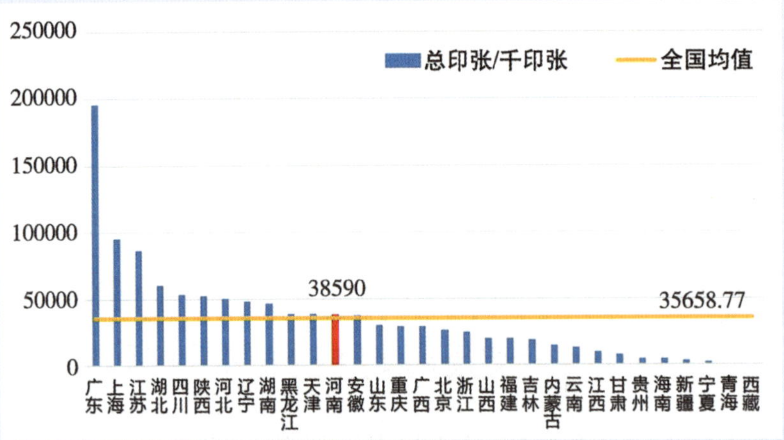

图 1-1-9　河南省自然科学类期刊总印张

数据来源：《2020 中国新闻出版统计资料汇编》

根据《2020 中国新闻出版统计资料汇编》，河南省期刊定价总金额为 61223 万元，占全国的 3%。河南省内三类期刊对比，自然科学类期刊定价总金额最低，占比 13%。

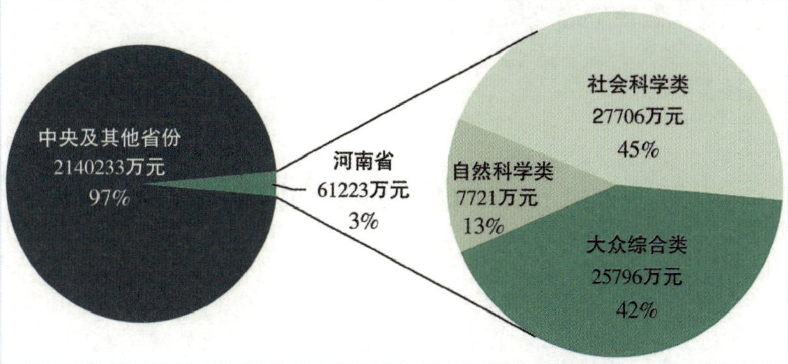

图 1-1-10　2019 年河南省期刊定价总金额

数据来源：《2020 中国新闻出版统计资料汇编》

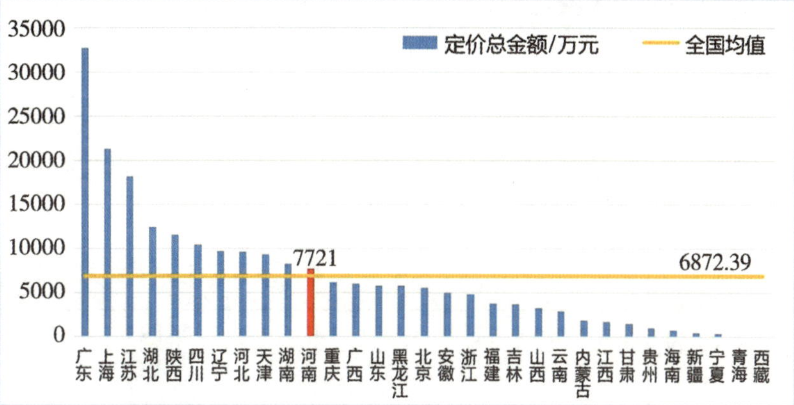

图 1-1-11　河南省自然科学类期刊定价总金额

数据来源：《2020 中国新闻出版统计资料汇编》

整体来看，河南省自然科学类期刊品种数量较其他两种期刊为多，但平均期印数、总印数、定价总金额都比较低，这与自然科学类期刊数量多、专业性强、专业读者多、大众读者少等特点有关。目前，河南省自然科学类期刊这种状况还将持续一段时间，随着数字化的冲击和纸质阅读人数的下降，期刊的发行量还会普遍下降。因此，自然科学类期刊的主要收入不能依靠发行，而要靠为读者提供增值服务以及上级单位的支持。

第四节 办刊质量

一、荣誉情况

根据河南省期刊调研核验表，自然科学类期刊中，超过一半获得过行业专业级荣誉，省级和国家级依次降低。对比其他两种期刊，自然科学类期刊在行业专业级荣誉、省级荣誉和国家级荣誉的获得上都大大少于社会科学类期刊，在省级荣誉获得上少于大众综合类期刊，这与自然科学类期刊的整体水平不匹配，说明自然科学类期刊的奖项设置较少。

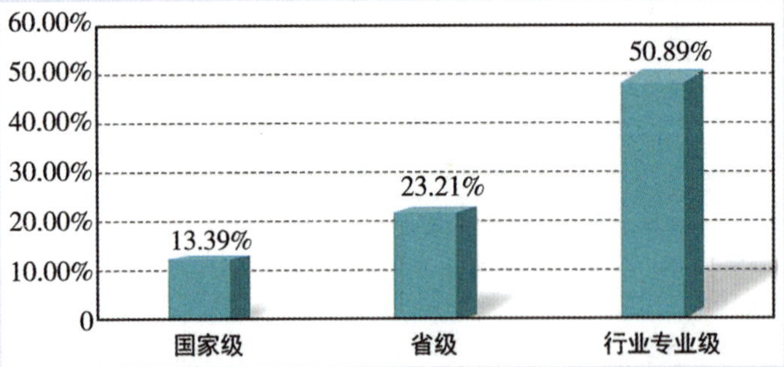

图 1–1–12 河南省自然科学类期刊荣誉获得情况

数据来源：河南省期刊调研核验表

根据河南省期刊状况调查问卷，自然科学类期刊“行业期刊荣誉称号”与河南省期刊整体情况的 58.19% 相比稍稍逊色，但“中国科技核心期刊”比整体高出 17 个百分点，“全国中文核心期刊”则高出 12 个百分点，说明自然科学类期刊在核心期刊收录上高于社会科学类期刊。

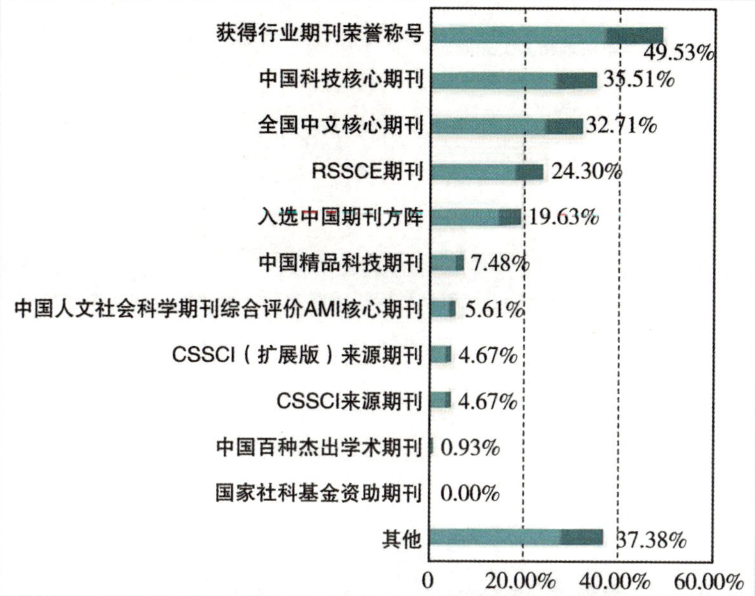

图 1–1–13　河南省自然科学类期刊目前获得的荣誉称号

数据来源：河南省期刊状况调查问卷

二、编校质量

在稿件选稿、编校的过程中，自然科学类期刊相较于总体更加重视稿件内容的专业质量，严格遵守编辑工作规范。自然科学类期刊符合规定人员完成三审三校占比为 86%；编辑完成审稿，校对工作外包完成占比为 1%；本社编辑完成审稿，校对通过软件完成的占比为 3%。可见，河南省自然科学类期刊编辑责任制、三审三校制度执行较好，这也是保证自然科学类期刊编校质量的基础。

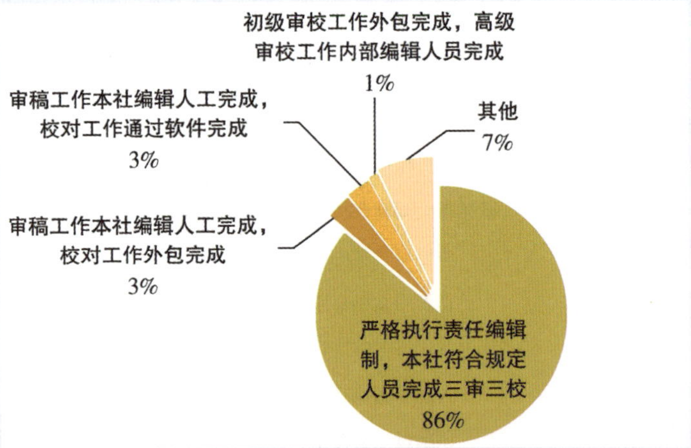

图 1-1-14　河南省自然科学类期刊所在期刊社稿件编校的工作过程

数据来源：河南省期刊编辑人员状况调查问卷

三、社会影响力

根据中国知网评价研究中心数据，河南省自然科学类期刊平均被引频次 1662.62 次，低于全国各省（自治区、直辖市）平均数 2078.90 次。排名第 15 位，在全国位居中游。

根据中国知网评价研究中心数据，河南省自然科学类期刊平均

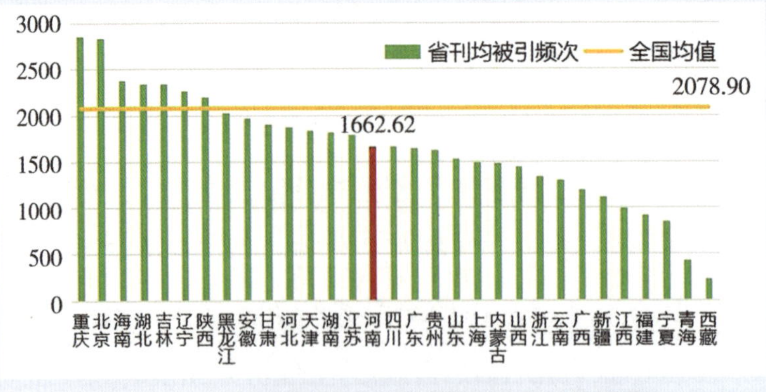

图 1-1-15　全国各省份自然科学类期刊刊均被引频次

数据来源：中国知网评价研究中心

下载频次 8.95 万次，低于全国各省（自治区、直辖市）平均数 10.46 万次。排名第 17 位，在全国位居中游而略低。

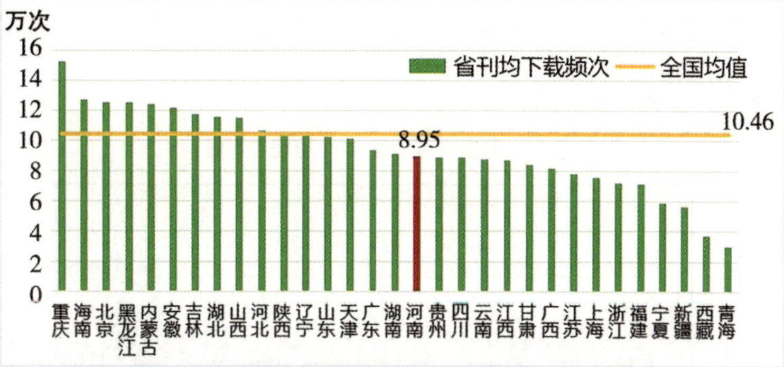

图 1-1-16　全国各省份自然科学类期刊刊均下载频次

数据来源：中国知网评价研究中心

根据中国知网评价研究中心数据，河南省自然科学类期刊平均影响因子 0.733，低于全国各省（自治区、直辖市）平均数 0.831。排名第 17 位，在全国位居中游而略低。

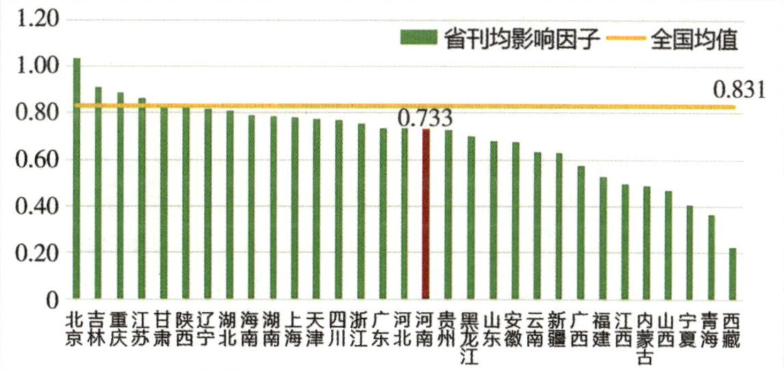

图 1-1-17　全国各省份自然科学类期刊刊均影响因子

数据来源：中国知网评价研究中心

根据中国科学技术信息研究所的数据，河南省期刊总被引频次的平均值为 1104 次，国内期刊平均值为 1784 次。河南省每个期刊自创刊以来所登载的全部论文在 2019 年被平均引用的次数比国内期刊均值低了近 1/3，仅有自然科学类期刊的被引频次均值高于后者，为 2092。自然科学类期刊中的学报类也低于全国平均值和河南省平均值，说明影响力不够。

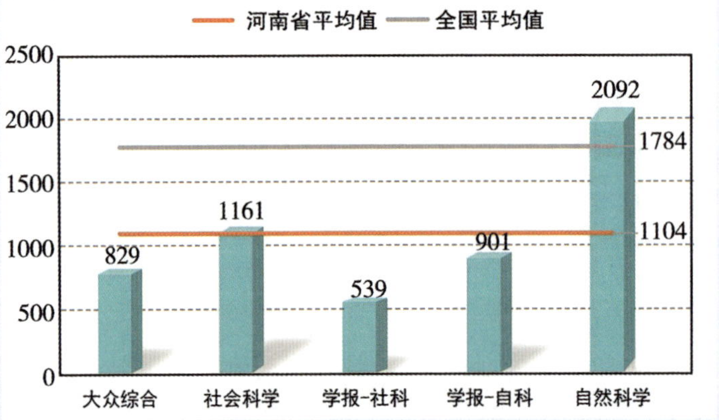

图 1-1-18 河南省各类别期刊扩展总被引频次

数据来源：中国科学技术信息研究所

四、论文开放获取情况

自然科学类期刊多选择开放部分论文，但无数据或未开放的占比也接近四成，由于自然科学类期刊从隶属关系上看多属于国家机关，且一定程度上对关键技术有所涉及，开放获取程度不足的原因需要进一步考察。

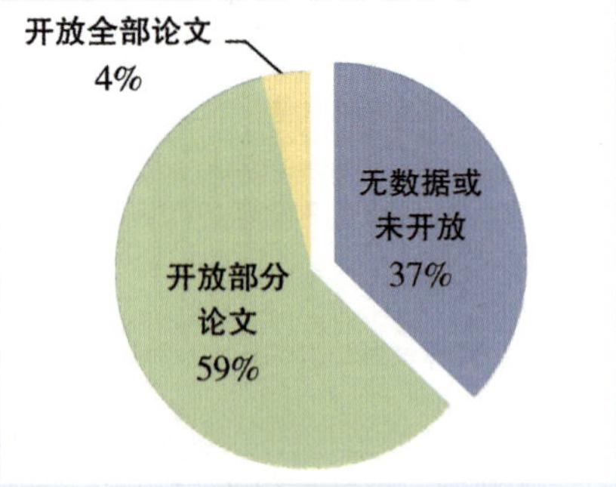

图 1-1-19 河南省自然科学类期刊开放获取情况

数据来源：河南省期刊调研核验表

第二章

河南省自然科学类期刊社状况

第一节　资金、办公条件

— ★★★ —

一、资金情况

根据河南省期刊调研核验表，自然科学类期刊的资金来源七成来源于主办单位拨付，自筹资金占比最低，为12.00%。这说明自然科学类期刊的发展高度依赖主办单位的重视程度。

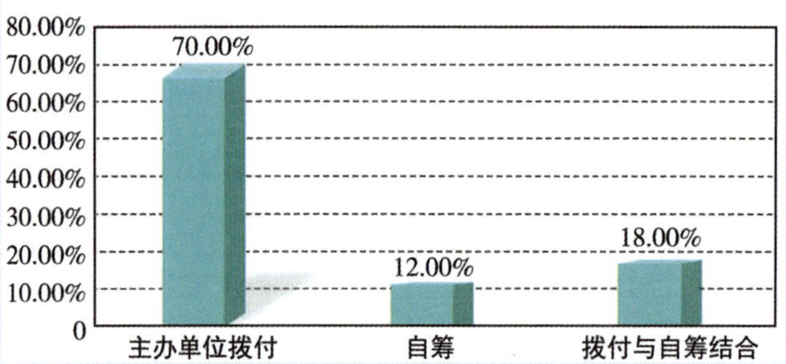

图 1-2-1　河南省自然科学类期刊资金来源

数据来源：河南省期刊调研核验表

在经费支持这方面，自然科学类期刊主办单位提供的支持最多，其中获得 10 万～20 万元的期刊占比最高，为 38.89%。

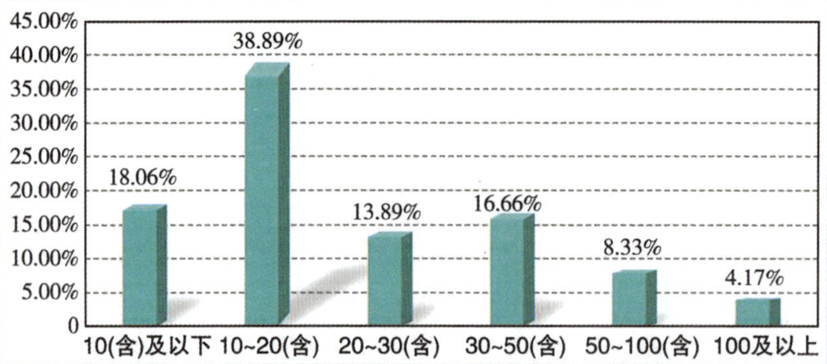

图 1-2-2　河南省自然科学类期刊主办单位经费支持（单位：万元）

数据来源：河南省期刊调研核验表

二、办公条件

根据河南省期刊调研核验表，自然科学类期刊的办公场所上级单位提供的为 92.62%，自有办公场所的仅为 6.49%，自然科学类期刊基本都是在主管主办单位内部办公，鲜有自己的固定资产。

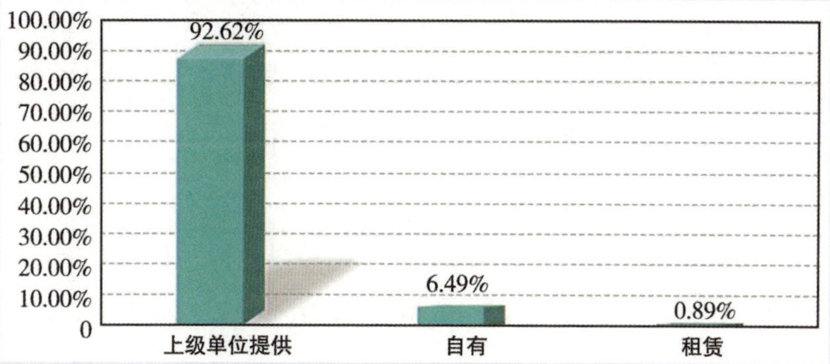

图 1-2-3　河南省自然科学类期刊办公场所面积

数据来源：河南省期刊调研核验表

根据河南省期刊调研核验表，与总体期刊的办公状况类似，在职人均办公面积集中在 5 ~ 10（含）平方米区间内，其次是 10 ~ 15（含）平方米，占比 24.07%。自然科学类期刊主管主办单位办公条件尚可。

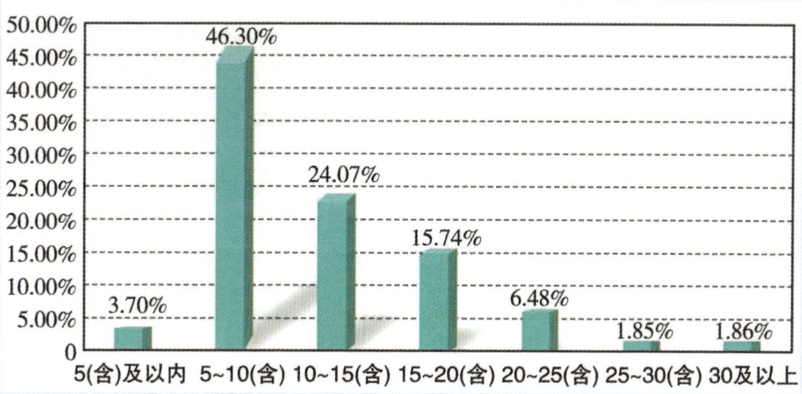

图 1-2-4　河南省自然科学类期刊在职人均办公面积（单位：平方米）

数据来源：河南省期刊调研核验表

第二节　人员数量

根据河南省期刊调研核验表，河南省自然科学类期刊编辑部总人数 10 人以下占比 72%，10 ~ 20 人占比 21%，20 人以上仅占比 7%。根据国家科学技术部 1991 年 6 月 5 日发布的《科学技术期刊管理办法》规定，专职编辑人员按任务定编，一般季刊（或半年刊）不少于 3 人，双月刊不少于 5 人，月刊不少于 7 人，并设一定数量的专职编务人员。外文版期刊编辑部应配备外文专职编辑。

但是，经过我们调查，真正达到以上规定的自然科学类期刊不多，而且很多编辑人员并非专职编辑而是兼职编辑。这是因为一方面人力资源确实紧张，另一方面受编制限制。这说明自然科学类期刊整体规模较小，要跟上一流的学术水平，必须借助“外脑”。

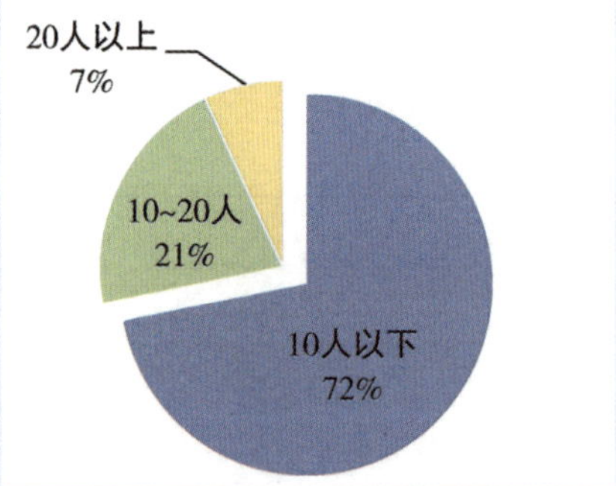

图 1-2-5　河南省自然科学类期刊总人数分布占比

数据来源：河南省期刊调研核验表

自然科学类期刊人员学历分布上本科与硕士所占比重较大，整体学历水平相对较高，由于自然科学类期刊与专业一线生产挂钩，学历在大专以下的人员占比 9.15%。自然科学类期刊人员学历较高，主要原因是本类期刊对学历要求较高，尤其是以打造精品化的国际一流科技学术期刊为目标的刊物，例如世界著名学术期刊《细胞》对学科编辑的最低要求是必须具有博士学位。高水平科技学术期刊的编辑应接受过良好的科学训练，有广泛的科学兴趣，具有批判性思维能力，在广阔的学术领域内能与前沿科学家对话。

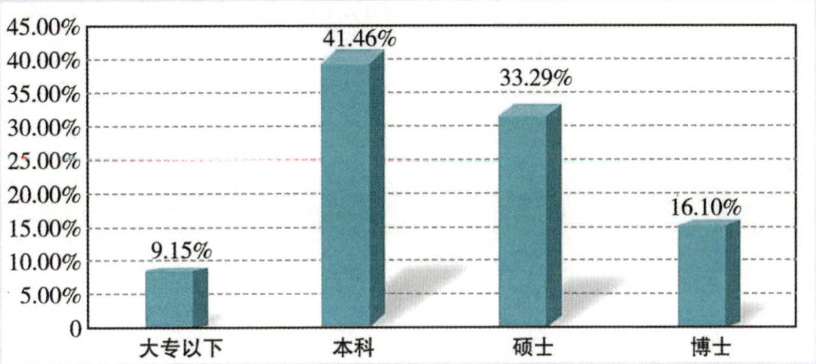

图 1-2-6　河南省自然科学类期刊人员学历分布

数据来源：河南省期刊调研核验表

自然科学类期刊在编人员占比 81.33%，聘用人员占比 18.67%，在编人员远高于聘用人员。

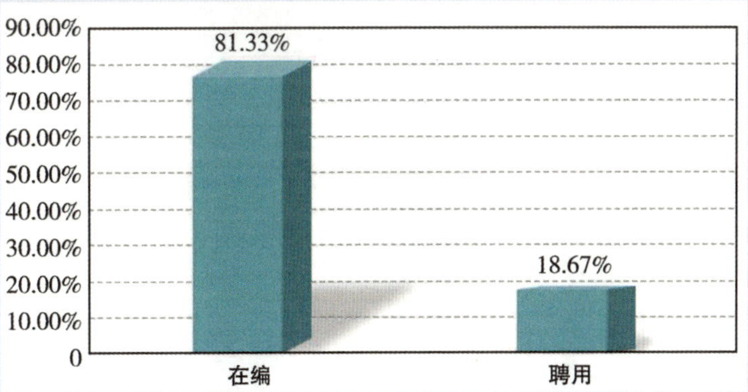

图 1-2-7　河南省自然科学类期刊在编与聘用人员占比

数据来源：河南省期刊调研核验表

在人员的职能分布方面，采编人员最为核心，占比 72.27%，其次是行政与发行人员。自然科学类期刊的人员职能分布与社会科学类期刊非常相似。值得一提的是，自然科学类期刊和社会科学类期刊的新媒体人员都仅有 3% 左右，低于大众综合类期刊的 8.66%，但是这两类学术期刊尤其是自然科学类期刊的数字化程度更高一些。这说明自然科学类期刊的数字化技术起点更高。

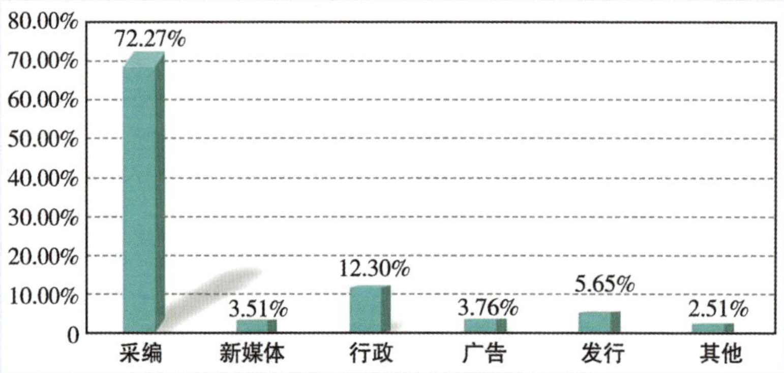

图 1-2-8 河南省自然科学类期刊人员职能分布

数据来源：河南省期刊调研核验表

自然科学类期刊初级与无职称人员所占比重最小，中级与高级职称人员比例大，整体职称水平比较高。

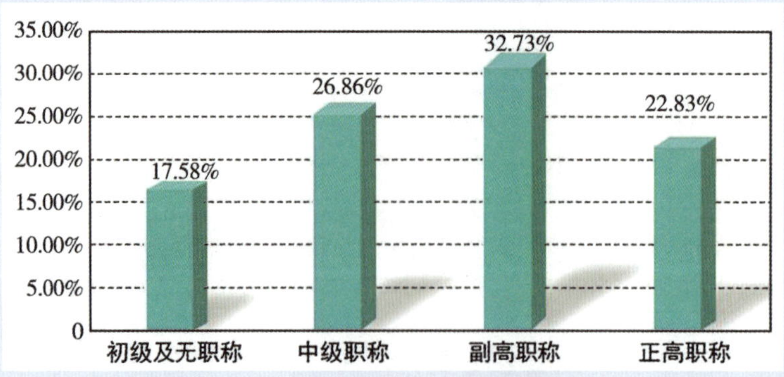

图 1-2-9 河南省自然科学类期刊人员职称分布

数据来源：河南省期刊调研核验表

就自然科学类期刊而言，60.41% 从业人员的政治面貌为中共党员，中共党员占比相当高。

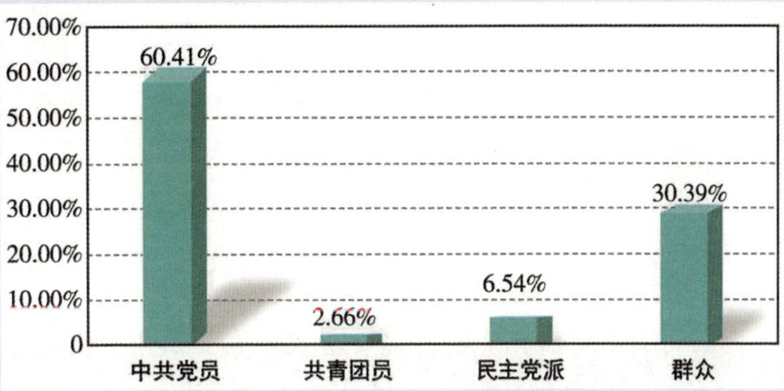

图 1-2-10　河南省自然科学类期刊人员政治面貌分布

数据来源：河南省期刊调研核验表

采编培训合格人数约占 32.32%，获取记者证人数相对大众综合类期刊过于少，仅占 2.20%。目前，河南省的自然科学类期刊除个别期刊具有新闻报道功能外，大部分为学术期刊或专业期刊，编辑人员为出版专业编辑，与新闻专业编辑是两个职称序列。但是，缺少新闻行业工作经验，也导致河南省的自然科学类期刊整体时效性不

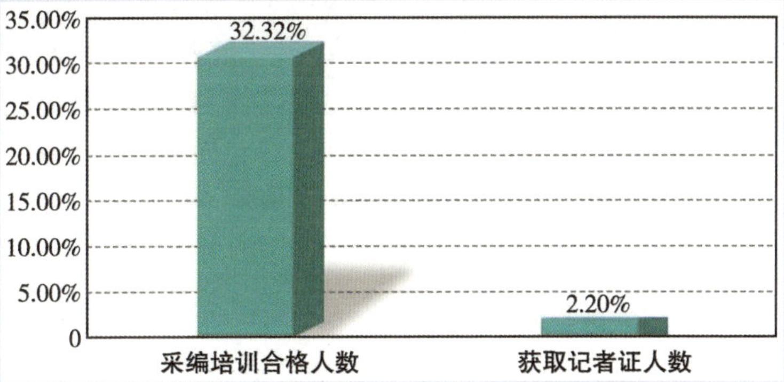

图 1-2-11　河南省自然科学类期刊采编人员

数据来源：河南省期刊调研核验表

强，编辑缺少新媒体意识和传播意识。

第三节　组织结构

一、部门设置

根据河南省期刊状况调查问卷，在期刊的行政部门设置方面，与河南省期刊整体情况相比，自然科学类期刊其他部门占比相近，但广告部高出了大约三个百分点，说明自然科学类期刊广告业务在三类期刊中较为重要。

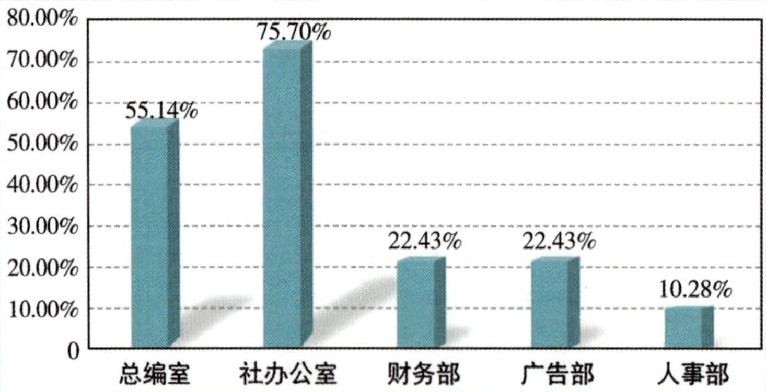

图 1-2-12　河南省自然科学类期刊行政部门设置情况

数据来源：河南省期刊状况调查问卷

二、岗位设置

根据河南省期刊状况调查问卷，在岗位设置上，主编、责任编辑、编辑部主任、副主编、编辑 / 记者、执行主编位列前六，营销经理、视觉设计总监、摄影记者这三个岗位在河南省期刊整体情况里占比较低，自然科学类期刊则完全没有。自然科学类期刊对营销或图片设计的需求不大。

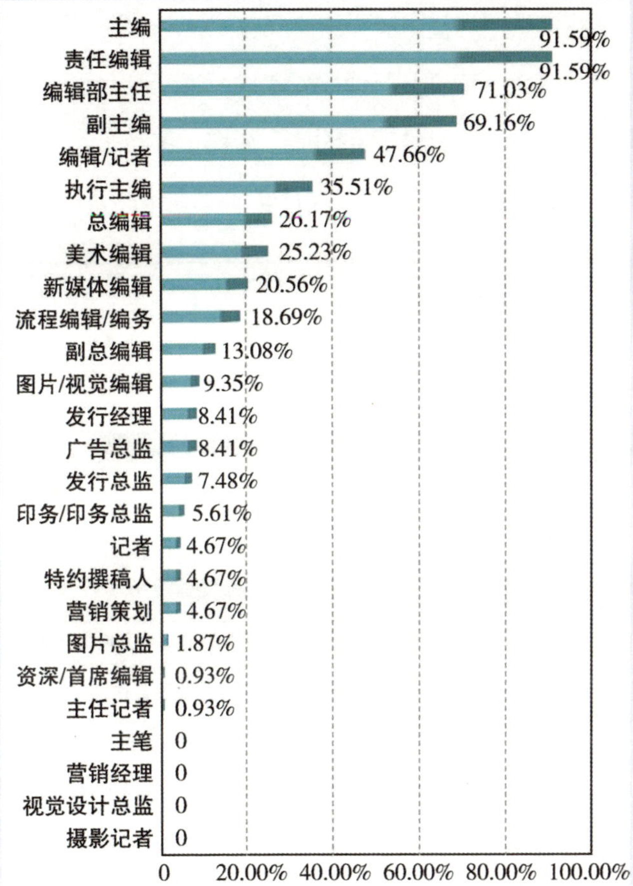

图 1-2-13　河南省自然科学类期刊岗位设置情况

数据来源：河南省期刊状况调查问卷调查

三、编委会、外部审读专家

自然科学类期刊国内行业专家、国际行业专家、本行业专业技术人员比例均高于河南省期刊整体情况，尤其是国际行业专家，占比25.23%，而河南省期刊整体情况该值仅有13.79%，说明自然科学类期刊编委会水平高于河南期刊行业平均水准，国际专家占比高，权威性更强。规范编委会，发挥编委在约稿、写稿、稿件把关、期刊传播与推广方面的重要作用，这是河南省自然科学类期刊发展的重要路径。

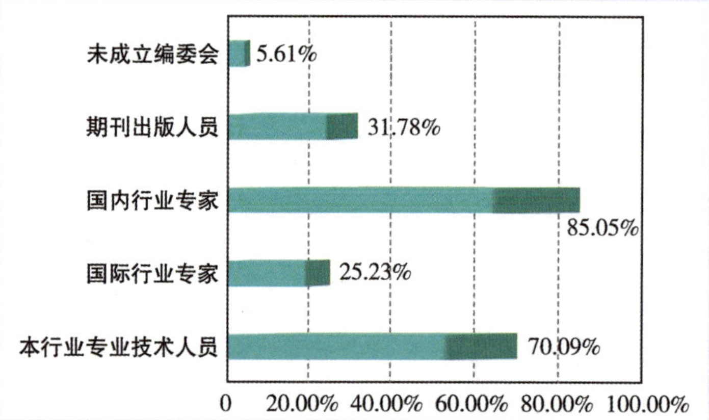

图 1-2-14　河南省自然科学类期刊编委会构成

数据来源：河南省期刊状况调查问卷（注：此图为多选题）

行业专家外审占比84.11%，高于河南省期刊整体情况的77.59%，说明自然科学类期刊更重视刊物的外审，对专家依赖性较强。建立高质量、高水平、专业能力强、认真负责的专家资源库，是自然科学类期刊发展的关键。

根据中国科学技术信息研究所数据，河南省期刊的机构分布数的平均值为282个，国内期刊平均值为207个。河南省每种期刊的所有论文的作者所涉及的机构数比国内期刊均值多近1/3个，说明

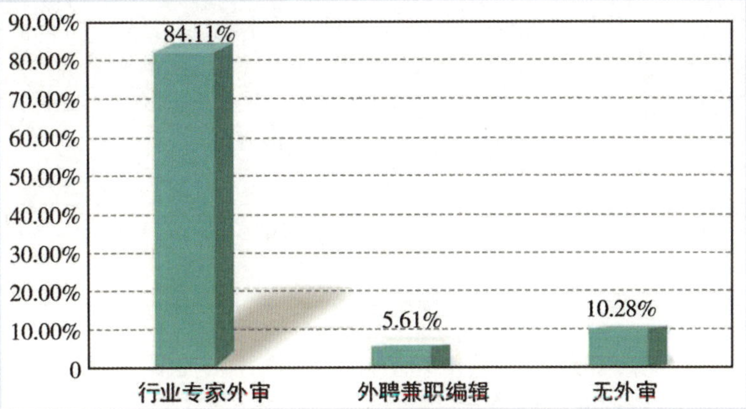

图 1-2-15　河南省自然科学类期刊稿件外审情况

数据来源：河南省期刊状况调查问卷

河南省期刊大量依赖外稿。在河南省高校和科研院所普遍科研能力不足的情况下，提高约外稿能力非常重要。但是自然科学类期刊机构数少于河南省平均值，甚至低于全国平均值，学报类期刊更是大大低于全国平均值。这说明河南省期刊向外约稿的能力不足，也说明编委会没有起到约稿作用。

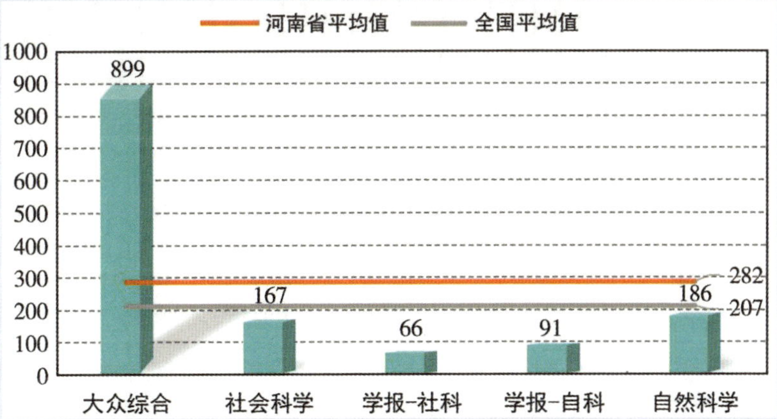

图 1-2-16　河南省各类别期刊机构分布数

数据来源：中国科学技术信息研究所

第四节　出版能力

一、发文量

根据中国知网评价研究中心统计，中国知网收录的河南省自然科学类期刊数为 98 种，按照全国各省（自治区、直辖市）自然科学类期刊发文量排名，河南省自然科学类期刊平均年发文量为 256.69 篇，低于全国各省（自治区、直辖市）平均数 275.42 篇。

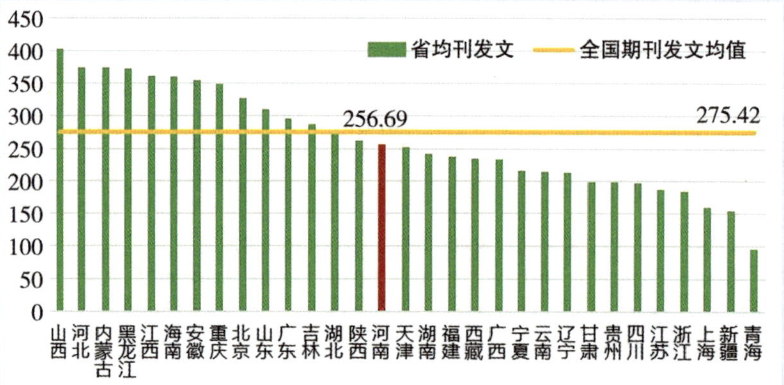

图 1-2-17　全国各省份自然科学类期刊发文量排名

数据来源：中国知网评价研究中心

从每本页码的分布来看，自然科学类期刊样本最多，页码分布相对平均且宽泛，从 60 页及以下到 161 页及以上均有涉及，最为集中的是 61 ~ 100 页的区间。学术期刊页数较少可能与现行期刊评价方式有关，目的是控制发文数量，根据影响因子算法，在保证引用数量的前提下尽量降低分母，提升期刊影响因子。2018 年，教育部办公厅发布《关于开展清理“唯论文、唯帽子、唯职称、唯学历、唯奖项”专项行动的通知》，即“破五唯”，逐渐弱化期刊评价中影响因子的作用，引导学术期刊走上正确的发展道路。

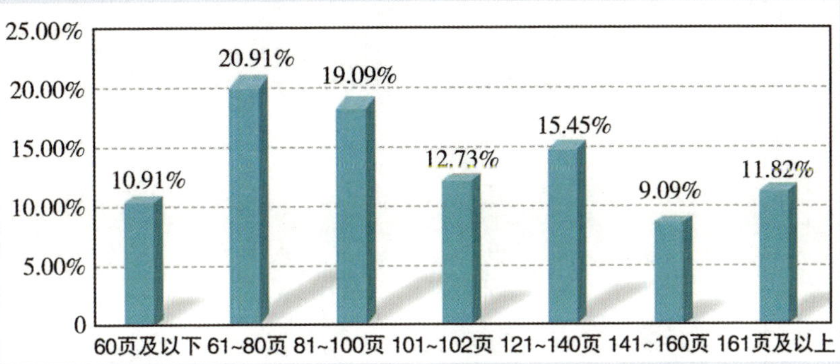

图 1-2-18　河南省自然科学类期刊每本页码

数据来源：河南省期刊调研核验表

问卷调查结果显示，在 52 个有效样本中，自然科学类期刊每期刊登 11 ～ 20 篇文章的期刊有 23 种，占比最高，与总样本的比例相似。

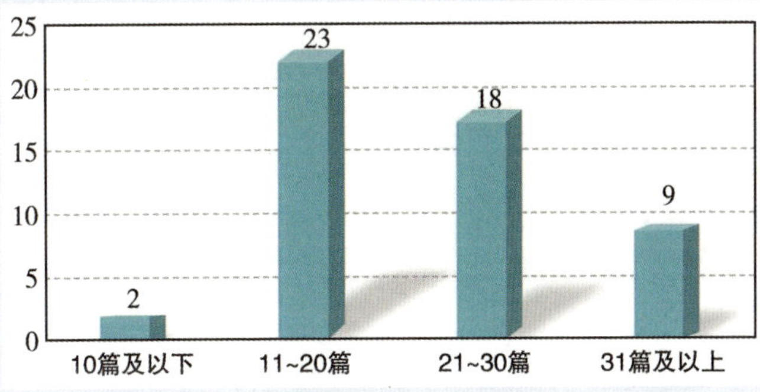

图 1-2-19　河南省自然科学类期刊每期文章数量

数量数据来源：河南期刊状况调查问卷

关于版面字数及单篇文章字数，问卷调查结果显示，在 60 个有效样本中，每版字数 1500 ~ 2000，单篇文章字数 4000 ~ 8000 的情况占比最高，平均每篇文章占用 2 ~ 4 个版面，可见自然科学类期刊文章篇幅适中，排版疏朗，可能与相关专业文章数据、图表量大相关。

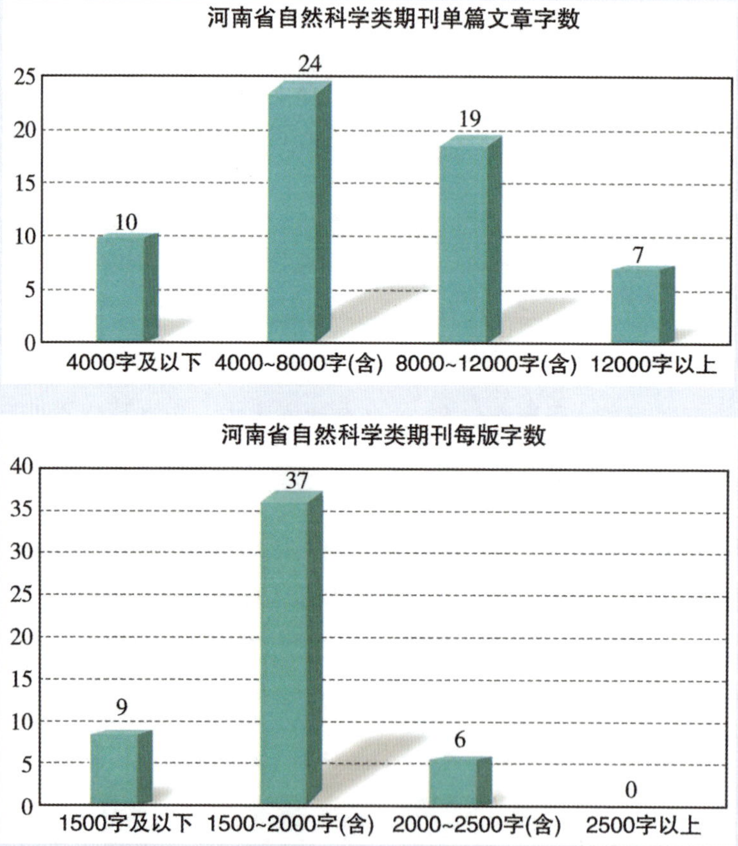

图 1-2-20 数据来源：河南省期刊状况调查问卷

（注：本题有效样本数量不同）

二、出版周期

根据河南省期刊调研核验表，自然科学类期刊出版周期较长，双月刊占比最高，达 47%，季刊也占有相当大的比重，月刊只有 18%。有资料显示，我国学术期刊的平均出版时滞长达 14.1 个月（论文投稿至发表的时间间隔），约为国际一般学术期刊的出版时滞 7.1 个月的 2 倍。这是自然科学类期刊与国外同类期刊的差距。自然科学类期刊迟钝反应的机制，贻误了我国许多科技成果发布的时机，影响作者投稿积极性，阻碍进入国际学术期刊前列的步代。

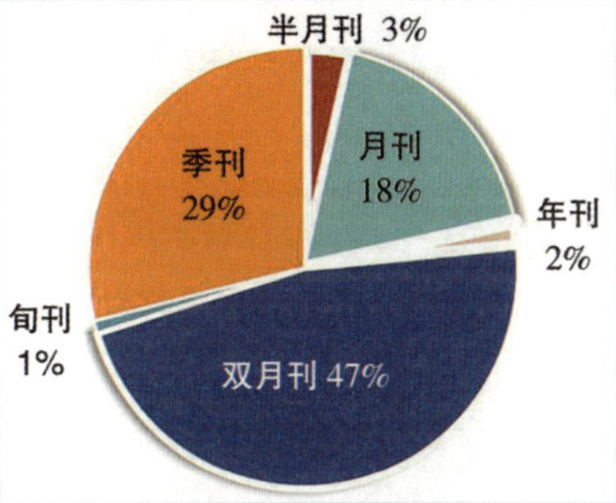

图 1-2-21　河南省自然科学类期刊单位刊期总览

数据来源：河南省期刊调研核验表

三、稿件来源

根据河南省期刊状况调查问卷，自然科学类期刊稿件来源于河南省外的占比为 57.29%，略高于总样本平均数 54.00%，来自河南省内的占比为 35.94%，低于总样本的 40.00%，这说明与其他两类期刊相比，自然科学类期刊来自省外的稿件更多。在打破地域界限，省外乃至全国优质稿源方面，自然科学类期刊走在了前面。

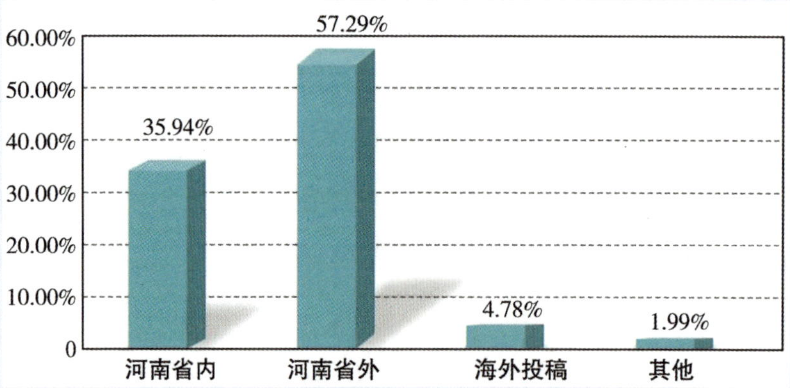

图 1-2-22 河南省自然科学类期刊作者及稿件地域来源构成

数据来源：河南省期刊状况调查问卷

根据河南省期刊状况调查问卷，自然科学类期刊最主要的来稿方式为自然投稿，占比 62.55%，高于总样本平均数 59%；专家约稿占比 18.47%，低于总样本平均数 19.00%，可见自然科学类期刊对于专家约稿的重视度不足，缺乏约稿、策划能力。

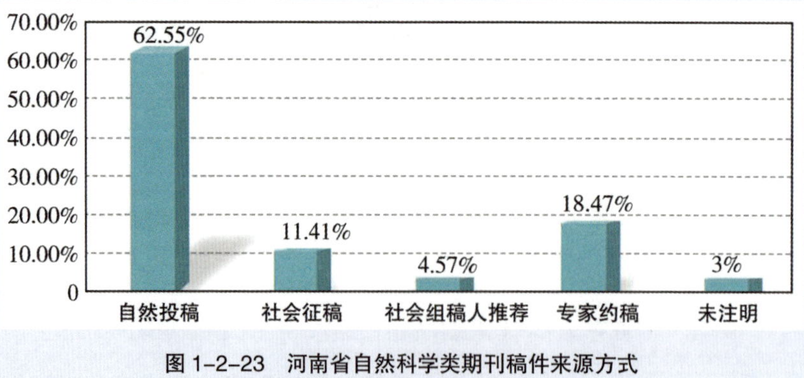

图 1-2-23 河南省自然科学类期刊稿件来源方式

数据来源：河南省期刊状况调查问卷

在稿件机构来源构成方面，占比由高到低的前三位分别是高等院校、科研机构、生产行业机构。这说明河南省自然科学类期刊与所在行业内的生产情况关系较为紧密。

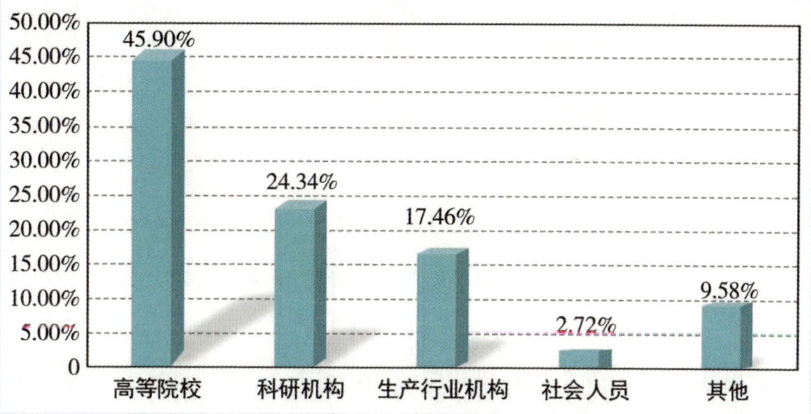

图 1-2-24　河南省自然科学类期刊稿件机构来源

数据来源：河南省期刊状况调查问卷

四、稿件质量

根据河南省期刊调研核验表，2019 年自然科学类期刊收稿 890 篇，录用并发表 220 篇，发文量占收稿总量的 24%，高于大众综合类 17% 和社会科学类 9%，可见自然科学类期刊稿源更加贴近期刊本

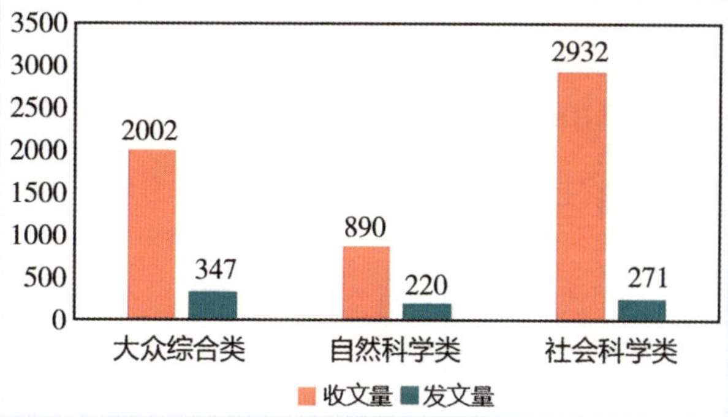

图 1-2-25　河南省 2019 年三类期刊收发文比较

数据来源：河南省期刊调研核验表

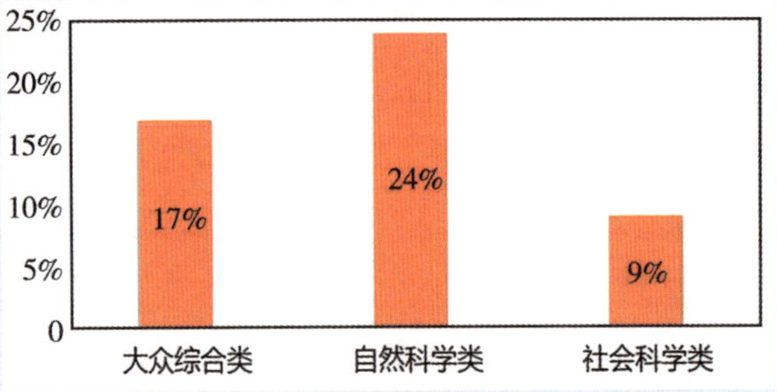

图 1-2-26　河南省 2019 年三类期刊发文量在收文量的占比

数据来源：河南省期刊调研核验表

身收稿要求，投稿更为精准，也说明自然科学类期刊更为倚重高质量的约稿。

根据河南省期刊状况调查问卷，2019 年总发稿量有 71 个样本，2020 年为 73 个。对比来看，2020 年总发稿量平均值为 278，高于 2019 年的 267；2020 年课题研究稿件均值为 111，比 2019 年稍微增高，说明自然科学类期刊在 2020 年更为重视课题研究类稿件。增加课题研究稿件和高质量约稿，有利于提高期刊稿件水平，而且课题研究可以提供基金，有助于自然科学取得更大成绩。

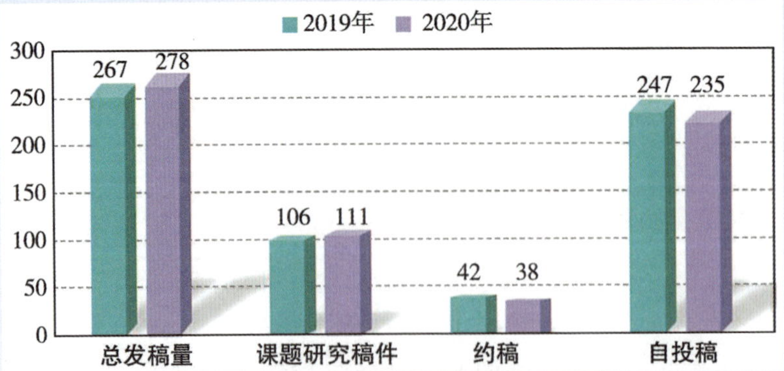

图 1-2-27　2019 年与 2020 年河南省自然科学类期刊平均发稿量对比

数据来源：河南省期刊状况调查问卷

在自然科学类期刊 2020 年课题研究类稿件中，国家级课题平均值为 42 个，稍低于省部级课题 44 个，行业级课题均值最小，说明国家级与省部级课题最受重视。河南省和上级单位应该加大课题下发力度，总结生产科研一线中的前沿课题。

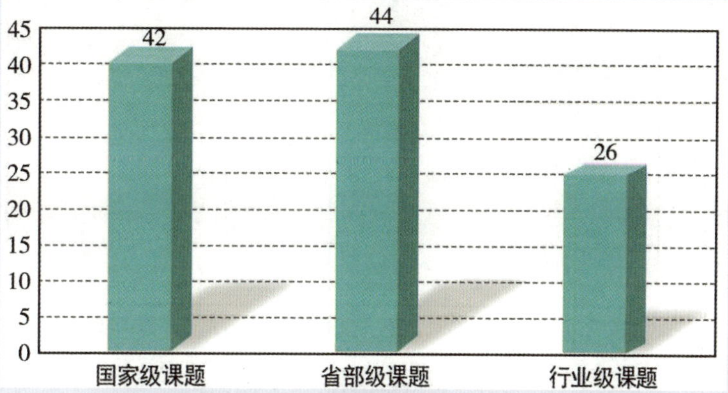

图 1-2-28　2020 年课题研究类稿件各级别课题平均值

数据来源：河南省期刊状况调查问卷

第五节　经营能力

一、发行

根据河南省期刊调研核验表，自然科学类期刊主要依靠多种发行方式混合发行，占比 37.38%，高于河南省期刊整体情况的 31.90%，其次为邮政发行，占比 35.51%，这两种是最主要的发行方式。定点邮寄和自办发行均小于平均水平。与社会科学类期刊相比，自然科学类期刊更依赖于邮政发行，自办发行能力较低。自然科学类期刊专业性很强，因此赠阅较少，只有少量赠送给同行期刊社、作者、审稿专家、科研院所、高校图书馆等。

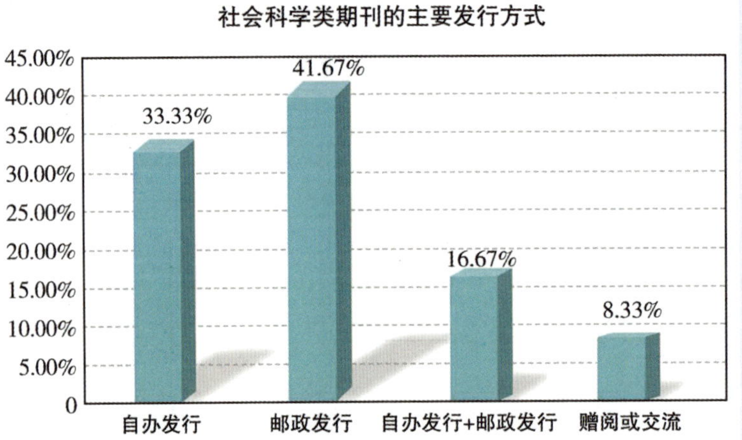

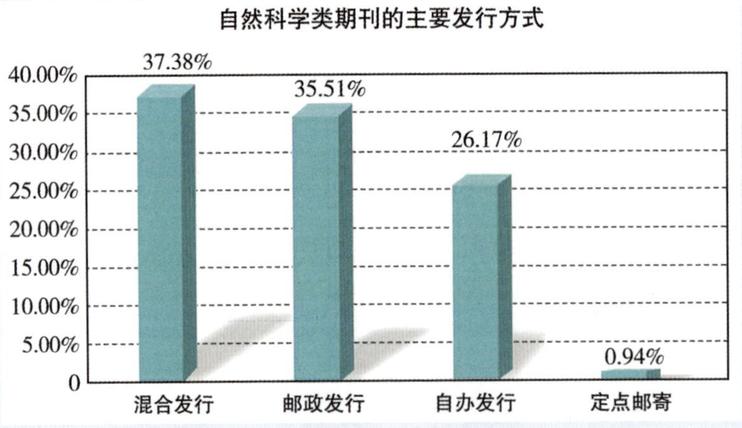

图 1-2-29 数据来源：河南省期刊调研核验表

根据河南省期刊状况调查问卷，自然科学类期刊发行量集中在 2000 份以下，1001 ~ 5000 份的占比高于河南省期刊整体情况，说明该类期刊发行规模较小。

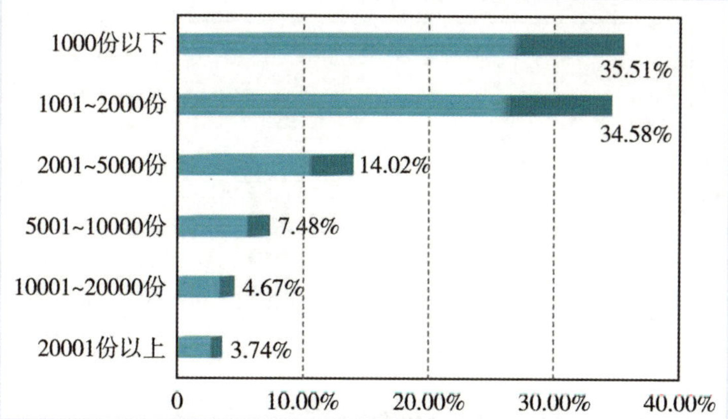

图 1-2-30　河南省自然科学类期刊发行量

数据来源：河南省期刊状况调查问卷

自然科学类期刊定价集中分布在 50 ~ 100（含）元区间内，定价高的多为年刊或季刊，页码大都超过 200 页。

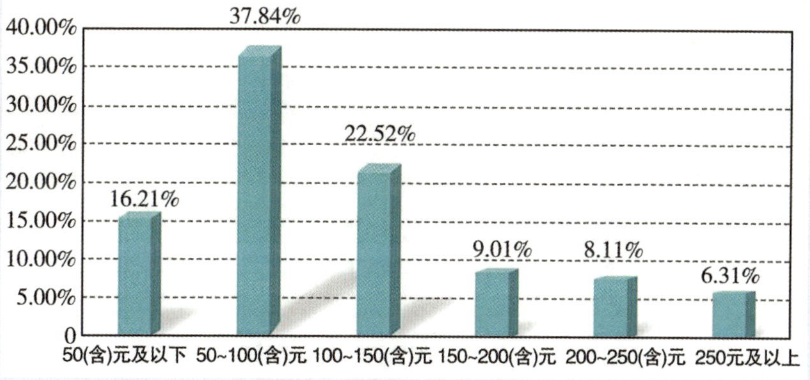

图 1-2-31　河南省自然科学类期刊年定价

数据来源：河南省期刊调研核验表

整体来看，自然科学类期刊单价集中在 5 ~ 10（含）元区间，10 ~ 20（含）元也占有相当比例。

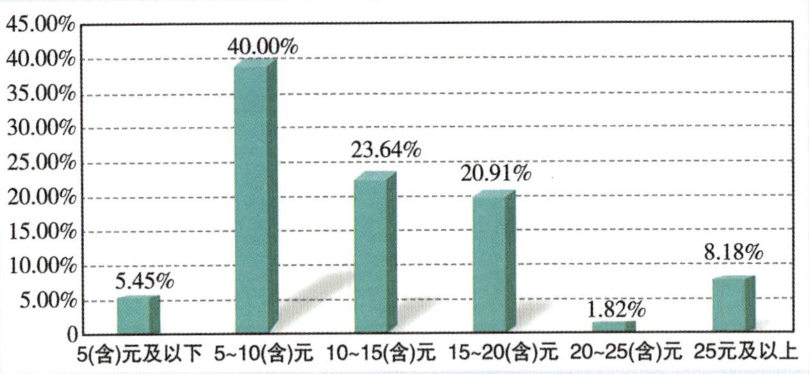

图 1-2-32　河南省自然科学类期刊单价

数据来源：河南省期刊调研核验表

根据河南省期刊状况调查问卷，16 开本的自然科学类期刊占比 92.52%，32 开本占比 4.67%，其他开本占比 2.81%。

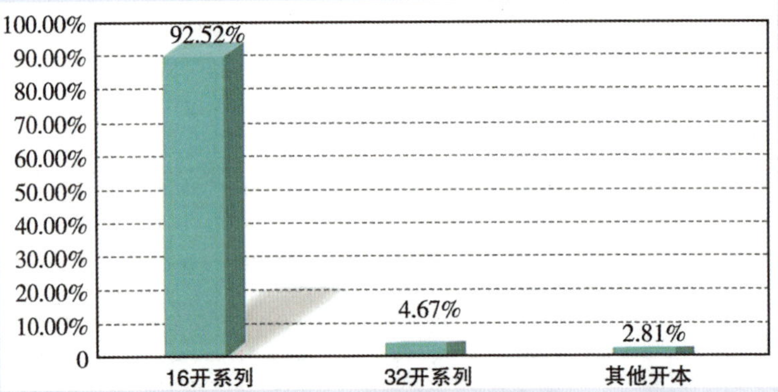

图 1-2-33　河南省自然科学类期刊开本

数据来源：河南省期刊状况调查问卷

自然科学类期刊年度两本增刊的占比略高于河南省期刊整体情况两个百分点。

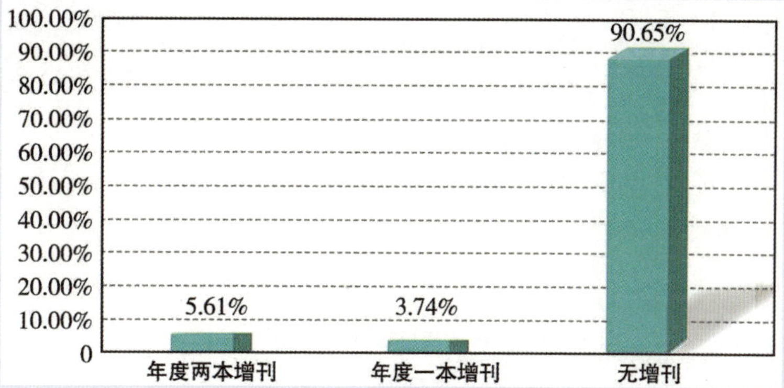

图 1-2-34　河南省自然科学类期刊年度增刊数量

数据来源：河南省期刊状况调查问卷

二、广告及其他

在广告业务经营方面，49.11% 自然科学类期刊单位无广告业务。27.68% 为自主经营广告业务。广告业务的比重高于社会科学类期刊，低于大众综合类期刊。

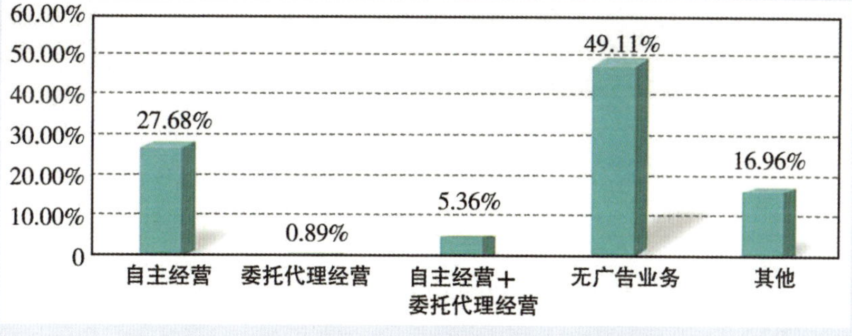

图 1-2-35　河南省自然科学类期刊广告经营方式

数据来源：河南省期刊调研核验表

与河南省期刊整体情况一样，无软文的占比最高。

根据河南省期刊状况调查问卷，自然科学类期刊广告与期刊自身非常契合的占比 47.66%，高于总样本的 43.10%；不契合的占比

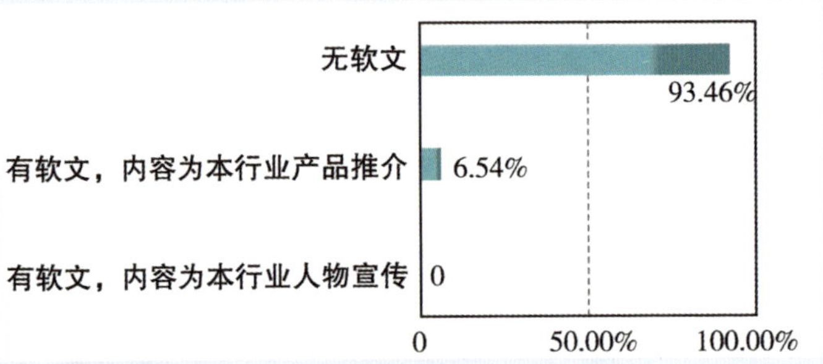

图 1-2-36　河南省自然科学类期刊广告软文

数据来源：河南省期刊状况调查问卷

16.82%，低于总样本的 19.83%。与其他两类相比，自然科学类期刊广告数量最少，也最关注刊登广告与期刊自身定位的契合程度。说明自然科学类期刊广告行业性强，在广告选择方面较为重视广告与期刊定位的匹配度，倾向于选择与行业、内容关联度高的广告业务。

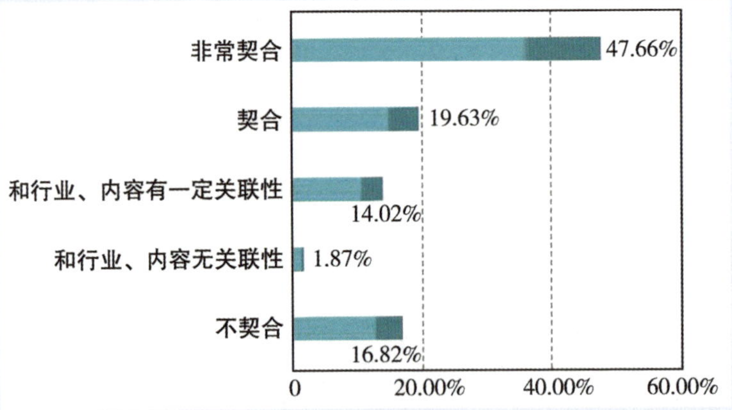

图 1-2-37　河南省自然科学类期刊广告与期刊契合度

数据来源：河南省期刊状况调查问卷

第六节 经济效益与社会效益

一、经济效益

根据河南省期刊调研核验表，自然科学类期刊的主要收支来源于“其他收入”，受内容因素影响，该类期刊需要依靠财政拨款、社会捐赠等形式维持。自然科学类期刊受调研 6 家，有 1 家利润额为负值，处于亏损状态。这说明，学术期刊在走自主经营、自负盈亏的道路上面临极大的困难，办刊经费高度依赖国家或上级单位拨款。

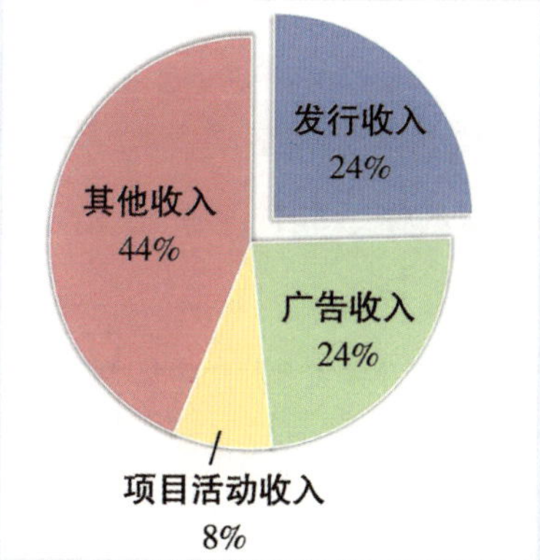

图 1-2-38 河南省自然科学类期刊收入分布

数据来源：河南省期刊调研核验表

二、社会效益

单从社会公益捐赠额来看，自然科学类期刊在公益方面的平均支出仅占总平均支出的 0.05%，但结合自然科学类期刊的收支情况，由于该类期刊主要收入依靠财政拨款、科研经费等收入，且自然科学类期刊在实验、设备等方面较其他两类期刊有更大的支出，加之样本量小，并不能单纯以社会捐赠额比例判定该类期刊的社会效益。自然科学类期刊对社会公益事业的投入支出，对含有社会正能量、坚持学术严谨的文章进行刊载和传播，对人们起到了指导生产、端正学风、启发智慧的作用。

第七节　数字化与新媒体推广

一、数字技术应用

根据河南省期刊状况调查问卷，“未应用采编系统，稿件审核应用电子邮件”的自然科学类期刊占比 17.76%，远低于总样本平均

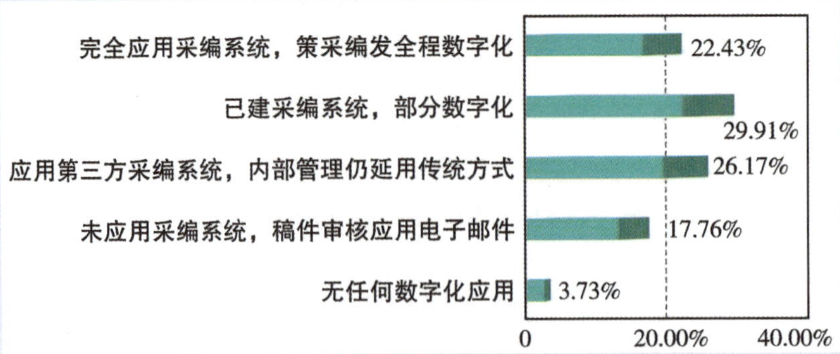

图 1-2-39　河南省自然科学类期刊目前出版过程中数字技术应用情况

数据来源：河南省期刊状况调查问卷

数 34.05%，“无任何数字化应用”占比 3.74%，低于总样本平均数 3.88%，“全程数字化”“部分数字化”“应用第三方采编系统”占比均高于河南省期刊整体情况，说明自然科学类期刊的数字化进程走在三类期刊的前沿。

根据河南省期刊编辑人员状况调查问卷，自然科学类期刊通过办公软件完成文字加工、文稿整理的比例为 42%，购买、使用校对专业软件的占比 21%，使用专业的文稿编纂系统的合计占比 8%（其中购买使用的占比 7%，自行开发专用的占比 1%）。使用电子邮件和 QQ 软件传递文稿的合计占比 25%。

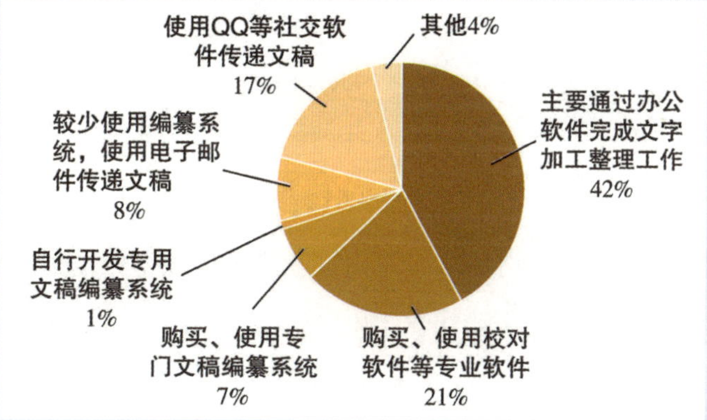

图 1-2-40　河南省自然科学类期刊在稿件编辑上应用数字技术的主要方式

数据来源：河南省期刊编辑人员状况调查问卷

二、出版形态

在目前的数字化出版形式中，被知网、万方数据库收录仍是最主要的数字化形式。

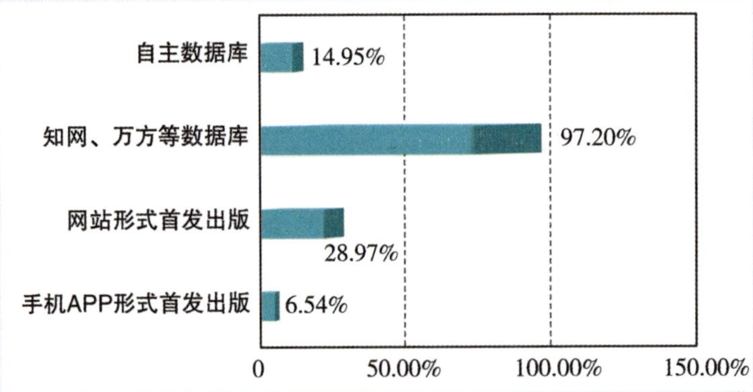

图 1-2-41 河南省自然科学类期刊目前数字化出版形态

数据来源：河南省期刊状况调查问卷

三、新媒体建设

在新媒体宣传方面，大多数期刊选择开通自己的微信公众号，用户数量基本都在 5000 以下，这与河南省期刊整体情况的趋势一致。但值得一提的是，用户数量在 5001 ~ 30000，以及 50001 以上的占比自然科学类期刊高于河南省期刊整体情况，说明自然科学类期刊有单位能做出规模较大的新媒体账号。

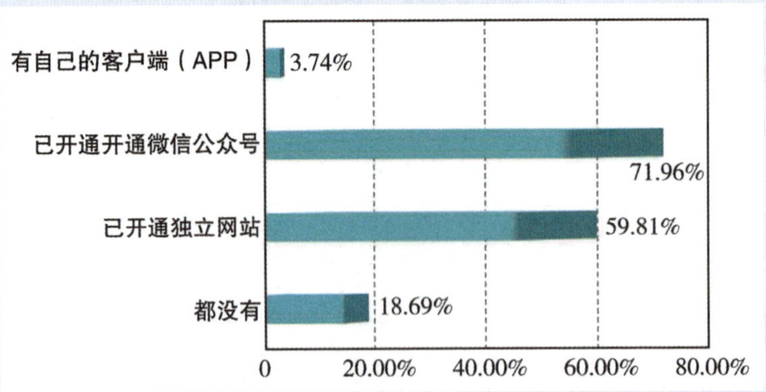

图 1-2-42 河南省自然科学类期刊开通网站、微信公众号或客户端情况

数据来源：河南省期刊状况调查问卷

根据河南省期刊状况调查问卷，新媒体宣传的形式占比从高到低依次为同名微信公众号、自营网站、（主管主办单位）平台网站栏目、内容文档跳转链接（链接或二维码）、同名微博。

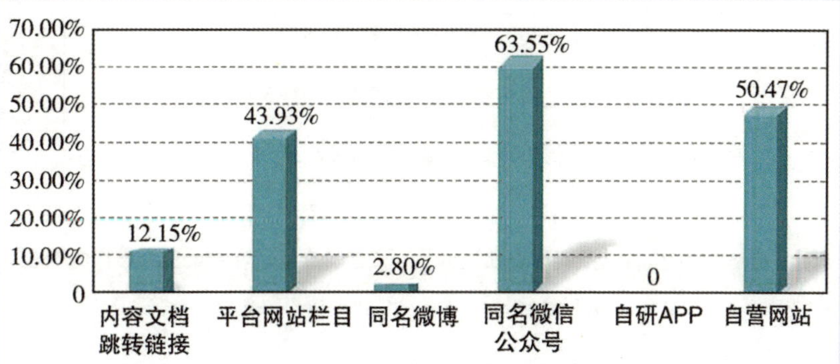

图 1-2-43　河南省自然科学类期刊目前应用新媒体宣传形式

数据来源：河南省期刊状况调查问卷

新媒体宣传形式与经常推送的内容，自然科学类期刊与河南省期刊整体情况一致，侧重于推送期刊本身内容，较少为新媒体量身打造易于传播的内容。这说明河南省自然科学类期刊新媒体运营意识不强。此外，期刊出版部门经费来源为上级拨款，人事管理为主管主办单位人事部门统管，人、财、物管理没有自主权，大部分期刊不能根据时代发展，很快建立起新媒体运营部门，新媒体运营多由编辑兼任，或有专人负责新媒体运营的出版单位，技术管理人员占比高，内容管理人员少甚至没有，投入有限，因此无法达到明显效果。

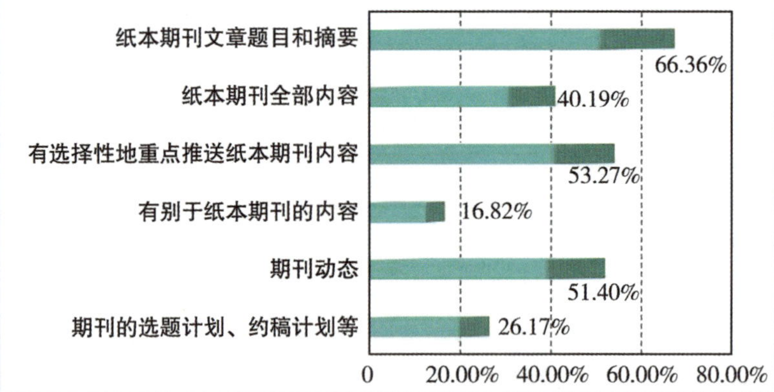

图 1-2-44　河南省自然科学类期刊网站、微信公众号或客户端经常推送的内容

数据来源：河南省期刊状况调查问卷

四、新媒体运营情况及效果

根据河南省期刊调研核验表，自然科学类期刊网站和客户端建设已经有了一定基础，但点击率和日活还不够高。

自然科学类 57 种受调研期刊中有 37 个微信公众号，平均订阅人数 3033，阅读量 10 万 + 文章数 190 篇；微信公众号数量和粉丝数量相对较少，但内容质量相对更高。另外，自然科学类期刊对于

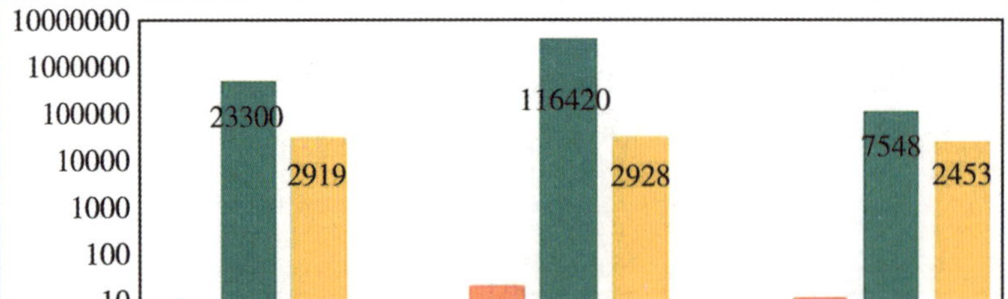

图 1-2-45　三类期刊官方客户端情况统计

数据来源：河南省期刊调研核验表

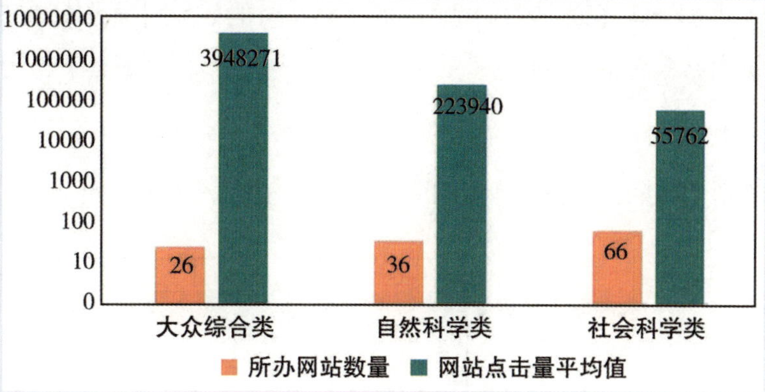

图 1-2-46　三类期刊所办网站情况统计

数据来源：河南省期刊调研核验表

第三方新媒体视频平台的重视度明显不足。

自然科学类期刊用户量在 5000 人以下的占比最高，为 59.81%，其次为 5001 ~ 10000 人的占比为 17.76%，10001 人以上的合计占比为 22.43%，可知不论是新媒体岗位设置方面，还是微信公众号及网站的维护方面，自然科学类期刊都较为重视，也初见成效。但由于专业门槛较高，热点话题少，相对而言，粉丝量等数据还处于增长发育期。

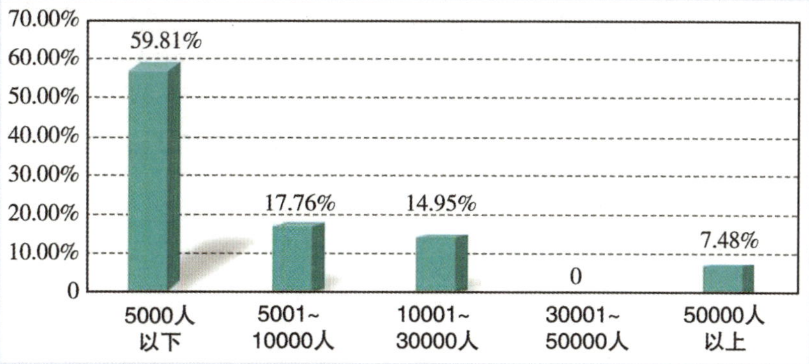

图 1-2-47　河南省自然科学类期刊网站、微信公众号或客户端用户数量

数据来源：河南省期刊状况调查问卷

根据河南省期刊状况调查问卷，47.66% 的自然科学类期刊有专职人员负责管理运营网站、微信公众号与客户端；没有专人负责，责编兼职占比 49.53%，高于总样本的 45.69%。两者对比可以看出，自然科学类期刊在新媒体管理运营方面可能还疏于管理。

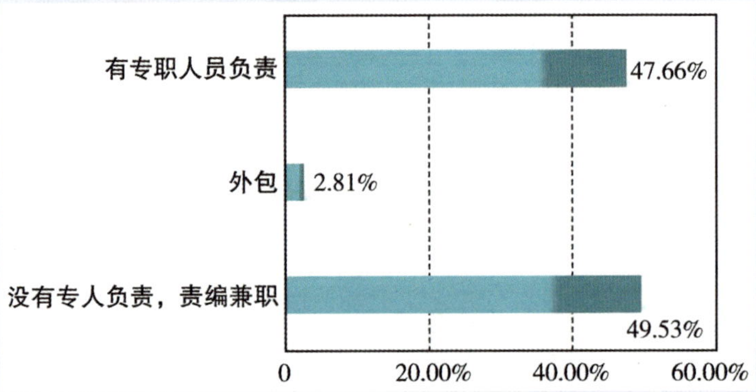

图 1-2-48 河南省自然科学类期刊网站、微信公众号或客户端管理运营方式

数据来源：河南省期刊状况调查问卷

五、数字化发展期盼

自然科学类期刊在全媒体背景下推动学术期刊融合发展，应从哪些方面着手，根据河南省期刊状况调查问卷结果，占比前三的依次为建立在线投稿系统、建立在线审稿系统、建立线上传播系统，建立在线投稿系统、建立在线审稿系统占比均为 81.31%，建立线上传播系统占比 82.24%。

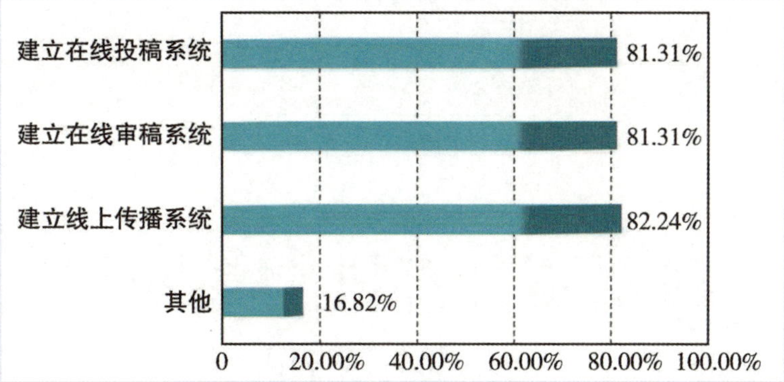

图 1-2-49　在全媒体背景下推动学术期刊融合发展，应从哪些方面着手

数据来源：河南省期刊状况调查问卷

根据河南省期刊状况调查问卷结果，自然科学类期刊未来数字化出版形式，53.27% 的认为应该建立更广泛的大数据库，其次为移动终端（手机、电子阅读设备等）、纯数字化期刊（同步在线出版）和读者个性定制。数据库对自然科学类期刊的发展非常重要，是未来发展的趋势。

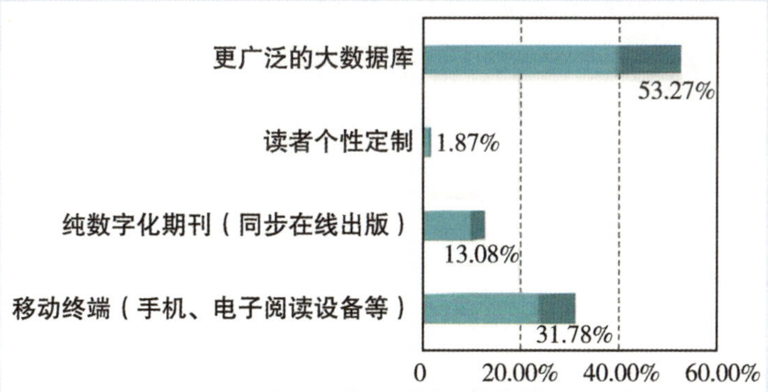

图 1-2-50　河南省自然科学类期刊未来数字化出版形式

数据来源：河南省期刊状况调查问卷

第三章

河南省自然科学类期刊编辑状况

第一节 人员特征

期刊社编辑工作人员中，女性所占比例比男性高（女 59%，男 41%），与河南省期刊社总体情况（女 59%，男 41%）相持平。

在年龄结构上，自然科学类期刊编辑工作人员的年龄层更偏向于中年化一些，36～50 岁的编辑人员占比 52%，青年编辑（26～35 岁）和资深编辑（51 岁及以上）相对较少，分别占比 22% 和 25%。与河南省期刊社总体情况（26～35 岁 24%，36～50 岁 52%，51 岁及以上 24%）相似。

25 岁以下人员占比仅 1%，这与期刊所需专业背景和从业经历相关，也与学术期刊编辑需要较高学历有关。

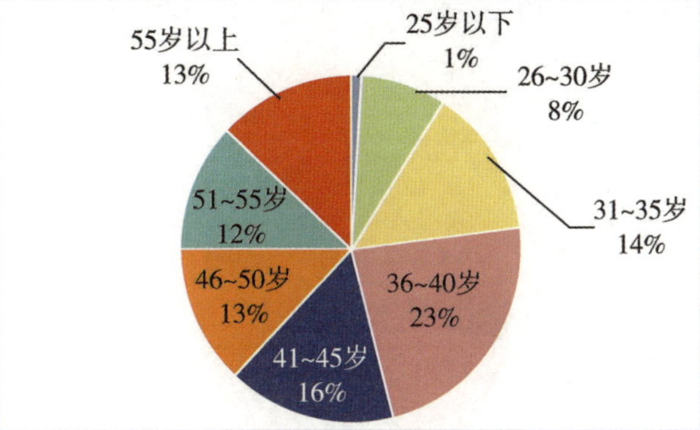

图 1-3-1 年龄结构

数据来源：河南省期刊编辑人员状况调查问卷

根据河南省期刊编辑人员状况调查问卷，自然科学类编辑的文化程度，本科及硕士所占比例最多，分别为 46% 和 36%，其次是博士 13%，双学位、大专及以下较少。高于大众综合类期刊编辑的文化程度。而且双学位达 1%，这是大众综合类和社会科学类期刊编辑都没有的，说明自然科学类期刊编辑重视多专业发展。

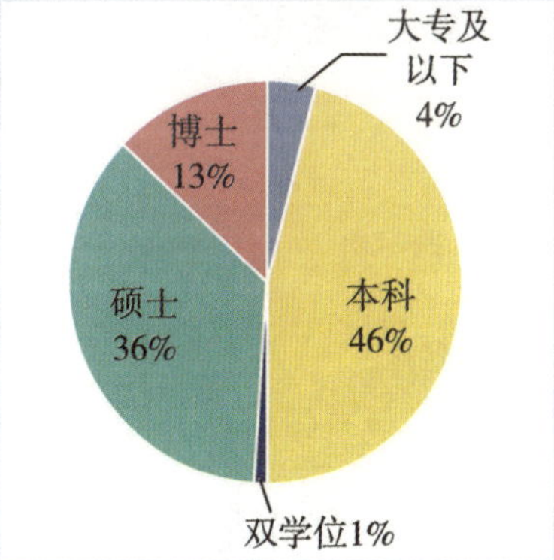

图 1-3-2 文化程度

数据来源：河南省期刊编辑人员状况调查问卷

在文化教育水平上，自然科学类期刊编辑除高等教育水平较高的特点外，还在专业领域上出现了明显偏向理工科的情况，文史类专业出身的占比明显大幅度减少，且医学专业占比更高。

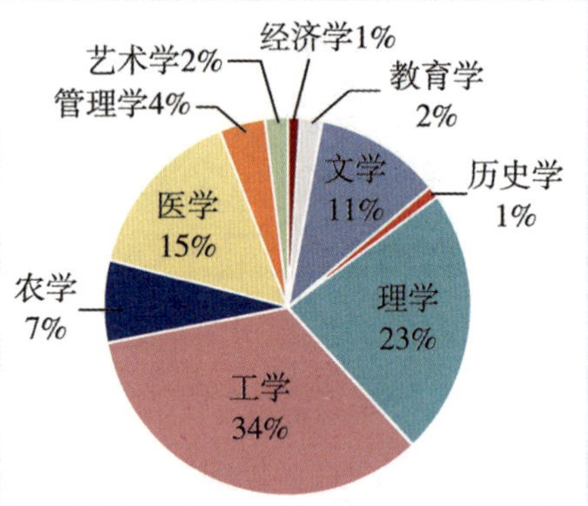

图 1-3-3　所学专业类型

数据来源：河南省期刊编辑人员状况调查问卷

根据河南省期刊编辑人员状况调查问卷，自然科学类期刊编辑没有多学科学习经历情况的占比为 73%；有跨专业学习背景的占比为 19%，低于社会科学类的 27%；在本科阶段有双学位、双专业学习背景的占比为 8%。可见，河南省自然科学类期刊编辑人员的知识面多在本专业领域，跨专业发展的情况不多。

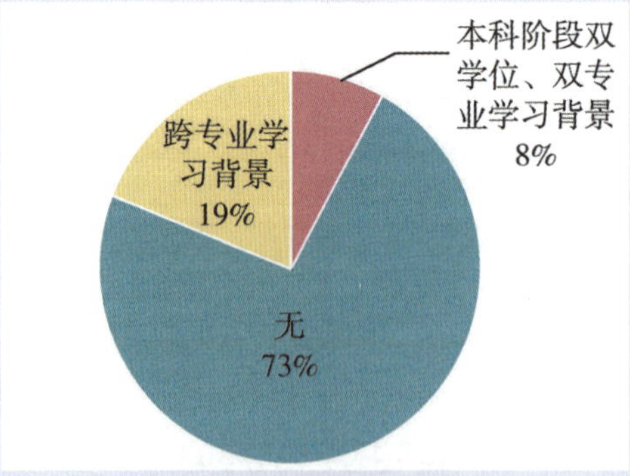

图 1-3-4　多学科学习经历情况

数据来源：河南省期刊编辑人员状况调查问卷

98% 的人员都没有海外学习经历，阶段性和全程留学海外的人员各占比 1%，这一点可能是自然科学类期刊在下一阶段提升国际影响力、与国际专业领域期刊接轨过程中的阻碍。

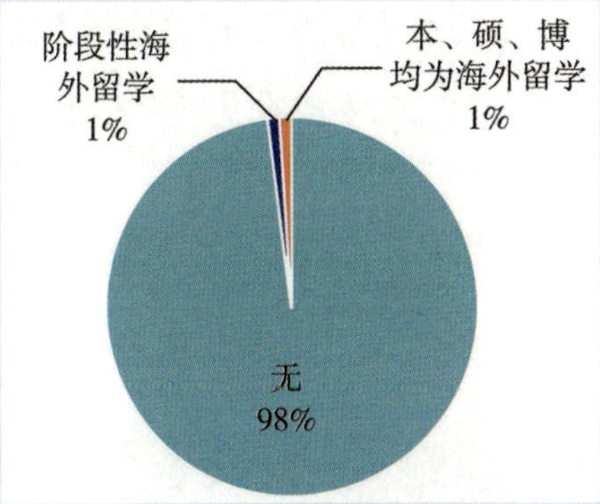

图 1-3-5　海外学习经历

数据来源：河南省期刊编辑人员状况调查问卷

根据中国科学技术信息研究所数据，河南省自然科学类期刊海外论文比仅有 0.039，自然科学类学报海外论文比有 0.034，都低于河南省平均值和全国平均值。这与河南省期刊国际化不足的情况是一致的。

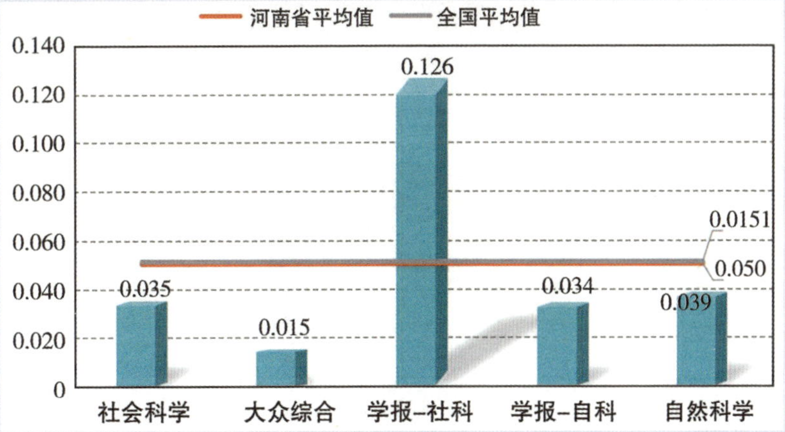

图 1-3-6　河南省各类别期刊海外论文比

数据来源：中国科学技术信息研究所

根据期刊编辑人员状况调查问卷，自然科学类期刊编辑人员专业领域与所在期刊社内容领域非常吻合占比 30%，吻合占比 24%，基本吻合占比 35%，不吻合和完全不相关共计占比 11%。这里可以推断出自然科学类期刊对编辑人员的专业背景有更严格的标准。

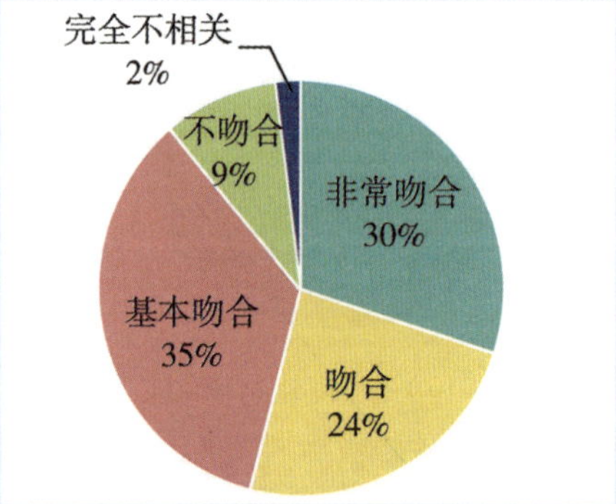

图 1-3-7　专业领域与所在期刊内容领域吻合程度

数据来源：河南省期刊编辑人员状况调查问卷

根据期刊编辑人员状况调查问卷，自然科学类在编人员所占比例突出，在编占比 70%，聘用占比 21%。在编人员比例高于大众综合类期刊比例。这些在编人员收入高度依赖工资和单位福利。这也

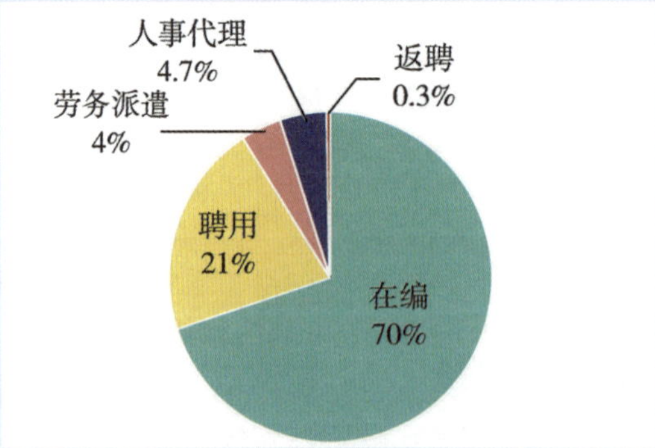

图 1-3-8　在所属期刊的身份性质

数据来源：河南省期刊编辑人员状况调查问卷

说明主管主办单位的重视程度和决策对学术期刊发展具有决定性作用。另外，聘用的比例达到 21%，略高于社会科学类期刊，说明自然科学类期刊对聘用专家更为看重。

第二节　从业情况

根据期刊编辑人员状况调查问卷，自然科学类期刊编辑人员在从事期刊编辑工作前有其他行业工作经历的占比更高一些，这也印证了专业性越强的期刊对于编辑人员的专业工作背景越重视。在自然科学类期刊编辑人员中，无其他行业工作经历的人员占比为 40%，高于社会科学类期刊编辑的 31%。河南省学术期刊的编辑，工作经历都比较单纯，缺乏多行业工作经验。

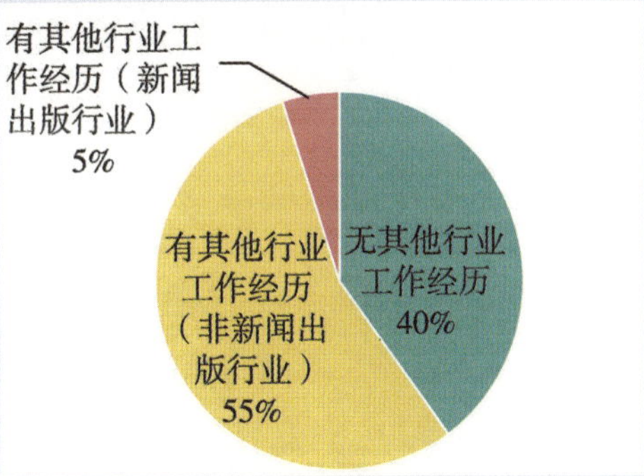

图 1-3-9　从事期刊编辑工作之前

数据来源：河南省期刊编辑人员状况调查问卷

根据期刊编辑人员状况调查问卷，一直在同一期刊工作的人员所占比例最大，占比 88%，在不同期刊间和在非期刊出版单位经历过工作调整的占比分别为5%和3%，有其他行业工作经历的占比4%。与河南省总体情况相比（一直在同一期刊工作的占比为80%），自然科学类编辑工作变动更少。

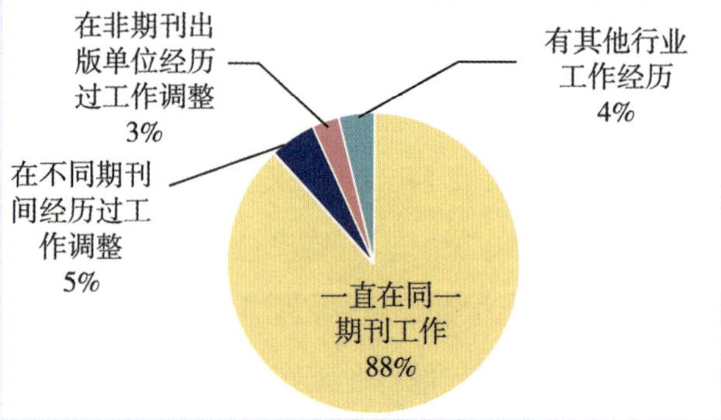

图1-3-10 从事期刊编辑工作以来

数据来源：河南省期刊编辑人员状况调查问卷

一直从事文案编辑工作的编辑高达56%，这说明学术编辑可以选择的工作范围并不多，见识有缺陷。这也让他们在从事新媒体和科学普及工作的时候，能力上有些欠缺。

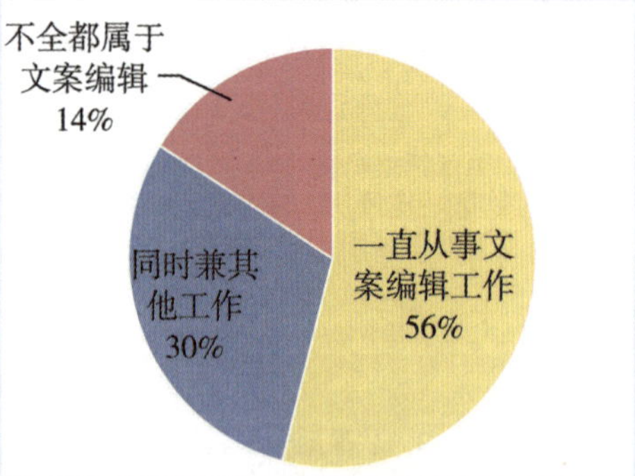

图1-3-11 从事期刊出版工作以来

数据来源：河南省期刊编辑人员状况调查问卷

根据期刊编辑人员状况调查问卷，自然科学类期刊编辑人员的具体岗位以综合编辑为主，兼具策划、文案编辑工作，全流程负责，占比 48%；其次是文案编辑，占比 23%；其他除编辑助理外，专职编辑如策划编辑、网络编辑、美术编辑、数字化加工编辑、流程编辑等占比都很低。另外有 14% 的人员具备出版专业技术资格，定位为技术编辑。

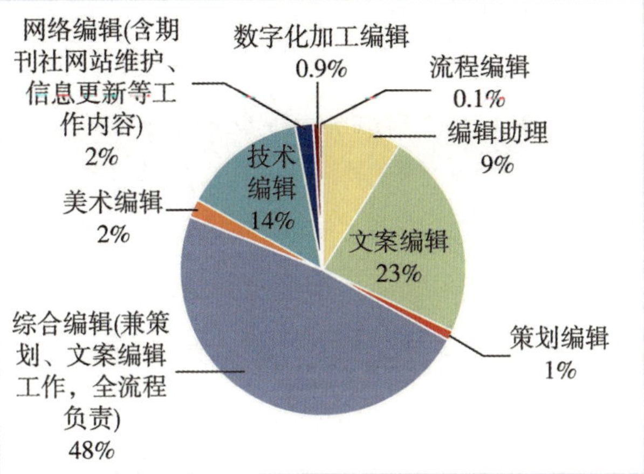

图 1-3-12　在期刊社的具体岗位

数据来源：河南省期刊编辑人员状况调查问卷

根据期刊编辑人员状况调查问卷，自然科学类期刊社聘任人员需资格证书的比例占据多数。需出版职业资格证书系列达 62%。需同期刊主管主办单位职业资格系列的占 18%。需新闻记者资格证书系列占比 1%。需数字编辑职业资格系列占比 1%。需要出版职业资格证书和主管主办单位职业资格系列的比例都高于社会科学类期刊；需要出版职业资格证书的比例远远高于大众综合类期刊。直接入职无要求的占比 18%，低于其他两类编辑。这都说明，自然科学类期刊入职门槛较高。

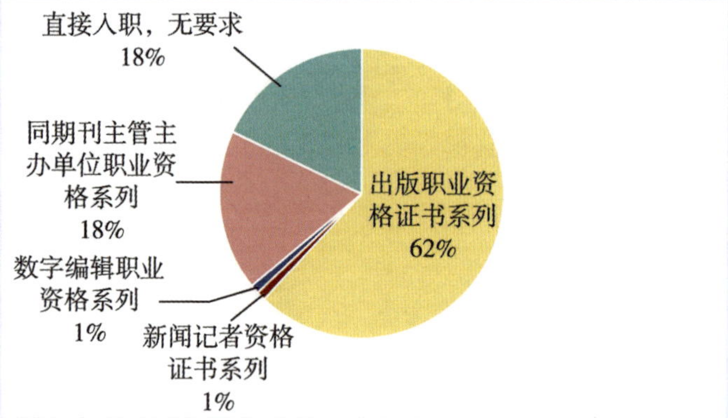

图 1-3-13 聘任所依据的职业资格证书

数据来源：河南省期刊编辑人员状况调查问卷

根据期刊编辑人员状况调查问卷，自然科学类期刊编辑职称序列最多，占比 53%；其次是教师职称序列，占比 18%。与河南省总体相比（河南省编辑职称序列 54%，教师职称序列 25%），在大体占比情况相似下，自然科学类期刊编辑职称序列少一些，教师职称序列少一些，同时与社会科学类期刊相比，自然科学类期刊在医疗卫生、工程师、研究员等专业相关的职称序列上占比更高。

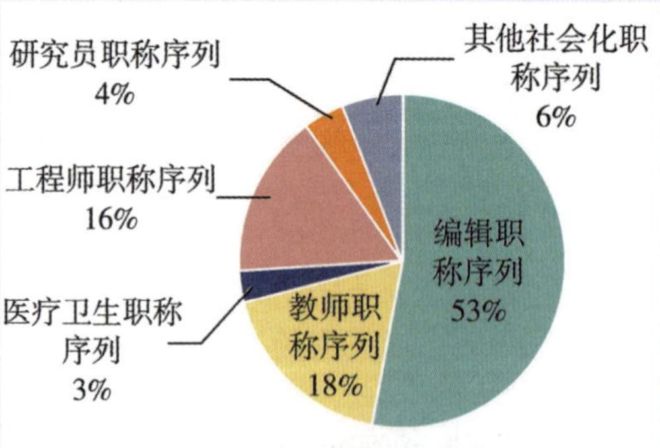

图 1-3-14 职称序列

数据来源：河南省期刊编辑人员状况调查问卷

第三节　编辑流程

根据河南省期刊编辑人员状况调查问卷，自然科学类期刊社收稿主要以投稿系统收稿的方式为主，占比 53%，其次是工作专用邮箱收稿，占比 30%，然后是个人邮箱收稿占比 8%，邮政系统收稿占比 3% 及其他占比 6%。其中，自然科学类期刊社运用投稿系统方式投稿的比河南省总体情况（期刊社投稿系统 31%）要高很多。这说明自然科学类期刊社的技术水平高于河南省平均水平。

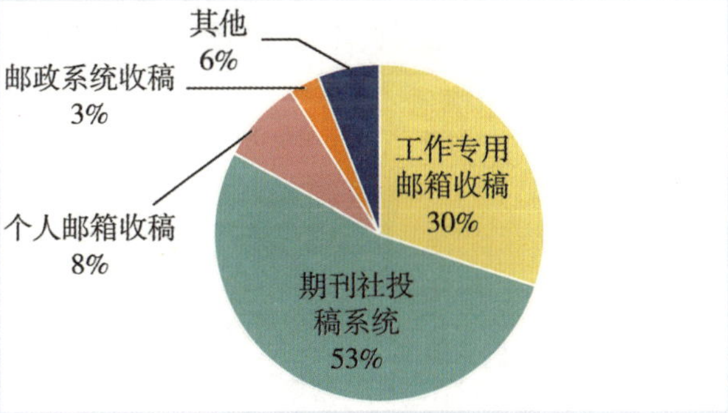

图 1-3-15　收稿方式

数据来源：河南省期刊编辑人员状况调查问卷

根据期刊编辑人员状况调查问卷，日常编辑文稿的最主要来源还是分配的居多，占比 42%，其次是自身兼任策划编辑，全程自行开发选题和组稿，占比 21%。

根据期刊编辑人员状况调查问卷，期刊文稿的主要编辑方法主要是纸版打印稿与数字文件并行的方式，占比 58%，说明目前期刊

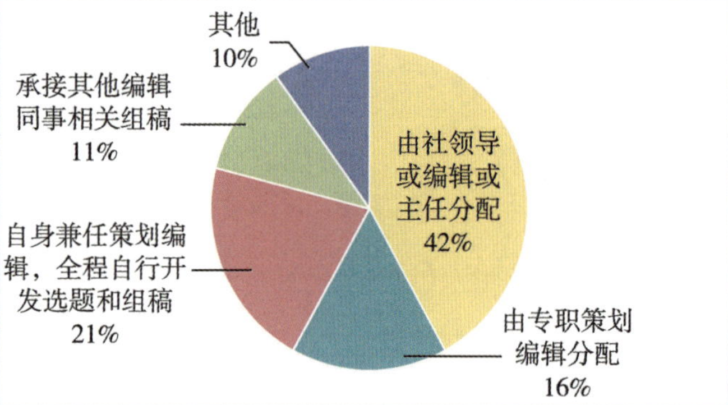

图 1-3-16 日常所编辑文稿最主要的来源

数据来源：河南省期刊编辑人员状况调查问卷

社多采用纸版打印稿与数字文件并行的方式进行文稿编辑。纸版打印稿手工修改的比例远远低于大众综合类期刊，也低于社会科学类期刊，这也说明了自然科学类期刊社的技术水平高于其他两类。

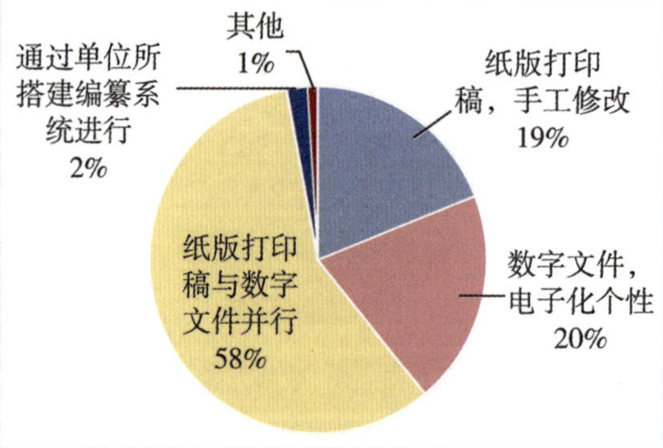

图 1-3-17 期刊文稿编辑方法

数据来源：河南省期刊编辑人员状况调查问卷

根据期刊编辑人员状况调查问卷，稿件选题通过标准以内容质量和行业规定为首要标准，占比 41%，其次是看是否符合社会需要和政策需要，分别占比 25% 和 21%，最后才会考虑市场和其他原因。

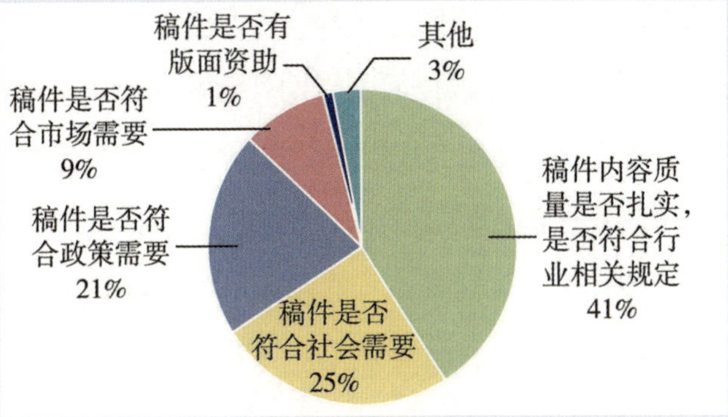

图 1-3-18　所在期刊社稿件选题通过的主要标准

数据来源：河南省期刊编辑人员状况调查问卷

第四节　考核评价

根据期刊编辑人员状况调查问卷，自然科学类期刊多以完成的版面数和期刊社整体效益作为编辑年度工作量评估标准，分别占比36%和32%，以所完成的文稿字数为单位评估的占比15%，以坐班

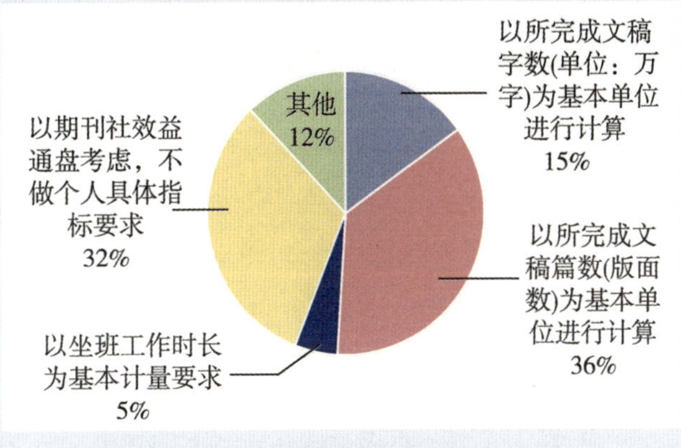

图 1-3-19　期刊社编辑年度工作量评估指标

数据来源：河南省期刊编辑人员状况调查问卷

工作时长为评估标准的占比5%。

在工作质量评估上，根据河南省期刊编辑人员状况调查问卷，自然科学类期刊更重视编辑完成版面所获得的行业、社会奖项荣誉，占比42%，以所完成版面数量为标准的占比38%，以所完成的工作数量为主，不做具体质量要求的占比18%，另有2%的期刊社以编辑所完成版面的纯利润作为主要参考依据。

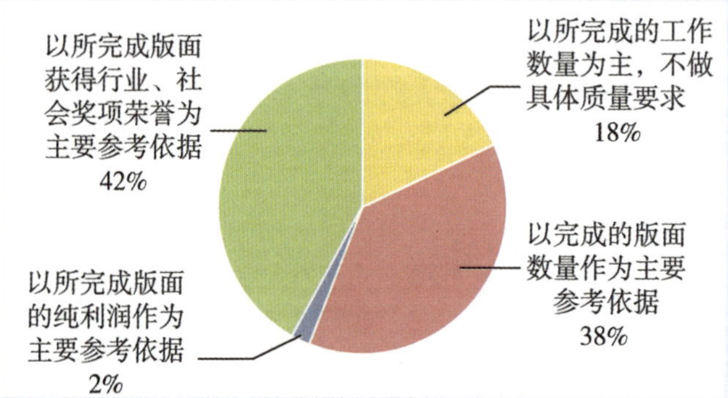

图1-3-20　期刊社对编辑工作质量考核标准

数据来源：河南省期刊编辑人员状况调查问卷

河南省自然科学类期刊编辑人员除日常编辑工作外，所在期刊社还要求人员完成编辑之外的工作。其中，维系作者等活动占比25%，参与宣传推广工作占比22%，跟进印刷工作占比20%，在本单位兼任其他岗位工作占比13%，调研市场占比11%，对接销售渠道与平台、组织读者活动以及其他工作各占比3%。

对于编辑人员外部工作，河南省自然科学类期刊社也有要求。参加行业订货会、博览会、年会等的63人次，参加所从事领域的相关会议的289人次，参加行业相关学术会议的328人次，在行业报刊上发表论文的75人次，在所从事领域行业期刊发表论文的112人

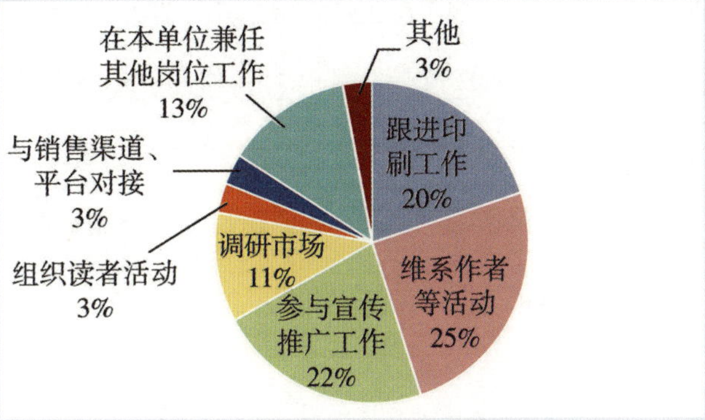

图 1-3-21　期刊社编辑内部的额外工作任务

数据来源：河南省期刊编辑人员状况调查问卷

次，出版所从事领域行业或出版行业相关内容专著的 32 人次，参加本领域或出版行业学会、协会等行业团体并承担一定职务的 43 人次，无明确要求的 71 人次。

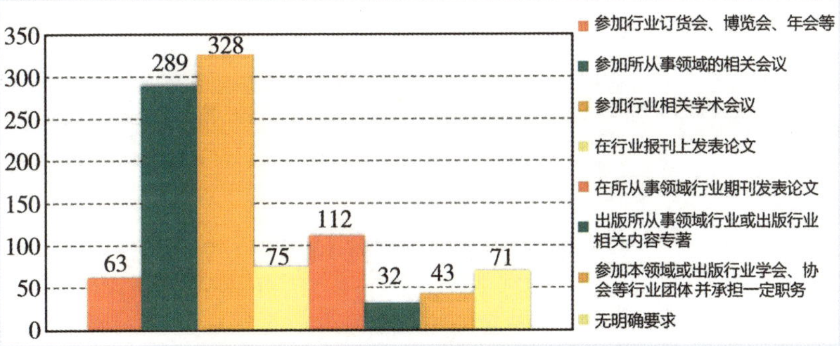

图 1-3-22　期刊社编辑外部工作任务要求

数据来源：河南省期刊编辑人员状况调查问卷

对于编辑工作人员的工作安排及考核，自然科学类期刊继续体现出对于专业性的严格要求：相较于河南省期刊总体情况，自然科学类期刊格外重视编辑人员参加相关学术会议和发表论文的情况，并且将这些划定在日常除编辑工作外的额外工作当中，这也说明了自然科学类期刊与专业近，与新闻出版行业较远的特点；同时，自然科学类期刊相对更加重视编辑所完成的版面数量和质量，对于综合编辑是否能跟进期刊出版的各个流程要求并不高；且多数受访期刊社都能对工作人员的工作量及工作质量制定出相对合理的评估标准和考核周期，这样的设定很大程度上能对编辑工作人员起到鼓励作用。

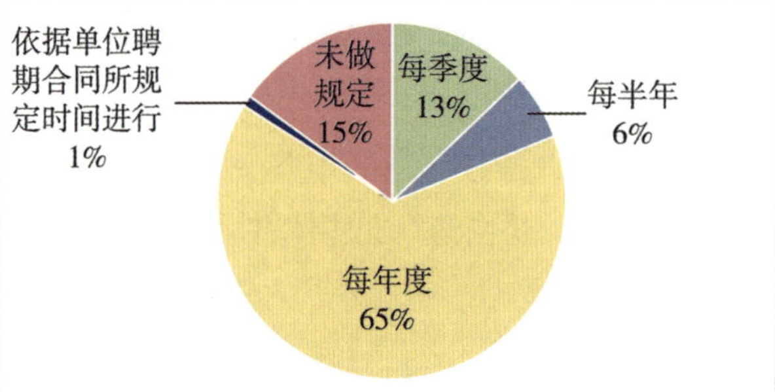

图 1-3-23　期刊社编辑工作量考核的周期

数据来源：河南省期刊编辑人员状况调查问卷

第五节　薪资待遇

在收入方面，自然科学类期刊编辑人员在高收入群体的占比是比总体样本略高的，但对于收入的满意度明显更低，这与自然科学类期刊的专业背景、教育背景相关。这也可以推断，自然科学类期刊编辑更有信心创新盈利模式，对提高收入更有期待。

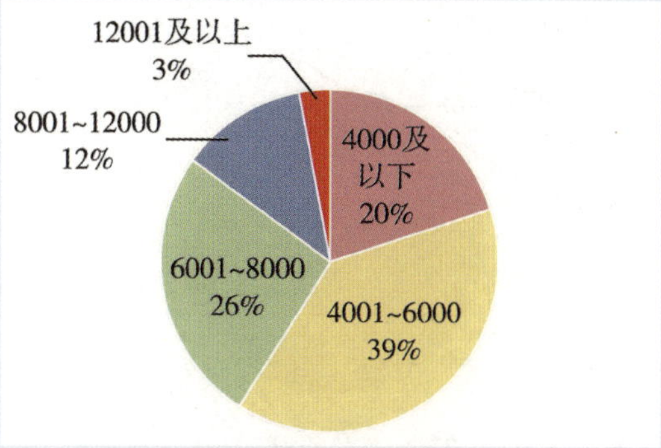

图 1-3-24　编辑相关业务上所取得的月收入（税后）

数据来源：河南省期刊编辑人员状况调查问卷

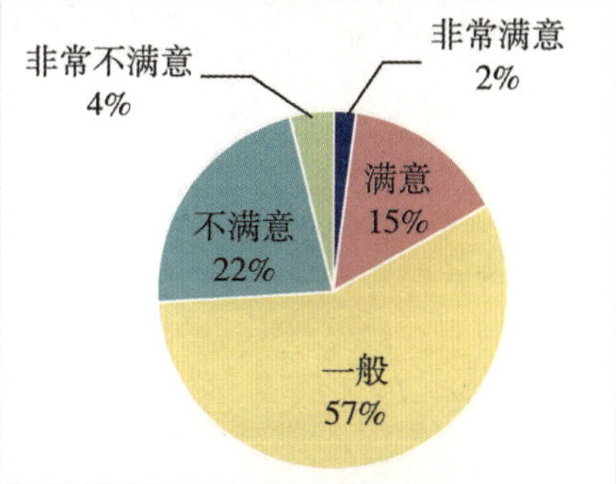

图 1-3-25　收入满意度

数据来源：河南省期刊编辑人员状况调查问卷

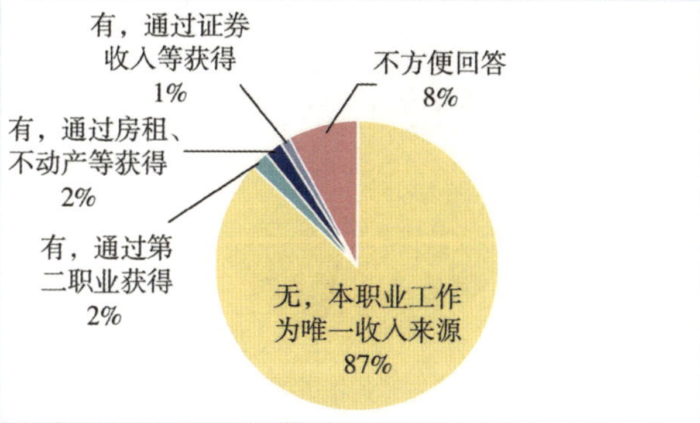

图 1-3-26　行业外收入来源

数据来源：河南省期刊编辑人员状况调查问卷

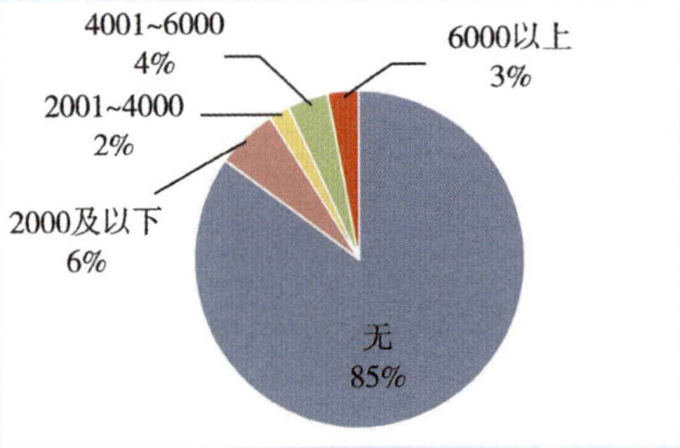

图 1-3-27　编辑业务外所得月收入（平均）

数据来源：河南省期刊编辑人员状况调查问卷

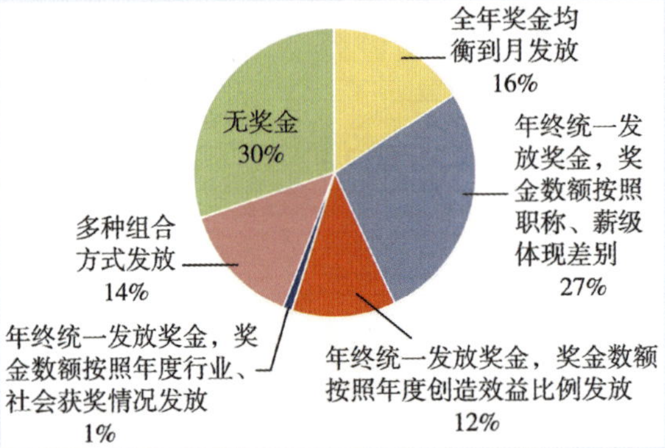

图 1-3-28　奖金发放情况

数据来源：河南省期刊编辑人员状况调查问卷

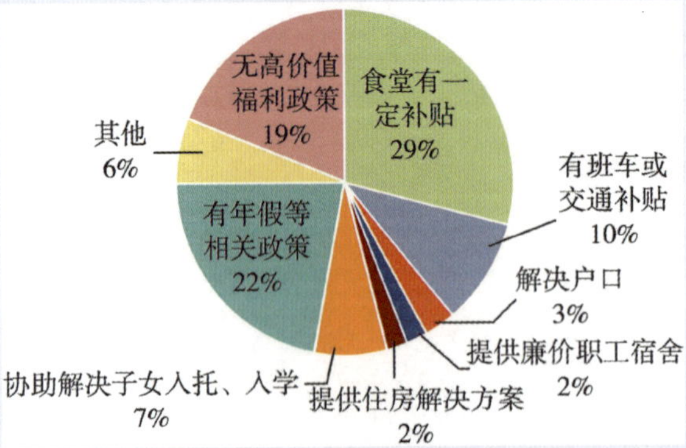

图 1-3-29　期刊社福利措施

数据来源：河南省期刊编辑人员状况调查问卷

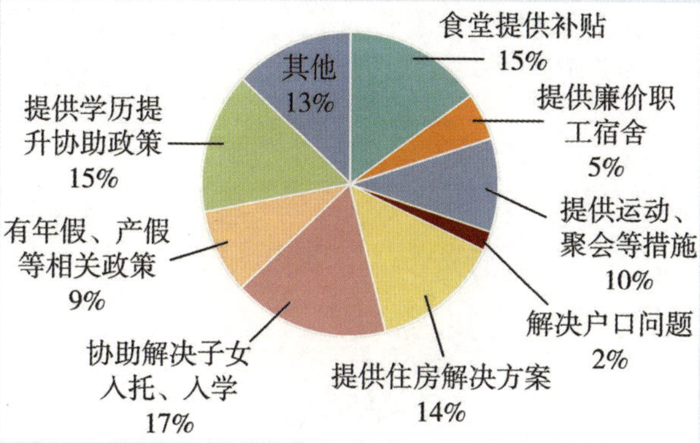

图 1-3-30　期望所在期刊社增强的福利措施

数据来源：河南省期刊编辑人员状况调查问卷

通过对自然科学类期刊社福利措施及员工需求的调查，可以推断出目前河南省自然科学类期刊社为编辑人员提供的福利措施主要集中在食堂补贴、交通补贴和年假、产假方面，对比需求，住房及子女入托、入学等生活问题需要更多关注。同样可以推断出编辑人员多来自青壮年婚育家庭，对于住房补贴及子女入托、入学等福利有更高的需求。

第六节　职业体会

自然科学类期刊社编辑人员在入职时接受系统培训的比例并不高，可能与多数工作人员是从其他行业专业、进入期刊社，没有充足的时间参与脱产培训相关。

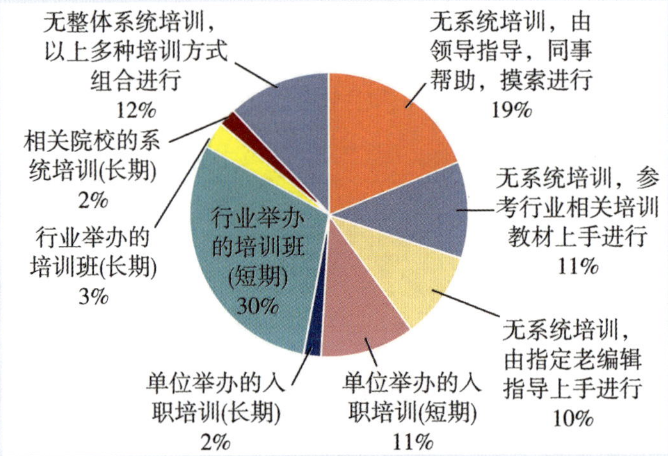

图 1-3-31　刚入职时经历的岗位培训

数据来源：河南省期刊编辑人员状况调查问卷

谈及培训需求，受调研人员多数表示需要一定的培训手段来跟随出版行业的大环境变化。受到工作人员年龄、精力等各方面影响，在现有基础上进一步策划不脱产培训方式已成燃眉之急。在调研中，有的期刊编辑提出，希望介绍更多优秀期刊成功的案例作为借鉴。

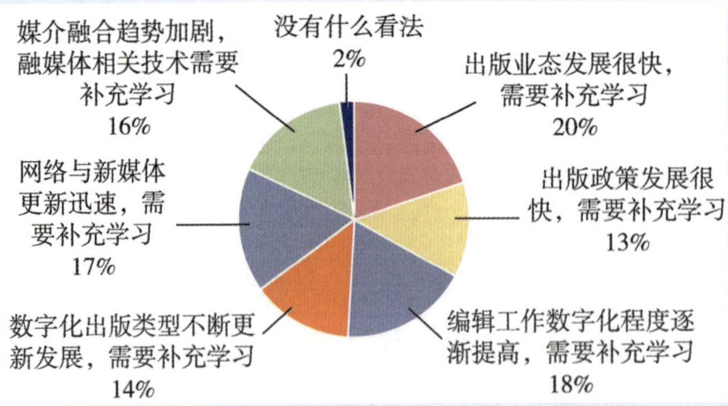

图 1-3-32　编辑业务能力与业态发展相比

数据来源：河南省期刊编辑人员状况调查问卷

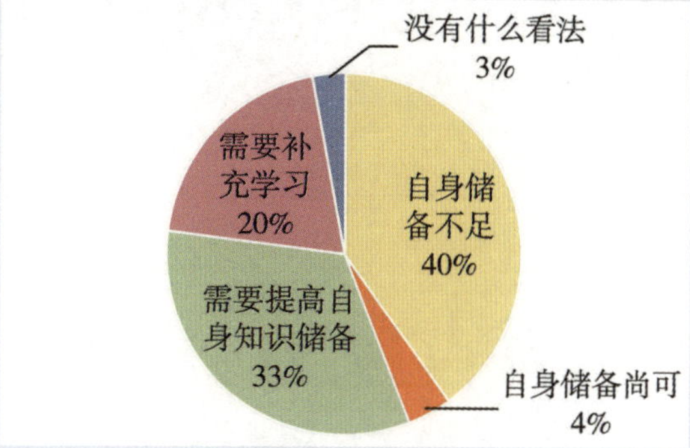

图 1-3-33　知识结构与工作内容相比

数据来源：河南省期刊编辑人员状况调查问卷

根据河南省期刊编辑人员状况调查问卷，自然科学类期刊编辑期待的教育补充方式按优先顺序首先是行业组织专题培训班（38%），其次是单位组织专题培训班（17%），跟随相关院校和专业的课程班完整学习（14%），海外游学、调研（14%），跟随相关院校、专业的课程长线学习（9%），最后是日常自学（8%）。

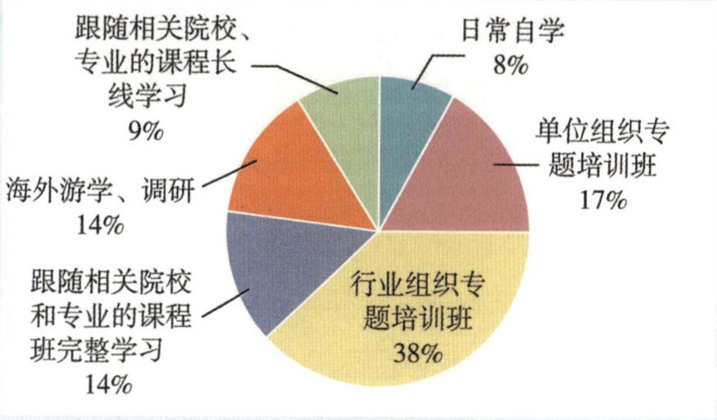

图 1-3-34　期望的教育补充方式

数据来源：河南省期刊编辑人员状况调查问卷

第四章

河南省自然科学类期刊特征

第一节　明确的分类和强大的主管单位支持

—★★★—

自然科学类期刊多着力于攻克学术难题或服务于行业，为科研一线技术人员提供方向性、技术性等各方面的科研指导，提供学术共享平台，从而促进科技创新，为河南省全省发展提供战略支撑和智力支持。明确的期刊分类和强大的主管主办单位支持为河南省自然科学类期刊提供了强有力的后盾。

根据河南省期刊调研核验表数据，自然科学类期刊根据期刊内容主题及所涉及的相关专业，可以分为医学类 21 种（含学报 7 种）、工业类 29 种（含学报 4 种）、农业类 20 种（含学报 1 种）、本省特色科学类 9 种（含学报 2 种）、综合理化科学类 44 种（含学报 42

种）。其中 19% 隶属国家机关单位，58% 隶属省级机关管理单位。另有 23% 由相关企业、医院、学校等机构管理。

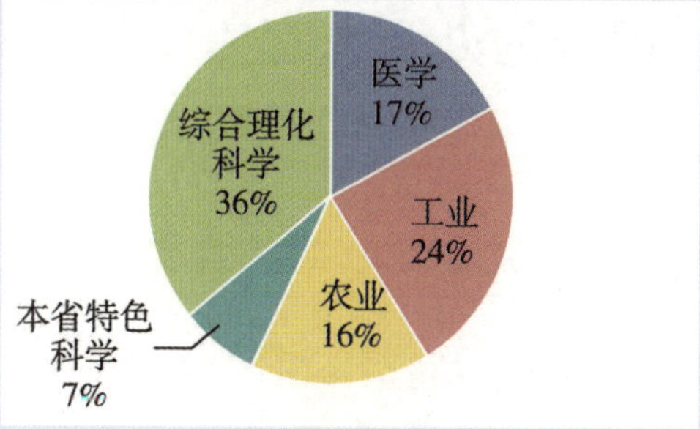

图 1-4-1　河南省自然科学类期刊内容分类

数据来源：河南省期刊调研核验表

从整体涵盖分布来看，自然科学类期刊在河南省规模较大的产业，如工业、医学、农业等方面分布较为平均，且如工业类《金刚石与磨料磨具工程》，医学类《国医论坛》《河南中医》，农业类《中国棉花》等，背靠国家机关或领域内相关权威企业、高校，具有一定的科研条件支持。

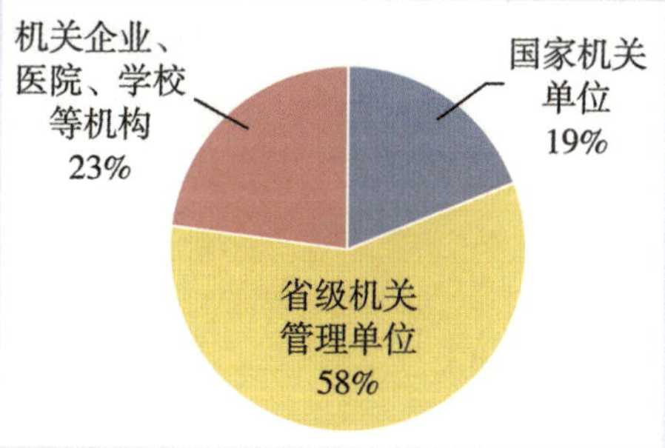

图 1-4-2　河南省自然科学类期刊隶属情况

数据来源：河南省期刊调研核验表

第二节 严谨的办刊态度和专业的编委团队

一、严谨的办刊态度

根据河南省期刊调研核验表数据，河南省自然科学类期刊有86%都能做到严格执行责任编辑制度，由本社内符合规定人员完成三审三校。在和期刊社相关人员的访谈中，如《烟草科技》《创新科技》《炼油技术与工程》等多家期刊谈到编校质量时，都提及了“内容为王”，将最大精力投入到组稿约稿中，对稿件进行编辑人员内部精加工，杜绝写作不规范现象，严格把控稿件质量，差错率低于万分之二。值得一提的是，多家期刊社在深度访谈中表示，期刊社编辑的日常工作还包括深入一线，进行写作培训，并且加强对于一线稿件的处理，多次修改，组织相关专家教授到一线企业进行科普宣传活动，提升稿件来源质量，甚至在此过程中通过磨合切磋培养出了优秀的作者队伍。

二、专业的编委团队

根据河南省期刊状况调查问卷结果，96%的河南省自然科学类期刊具备专业的编委团队，主要人员由期刊出版人员、国内外行业专家及本行业专业技术人员构成；相较于其他两类期刊，自然科学类期刊对于编委会的重视程度更高，聘请国际行业专家的期刊社占比达到 25.23%，远高于整体平均水平。

在访谈中，各期刊社也都对编委会构成及更新情况有所提及，成员来自各个企业及相关工程师、教授、院士等，平均每一到两年召开会议，针对期刊办刊现状及未来发展进行探讨。

第三节　学术共享的数字化平台和勇于创新的实践精神

— ★★★ —

传统出版向数字化方向转型已然成为行业大势所趋，自然科学类期刊走在各行各业的技术创新前沿，在这一方面也积累了一批具有新媒体技术的优秀人才。相对于大众综合类期刊和社会科学类期刊，自然科学类期刊的技术水平较高。有不少优秀的期刊社已经搭建了融媒体平台，期刊自身的影响力也得到了一定提升。

如《河南科技》相继建有技术转移转化云及云智能客户端，河南省知识产权云服务平台及先进装备制造、电子信息、生物质资源与能源、食品工业及装备、现代农业等云平台网站，以及产业集聚区知识服务平台。借助媒体融合，扩大了期刊的知名度和美誉度，同时也增加了收入。《创新科技》在智库建设上有一定成效，建设了河南省科技数据信息交流中心，精准提供数据文献服务；内外联动，完善了内网管理功能，联通同步科研数据服务，达成跨地域数据获取，优化了外网管理平台，正在进行云端、移动网络研究；同时打造数字平台知识服务产品，提升用户自我服务能力。

《创新科技》相关人员在接受访谈中还提出，要组建河南科技信息服务平台（或中部科技信息服务平台），集中科技内容资源，形成合力，向全国及国际传播推广。

第四节　走向国际的实力和专业影响力

本次调研中三大类共200余家期刊社中共有8种英文类期刊，全部出自自然科学类，分别为《数学季刊》《中国耐火材料》《棉花研究》《粮油科技》《中医学报》《能源与环境材料》《偏微分方程》以及《电力系统保护与控制》，在访谈中也有多家期刊社提及正在准备筹办英文刊物甚至其他语种的刊物，《烟草科技》已经有了几年英文办刊的经验。从国内外学术期刊评价机构及数据库收录比例来看，自然科学类期刊比社会科学类和大众综合类期刊更高，说明自然科学类期刊的国际影响力较高。国际化是一流学术期刊发展的重中之重。要实现科技研究的突破，与国际一流科学技术竞争，实现弯道超越，必须加强交流。

一、代表性工业期刊

《中国耐火材料》《能源与环境材料》和《电力系统保护与控制》都属于河南省高精尖工业产业指导性期刊。

《中国耐火材料》是主要报道国内耐火材料科研、生产和应用情况及国外耐火材料科学技术发展动向的中文学术技术期刊。有很强的背景基础，具备较大的影响力，发展状况良好，有30年英文刊办刊经验，影响因子强大，目前，被美国的《化学文摘》（CA）、《剑桥科学文摘》（CAS），荷兰的斯高帕斯数据库（SCOPUS），俄罗斯的《文摘杂志》（化学卷）等国际知名数据库收录；被中国知网、万方数据、维普网和超星全文收录，也是《中国学术期刊影响因子年报》的统计源刊。

《能源与环境材料》（*Energy & Environmental Materials*，简称EEM）是由郑州大学和John Wiley & Sons，Inc. 联合出版的国内外公开发行的英文国际期刊。EEM入选2017年中国科技期刊国际影响力提升计划项目D类支持，主要报道能源捕获、转换、存储和传输材料以及洁净环境材料领域的高水平研究成果。

《电力系统保护与控制》是全国中文核心期刊、中国科技核心期刊、中国科学引文数据库（CSCD）核心期刊，荷兰《文摘与引文数据库》（Scopus）、美国《剑桥科学文摘》（CSA）、美国《乌利希期刊指南》（UPD）、英国《科学文摘》（SA，INSPEC）、俄罗斯《文摘杂志》（AJ，VINITI）收录期刊。同时，该刊是RCCSE中国权威学术期刊（A+）和2018、2020、2021年中国国际影响力优秀学术期刊。面向科技创新和国家战略需求，聚焦国内外电力系统保护与控制领域的最新动态、高新成果和前沿技术，是反映电力系统保护与控制科学技术前沿和发展趋势的重要窗口，为国内外相关领域的科研提供了翔实、有效的信息资源，也为相关学科领域的科研人员提供了学术交流平台。

二、代表性农业期刊

棉纺织产业和粮油产业是河南省两大主要农业产业,《棉花研究》和《粮油科技》两种英文期刊在扩大国际影响力方面也达到了领军水平。

《棉花研究》期刊涵盖棉花种植资源、遗传和育种，栽培、生理、病虫草害、生物安全、农业工程，生物工程与生物技术，生物信息，分子生物学和细胞生物学，纤维发育及加工等学科，接受研究报告、综述等类型稿件。已经被国内主要文献数据库如万方、知网、维普等收录。2019 年 3 月被 DOAJ 收录。

《粮油科技》主要聚焦粮油储藏、粮油食品工程、食品科学、食品安全等研究领域的新成果、新技术及相关研究进展，建立从粮食收获后到餐桌前全链条的粮油食品科技国际学术交流平台，加强国内外相关前沿科研成果的学术交流，推动国际粮油食品科技研究领域的发展和应用。2019 年，加入荷兰 Elsevier（Science Direct）数据库，同年 6 月，实现全刊 OA（Open Access）出版，成为国际同行评议（Peer Review）的开放获取（OA）英文学术期刊。2020 年 2 月，《粮油科技（英文）》被国际著名开放存取期刊目录数据库（Directory of Open Access Journals，简称 DOAJ）收录，致力于提高开放获取学术期刊的显示度,从而提升期刊的国际影响力。同时,《粮油科技（英文）》已被中国学术期刊光盘版、万方等数据库收录，为科研成果的展示搭建了全方位、全覆盖的学术交流平台，积极为粮油食品科技研究领域的科技发展做出贡献。

三、代表性医学期刊

《中医学报》是中华中医药学会系列期刊之一，从不同侧面报道临床最新研究成果，注重学术热点和理论创新，介绍中医药治疗新成果、新经验、新技术，全方位反映中医理法方药的现代研究成果，众多栏目各有侧重，勾勒各专业学术风景。现有常设栏目为："论著""述评""名医心法""实验研究""中药研究""临床研究""针灸与推拿"；非常设栏目为："本刊特稿""学术争鸣""思路与方法""标准与规范""中医文献""流派研究"。是中国科技论文统计源期刊（中国科技核心期刊）、RCCSE中国核心学术期刊，被中国学术期刊（网络版）全文数据库（CNKI）、美国《化学文摘》（CA）、美国《乌里希期刊指南》（UPD）、波兰《哥白尼索引》（IC）等权威数据库收录。

提升国际期刊影响力是许多河南省自然科学类期刊的目标计划。国际上知名大刊已经形成核心效应，有先发优势。有人说，我国自然科学类期刊的国际影响力普遍不足，这几乎成了中国科技体系的短板。套用这句话，也可以说，河南省自然科学类期刊在我国范围内不占优势，也是河南省科技体系的短板。

河南省自然科学类期刊要增加与国际期刊的竞争力，需要寻找国内高水平的科研人员、编委会，进行专业组稿，重视人才培养，建设优秀队伍，提升学术含量，组织相关学术交流，进一步巩固期刊学术地位，打造具有国际水平的精品期刊。

第五节 各分类优势特征

作为人口、农业、工业大省，地大物博的河南具有得天独厚的科研优势，以下根据河南省本地情况对各分类期刊进行分析。

一、农业

河南省的气候温和、四季分明，适宜果树、小麦、烟草、棉花等重要农业经济作物生长，是农业大省，在全面推进乡村振兴战略和脱贫攻坚战略中，必须充分发挥科技创新的支撑引领作用。自然科学类期刊在其中起着促进科技与乡村振兴融合以及科技创新对乡村振兴的引领作用。

从整体角度来看，农业类期刊大多专注于某一农业领域进行深耕并隶属于相关国家机构，如：《灌溉排水学报》，由中国水利学会和中国农业科学院农田灌溉研究所共同主办；《中国棉花》《棉花学报》，由中华人民共和国农业农村部下属机构主办；等等。这种国家直属的主办主管单位特征可以使自然科学类期刊更加精准地指导一线生产，更好地发挥其引领作用。

从生产专业角度看，农业类期刊需要精准指导本省农业生产，优秀期刊内容势必与本省特色农业相关。如《烟草科技》《中国棉花》《果树学报》等，均依托于河南省特色农业产业，并为其提供最具时效性的生产指导和科研思路。目前，农业类期刊正在向生物科技、绿色环保、生物育种、生物医药等新兴领域发展。

二、工业

河南省是传统工业强省。重工业以装备制造、煤化工、冶金建材等为主，轻工业以纺织服装、食品加工等为主，但是，劳动密集型特征明显，节能减排压力大，技术创新与品牌驱动力不强。

加快标准引领步伐，增强科技创新发展，提升质量管理空间，迎接外贸新形势，是工业类自然科学期刊亟须为河南省整体工业发展提供的引导作用，因此，深入一线指导生产、实时提供最新科研成果数据文献、把握指导产业转型大方向是当前工业类期刊的核心工作。

内容倾向于传统工业产业的期刊，如《金刚石与磨料磨具工程》《耐火材料》等河南省尖端工业类期刊，都处在适应能源改变、拓宽自身科研范围的阶段，多选择先从形式上入手，提升自身期刊影响力，搭建高质量数字服务平台；而诸如《能源与环保》《化学推进剂与高分子材料》等新型高科技工业期刊则肩负着新时代工业一线指导的重要使命，致力于传统工业转型的路线方向研究以及新能源在老工业产区的运用。

河南省的传统工业正在向新兴产业转型，自然科学类期刊也顺应这一趋势，调整办刊方向，转为关注新兴产业，或成立新的期刊，弥补产业研究空白。很多自然科学类期刊从地域性刊物向专业性刊物转型。但是河南省新兴产业基地较少，相应也缺乏聚焦新兴产业的刊物。

三、学报

各高校学报是河南省自然科学类期刊的主要组成部分。作为河南省两大主要高校，郑州大学与河南大学承担了河南省自然科学类学报的主要头部。

郑州大学学报相对更倾向于医学研究，将主要学报划分为“医学版”和“理学版”“工学版”。“医学版”同时涵盖外科学、临床医学、肿瘤学、胃肠病学和肝病学等多种医学部类。河南大学学报则更偏向于理科学术研究，主要学报划分为“自然科学版”和“医学版”，并单设《化学研究》和《数学季刊》，其余门类均涵盖在主要学报当中。相较于河南大学以主要学报涵盖所有门类的划分方式，郑州大学在对于学报的专业划分上更加详尽。

此外，如《中医学报》《现代牧业》等期刊，以及河南省其他自然科学类高校学报，均属河南省教育厅主管。河南省教育厅主管的自然科学类期刊多达 46 种，比例远远高于社会科学类期刊和大众综合类期刊，其中大部分为河南省教育厅主管高校的学报学刊。总体来说，河南省高校的规模和影响力在全国没有优势，因此对学报的支持力度有限。学报做到各学科面面俱到，发展很难，只能从强势专业、特色专业中寻求突破。

第五章

河南省自然科学类期刊问题分析

第一节　面向学科前沿和“四个服务”的期刊严重不足

根据河南省期刊调研核验表，河南省自然科学类期刊在改革开放前创刊的刊物较多，2000 年之后创刊的刊物较少，尤其是 2010 年以后创刊的刊物仅有 1.8%，远远低于大众综合类和社会科学类期刊。而且自然科学类期刊高度依赖河南省传统产业，学科设置相对陈旧，缺少对新兴学科的关注。这与河南省从传统工业向新兴科技转型的趋势不符。而且学科陈旧相应会影响期刊的创新活力，导致不思变革。广东省科技厅的“高水平科技期刊建设计划”提出，要重点支持创办英文新刊或英文领军期刊姊妹刊或子刊。这可以为河南省自然科学类期刊所借鉴。

自然科学类期刊在品种方面，是近年来品种数一直增长的期刊类别，这是全国期刊领域的普遍趋势。尤其在期刊行业品种整体下降的时候，自然科学类期刊品种的逆势增长很突出。例如，根据《2020中国新闻出版统计资料汇编》（中国书籍出版社），2019年，自然科学类期刊品种数比上一年度增长0.50%。尤其是英文专业期刊的品种数，也有一定增长。这是我国科学技术发展的必然趋势和需求。河南省应该适应这个趋势，扩大自然科学类期刊的品类，尤其是新兴学科和服务产业的品类。

根据期刊编辑人员状况调查问卷，自然科学类期刊编辑所学专业中，比例较高的是工学、理学、医学、农学这些传统科目，河南省自然科学类期刊包含医学类21种、工业类29种、综合理化科学类44种、农业类20种，但是河南本省特色学科类仅有9种。与新技术相关的管理学和经济学所占比例较少。对于信息技术、生物技术、新能源、新材料、高端装备、绿色环保、大数据、人工智能、公共安全、大数据、软件开发、智能制造、国际贸易、现代物流、电子商务、5G、区块链、北斗应用、量子信息、物联网这些新兴学科，更是缺乏相应的刊物。近年来，《中州煤炭》改名为《能源与环保》，《河南气象》改名为《气象与环境科学》，这些都是河南省自然科学类期刊聚焦于传统产业的刊物向新兴学科转型，调整刊物定位的例证，也有淡化地域色彩，强化专业特征的含义。

《关于推动学术期刊繁荣发展的意见》（以下简称《意见》）提出："要加快完善优势重点学科、新兴学科和交叉学科期刊布局。"

河南省期刊在新兴学科和交叉学科方面品种都有不足，尤其是信息技术产业的科研尤其薄弱。2020 年 10 月，河南省开封市举办了 2020 数字文化大会，开幕式上，“中原数据湖—数字文化云中心”“西湖数字湾”首批创新合作伙伴进驻等启动仪式先后举行；2021 年 7 月，嵩山实验室成立，这是河南省第一家省实验室，将建设国家中西部信息技术创新高地。目前，河南省已经有 16 家国家重点实验室，这些都是在国内相关技术领先的科研机构。这说明河南已经开始着力信息技术的创新科研，而自然科学类期刊建设还未随之跟上。

根据《河南省国民经济和社会发展第十四个五年规划和 2035 年远景目标纲要》（以下简称《纲要》），河南省在“十三五”期间实现了由“二三一”产业结构向“三二一”产业结构转变，重点提出要建设现代服务业强省，推进服务业专业化、标准化、品牌化、数字化建设，积极培育新业态、新模式、新载体，增强服务产业转型升级的支撑能力和满足消费需求升级的供给能力。2014 年，习近平总书记在河南省考察时提出的“四张牌”，包括以发展优势产业为主导推进产业结构优化升级，以构建自主创新体系为主导推进创新驱动发展等，激励自然科学类刊物也成为产业结构优化升级的推动力。但是，河南省虽然是文化大省、旅游资源大省，却对第三产业也就是相关服务产业的研究相对落后，包括对于冷链和电商等特色物流、金融服务、检验检测、创意设计、家政、物业等服务业，缺少相关期刊品种。河南还有特色名茶和瓷器。河南有传统名茶信阳毛尖，改革开放之后，又创设了太白银毫等省级名茶。河南历史上的著名瓷器窑口有柴窑、钧窑、汝窑等，举办过十多届禹州中国钧瓷文化节。而近年成立的新瓷路电商品牌，将近年来国内的好瓷销往海外。这些优势产业也没有相应的刊物。

河南省自然科学类期刊对国家和河南省产业、政策依赖很大，又是河南省创新发展的驱动力之一，而自然科学类期刊目前相对陈旧的状况无法支撑创新发展，这应该引起相关部门的高度重视。

第二节　相当数量期刊的学科定位和学术定位不明

— ★★★ —

自然科学类期刊要发展，首先要调整自身定位。自然科学类期刊在自身定位方面可以分为三个层次：以创新发展为目标的学术期刊、服务于特定产业的专业期刊和面向大众的科学普及期刊。河南省自然科学类期刊的问题在于学术期刊和专业期刊分类不清，科学普及期刊缺乏。这导致多种问题。

一、评价体系制约

一方面，随着我国科研实力的不断增强，开展国际合作和学术交流的需求不断增加；另一方面，部分单位仍将 SCI 论文纳入科技评价体系，作为职称评定、项目评审的重要指标之一，致使我国众多优秀的科研成果外流，导致自然科学类期刊优秀稿源匮乏。2016年 5 月 30 日，习近平总书记在全国“科技三会”上发出号召：“广大科技工作者要把论文写在祖国的大地上，把科技成果应用在实现现代化的伟大事业中。”

虽然近些年国家相关部门出台了一系列政策，但国内用人单位及科研人员长期形成的“SCI 至上”的观念，在短时间内难以改变。

在座谈过程中，多家期刊苦于自身定位在指导一线生产或稿源主要来源于一线从业人员，不具备发表 SCI 论文的能力，导致期刊社影响力、评分下降，人才职称晋升困难。而自然科学类期刊本应将行业期刊和学术期刊进行一定程度上的划分，为行业类期刊制定新的评价体系，或许有利于其“三力四化”（传播力、影响力、竞争力，数字化、国际化、集群化、专业化）水平的提升。

此外，很多自然科学类期刊发文量过高或过低。根据中国科学技术信息研究所的数据，与全国期刊发文量平均值 391 篇相比，《郑州航空工业管理学院学报》的年发文量过低，仅有 67 篇。发文量过低的学术期刊是从影响力因子考虑问题的。同时，河南省期刊中也有部分期刊发文量过高，每年发表 1500 篇以上的期刊有 4 种，其中 3 种都是自然科学类期刊。这说明，应该加强对论文的审核力度和发稿门槛，以保证优秀期刊的影响力。

表 1–5–1 发文量大于 1500 篇的三种自然科学类期刊及其年发文量

河南省期刊	分类	来源文献量
开封教育学院学报	学报 – 自科	1543
乡村科技	自科	2196
河南医学研究	自科	2435

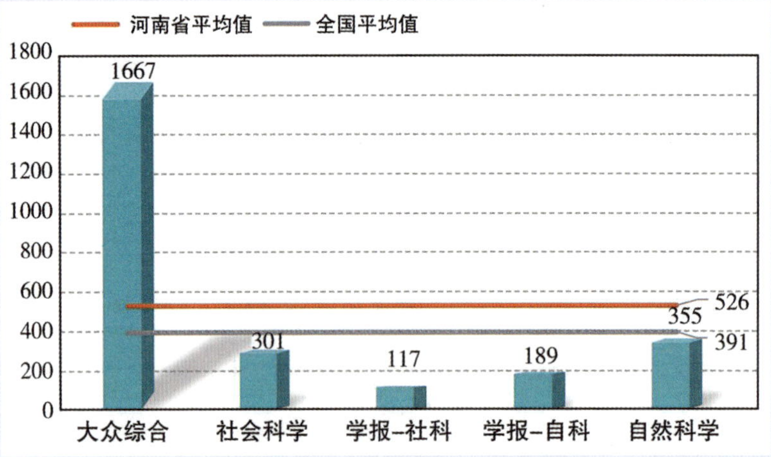

图 1–5–1 河南省各类别期刊来源文献量

数据来源：中国科学技术信息研究所

河南省各类期刊平均来源文献量中大众综合类期刊的平均来源文献量过高，为 1667 篇。自然科学类期刊和自然科学类学报都低于平均值。但是个别期刊仍有发文量过高的情况。

二、发展定位不明

河南省自然科学类期刊由于大多数隶属于高校和科研机构，创刊的初衷大多数是发展本省产业。但是现在要从地域性刊物改为专业性刊物，综合类科学技术刊物就要增强专业度，如果不能分清专业期刊和学术期刊的定位，就不能成功转型。

三、缺少自主权

河南省期刊想要发展自身，有多种需求。包括有些期刊需要调整办刊方向，如从学术刊改为大众刊，从专业刊改为学术刊等。有些期刊选择更改刊名，这也是更改办刊方向的手段，例如《中州煤炭》改名为《能源与环保》，《河南气象》改名为《气象与环境科学》，《河南科技大学学报（医学版）》更名为《食道疾病》。自然科学类期刊由于学科更新很快，而目前期刊设置上学科相对陈旧，更需要改革的自主权。在河南省期刊座谈会上，有的自然科学类期刊认为自身分类不妥，在专业目录里排名受到不利影响，例如《烟草科技》认为应该被归入农业类期刊，却错被归入了园艺类，但却无能为力去改变分类。

四、缺少科学普及类期刊

中共中央宣传部、教育部、科技部印发的《意见》表示，要“重视发展工程技术、科学普及、通俗理论”。但是，河南省自然科学类期刊中缺少着力科学普及的期刊，办刊定位大都是着眼于专业、学术目的，对大众读者影响较小。河南省月发行量前五位的期刊没有一部是科学普及刊物。河南省自然科学类期刊也没有打造出有全国影响力的新媒体“大 V”。这说明，河南省借助期刊平台进行科学普及的力度还不够。

第三节 期刊竞争力和团队建设尚需进一步加强

—★★★—

自然科学类期刊需要一定的学术积累才能出成绩。但河南省的高校和科研院所的实力有限，学术积累不足，缺乏优秀的稿源。编辑人员自身对编辑职业的认同感不强、满意度较低，自身学术积累较少。这就需要借助“外脑”，但行业专家组成的编委会并没有充分发挥“外脑”的作用。

一、稿源流失影响办刊质量

自然科学类期刊传统上高度依赖主管高校和科研院所。但是，河南省高校和科研院所的实力有限，很多河南高校的学科建设及科研能力与一流的高校仍然存在巨大差距。《2021 年河南省政府工作报告》提出，探索“创新策源在外、生产应用在河南”的合作模式，也是针对河南科研机构创新实力的短板提出的。河南省高校和科研院所的研究方向还存在传统产业较多、新兴科技较弱的弱点。这也让河南期刊聚焦新兴产业的创新能力不强。

每个学科能写出好的学术论文的作者是有限的，而且很多高质量作者眼中盯着国外一流期刊和省外同类期刊，河南省优秀作者流失严重。特别是一些非核心期刊，要想吸引这类作者供稿非常困难。在河南省期刊座谈会上，有人提出，很多学术期刊成为本校师生的“自留地”，这不利于学术期刊长期发展。河南省期刊稿源普遍存在省外文章少、海外文章少等问题。在河南省期刊座谈会上，有的编辑专门提出了优秀稿件流失海外的问题。

二、地位边缘化影响编辑人员认同感

学术期刊编辑人员是学术期刊发展的第一生产力，而在经济社会大环境中，随着竞争的日趋激烈，编辑队伍建设存在诸多问题。部分期刊用人单位对编辑人员的重视程度不高，编辑的地位逐渐被边缘化，而且受社会环境及激励机制等的影响，编辑人员自身对编辑职业的认同感不强、满意度较低。

1. 根据河南省期刊调研核验表，自然科学类期刊人员中，在编人员占比在 80% 左右，聘用人员占比约 20%。在编人员占比在河南省期刊中最高。因此，自然科学类期刊人员工作比较稳定。但根据河南省期刊编辑人员状况调查问卷，自然科学类期刊编辑对自身收入的满意度明显更低。这说明，自然科学类期刊的薪酬与自然科学类编辑的高学历尚不匹配，需要增加奖励机制。

2. 根据河南省期刊编辑人员状况调查问卷，对于自然科学类期刊社福利措施及员工需求的调查，自然科学类期刊编辑对住房、子女入学等生活问题需要更多地关注。根据《纲要》，要全方位落实人才奖励补贴、薪酬待遇、医疗社保、子女入学、配偶就业、居留便利等优惠政策。这些也可以作为留住自然科学类期刊编辑的有效方式。鉴于河南省自然科学类期刊社规模较小，可以与主管主办单位合力实施这些政策，引进并留住人才。

3. 在期刊编辑人员座谈会上，很多编辑反映学术类期刊人员尤其是大学学报类期刊编辑，相较于同所大学的教授，晋升渠道更少、职称评审通道不畅。

4. 根据期刊编辑人员状况调查问卷，98% 的自然科学类期刊编辑没有海外留学的经历，本、硕、博均为海外留学的编辑仅占 1%。而自然科学类期刊还是河南省期刊中国际化最高的品类，海外稿件占全部稿件的 4.78%。这就构成了国际化编辑的缺乏和对国际化科研人员、稿件的渴求之间的矛盾。

三、编委缺位影响内容高度

根据期刊状况调查问卷，自然科学类期刊中自然投稿占 62.55%，专家约稿仅占 18.47%。这说明，大多数河南自然科学类期刊的编委会没有发挥约稿作用。编委的缺位造成很多问题。

1. 省外、海外稿件少。河南省内的稿件占比高达 35.94%，比例过高；海外稿件占比达 4.78%，比例过低。聘请国际行业专家的自然科学类期刊社占比达到 25.23%，海外稿件数量与海外编委的数量不成比例。因此，说明知名专家编委和国际行业专家编委没有充分发挥编委作用，有的编委只是挂名编委。而自然科学类期刊的编辑策划能力较差，不能有效调动编委力量。

2. “人情稿”“关系稿”。由于自然科学类期刊高度依赖河南省内高校和科研机关，高校对下属学报存在发表职称学位论文的“硬需求”，会产生“人情稿”“关系稿”的问题。而对编委推荐的稿件不加审查，也会出现“人情稿”。此外，有些期刊要向论文作者收取相当数量的版面费，版面费成了维持学术期刊的基本经济来源之一。这也是优质稿件缺乏的原因。

四、职业编辑的工作效率和业务能力有待进一步提升

编辑在河南省期刊编辑座谈会上反映被编校占用了大量时间，专注于文章的编校，没有更多时间注重期刊的选题策划。这就影响内容质量向“专、高、精、尖”的方向发展。

由于分工不明，期刊编辑人员在专业水平上的欠缺被最大程度放大，出现了编辑人员培训缺口大，业务能力、认知水平不足的问题。

根据期刊编辑人员状况调查问卷，自然科学类期刊编辑从事编辑工作以来，88% 的编辑一直在同一期刊工作，有其他行业工作经历的仅有 4%。而且 56% 的编辑一直从事文案编辑工作，同时兼做其他工作的仅有 30%。相比一线城市，河南自然科学类期刊编辑缺少在学术机构、互联网大厂中工作的经历。部分编辑工作经验单一，视野狭窄，管理能力欠缺，即使是管理者也缺乏改革的动力。

根据期刊编辑人员状况调查问卷，自然科学类期刊编辑人员在入职时接受系统培训的比例并不高，没有充足的时间参与脱产培训。谈及培训需求，受调研人员多数表示需要一定的培训手段来跟随出版行业的大环境变化，半数以上的受调研人员都想学习融媒体和数字出版相关知识。

第四节　数字化出版与传播转型迫在眉睫

从大数据发展至今的趋势看来，数字化是判断行业发展态势先进与否的重要基础。在自然科学类期刊出版中，对于数字化出版的关注、投入到实施要远远落后于国外同行业。尽管我国自然科学类期刊在努力迎合着大数据时代的到来，并做出相应的改变，但落后的数字化水平并没能让大数据在自然科学类期刊行业中充分地反映出它的优越式变化。

以往以纸质出版为主的自然科学类期刊中并没能充分体现出数据资源的价值所在，在一定程度上也阻碍了数据资源的交流与置换。而大数据的应用、数字化技术的进步使得自然科学类期刊的未来形势十分明朗。有效地利用数字化技术能很好地推进国际间学术的交流与合作，并能形成相应的自然科学类期刊品牌效应。而轻视数字化技术则会直接导致出版模式的滞后。这也使得数字化技术在不能有效地实施的同时，技术水平也呈紧缩状态，更谈不上对于自然科学类期刊的推动性作用。

第六章

提升河南期刊发展的具体建议

第一节　扩大办刊规模，促进集约化发展

《意见》表示："推进集群化集团化建设。开展学术期刊集群化发展试点，以优质学术期刊为龙头重组整合资源，建设一批导向正确、品质一流、资源集约、具备核心竞争力的学术期刊集群。"针对新媒体，要鼓励集群化发展，数字化强的平台带动同类弱的期刊，推动优秀平台脱颖而出，资金和政策引导支撑这些平台。目前，以高校学报为代表的自然科学类期刊布局呈现出分散而非聚合的样态，具有小、散、弱、乱的结构性弊端，没有形成合理的期刊体系。根据河南省期刊调研核验表，自然科学类期刊主管单位主管期刊数量最为集中，河南省教育厅及其下属单位，尤其是高校学报数量多

达 46 种，占据河南省自然科学类期刊数量近一半。《意见》尤其强调："支持高校学报等综合性期刊建立协同出版机制，以专题形式编辑整合内容资源进行网上传播。"

表 1–6–1　自然科学类期刊主管单位排序

主管单位	主管期刊数量
河南省教育厅	46
河南省科学技术厅	3
河南省农业科学院	2
河南省卫生健康委员会	3
中华人民共和国农业农村部	3

河南省科学技术厅主管 3 本期刊，分别是《河南科技》《创新科技》《乡村科技》，经省委宣传部批准，组建河南科技期刊传媒集团，注册资本 2000 万元，这也是河南省自然科学类期刊抱团取暖的良好开端。

因此，建议再组建两三家期刊集团或期刊集群，形成合力效应，做到真正意义上的"抱团取暖"，整合各自资源，优化配置，最终形成各自领域的学术期刊群。河南省教育厅、河南省科学技术厅可以分别牵头推进河南各高校期刊社、其他自然科学类期刊社建立协同出版机制。

目前，自然科学类期刊和出版机构已经建立起来一些较为成熟的数字平台，例如医学领域的中华医学期刊网，农业领域的"天下农书"数字图书馆等，建议相关领域的期刊加入这些数字平台。这些平台主要还是数字内容的发布，在内容生产方面，建议建立统一的数字期刊联盟，统筹管理自然科学类期刊的选题策划、组稿与编辑等环节，这样可以明确专业分工，明确杂志定位，细化优秀稿件分流。进入这一联盟的期刊，编辑人员仍然属于原单位管理，业务上接受联盟的统筹指导和安排，形成分工合作的机制，在平台上实现统一组稿、审稿的工作。但是，由于编辑人员仍然属于原单位管理，联盟的组织管理将会非常松散，一些功能不易实现，尤其是受期刊评价机制的制约，进入联盟的期刊，优秀稿源如何分配是个问题。如何实现联盟组织和管理，需要反复打磨。

《意见》提出："跨地域、跨部门、跨学科整合期刊出版资源，打通产业链，重构价值链，形成创新链，打造若干具备较强传播力影响力的学术期刊出版集团。"这需要将河南省期刊进行分类管理，整合资源，以优势学科为引领，打造期刊出版集团。在自然科学类期刊领域，可以针对医学类、工业类、农业类、本省特色科学类、综合理化科学类分别树立优秀的平台典型，发展期刊集群。根据《纲要》，开展国家和省级战略性新兴产业集群创建。自然科学类期刊集群化可以成为国家和省级战略性新兴产业集群的技术支持和学术后援。

第二节　明确学科和学术定位，避免同质化重复

目前自然科学类期刊的专题或栏目同质化严重。《意见》指出，要“着力解决内容同质化问题，支持现有学术期刊合理调整办刊定位，鼓励多学科综合性学报向专业化期刊转型”。

在宏观管理层面，建议河南省和上级单位指导期刊社依托主办主管单位优势及自身的资源优势，适时调整办刊方向，调整期刊品种，细化期刊分类。合并一些同质化刊物之后，用刊号加强重点学科、新兴学科和交叉学科、河南省优势产业领域的期刊布局，对在这些相关领域期刊的创刊，或更改刊名向这些产业发展，都予以一定支持，尤其是资金和政策的支持。在《中航工业报刊编辑部体制改革与发展方案》中也提到：由于刊号资源已经用尽，个别杂志只能以内部刊物的方式运作，严重制约了发展。因此，可以通过期刊整合调整，对社会效益好、社会影响力强的内刊给予支持转为正式刊号。

一、调整办刊方向

建议河南省和期刊社的上级单位能够指导期刊社深入调查读者阅读变化，依托主办主管单位优势及自身的资源优势，适时调整办刊方向；细化读者的年龄市场、需求市场，扩大相关期刊的专题策划能力，在适当时机转型。例如，将有些刊物调整期刊定位，从学术刊改为大众刊，从学术刊改为专业刊，等等。

1. 可以淡化部分自然科学类期刊的地域色彩，突出行业特征，从而扩大作者和读者面，加强专业度。前面提到的《中州煤炭》改名为《能源与环保》、《河南气象》改名为《气象与环境科学》都是转型成功的案例。

2. 河南高校办学水平在全国范围内不占优势，部分科研机构科研水平也不占优势，学术期刊竞争力不强。要加强对专业期刊的扶持力度，对办刊定位在学术期刊和专业期刊之间模糊不清的期刊，或原定位为学术期刊的，竞争力较弱又和一线生产结合比较紧密的期刊，明确其定位，转为专业期刊，提高对特定产业的服务水平，更好地服务生产一线，对河南优势工业产业的转型发展提供技术支撑。

二、调整期刊品种

《意见》提出，要“支持根据学科发展和建设需要创办新刊”。针对细化的期刊市场和新兴的自然科学领域，创办新刊，是自然科学类期刊的发展方向。在新兴领域前瞻布局，可以实现弯道超车。例如，《汽车与驾驶维修》杂志的前身是《农业机械》，发展有局限性，他们在 1992 年创办了当时较少被人关注的有关汽车行业的期刊《汽车与驾驶维修》，后来这一期刊兼并其他弱刊，对旧刊进行改造，很快形成了汽车类期刊、工程机械类期刊和农业机械类期刊 3 个期刊群共 11 份自然科学类期刊，形成自然科学类期刊集团的雏形。

河南省是农业、工业、制造业、生产应用的大省，但创新科技没有相应发展起来。因此，河南省应该依托生产应用优势，发展相应的自然科学类期刊。

1. 针对河南省经济主攻方向加强期刊建设。根据《纲要》，要把黄河建设成造福人民的幸福河，明确扛稳粮食安全这个重任、坚持制造业高质量发展主攻方向。在黄河水利、农业、制造业方面，通过加强相关自然科学类期刊建设，拓展服务对象，打造一流学术水平期刊，支持“十四五”建设。

2. 在自然科学类期刊中，医学类占比较高，在品种数中占比17%，而且部分期刊有一定影响力，如《中医学报》被中国学术期刊（网络版）全文数据库（CNKI）、美国《化学文摘》（CA）、美国《乌里希期刊指南》（UPD）、波兰《哥白尼索引》（IC）等权威数据库收录。根据《纲要》，坚持中西医并重，打造中医药强省。因此，可将中医药期刊作为发展重点。建设省级中医药循证医学中心，创建国家中医药传承创新中心、中医疫病防治基地、中医特色重点医院。实施“仲景人才工程”，加强中医药优势学科和专科建设，支持南阳组建中医药大学。培育壮大中医药产业集群，推进国家中医药综合改革试验区建设。河南省是传统中药材生产大省，野生中药资源数量和种植面积都处于全国前列，这些都是河南省发展中医药事业的利好消息。

3. 针对新兴产业、服务产业，设立相关自然科学类期刊。或将面向传统产业的期刊转型为针对新兴产业和服务产业的期刊，聚集创新产业，突破关键核心技术，培育新兴产业和服务产业人才。生态治理和生态廊道建设提质行动已经写入《纲要》，而且《纲要》中多次提到河南省的环境保护。但河南省在生态和环境保护方面还缺少相应的期刊。

4. 可以将聚焦传统产业的期刊转型为聚焦新兴产业。河南省农业和工业、制造业领域的自然科学类期刊较多，这些期刊可以向高端装备、新一代信息技术、先进材料、生物育种、生物医药、新能源、新能源汽车、绿色食品、现代农业、资源环境、公共安全、航空航天这些写入《纲要》的新兴科技领域转型。整合优势资源，集中攻关，建设协同创新服务或传播平台，为实现关键共性技术与“卡脖子”技术群体性突破提供信息服务。

5. 在 5 ~ 10 年内，创办几家聚焦新兴产业的新刊，并给予每种新刊一定资金支持。如果是英文新刊，则给予更多的资金支持。实施周期 5 年，分两期拨付，实施周期第三年进行中期检查后，视期刊发展情况划拨后续经费。

三、调整期刊栏目和方向，细化专业定位

1. 专业读者对自然科学类期刊的选择有明确的倾向性和偏好，因此，很多自然科学类期刊急需形成鲜明的学科、专题和栏目特色，以聚焦读者的关注。这说明，自然科学类期刊编辑要加强对期刊的定位意识，明确与细化专业定位，突出自身期刊的优势，凸显期刊个性。否则，同一类学科的期刊，极易出现内容的交叉重叠。在内容生产上，特色栏目能够聚集优势，形成合力，引导作者撰写最优质的学术文章；在内容传播上，特色栏目能够将学术期刊的精品内容传播给读者。做好特色栏目的选题策划，聚集学术优势，组织和鼓励作者发表特色、精品文章是既具有实际操作性又能够展示学术期刊特色的方法之一。

2. 在不更改刊名的基础上，可以先设置专栏或专辑，根据特定领域内学术研究的热点、河南省科研重点，拟定主题，找相关领域专家组稿。加强对新兴产业领域的关注，例如农业领域增加对数字农业、智慧农业的关注；食品领域加强对冷链食品、休闲食品、功能食品等的关注；工业领域增强对镁基材料、钨钼、铅锌、钛深加工等特色产业链的关注，钢铁企业整合重组和装备升级的关注，对绿色建材生产的关注；制造业增强对智能制造、智能车间、智能工厂的关注；等等。

四、政策支持和课题支持

行政管理部门可以对各学术期刊进行整体规划，结合编辑部实际情况,对有实力、有信心冲击核心期刊的学术期刊给予一定的引导。在行政管理上给予一些政策支持，鼓励期刊多做精品和突出特色。例如设立各类出版基金，分层次奖励各学术期刊，鼓励学术期刊基于自身定位，办出特色、办出优势。再如设立相关课题项目，供学术期刊单位申请。主管主办单位要保证期刊编辑部基本的办公经费，在经费上给予一定支持。

河南省期刊管理部门应与河南省教育厅等主管主办单位合作，针对河南省前沿科技和亟待解决的技术难题，设立一系列基金，扶植河南省自然科学类期刊成长。

第三节　完善制度建设，增强人才培训及福利保障

—— ★★★ ——

一、建立完善有效的编委会，扩大省外投稿量

编委会是自然科学类期刊核心竞争力的重要组成部分，可以在树立期刊品牌、扩大期刊影响力以及期刊社的市场化运营中发挥独特的作用。

1. 自然科学类期刊要建立编委会制度、章程，终审定稿会工作细则、优秀论文评选方法、优秀审稿人评选方法，表彰优秀审稿人、优秀编辑，明确任务。例如《气象与环境科学》要求编委在任期内需要发表一篇或推荐一篇高质量稿件，一年审阅一篇稿件，引用一篇文章。《中国免疫学杂志（英文版）》（CMI）期刊建立了主编负责制的编委会制度，下设副主编、学科主编等编委。这些自然科学类期刊都借助编委会提升了期刊的稿件质量。

2. 编委要有筛选制度，例如每隔 3 ~ 5 年进行换届。要形成学科分布比例均衡、年龄层次跨度合理的编委会。要求编委在任期间接受编辑部工作考核，保证每年都有投稿、审稿、组织约稿的贡献。每年最少参加一次编委会会议，以加大编委对期刊发展进度和水平的了解及掌控。为避免出现“挂名编委”，应加强编委会建设，以学术的严肃性为标准，明确编委的职责与义务。在选聘编委时，除

了注重学术水平，更关注其责任心、奉献精神和对期刊的热忱程度，以确保吸纳专业水平过硬、工作态度热心的编委。编辑在初审工作流程中不仅要统计编委的初审时间与初审质量，还应根据作者对审稿意见的反馈及时总结，判定编委初审的公平公正性，根据编委的表现及时动态调整编委名单。

3. 为充分发挥编委会作用，编辑部可提出年度工作计划，提请编委对办刊思路、报道方向出谋划策，并针对约稿选题和约稿对象寻求编委支持。编委撰稿、约稿是期刊高质量稿源的重要途径之一。

4. 如果编委会成员分身乏术，可以更换编委，或者可以组建青年编委组。例如，《航空学报》《药物不良反应杂志》就成立了青年编委会。为期刊发展做出突出贡献的青年编委，经编委会与主编审批，可增补为编委；反之，则在换届后不再续聘。青年编委制度确实有效，由学术编辑自行查找审稿专家的同意审稿率为50%，由青年编委推荐专家后，专家同意审稿率较高，达到70%，大幅提高了送外审工作效率。

二、健全人才培养激励机制，激发期刊编辑内部潜力

中国出版协会常务副理事长邬书林曾经对推动学术期刊繁荣发展，服务国家创新驱动发展战略提出建议，要健全人才培养激励机制，出台相关配套政策，建立体现职业特点的资质认证、考核评价和职业晋升体制，激发、保护爱岗敬业的工匠精神和锐意进取的职业精神。激发期刊编辑内部潜力可以从下面几个方面入手。

1. 期刊编辑应该完善编辑考核奖惩制度，激发编辑的学术期刊职业使命感。对于编辑在办刊中取得的成绩，主管主办单位可给予奖励，对刊物出现问题可给予相应的惩罚，实行灵活的激励机制、考核机制，多鼓励学术期刊创造双效，特别是社会效益。建议设置更符合现阶段期刊发展的考核指标，尤其是在社会效益方面，需要构建合理的评价体系，对评价指标进行量化。学术类期刊的绩效考核可以分为两个层次，第一层次是作为管理者的社长、主编等，第二层次是编辑、发行人员，分别制定不同的考核方式。

2. 对期刊编辑人员职称评定、职务晋升上应有政策倾斜。编辑职称评定应重点考虑编辑人员的办刊业绩和出版专业技能。尤其是高校学报，在学校属于边缘部门，编辑职称评定指标少，职务晋升难度大，职称评定和职务晋升是激发编辑人员使命感和能动性的有效措施。

3. 对于期刊发展要给予政策支持，设立相应的荣誉、奖项。在自然科学类期刊领域，可以针对医学类、工业类、农业类、本省特色科学类、综合理化科学类分别设立奖项；对期刊编辑人员，可以设立领军人物、优秀编辑等奖项。广东省科技厅“高水平科技期刊建设计划”中，设置“科技期刊优秀编辑奖”，每年举办优秀期刊人表彰大会，遴选优秀办刊人才并予以表彰奖励。这一项与设立培训基地，开展编辑、出版、审稿等专业人员培训合在一起，给予 300 万元 / 项，每年 100 万元的支持，视实施情况，连续支持 3 年。

4. 完善内部审稿制度。现行的科研和学术评价体系不规范、不完善是“关系稿”产生的主要原因。要解决“人情稿”“关系稿”，就要完善审稿制度、用稿制度。如来稿登记制度，没有经过来稿登记的稿件不得进入审稿程序；双向匿名三审制度；专家审稿制度；定稿会制度。坚决不用抄袭之作、草率之作、拼凑之作以及定稿会通过率不到 50% 的论文。总之，编辑要将论文的专业性、科学性作为工作出发点，不断提高自身的职业素质，站在刊物发展的角度进行选择。

5. 对由于种种原因很难推进改革的期刊单位，可以通过重新招聘人才和更换新办公地点等方式，以全新的人才队伍作为主力推进改革。《中航工业报刊编辑部体制改革与发展方案》中提到：重新招聘和租用新办公地点，组建和打造专业高端的媒体报道、传播和运营团队。

三、完善人才培养与继续教育制度

1. 编辑部可以多培养、提携、扶持学术新人，以文章质量取稿，将这些学术新人发展为学术期刊的忠实作者。建议开展优秀青年学人支持计划，培养新作者。还应该解决编辑晋升的一些实际问题。在河南省期刊座谈会上，《中国耐火材料（英文刊）》编辑指出，该杂志工科生出身的编辑晋升较为顺利，但英文刊中语言类编辑人员在编辑职称序列上很难提升。自然科学类期刊是河南省英文刊最为集中的品类，也是国际化的重点。这类编辑的晋升问题理应得到重视。

2. 主管部门应该多组织优秀期刊社进行访问交流，尤其是同类期刊社间的交流与合作。鼓励行业内期刊群建立频繁密切的交流合作，从“产、学、研、管”层次，打通内容领域的配置，再加上与相关出版社、协会、学会、政府机构间合作，优化资源配置，提供全面产品。在调研中，有一些编辑想要在培训中获知优秀期刊社的成功案例，并与优秀期刊社的编辑进行交流。

自然科学类期刊社的普遍问题在于，期刊编辑人员更热衷于和本专业内专家学者进行交流，与出版行业乃至期刊行业的同行交流较少。因此，他们的成功经验很难在期刊乃至出版行业扩展开来；同样，期刊乃至出版行业的先进经验，他们也很难获取并运用在本期刊社。因此，加大自然科学类期刊与省内、省外期刊交流的频次、力度，推广成功经验，势在必行。

3. 在新媒体编辑的录用和培训方面，争取打造集采访、写作、编辑、播音、新媒体技能于一身的全能人才。一是要广泛吸收具有新媒体经验的编辑进入期刊社，二是要经常开展新媒体编辑业务培训。这样可以有效提升期刊新媒体形象力。根据期刊编辑人员状况调查问卷，河南省 18% 的自然科学类编辑认为编辑工作数字化程度逐渐提高，需要补充学习；17% 的认为网络与新媒体更新迅速，需要补充学习；14% 的认为数字化出版类型不断更新发展，需要补充学习。这说明，数字化和新媒体的培训内容，最为自然科学类编辑所需要。

4. 增强出版政策、法规、时事政治的学习。根据期刊编辑人员状况调查问卷，有 13% 的编辑人员认为，出版政策发展很快，需要补充学习。在河南省期刊编辑座谈会上，也有人指出，自然科学类编辑也需要了解时事政治、政策法规的变迁。因此，增强这方面的业务培训也非常重要。

针对期刊内部制度改革，自然科学类期刊最重要的是完善编委会制度，引进“外脑”，发挥专业编委作用，完善河南省科研机构创新能力缺乏的问题。然后是通过完善考核与奖惩制度，设立期刊分类评价奖励机制，激发编辑内部潜力。最后是加强培训，提升编辑业务能力，推广优秀期刊社的经验。

第四节　推动新媒体技术应用，适应数字出版环境

新媒体是向大众读者进行科学普及的有效手段。习近平总书记曾经指出：“要把科学普及放在与科技创新同等重要的位置。”《关于深化改革培育世界一流自然科学期刊的意见》提出明确要求：“以数字化重构科普生态。”媒体融合出版将会是今后期刊发展的主流，新媒体运营需要专门的技术管理人员和内容管理人员。如果仅仅由编辑兼职管理新媒体运营，因为精力有限，就很难做好。建议主管部门应在政策方面给予大力支持，出台相关政策，提高出版单位在新媒体方面的人力资源配置。期刊出版单位应设立新媒体运营部门，设置一定人数的专业人员负责技术管理和内容管理。新媒体可以扩大科学普及的读者面，让科学普及更具有时效性。

自然科学类期刊编辑在河南省期刊中技术水平较高，更容易接

受数字化，因此，建议数字化试点从自然科学类期刊入手。

一、精准出版，优化传播内容

由于学术期刊受众单一，阅读量不大，因此要在新媒体平台，将有价值的文章解构，做到精准出版。精准出版是指编辑对期刊内容进行解构、再加工，使其碎片化地快速传播。编辑可以从本期刊发表的文章中搜寻能够吸引大众读者的内容或适合新媒体传播的内容，进行再加工，甚至增加趣味性的内容，最终形成新媒体文章，结合图片、音频、视频等形式发布。这样的文章更容易传播，更容易吸引到很多大众读者关注学术内容，在保证刊载信息准确性、权威性、严谨性的同时兼具信息量的扩张，更好地发挥期刊对于科技信息传播的载体作用。

二、利用新媒体平台扩大影响力

首先要建设自己的新媒体运营平台，有自己的硬件设施，有自己的新媒体人才。根据期刊状况调查问卷，河南省自然科学类期刊已经开通微信公众号的占比为71.96%，开通独立网站的有59.81%，有自己客户端的仅有3.74%。这说明还有一部分自然科学类期刊没有开通新媒体平台。

设定一些考核指标，例如在微信方面可以采用微信传播指数，也就是总阅读数、平均阅读数、最高阅读数、总点赞数、平均点赞数和最高点赞数六个指标对账号进行评估，六个指标赋予不同的权重。将新媒体的考核工作，纳入期刊日常考核的范畴中。

三、在线直播

在线直播也是融媒体时代有效的传播方式。在线视频课程从视角上丰富了学术期刊的传播路径。编辑部可以将平时审稿中的常见错误进行总结，制作成论文写作与投稿规范视频课程，在网站宣传。这样既帮助作者解决困惑，也能够增强用户黏度。学术期刊还可以邀请一些知名学者，让他们录制几分钟的关于文章内容的视频，普及专业知识。

自然科学类期刊通过新媒体技术还可以得到积极阅读反馈，比如某一篇文章的阅读量、文章的平均阅读停留时间等。通过监测阅读数据，能提升推送的内容匹配度，增强互动性，形成生产—阅读—反馈的良性循环。

四、建立或加入媒体融合平台

如果各编辑部不借助专业平台推广，自己做媒体融合出版，就需要投入大量人力、物力、财力，实现起来较为困难。建议由主管部门统筹建立媒体融合出版平台，各出版单位和期刊单位加入。如国家新闻出版署出版融合发展（武汉）重点实验室开发的全国性 OSID 开放科学计划，包括媒体融合出版。河南省内有些期刊也加入了该计划，实现了新媒体的功能。

第五节　多措并举，提升传播力、影响力和竞争力

— ★★★ —

河南省自然科学类期刊社要发展，就要提升三力（传播力、影响力、竞争力），加强四化（数字化、国际化、集群化、专业化）。

专业化是自然科学类期刊发展的核心竞争力，在细化期刊品类的同时，杂志社也要明确自身的学科、专题和栏目特色，加强对新兴产业的关注。

期刊社相比出版机构，知识更新速度更快，更容易接受新鲜事物，容易拓展既有的经营领域；规模上比出版机构要小，因此“船小好掉头”，可以成为新技术和新产品的试验田。

期刊的数字化和国际化都需要大量优秀人才的引入。数字化方面需要打造新媒体平台，国际化方面需要搭建对外传播平台。这些平台的搭建需要河南省和上级单位给予支持。

一、扩大传播力，增强影响力

传播力和影响力是期刊的重要评价指标。自然科学类期刊可以通过以下方式扩大传播力，增强影响力。

根据中国科学技术信息研究所的数据，河南省期刊的影响因子的平均值为 0.672，国内期刊平均值为 0.927。扩展影响因子是指期刊前两年发表论文在统计当年被引用的总次数占该期刊前两年发表论文总数的比例，期刊的影响因子越大，其学术影响和作用也越大。河南省期刊的影响因子均值比全国期刊均值低近 1/4，低于 1 的共有 146 种。而河南省期刊中扩展影响因子高于 1 的期刊有 38 种，仅占全省期刊总数的两成不到；高于总体期刊平均影响因子的期刊也仅有 45 种。

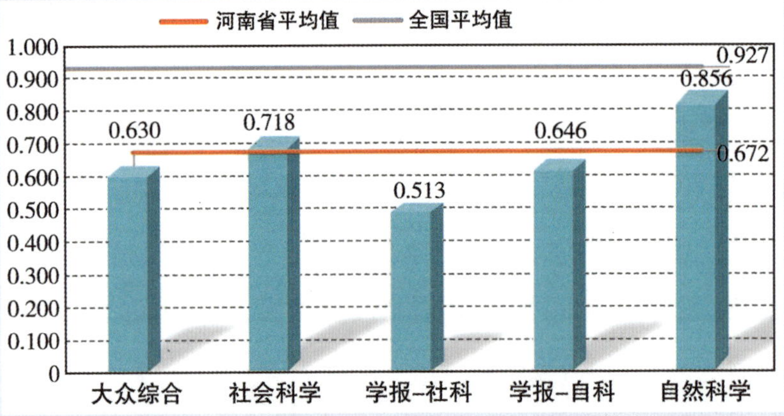

图 1–6–1 河南省各类别期刊扩展影响因子

数据来源：中国科学技术信息研究所

根据中国科学技术信息研究所的数据，自然科学类期刊的开放因子仅为 33.3，即期刊被引用次数的一半所分布的最小施引期刊数的平均值为 33.3，比全省平均值低了近一半，说明河南省自然科学类期刊的学术影响的集中度不够。开放因子是期刊被引用次数的一半所分布的最小施引期刊数量，可以反映期刊影响的范围和集中程度。河南期刊开放因子低，说明河南省期刊的影响范围较小，影响

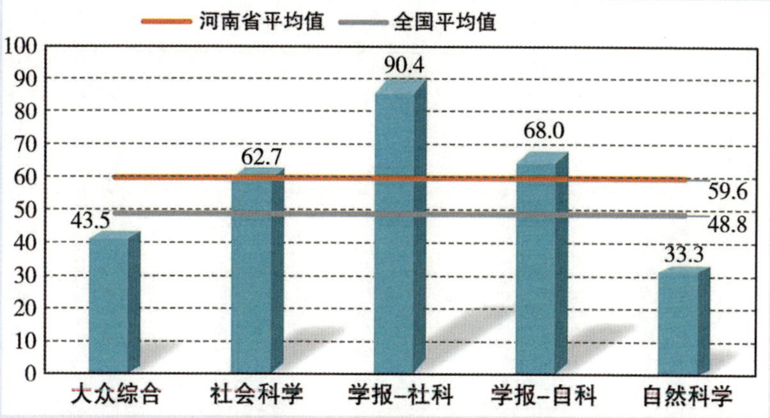

图 1-6-2　河南省各类别期刊扩展开放因子

数据来源：中国科学技术信息研究所

力不大。

根据中国科学技术信息研究所的数据，学报类期刊的本学科影响力最低，其学科影响指标均值分别为 0.18、0.20。学报类期刊的跨学科影响力最低，为 2.90，说明该类期刊对其他期刊的影响力较低。这些都说明，河南省学报类期刊需要扩大影响力。

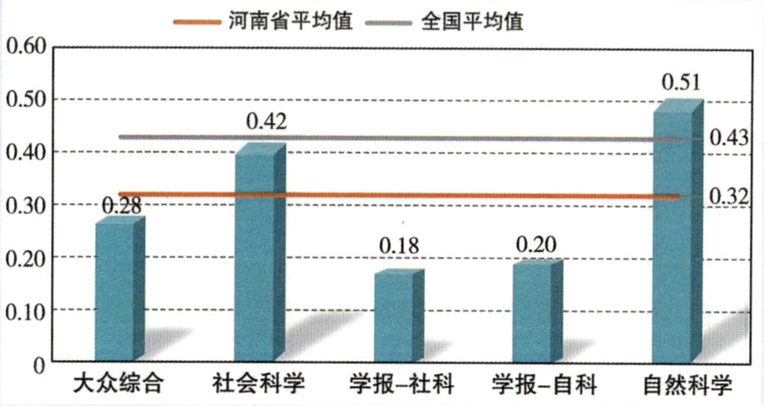

图 1-6-3　河南省各类别期刊扩展学科影响指标

数据来源：中国科学技术信息研究所

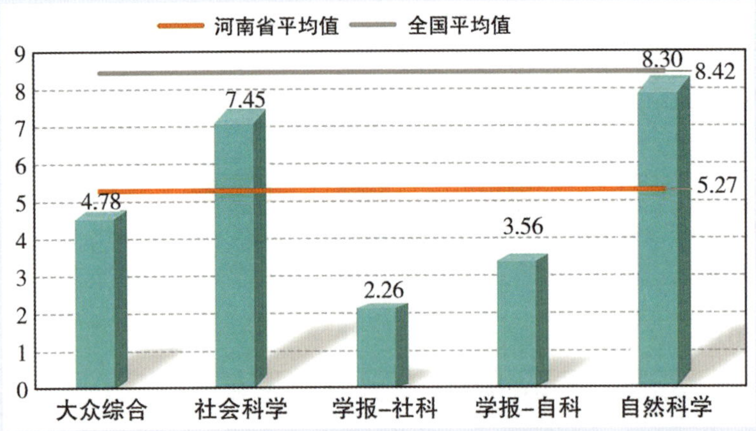

图 1–6–4　河南省各类别期刊扩展学科扩散指标

数据来源：中国科学技术信息研究所

1. 充分利用第三方平台。在融媒体领域，有很多学术出版第三方平台。期刊要充分利用已有的专业化、集约化、数字化平台，快速、精确传播优质学术内容，扩大学术影响力，扩充期刊读者群。

2. 通过开放获取提升影响力。在影响力方面，不能把期刊影响因子等同于期刊影响力，不能把期刊影响力等同于期刊学术质量或论文学术质量。

学术期刊通过网络开放获取提升影响力。目前，根据河南省期刊调研核验表，自然科学类期刊开放全部论文的比例仅有 4%，开放部分论文的有 59%，无数据或未开放的占 37%。由此可见，河南省自然科学类期刊开放获取做得还远远不够，要扩大开放获取才能提升影响力。学术期刊可以通过微信公众号或者网站向作者实行开放获取。

3. 优先出版可以解决时效性，也可以扩大传播力。学术期刊可以借助各大数据库的平台做优先出版。优先出版主要为了解决学术期刊时效性差的问题，让有价值的论文提前出版，增强传播效应。根据河南省期刊调研核验表，自然科学类期刊的出版周期最长。但是科技发展日新月异，科技成果容易被发刊周期所限制。国际上知名期刊采取的措施是，先在期刊网站上发表，再通过纸质版发表，甚至有些文章只在网媒发表。国内很多报刊已经有了网媒优先刊发的成功案例。河南自然科学类期刊还缺少这类学术文章的刊发平台，有待建立。由于自然科学类期刊受众面较小，单独一家期刊成立刊发平台，维护成本太高，建议河南省联络省内优势期刊，成立综合专业期刊平台，以求在期刊数字化方面占领先机。

4. 通过新媒体等方式实现精准宣传。在企业宣传方面，专业期刊企业的宣传要求发生了变化。以前企业宣传诉求的是品牌营销。现在的移动互联和数字化时代，已经由过去的品牌营销转变为效果营销。效果营销就要带来具体的、可衡量的效果，最直接的就是产品售卖。这就需要精准个性化的匹配，增强服务意识。这适用于自然科学类期刊，可以将内容发送到行业协会或学会的会员单位、行业内专家学者及相关研究人员，还可以通过行业会议、大型展览会、学术及技术交流会大量派发期刊及 VIP 客户的技术样本、宣传册等。

未来的品牌宣传还会从纸媒形式转移到新媒体。期刊的网站布局样式和网站栏目可实现量身定做，也要有人才储备和硬件储备。例如，《电力系统保护与控制》就采取了《电力系统保护与控制》杂志及网站、《电力装备》杂志、电力王国网站、电力系统保护与控制公众号、电力王国公众号的一体化宣传方案。

5. 可以给予一定鼓励政策。例如，广东省科技厅“高水平科技期刊建设计划”提出，广东省内机构主办的科技期刊连续 2 次被《中文核心期刊目录总览》、《中国科学引文数据库（CSCD）》（核心库）收录；广东省内机构主办，已获得国际标准连续出版物号 ISSN，获得 3 个或以上相关国际数据库收录，且主要引证指标位于学科前 75%；国际编委占比 50% 以上，国际论文占比 25% 以上；这样的期刊，可以获得奖励，中文期刊 100 万元 / 项，英文期刊 200 万元 / 项，实施周期 3 年。

二、鼓励打造专业服务平台，提升核心竞争力

自然科学类期刊主管单位集中，建议可以从此类期刊开始集群化试点，打造学术期刊集群。在数字化和国际化这两方面，自然科学类期刊比其他两类期刊起步更早，要求更高，基础更好。因此，建议河南省从自然科学类期刊入手试点，打造数字化平台和国际化平台。

1. 专业服务平台包括学术服务、行业服务、大众普及，要开展分层、分类、分群传播。例如，《河南畜牧兽医》专业服务平台。该杂志的网站分为服务河南农业的重要通告、扶贫政策（主要是政策信息）、行业动态（农业行业信息）、奶业专栏、市场分析、名企动态、会议会展、人物故事、招聘信息等栏目，还附有各种农业企业的广告。这是为河南省农业，尤其是畜牧业提供服务咨询的平台。此外，还附有手机版、微信公众号链接，可以多终端浏览。网

站上还有畜牧业分类专家问答，可以与专家一对一进行咨询。对于期刊的作者，还有在线投稿入口。这是服务专业的平台的典型。

再如，河南《创新科技》杂志社的平台，是服务学术界的平台典型。其主要栏目有工作动态（主要是该社和集团的工作动态）、科技资讯（是相关专业科技资讯）、研究报告（该杂志刊载的相关报告的摘要），还有出版物链接，是相关专业科技出版物的 PDF 阅览；还有相关平台链接，如河南省科技创新云服务平台、河南省科技政策培训服务平台、河南省创新方法推广应用服务平台、河南省专利信息统计分析可视化系统、河南省知识产权云服务平台、该杂志的期刊开放获取平台等。但是，个别栏目存在信息更新频率较低的问题。这也代表了河南省自然科学类期刊新媒体平台的现状：具有一定的技术水平和开设平台的能力，但缺少人力和资金，不能保证实时更新。

2. 牵头成立若干专业学术共同体。通过学术研讨会等方式扩大交流，主动争取优秀稿源。学术研讨会是快速聚集领域内专业研究者、获取作者资源、征集优质文章的有效途径。学术研讨会还可以提高期刊学术影响力，让更多高水平作者了解、知晓期刊的品牌定位。学术研讨会能够聚集专业方向的研究者参加，这些研究者都是期刊的目标作者。

三、提升国际化水平

河南期刊整体国际化水平弱，自然科学类期刊国际化情况稍好，有部分期刊已经获得国外数据库收录。

自然科学类期刊的国际化表现为编委会国际化、审稿国际化、稿源国际化、语言载体国际化等具体的指标。应从约稿、荐稿、审稿以及编委工作等各个环节的国际化入手，提升期刊的学术影响力和核心竞争力。主管主办单位可以组织对外交流活动，助力河南期刊扩大海外影响力。

1. 作为英文版期刊出版的参与者和组织者的编辑应开阔视野，具备良好的英文写作和阅读能力，能提出独特、专业的观点，保证稿件能顺利地“走出去”和“请进来”，顺畅地与国际接轨，助力提升期刊的国际影响力。

2. 可以合力探索在海外组建专业的学术期刊推广公司，运用国际社交媒体对中国的学术成果进行择优推送。《意见》表示：“鼓励支持有条件的期刊出版企业设立海外分支机构，开展本土化运营。”河南省和各级主管主办部门，应该支持河南省期刊建立海外分支机构。由于自然科学类期刊规模较小，根据《河南省期刊调研核验表》，10 人以下的期刊社占比高达 72%，单个期刊社缺乏足够的人力和资金，所以可以考虑以期刊集群的方式成立海外分支机构，对外推广

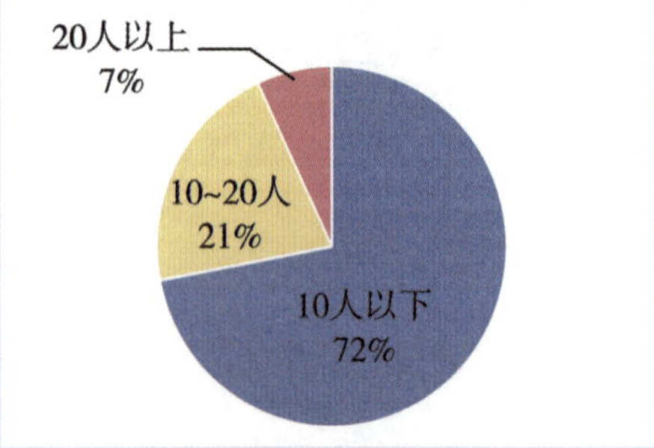

图 1-6-5 河南省自然科学类期刊社总人数分布占比

数据来源：河南省期刊调研核验表

河南特色期刊和自然科学类期刊。或者在相关单位的推动下，成立统一的海外分支机构或对外推广平台，将优势的自然科学类期刊分类推广。例如，可以将河南的医学、农业、河南工程科技类期刊分类搭建相应的专业对外推广平台。

3. 根据《纲要》，河南省要大幅提升融入共建“一带一路”水平，自然科学类期刊就是一个重要抓手。建议设立专门的自然科学类期刊出版与传播项目，将河南省自然科学类期刊国际化纳入“一带一路”总体布局中，支持创办或联合主办与“一带一路”主题和国家相关的自然科学类期刊，到“一带一路”沿线国家举办展览和学术活动，向沿线国家的主要图书馆赠送或交换河南省的自然科学类期刊或期刊数据库。自然科学类期刊和期刊承载的自然科学成果，作为我国科技竞争力的宣示和体现，要有国际视野，面向世界，在“一带一路”建设中发挥重要作用。

4. 针对河南省自然科学类期刊国际化人才不足的问题，《纲要》表示：“拓宽引才国际视野，实施高端（海外）人才引进专项行动，推进留学人员创业园、国际人才社区、海外人才离岸创新创业基地建设。”这一条也适用于河南省自然科学类期刊。由于期刊规模较小，可以与主管单位合力引进高端海外人才。

5. 可以引进国际一流期刊。建议鼓励有条件的高校、科研机构积极引进或购买国外具有国际影响力的一流期刊或引导一流期刊在河南省创办子刊，并组建高水平、国际化的编委会，从而保证自然科学类期刊的学术质量和持续运作。对于引进高质量子刊的单位，给予一定的资金支持。广东省科技厅“高水平科技期刊建设计划”

就有这样的规划，且规定引进期刊获得刊号（国际标准连续出版物号 ISSN 以及国内统一连续出版物号 CN44），且连续出版 3 期，可申请不超过 1000 万元 / 项的奖励。

四、支持河南省重点自然科学课题

可以设立相关课题项目，供学术期刊单位申请，尤其是需要整合优势资源集中攻关的关键共性技术领域和河南省优势产业的领域。主管主办单位要保证期刊编辑部基本的办公经费，在经费上给予一定支持。还可以通过设立各类出版基金、相关课题项目，给河南省自然科学类期刊的发展提供明确的方向。

根据中国科学技术信息研究所的数据，河南省期刊的基金论文比的平均值为 0.48，国内期刊平均值为 0.50。基金论文比是指国家、省部级以上及其他各类重要基金资助的论文占该期刊全部论文的比例，可以衡量期刊论文的学术质量。河南省期刊的基金论文

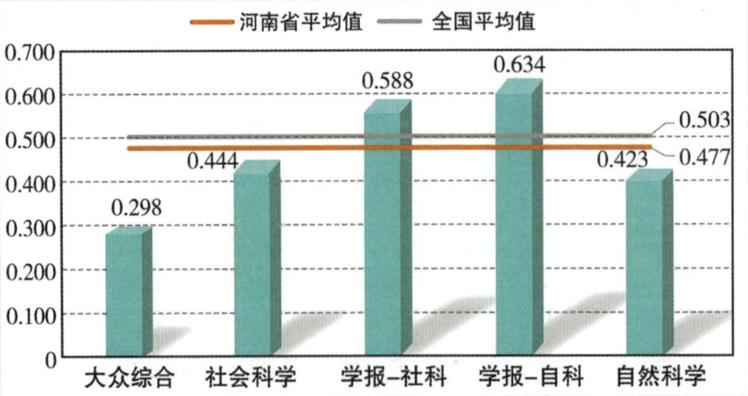

图 1-6-6 河南省各类别期刊基金论文比

数据来源：中国科学技术信息研究所

比略低于国内期刊平均值。而《宽厚板》和《资源导刊》两种自然科学类期刊未收录任何基金论文。这都说明河南省自然科学类期刊获得的基金扶植力度不够，要鼓励基金论文发表在河南省本土的期刊上。

总之，在3～5年内，提升河南省自然科学类期刊的传播力、影响力、竞争力，加强数字化、国际化、集群化、专业化的水平，打造3～5家国际知名的自然科学类期刊，建立2～3种有全国影响力的集聚数字化平台，塑造3～5种有全国影响力的新媒体平台。

附录 1：河南省自然科学类期刊分类情况明细表

课题组对河南省自然科学类期刊重新分类表

分类	序号	期刊名称
综合理化科学	1	CHINESE QUARTERLY JOURNAL OF MATHEMATICS 数学季刊（英文刊）
	2	化学研究
	3	教育信息化论坛
	4	Journal of Partial Differential Equations 偏微分方程（英文刊）
医学	5	眼科新进展
	6	中华实用诊断与治疗杂志
	7	中国卫生检验
	8	胃肠病学和肝病学杂志
	9	河南中医
	10	国医论坛
	11	临床医学
	12	肿瘤基础与临床
	13	中医研究
	14	河南医学研究
	15	河南预防医学杂志
	16	中医正骨
	17	食管疾病（原河南科技大学学报医学版）
	18	中国实用神经疾病杂志

续表

分类	序号	期刊名称
工业	19	河南冶金
	20	河南化工
	21	河南建材
	22	灌溉排水学报
	23	舰载武器
	24	航空兵器
	25	耐火材料
	26	CHINA' S REFRACTORIES 中国耐火材料（英文刊）
	27	材料开发与应用
	28	综合智慧能源（原华电技术）
	29	金刚石与磨料磨具工程
	30	电光与控制
	31	石油地质与工程
	32	断块油气田
	33	石油化工腐蚀与防护
	34	电波科学学报
	35	矿产保护与利用
	36	电力系统保护与控制
	37	拖拉机与农用运输车
	38	成组技术与生产现代化
	39	全球定位系统
	40	河南林业科技
	41	机械传动
	42	机械强度

续表

分类	序号	期刊名称
工业	43	资源导刊
	44	矿山机械
	45	气象与环境科学
	46	管理工程师
	47	Energy & Environmental Materials 能源与环境材料（英文刊）
	48	轴承
	49	宽厚板
	50	化学推进剂与高分子材料
	51	河南电力
	52	电气防爆
	53	能源与环保
	54	中国棉花加工
	55	炼油技术与工程
	56	金属制品
	57	现代食品
农业	58	果树学报
	59	果农之友
	60	中国瓜菜
	61	中国棉花
	62	JOURNAL OF COTTON RESEARCH 棉花研究（英文刊）
	63	棉花学报
	64	河南畜牧兽医
	65	河南农业科学
	66	种业导刊

续表

分类	序号	期刊名称
农业	67	河南农业
	68	磷肥与复肥
	69	河南水产
	70	烟草科技
	71	现代牧业
	72	Grain & Oil Science and Technology 粮油科技（英文刊）
本省特色科学	73	中州建设
	74	河南水利与南水北调
	75	创新科技
	76	河南科技
	77	乡村科技
	78	人民黄河
	79	地域研究与开发
	80	中国水土保持
学报	1	河南大学学报（自然科学版）
	2	河南大学学报（医学版）
	3	中医学报
	4	新乡医学院学报
	5	河南师范大学学报（自然科学版）
	6	河南农业大学学报
	7	河南教育学院学报（自然科学版）
	8	信阳师范学院学报（自然科学版）
	9	新乡学院学报
	10	河南牧业经济学院学报

续表

分类	序号	期刊名称
学报	11	濮阳职业技术学院学报
	12	河南城建学院学报
	13	南阳理工学院学报
	14	河南工程学院学报（自然科学版）
	15	河南理工大学学报（自然科学版）
	16	三门峡职业技术学院学报
	17	商丘师范学院学报
	18	黄河科技大学学报
	19	南阳师范学院学报
	20	河南科技大学学报（自然科学版）
	21	安阳工学院学报
	22	河南医学高等专科学校学报
	23	周口师范学院学报
	24	郑州航空工业管理学院学报
	25	商丘职业技术学院学报
	26	焦作大学学报
	27	郑州铁路职业技术学院学报
	28	开封大学学报
	29	河南警察学院学报
	30	中原工学院学报
	31	河南工业大学学报（自然科学版）
	32	焦作师范高等专科学校学报
	33	洛阳师范学院学报
	34	轻工学报

续表

分类	序号	期刊名称
学报	35	黄河水利职业技术学院学报
	36	济源职业技术学院学报
	37	河南广播电视大学学报
	38	华北水利水电大学学报（自然科学版）
	39	中州大学学报
	40	河南科技学院学报
	41	河南科技学院学报（自然科学版）
	42	漯河职业技术学院学报
	43	洛阳理工学院学报（自然科学版）
	44	平顶山学院学报
	45	信阳农林学院学报
	46	郑州师范教育
	47	开封教育学院学报
	48	安阳师范学院学报
	49	河南机电高等专科学校学报
	50	河南外科学杂志
	51	郑州大学学报（理学版）
	52	郑州大学学报（医学版）
	53	郑州大学学报（工学版）
	54	许昌学院学报
	55	铁道警察学院学报
	56	Chinese Medicine and Natural Products 中医学报（英文刊）

（根据课题组分类，河南省自然科学类期刊共 136 种，包含学报 56 种，其他自然科学类期刊 80 种）

附录 2：河南省自然科学类期刊报告线上会议纪要

时间：2021 年 8 月 13 日 14：30—16：30

地点：腾讯会议

座谈人：

课题组负责人：董毅敏、林晓芳、周康

课题组成员：原业伟、武向娜、王雨涵、赵茜、王诗哲

河南新闻出版局

期刊社社长或副社长（主管期刊经营方面）

主编或副主编或编辑部主任（主管期刊内容方面）

自然科学：《中国棉花》、《烟草科技》、《耐火材料》、《金刚石与磨料磨具工程》、《炼油技术与工程》、《中国耐火材料》（英文刊）、《国医论坛》、《中医研究》、《能源与环保》

议程：

1. 介绍课题相关背景、进展

2. 参与座谈人员简介

新闻出版研究院

河南新闻出版局

3. 简单汇报研究结论

4. 邀请参与座谈各期刊社发言

5. 总结，留联系邮箱，收发文字材料

内容：

《中国棉花》、《烟草科技》、《耐火材料》、《金刚石与磨料磨具工程》、《炼油技术与工程》、《中国耐火材料》（英文刊）、《国医论坛》、《中医研究》、《能源与环保》

座谈会聚焦的问题：

1. 您认为编辑地位如何提升？待遇有哪些问题？职称晋升、人才培养有哪些问题？

2. 您对期刊的学术质量、学术竞争力、传播力、影响力怎么认识？

3. 您对期刊的编校质量规范标准怎么看？

4. 您对作者和期刊的编委团队怎么认识？

5. 您对期刊的外部学术审读、支持怎么认识？

6. 您对主管主办的单位、省级国家级管理有哪些期待？

7. 您对期刊如何提升国际影响力，如何提升国际学术地位怎么看？

附录 3：图表索引

续表

续表

续表

续表

续表

附录 4：参考文献

[1]李婷 . 论高校学术期刊质量提升计划建设的思路 [J]. 新闻研究导刊，2020，11(21)：213-214.

[2] 王春雷，潘佳玉 . 学术期刊"被动型"关系稿成因及治理建议 [J]. 齐齐哈尔大学学报（哲学社会科学版），2020(06)：139-142.

[3] 郑芙蓉 . 利用信息技术推动科普期刊数字化转型探究 [J]. 数字通信世界，2020(04)：37-38.

[4] 付方明 . 解析科普期刊编辑角色的新定位 [J]. 新闻传播，2019(24)：62-63.

[5] 苏婧 . 培养科普传媒人才提升科普期刊传播能力 [A]. 中国科普研究所、安徽省科学技术协会 . 中国科普理论与实践探索——第二十六届全国科普理论研讨会论文集 [C]. 中国科普研究所、安徽省科学技术协会：中国科普研究所，2019：8.

[6] 韩筠 . 试论学术期刊与学风养成 [J]. 出版发行研究，2017(06)：14-17.

[7] 谢镒逊 . 学术期刊去同质化路径探析 [J]. 传播与版权，2017(01)：61-63.

[8] 向志柱 . 期刊要为做大学问、真学问服务 [N]. 中国社会科学报，2016-07-26(007).

[9] 王金龙 . 论学术期刊的关系稿处理及作者队伍建设 [J]. 洛阳师范学院学报，2011，30(06)：125-126.

[10] 李小燕，郑军卫，田欣，等 . 我国科技期刊媒体融合现状与发展方向 [J]. 中国科技期刊研究，2019，30(01)：34-39.

[11] 陈汐敏，丁贵鹏，接雅俐，等 . 医学学报类期刊同质化问题分析和对策 [J]. 编辑学报，2015，27(02)：109-111.

[12] 马金玉 . 同质化问题对期刊发展的影响研究 [J]. 湖南第一师范学院学报，2014，14(05)：117-120.

[13] 何洪英，葛亮，杨莉娟，等 . 论媒体融合趋势下科技期刊编辑的素养 [J]. 编辑学报，2018，30(05)：541-544.

[14] 王海蓉，张冰，张楚民 . 论新时期期刊编辑职业素养的培养与提高 [J]. 编辑学报，2018，30(01)：80-82.

[15] 张鲸惊，韩建，黄河清 . 数字化出版发展对科技期刊编辑素质的要求 [J]. 编辑学报，2012，24(02)：175-177.

[16] 刘岗，魏海明，王婉，等 . 编委在科技期刊发展中的作用探讨 [J]. 中国科技期刊研究，2015，26(03)：239-243.

[17] 蔡斐，李明敏，徐晓，等 . 青年编委的遴选及其在期刊审稿过程中的作用 [J]. 中国科技期刊研究，2017，28(09)：856-860.

[18] 游苏宁 . 对科技期刊国际化有关问题的反思 [J]. 编辑学报，2008(01)：1-4.

[19] 初景利，闫群 . 我国科技期刊国际化战略与策略 [J]. 中国科学院院刊，2018，33(12)：1358-1365.

[20] 董策，陈辉，俞良军 . 中国科技期刊国际化之路——从“被国际化”到真正走向“国际化”[J]. 编辑学报，2017，29(01)：76-79.

[21] 程郁缀，刘曙光 . 论文质量、期刊质量与期刊影响力 [J]. 陕西师

范大学学报（哲学社会科学版），2010，39(05)：64-69.

[22] 代艳玲，朱拴成．提升期刊学术质量与影响力的方法与途径——选题策划与组稿 [J]. 中国科技期刊研究，2016，27(02)：157-161.

[23] 张积玉．学术期刊影响力及其评价指标体系的构建 [J]. 陕西师范大学学报（哲学社会科学版），2010，39(05)：70-76.

[24] 陶华，朱强，宋敏红，等．科技期刊新媒体传播现状及发展策略 [J]. 编辑学报，2014，26(06)：589-592.

[25] 舒文博，尹江苹．提高技术类新媒体期刊行业影响力方法探讨 [J]. 传媒论坛，2021，4(03)：6-8.

[26] 范军，李晓晔．中国新闻出版业改革开放 40 年 [M]. 北京：中国书籍出版社，2018：12.

[27] 陈建龙，张俊娥，蔡蓉华．中文核心期刊要目总览（2020 年版）[M]. 北京：北京大学出版社，2021：129-146.

[28] 张立 .2019—2020 中国数字出版产业年度报告 [M]. 北京：中国书籍出版社，2020.

哲学社会科学类

引 言

我国哲学社会科学类期刊是展示哲学社会科学各学科发展情况的主要窗口，是彰显中华文化自信的重要标识，也是展示文化软实力的重要平台。党的十八大以来，中央高度重视哲学社会科学工作，习近平总书记在 2016 年 5 月 17 日《在哲学社会科学工作座谈会上的讲话》中指出，我们在学术命题、学术思想、学术观点、学术标准、学术话语上的能力和水平同我国综合国力和国际地位还不太相称，学术评价体系不够科学。这就要求我们着力构建中国特色哲学社会科学的学科体系、学术体系、话语体系。

2020 年 10 月 29 日召开的党的十九届五中全会审议通过的《中共中央关于制定国民经济和社会发展第十四个五年规划和二〇三五年远景目标的建议》中首次提出，到 2035 年建成文化强国的目标，强调要全面繁荣哲学社会科学事业。哲学社会科学类期刊是我国文化事业和哲学社会科学事业的重要组成部分。文化强国的实现和哲学社会科学事业的全面繁荣都离不开哲学社会科学类期刊。

2021年6月23日，中共中央宣传部、教育部、科技部印发的《关于推动学术期刊繁荣发展的意见》指出，哲学社会科学类期刊要把深入研究、宣传、学习习近平新时代中国特色社会主义思想，建设有中国特色、中国风格、中国气派的学科体系、学术体系和话语体系作为重大任务，加强理论武装与理论创新，围绕党和国家重大理论和实践问题，围绕群众关注的历史和现实问题，及时开展研究解读和引导分析，为加快构建中国特色哲学社会科学贡献力量。

2021年5月9日，习近平总书记给《文史哲》编辑部全体编辑人员回信，对哲学社会科学编辑的工作成果给予了高度肯定，并提出办好哲学社会科学类期刊的殷切期望。具体可以归结为以下几点：一是让世界更好地认识和了解中国，坚持中国道路，弘扬中国精神；二是要坚守初心，理论联系实际，打造高品质的学术期刊；三是要引领创新，培养并支持优秀学术人才成长。

哲学社会科学类期刊要以习近平新时代中国特色社会主义思想为指导，坚持正确政治方向、出版导向、价值取向，合理把握历史和现实，立足中国国情，增强对外学术交流，将中国文化更好地传播出去，为建设世界科技强国和社会主义文化强国作出更大贡献。

综上，河南省社会科学类期刊在长期发展过程中取得了优异的成绩，坚持正确的政治导向，社会效益成绩突出，经济效益明显，期刊传播力影响力较强，从业人员素质较高。本报告以河南省社会科学类期刊的年检核验表、课题组发的期刊状况和从业人员调查问卷，并结合 2019 年度新闻出版产业分析报告，以及来自第三方的数据为基础，对河南省期刊总体状况、期刊社状况和期刊从业人员状况进行分析发现河南省社会科学类期刊优势明显。

如何立足河南资源优势，发现问题、不足并解决，发现短板去补齐，本报告通过与省内期刊负责人座谈、调查发现国内一流社会科学类期刊发展的规律，为业务管理部门和期刊主管主办单位及期刊社提出一系列可行性、可探索实施的建议，为推动河南省社会科学类期刊发展提供参考。

第一章

河南省社会科学类期刊总体状况

第一节　数量

根据《2020中国新闻出版统计资料汇编》的数据，全国各省（直辖市）社会科学类期刊品种数量排名，河南省社会科学类期刊品种为68种（分类标准不同），排名第9位，高于全国各省市平均数56.3种。

按照河南省新闻出版局的分类，除自然科学类期刊、学报类别外的所有类别都归类为社会科学类期刊，共82种。

按照本课题组的分类，社会科学类期刊类别为46种，这一类别定位在发表哲学社会科学等专业论文、学术专业研究交流的学术刊物。一些面向消费市场具有市场发展潜力、面向不特定读者订阅的、有广泛大众基础的刊物，如《销售与市场》《领导科学》，宗旨为行业交流指导类的，如《今日消费》《企业观察家》，不以专业学术论文形式呈现的，如《河南省人民政府公报》《人大建设》等，统一归在了大众综合类。

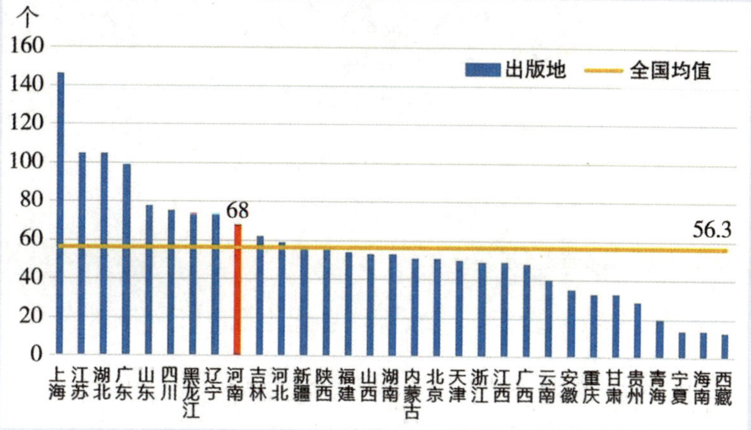

图 2-1-1　全国各省份社会科学类期刊数排名

数据来源：《2020 中国新闻出版统计资料汇编》

第二节　品种与主管主办单位

按照本课题组重新分类的品种数量，河南期刊自然科学类 136 种，占比 55%；大众综合类 63 种，占比 26%；社会科学类期刊 46 种，占比 19%。相比而言，社会科学类期刊占比相对较低。

由于国家现在没有制定严格的分类标准，《2020 中国新闻出版统计资料汇编》是根据中图分类法和核发刊号代码进行分类，但也确实存在核发刊号的时候代码不准确，还有期刊定位调整后原分类发生变化等情况，大众综合类和社会科学类之间的分类界限模糊。

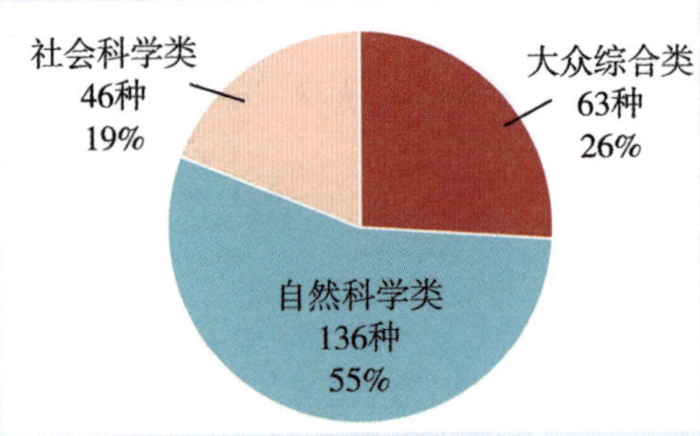

图 2-1-2　河南省期刊分类表

数据来源：课题组对河南省期刊重新分类表

可以详细划分为以下几类：

教育：《数字教育》《教育信息化论坛》《河南教育》《学习论坛》

史学：《中原文化研究》《史学月刊》

经济：《区域经济评论》《金融理论与实践》《管理学刊》

年鉴：《河南年鉴》《黄河年鉴》《中国铁路郑州局集团有限公司年鉴》

情报信息：《档案管理》《河南图书馆学刊》

语言文字：《汉语言文学研究》《汉字汉语研究》《外文研究》《大学书法》

其他：《新闻爱好者》《征信》《美与时代》《经济经纬》《心理研究》《中州学刊》《河南社会科学》

学报：21 种（详见附录 1）

根据河南省期刊调研核验表，本次调研的 46 种社会科学类期刊中，社会科学类期刊隶属国家机关单位的占比 3%，隶属省级管理单位的占比 19%，隶属教育厅及高校、职业院校的占比 78%。其中，多学科综合性的学报数量有 21 种，隶属于高校、职业院校，名称多为“学校名称 + 学报”，其他 25 种隶属于省级机关、医院、社会团体，以及当地新闻出版企业。

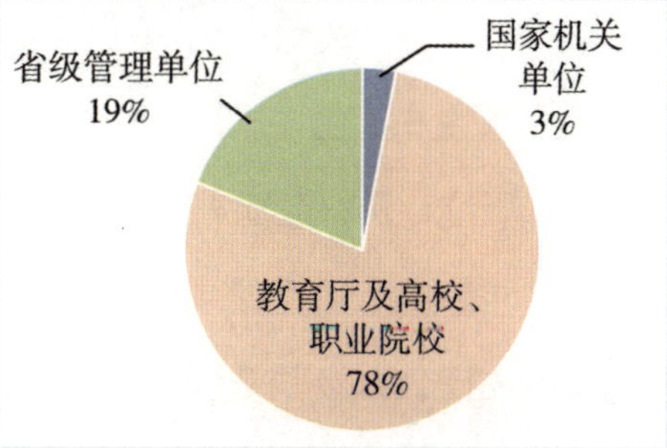

图 2-1-3　河南省社会科学类期刊隶属情况

数据来源：河南省期刊调研核验表

通过对创刊时间的分析，能够发现期刊的生命力、稳定性，以及在专业领域的基础积淀。根据河南省期刊调研核验表，社会科学类期刊创刊时间最早在 1969 年以前，与河南省期刊整体情况类似，社会科学类期刊很大部分都集中创刊在改革开放以后，尤其是 1980—1989 年期间，占比 52.78%。

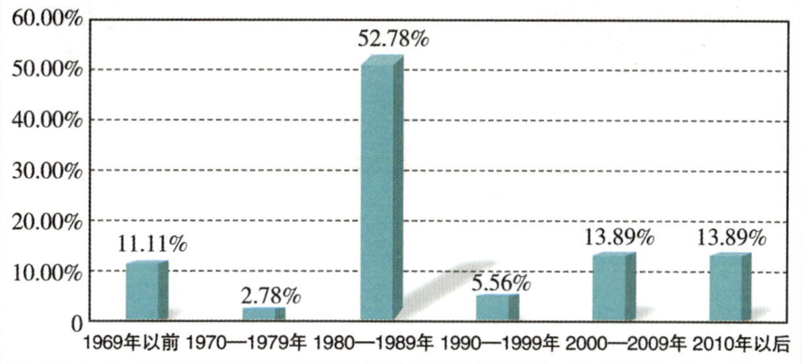

图 2-1-4　河南省社会科学类期刊创刊时间

数据来源：河南省期刊调研核验表

第三节　总印数、平均期印数、定价总金额

通过国家新闻出版署发布，由中国新闻出版研究院统计中心完成的《2020 中国新闻出版统计资料汇编》，对 2019 年度河南省社会科学类期刊总印数、平均期印数、总印张数和定价总金额进行分析，河南省各指标在全国的占比，以及与全国平均数对比情况，能够对比发现期刊的出版能力和办刊能力。

根据《2020 中国新闻出版统计资料汇编》，河南省期刊总印数为 8059 万册，全国占比 4%。

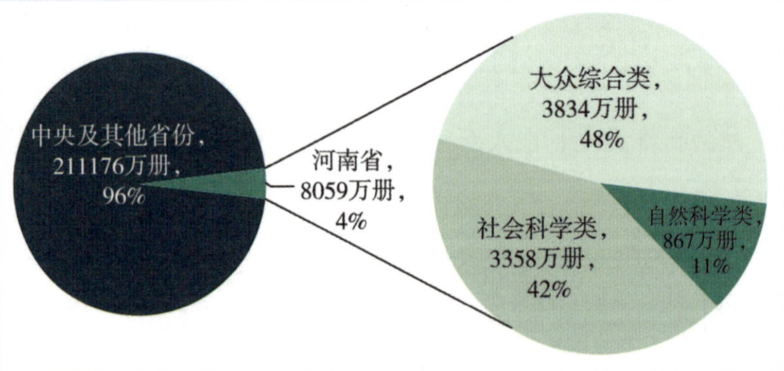

图 2-1-5　2019 年河南省期刊总印数

数据来源：《2020 中国新闻出版统计资料汇编》

河南省社会科学类期刊总印数为 3358 万册，高于全国社会科学类期刊各省平均值 1790.81 万册。在河南本省的三类期刊中，占比 42%。

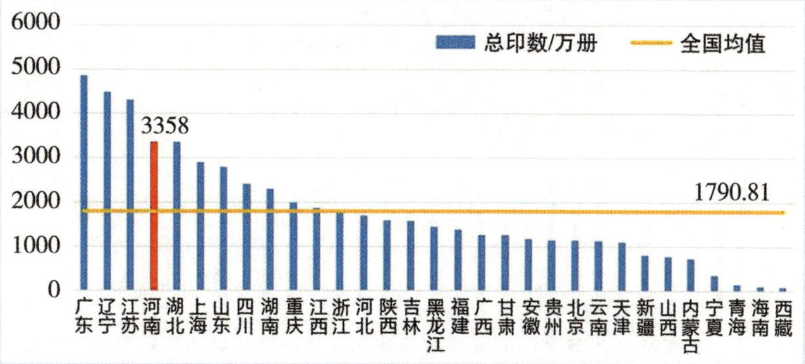

图 2-1-6　河南省社会科学类期刊总印数

数据来源：《2020 中国新闻出版统计资料汇编》

根据《2020 中国新闻出版统计资料汇编》，河南省期刊平均期印数为 301.22 万册，全国占比 2%。

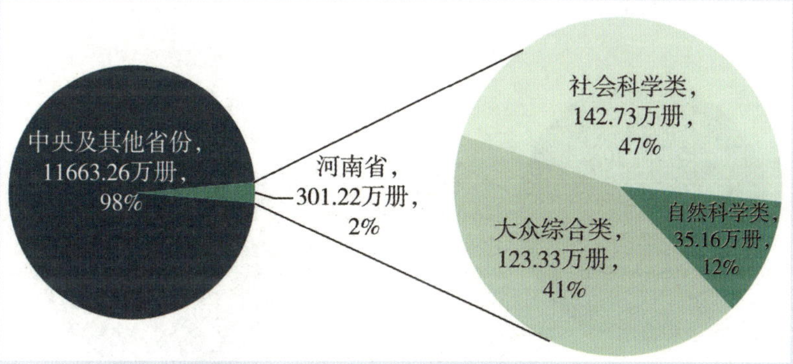

图 2-1-7　2019 年河南省期刊平均期印数

数据来源：《2020 中国新闻出版统计资料汇编》

河南省社会科学类期刊，平均期印数达 142.73 万册，高于全国社会科学类期刊各省平均值 89.36 万册。在河南本省的三类期刊中，占比 47%，占比较高。

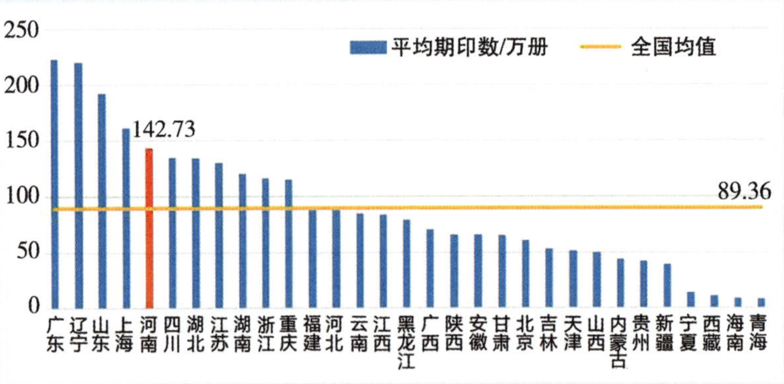

图 2-1-8 河南省社会科学类期刊平均期印数

数据来源：《2020 中国新闻出版统计资料汇编》

根据《2020 中国新闻出版统计资料汇编》，河南省总印张数为 376493（千印张），全国占比 3%。

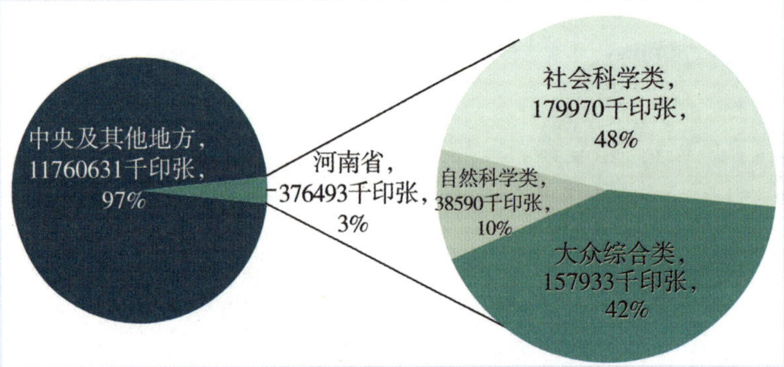

图 2-1-9 2019 年河南省期刊总印张数

数据来源：《2020 中国新闻出版统计资料汇编》

河南省社会科学类期刊的总印张数为 179970（千印张），高于全国社会科学类期刊各省平均值 87328.03（千印张），在河南省三类期刊中占比最高，为 48%，说明社会科学类期刊印数高、页码多、开本大，出版能力强。

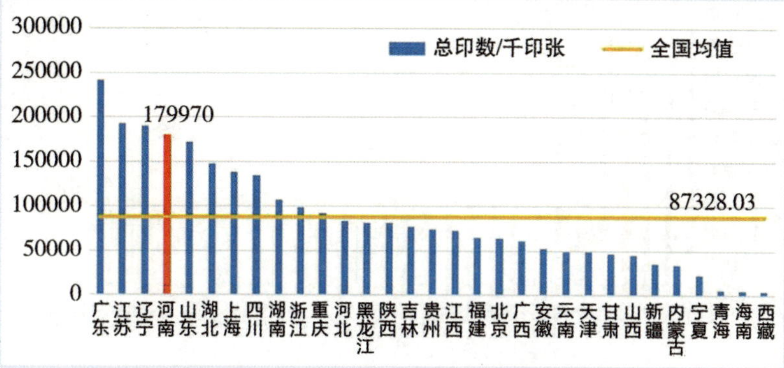

图 2-1-10　河南省社会科学类期刊总印张

数据来源：《2020 中国新闻出版统计资料汇编》

根据《2020 中国新闻出版统计资料汇编》数据统计，河南省期刊定价总金额为 61223 万元，全国占比 3%。

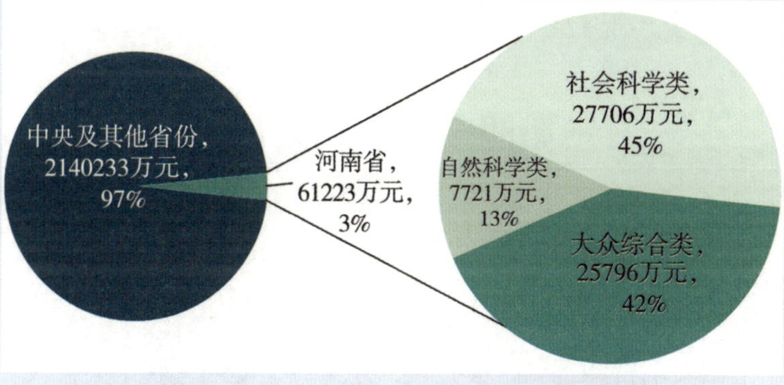

图 2-1-11　2019 年河南省期刊定价总金额

数据来源：《2020 中国新闻出版统计资料汇编》

河南省社会科学类期刊定价总金额为 27706 万元，高于全国社会科学类期刊各省平均值 14584.84 万元，在河南省三类期刊中占比最高，为 45%。

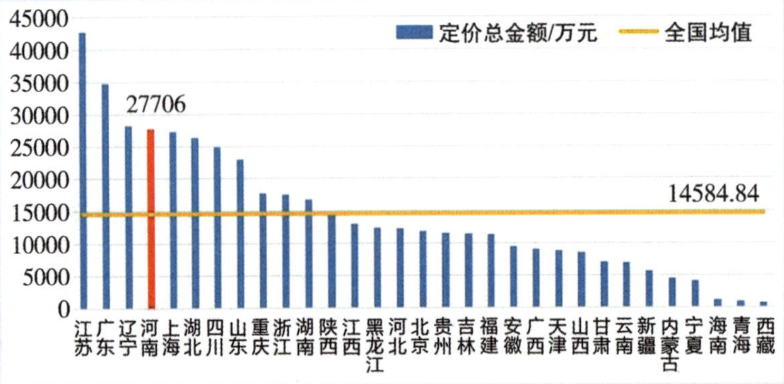

图 2-1-12　河南省社会科学类期刊定价总金额

数据来源：《2020 中国新闻出版统计资料汇编》

整体上看，河南省社会科学类期刊品种在全国占比虽然小，但平均期印数、期刊总印数、总印张数都高于全国各省份平均水平。

第四节　办刊质量

一、荣誉情况

根据河南省期刊调研核验表，社会科学类期刊获得荣誉较多，一半期刊曾获国家级荣誉，42.11% 的期刊曾获得省级荣誉，每个期刊都未缺席行业专业级荣誉，说明河南省期刊办刊质量位居上游。与自然科学类相比——自然科学国家级的荣誉仅占 13.39%——社会科学的国家级荣誉更高、更多。

根据河南省期刊状况调查问卷，整体上看，67.24% 的社会科学类期刊获得行业期刊荣誉称号，29.31% 的社会科学类期刊入选中国

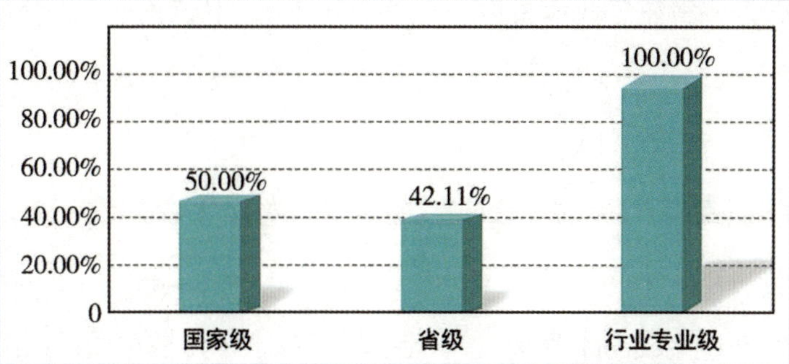

图 2-1-13　河南省社会科学类期刊荣誉获得情况

数据来源：河南省期刊调研核验表

期刊方阵，22.41% 的社会科学类期刊入选中国人文社会科学期刊综合评价 AMI 核心期刊，20.69% 的社会科学类期刊入选武大 RSSCE 期刊，北大核心入选 13 种，南大核心入选 8 种，同时入选北大和南大双核心期刊有 9 种。

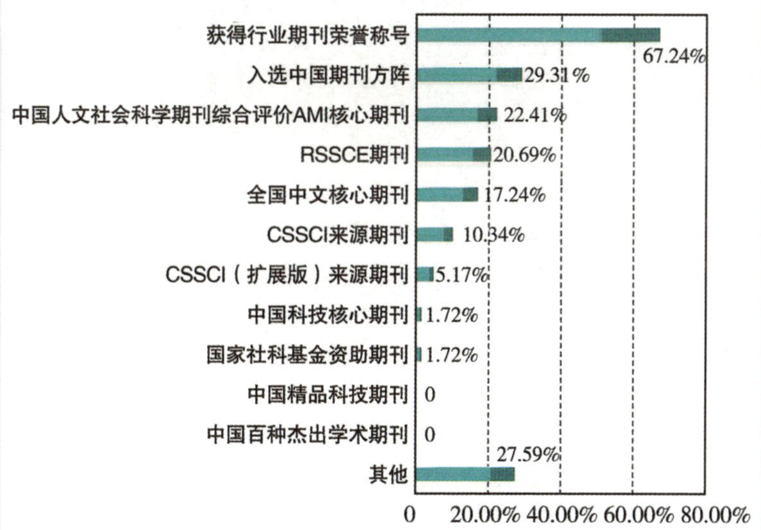

图 2-1-14　河南省社会科学类期刊目前获得的荣誉

数据来源：河南省期刊状况调查问卷

但河南省社会科学类期刊无一种入选中国出版政府奖和百强报刊。

二、编校质量

根据河南省期刊编辑人员状况调查问卷，严格执行责任编辑制，本社符合规定人员完成三审三校占比 76%；本社编辑完成审稿，校对工作外包完成占比为 9%；本社编辑完成审稿，校对通过软件完成的占比 5%。可见河南省社会科学类期刊编辑责任制、三审三校制度执行较好，这也是保证社会科学类期刊编校质量的基础。

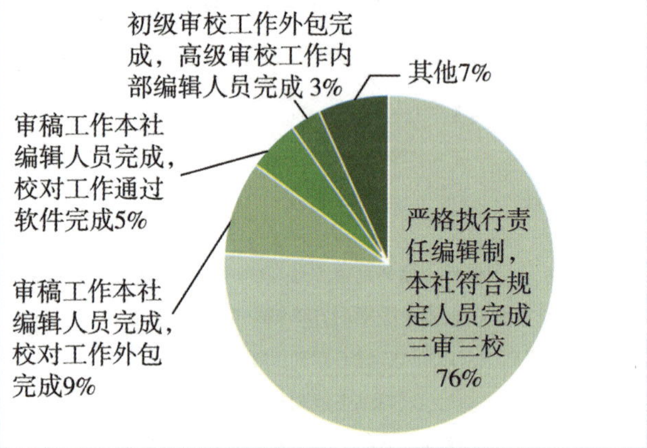

图 2–1–15　稿件编校的工作过程

数据来源：河南省期刊编辑人员状况调查问卷

三、社会影响力

1. 知网平台数据

根据中国知网评价研究中心数据，河南省社会科学类期刊平均被引频次为 1202.09 次，低于全国平均数 2008.48 次，排名第 22 位，位次比较靠后，说明河南省社会科学类期刊影响力有待提升。

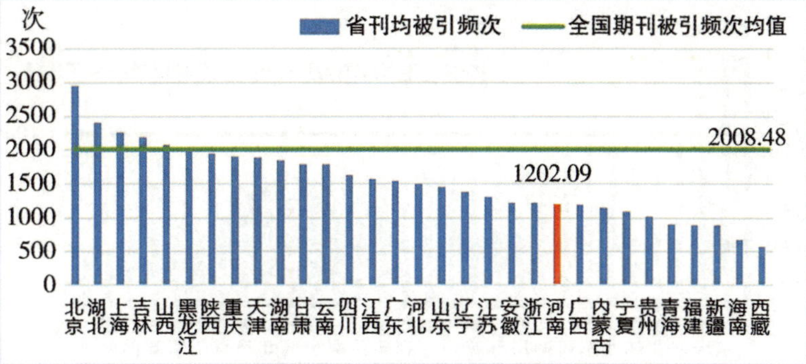

图 2-1-16　全国各省份社会科学类期刊平均被引频次

数据来源：中国知网评价研究中心

根据中国知网评价研究中心数据，河南省社会科学类期刊平均下载频次为 13.84 万次，低于全国平均数 18.05 万次，排名第 18 位，位次比较靠后，说明河南省社会科学类期刊影响力有待提升。

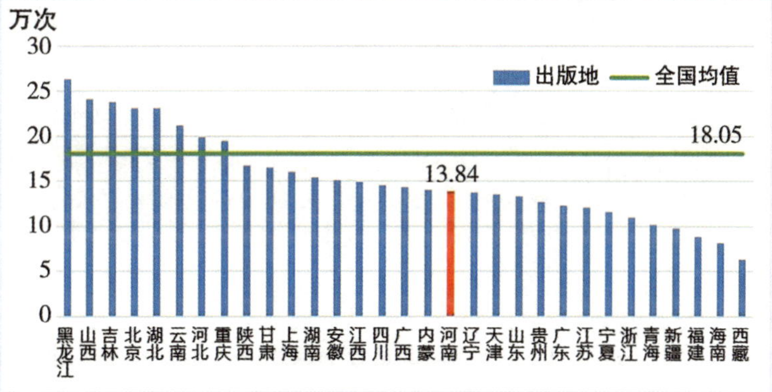

图 2-1-17　全国各省份社会科学类期刊平均下载频次

数据来源：中国知网评价研究中心

根据中国知网评价研究中心数据，全国各省份社会科学类期刊刊均影响因子，河南省社会科学类期刊刊均影响因子为 0.635，低于全国平均数 1.104，排名第 21 位，位次比较靠后，说明河南省社会科学类期刊影响力有待提升。

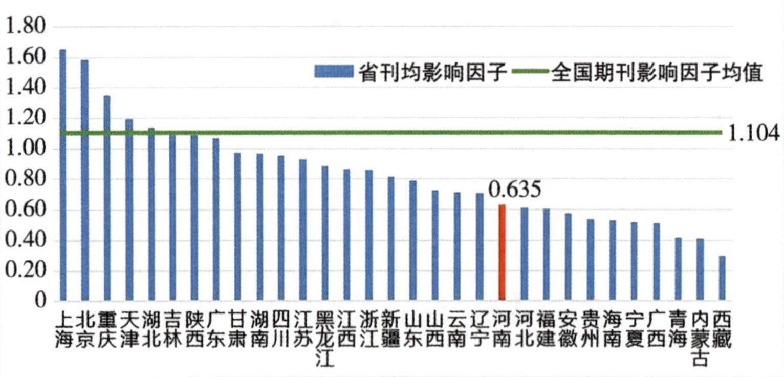

图 2-1-18 全国各省份社会科学类期刊平均影响因子

数据来源：中国知网评价研究中心

根据中国知网评价研究中心数据，中国知网对每个学科期刊按照影响力指数（CI）排序，并按期刊数量等分为 4 个区（Q1、Q2、Q3、Q4），形成全国各省份社会科学类期刊 Q1 区期刊数量排名，能更加客观地反映期刊学术影响力的相对水平。河南省社会科学类期刊 Q1 区期刊数量为 10，低于全国平均数 18，排名第 16 位，在全国位居中游而略低。

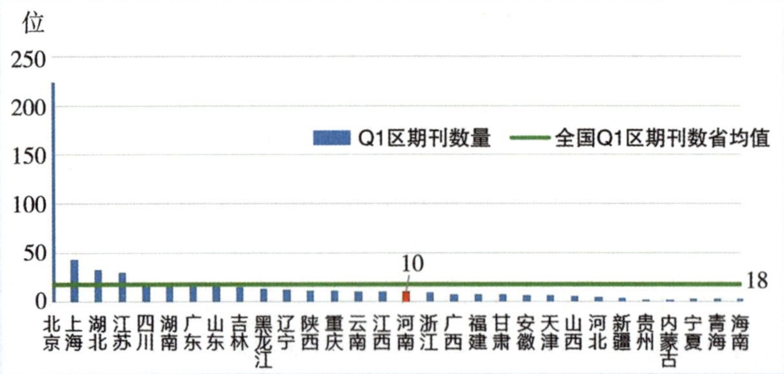

图 2-1-19 全国各省份社会科学类期刊 Q1 区期刊数量排名

数据来源：中国知网评价研究中心

2. 中国科学技术信息研究所数据发现

中国科学技术信息研究所的指标，扩展总被引频次是指每个期刊自创刊以来所登载的全部论文在 2019 年被平均引用的次数，扩展影响因子是指期刊前两年发表论文在统计当年被引用的总次数占该期刊前两年发表论文总数的比例。从图 2-1-20 可以看出，河南省期刊各类别期刊扩展总被引频次的平均值为 1104 次 / 刊，国内期刊

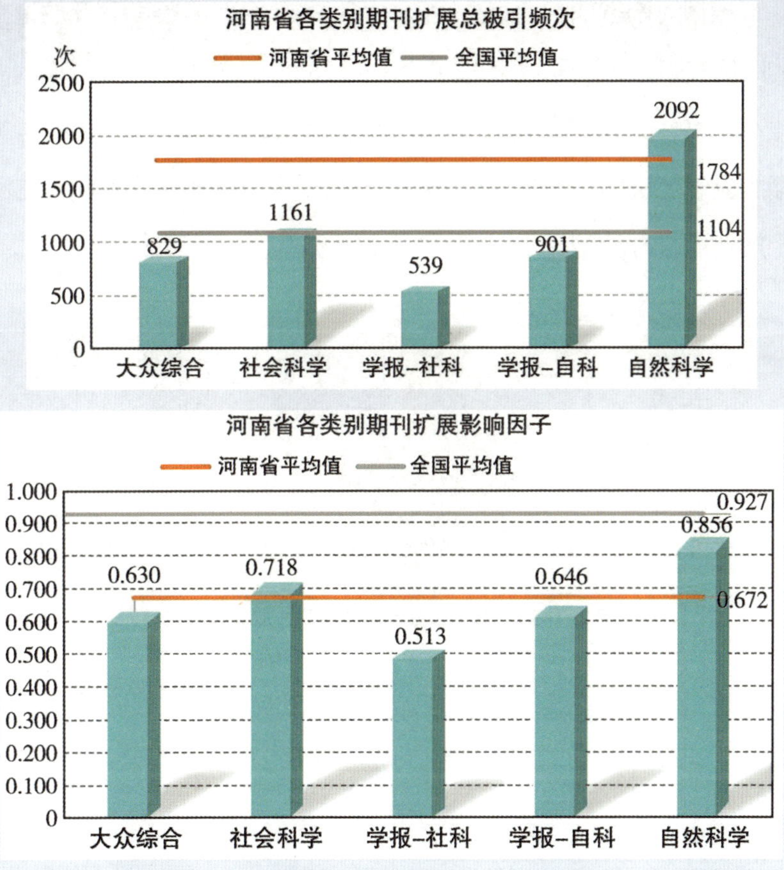

图 2-1-20　数据来源：中国科学技术信息研究所

平均值为 1784 次 / 刊，比国内期刊均值低了近 1/3，社会科学类学报平均值仅为 539 次 / 刊，在各类别中为倒数第一。期刊扩展影响因子里社会科学类学报平均值为 0.513，也是倒数第一。

总体上来看，河南省所有期刊扩展影响因子高于 1 的只有 38 种，在河南省期刊中占比不到 20%。

四、论文开放获取情况

根据河南省期刊调查核验表，河南省社会科学类期刊开放论文的比例较高，开放全部论文的期刊占比 8%，开放部分论文的期刊占比高达 69%，但无数据或未开放的也占有 23%。对此，社会科学类期刊应该加快期刊的数字化进程，以便于期刊的收录和查阅，有利于期刊社的内容传播。

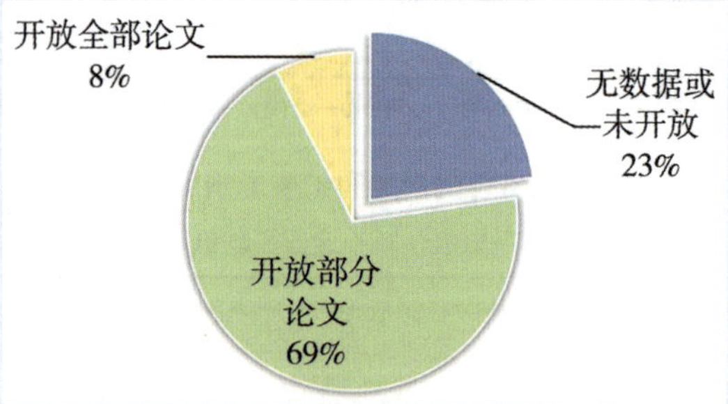

图 2-1-21　河南省社会科学期刊开放获取情况

数据来源：河南省期刊调研核验表

第二章

河南省社会科学类期刊社状况

第一节　资金、办公条件

一、资金情况

根据河南省期刊调研核验表，河南省社会科学类期刊的资金来源几乎全部为主办单位拨付，占比为 93.94%，自筹占比 3.03%，拨付与自筹相结合的方式占比为 3.03%。河南省期刊大多依靠财政拨款维持，这一点社会科学类期刊尤为突出，且社会科学类期刊的经费在三类期刊中处于较高水平。

根据河南省期刊调研核验表，在经费支持方面，社会科学类期刊办刊经费每年在 20 万元及以下的最为集中（52%），其中 10 万～20

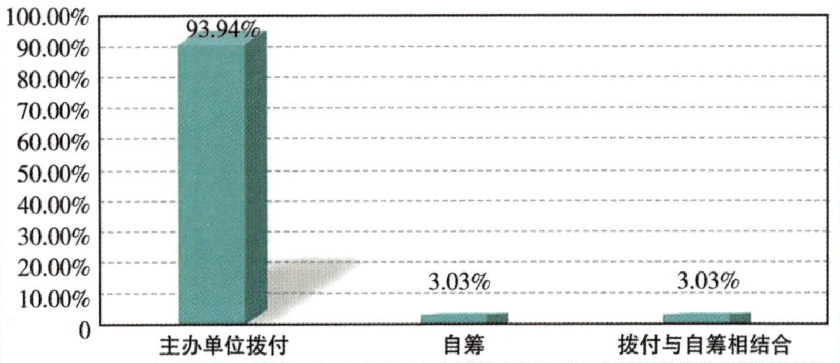

图 2-2-1 河南省社会科学类期刊资金来源

数据来源：河南省期刊调研核验表

万元（含）的占比 28%；20 万~ 30 万元（含）的占比 16%；30 万~ 40 万元（含）的占比 20%；40 万~ 50 万元（含）的占比 8%；50 万元以上的占比 4%，其中 100 万元以上经费的几乎没有。相较于自然科学 100 万元以上的占比 8.41%，说明社会科学类期刊的经费支持比不上自然科学类期刊。这与社会科学类期刊的主管主办单位多为大学、社科院、机关，而自然科学类期刊的主管主办单位多为科研院所、企业、协会有关，同时也说明对社会科学类期刊的受重视程度普遍较弱。

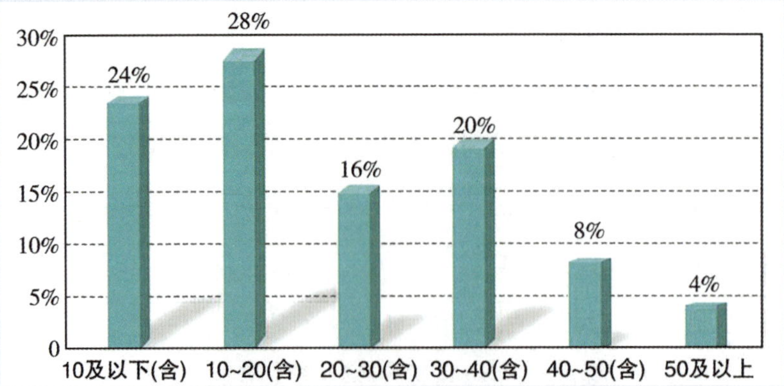

图 2-2-2 河南省社会科学类期刊主办单位经费支持（万元）

数据来源：河南省期刊调研核验表

二、办公条件

根据河南省期刊调研核验表，社会科学类期刊的办公场所由上级单位提供的为 97.20%，自有办公场所的仅为 2.80%，社会科学类期刊基本都是在主管主办单位内部办公，鲜有自己的固定资产。

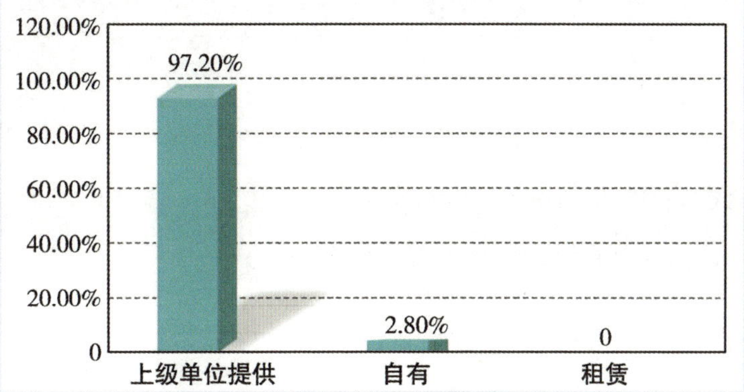

图 2-2-3　河南省社会科学类期刊办公场所

数据来源：河南省期刊调研核验表

根据河南省期刊调研核验表，与总体期刊的办公状况类似，在职人均办公面积集中在 5 ~ 10m^2（含）区间内，占比 43.24%，

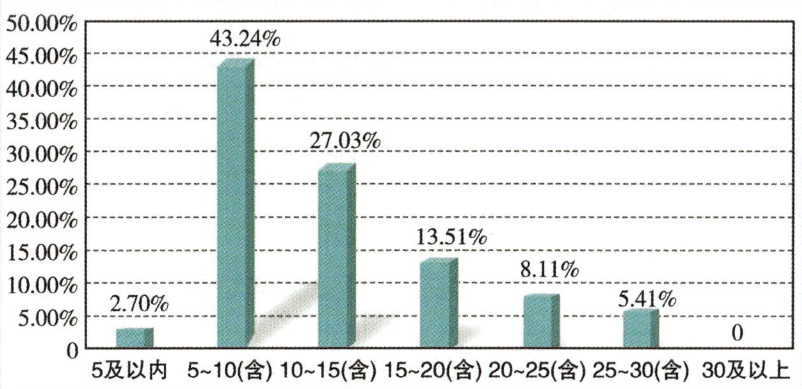

图 2-2-4　河南省社会科学类期刊在职人均办公面积（m^2）

数据来源：河南省期刊调研核验表

其次是 10 ~ 15m^2（含），占比 27.03%。社会科学类期刊主管主办单位办公条件尚可。

第二节　人员状况

根据河南省期刊调研核验表，河南省社会科学类期刊编辑部总人数 6 ~ 10 人的占比 64.44%，1 ~ 5 人和 11 ~ 15 人的占比都是 15.56%，16 ~ 20 人的和 21 人以上的很少。

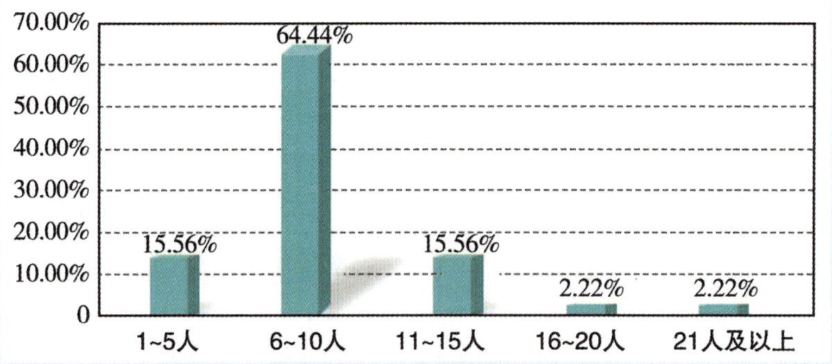

图 2-2-5　河南省社会科学类期刊单位各单位总人数

数据来源：河南省期刊调研核验表

根据河南省期刊调研核验表，社会科学类期刊整体学历水平较高，本科、硕士研究生与博士研究生占比基本在 30% 以上，博士研究生占比最高，达 34.18%，大专及以下占比基本可忽略不计，说明社会科学类期刊人才资源优势明显。

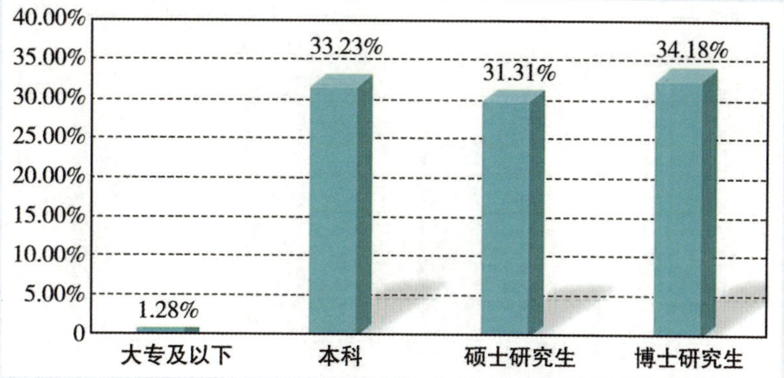

图 2-2-6　河南省社会科学类期刊人员学历分布

数据来源：河南省期刊调研核验表

根据河南省期刊调研核验表，社会科学类期刊在编人员占比 79.62%，聘用人员占比 20.38%，在编人员远高于聘用人员。

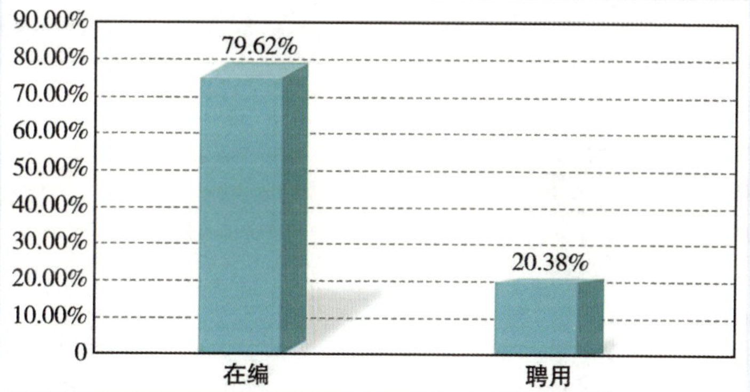

图 2-2-7　河南省社会科学类期刊在编与聘用人员占比

数据来源：河南省期刊调研核验表

根据河南省期刊调研核验表，社会科学类期刊中、高级职称占比超过 60%，其中副高级职称占比最多，为 34.09%，正高级职称占比 28.57%，中级职称占比 25.65%，说明编辑团队专业水平和业务水平较高，素质过硬。

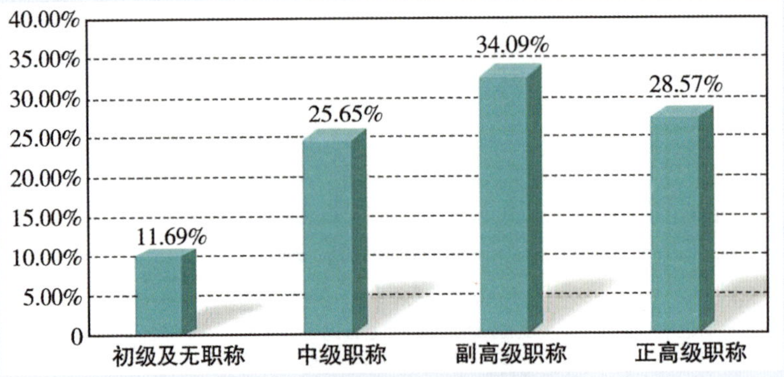

图 2-2-8 河南省社会科学类期刊人员职称分布

数据来源：河南省期刊调研核验表

根据河南省期刊调研核验表，66.77% 的人员为中共党员，其次是群众，占比 21.23%，值得一提的是，民主党派人士占比为 10.46%，占有相当比例。

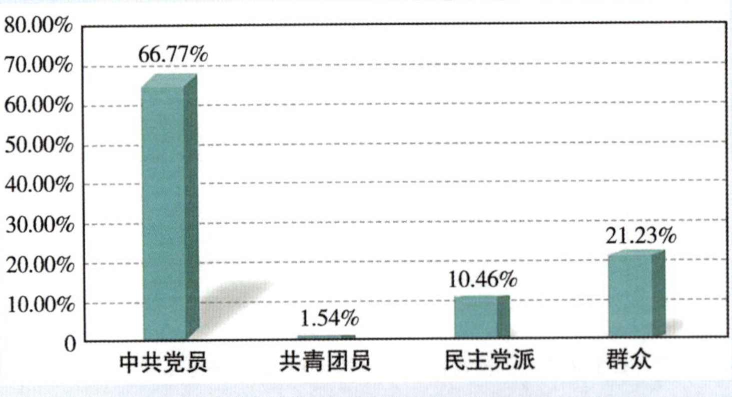

图 2-2-9 河南省社会科学类期刊人员政治面貌分布

数据来源：河南省期刊调研核验表

根据河南省期刊调研核验表，在人员的职能分布方面，采编人员为核心群体，占 75.42%，其次是行政与发行人员，占比 18.28%。新媒体人员只占 3.32%。这说明社会科学类期刊对新媒体重视不够，应加强对新媒体人才的引进与培养，在编制有限的情况

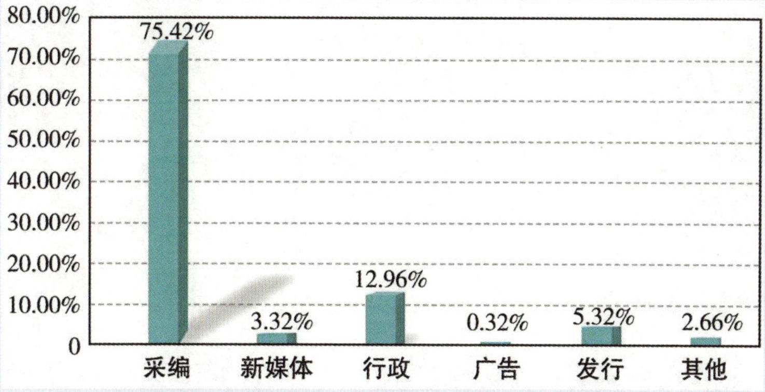

图 2-2-10　河南省社会科学类期刊人员职能分布

数据来源：河南省期刊调研核验表

下，培养“一专多能”编辑。

根据河南省期刊调研核验表，采编培训合格人数约占 37.58%，比例并不高，社会科学类期刊采编业务培训合格率、资格通过率明显不高，应该给予高度重视。

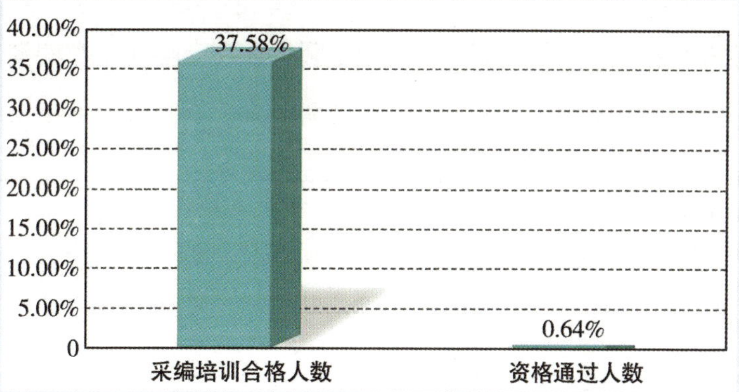

图 2-2-11　河南省社会科学类期刊采编人员

数据来源：河南省期刊调研核验表

第三节 组织结构

— ★★★ —

一、部门设置

根据河南省期刊状况调查问卷，在期刊的行政部门设置方面，社会科学类期刊设置社办公室占比 84.48%，总编室占比 65.52%，财务部占比 37.93%，广告部占比 17.24%，人事部占比 13.79%。除了广告部的占比较河南省期刊总体情况（19.40%）低，其余部门的设置均高于河南省期刊总体情况。另外，在业务部门设置方面，社会科学类期刊设置有编辑部、发行部、新媒体部、美编部、经营部、对外联络部、读者服务部、记者部（采编部）、法务部等。其中编辑部、发行部、新媒体部占比最高，但读者服务部在社会科学类期刊部门设置分布中占比仅有 6.9%，明显低于河南省总体情况（12.07%），

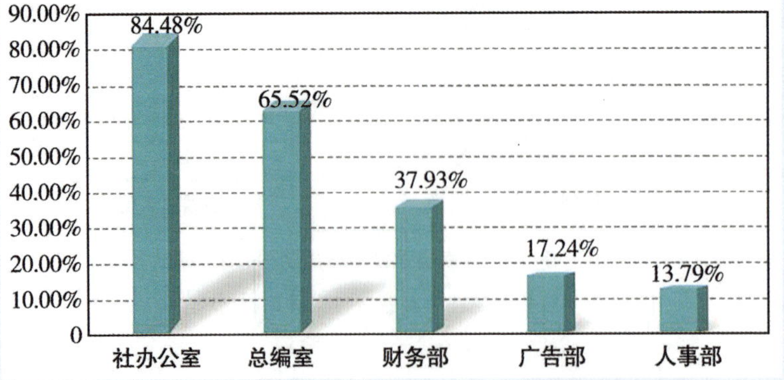

图 2-2-12 河南省社会科学类期刊行政部门设置情况

数据来源：河南省期刊状况调查问卷

说明社会科学类期刊较为重视编辑、发行及新媒体工作，而对读者服务工作不够重视。

二、岗位设置

根据河南省期刊状况调查问卷，在岗位设置上，责任编辑、主编、副主编、编辑部主任、美术编辑、编辑 / 记者位列前六，新媒体编辑岗位设置占比 27.59%，高于河南省总体情况（22.41%），说明社

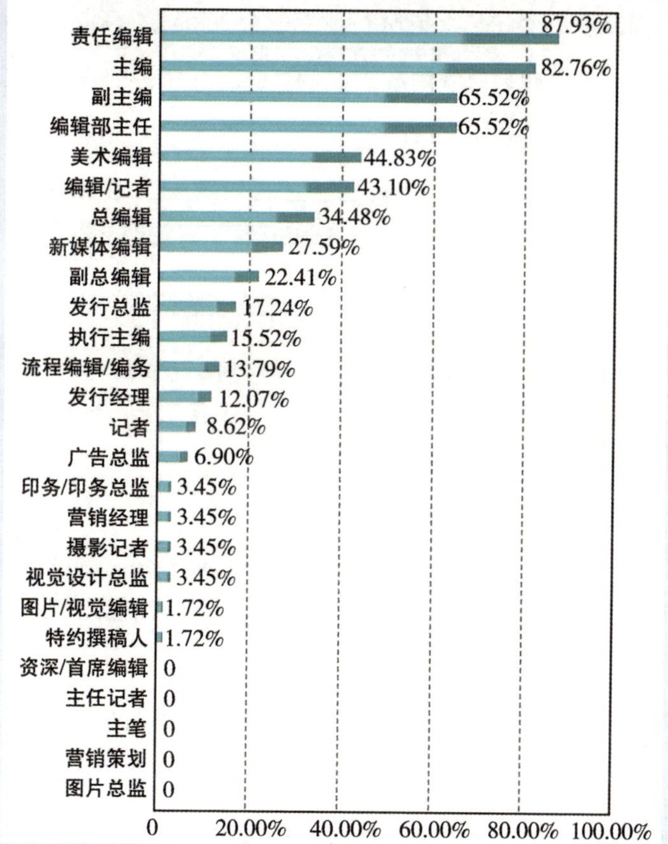

图 2-2-13　河南省社会科学类期刊岗位设置情况

数据来源：河南省期刊状况调查问卷

会科学类期刊已经开始重视新媒体，但从前面的数据能看出，这类人员比较欠缺。营销策划与图片总监岗位占比为 0，说明社会科学类期刊对营销策划、市场推广及设计等工作重视不够。

三、编委会、外部审读专家

根据河南省期刊状况调查问卷，在期刊编委会构成方面，社会科学类期刊“未成立编委会”的占比 12.07%，高于河南省期刊总体情况（8.62%），且国内、国际行业专家及本行业本专业技术人员占比均低于河南省期刊总体情况，说明社会科学类期刊在编委会组织力度不够，人员较少。

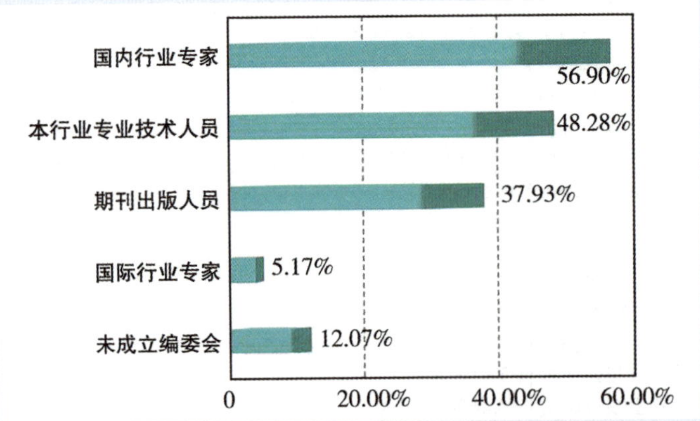

图 2-2-14　河南省社会科学类期刊编委会构成情况

数据来源：河南省期刊状况调查问卷

根据河南省期刊状况调查问卷，行业专家外审是社会科学类期刊的外脑，是最主要的稿件外审方式，占比 65.52%，低于河南省期刊总体情况（77.59%），无外审的期刊占比 29.31%，高于河南省期刊总体情况（17.24%），这说明社会科学类期刊与其他两类期刊相

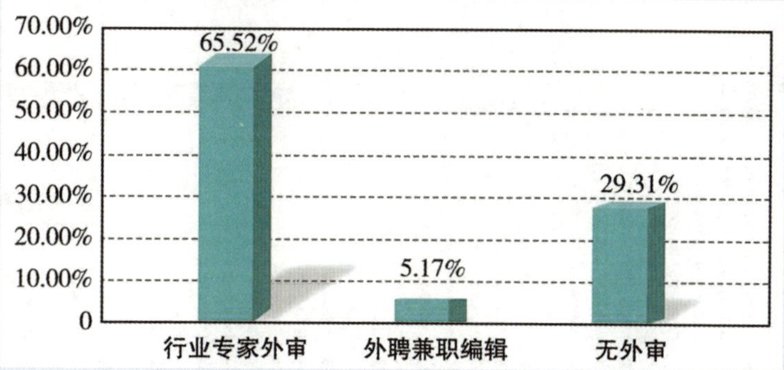

图 2-2-15　河南省社会科学类期刊稿件外审情况

数据来源：河南省期刊状况调查问卷

比，对稿件外审重视不足。

第四节　出版能力

一、发文量

根据中国知网评价研究中心统计，收录了河南省社会科学类期刊数为 76 种，按照全国各省份社会科学类期刊发文量排名，河南省社会科学类期刊平均发文量为 190.71 篇，低于全国各省市平均数 235.97 篇。

根据河南省期刊调研核验表，社会科学类期刊页码较多，其中 121 ~ 140 页占比 32.43%，101 ~ 120 页占比 16.22%，这与社会科学类期刊多为双月刊或季刊有关。

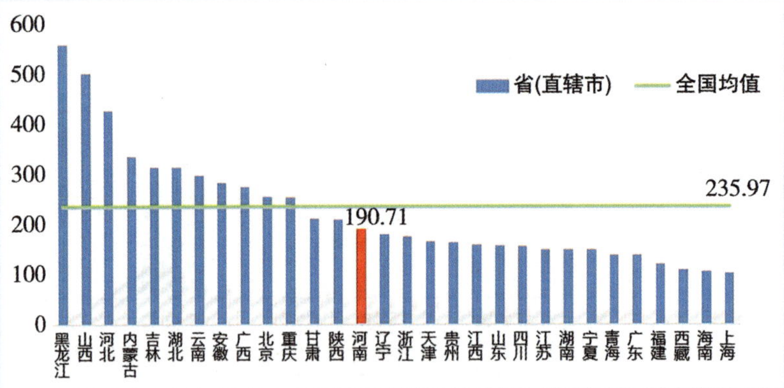

图 2-2-16 全国各省份社会科学类期刊发文量排名

数据来源：中国知网评价研究中心

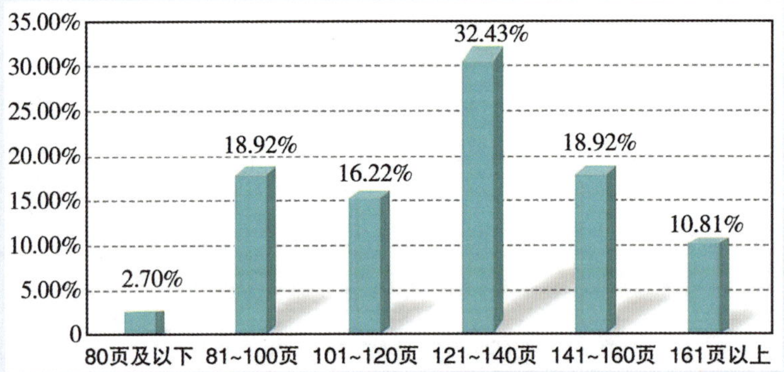

图 2-2-17 河南省社会科学类期刊每本页码

数据来源：河南省期刊调研核验表

根据河南省期刊状况调查问卷，在 24 个有效样本中，社会科学类期刊每期刊登 11 ~ 20 篇文章的期刊最多，占比 44.44%；10 篇及以下的占比 11.11%，大于河南省期刊总体情况（6.25%）。与河南省期刊总体情况相比，社会科学类篇目较少。

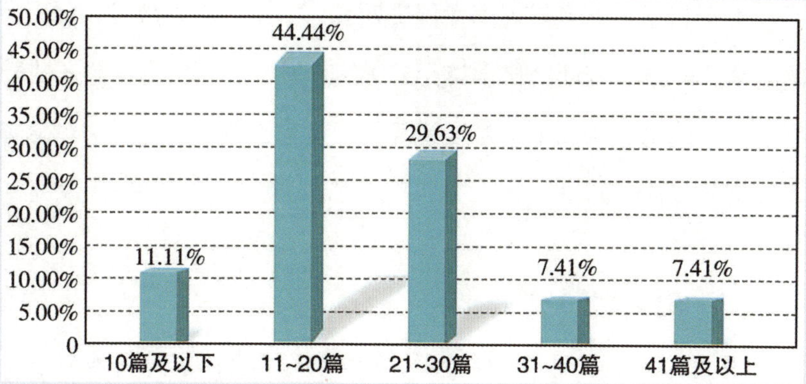

图 2-2-18　河南省社会科学类期刊每期文章数量

数据来源：河南省期刊状况调查问卷

根据河南省期刊状况调查问卷，在24个有效样本中，每篇文章字数为6000～8000字的期刊数量最多，有7个，其次是8000～10000字，以及10000～12000字的期刊，各4个。虽然样本数量不多，但能看出，社会科学类期刊每篇文章为6000～12000字的最多，而河南省期刊总体平均每篇文章字数集中在4000～8000字。

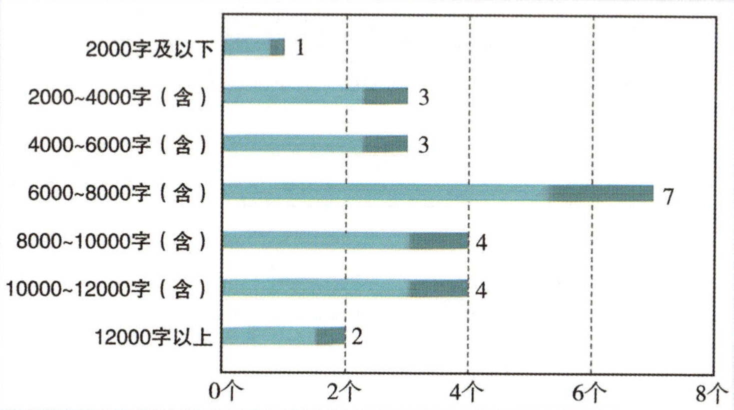

图 2-2-19　河南省社会科学类期刊每篇文章字数

数据来源：河南省期刊状况调查问卷

社会科学类期刊呈现出发稿周期长、文章少、字数多、页码多的特点。一方面与社会科学类论文确实篇幅长，另一方面也不排除学术期刊追求影响因子，为提高各评价机构引用率（分子）刻意降低发文量（分母）。

二、出版周期

根据河南省期刊调研核验表，社会科学类期刊出版周期较长，双月刊占比 54%，季刊占比 21%，月刊占比仅为 19%。

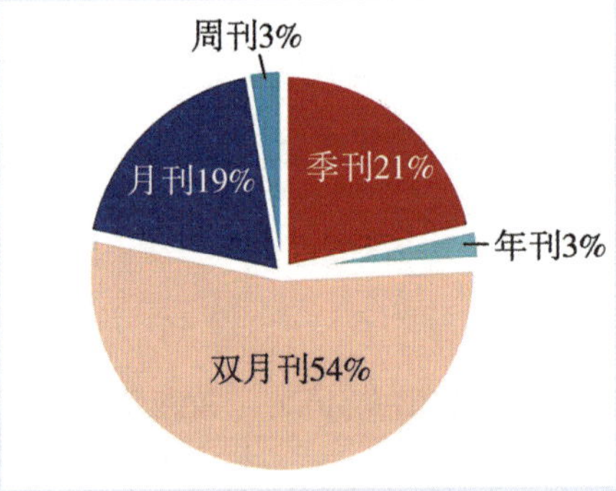

图 2-2-20 河南省社会科学类期刊单位刊期总览

数据来源：河南省期刊调研核验表

三、稿件来源

根据河南省期刊调研核验表，2019 年社会科学类期刊收稿 2932 篇，录用并发表 271 篇，发文量占收稿总量的 9%，在三类期刊中最低，可见社会科学类期刊稿源充足。

根据河南省期刊状况调查问卷，社会科学类期刊稿件来源于河南省外的占比 57%，略高于河南省期刊总体情况（54%），来自河南

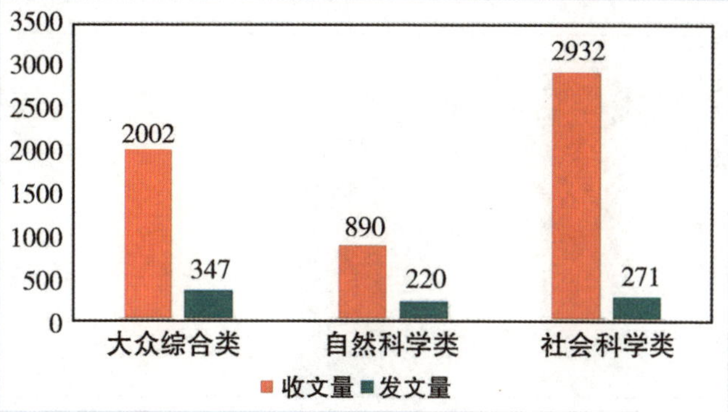

图 2-2-21　河南省三类期刊 2019 年收发文比较

数据来源：河南省期刊调研核验表

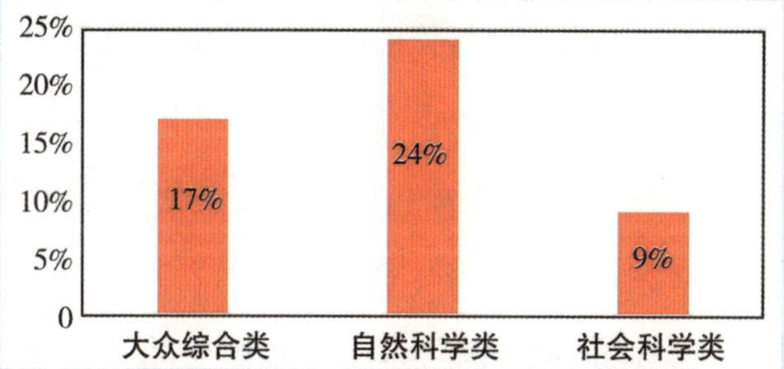

图 2-2-22　河南省三类期刊 2019 年发文量在收文量的占比

数据来源：河南省期刊调研核验表

省内的占比 38%，低于河南省期刊总体情况（40%），这说明与其他两类相比，社会科学类期刊来自省外的稿件更多。在打破地域界限，寻求省外乃至全球优质稿源方面，社会科学类期刊走在了前面。

根据河南省期刊状况调查问卷，社会科学类期刊最主要的来稿方式为自然投稿，占比 54%，低于河南省期刊总体平均数（59%）；专家约稿占比 24%，高于河南省期刊总体平均数（19%），这说明社会科学类期刊比自然科学类期刊更重视专家约稿，但专家约稿占比依然不高。

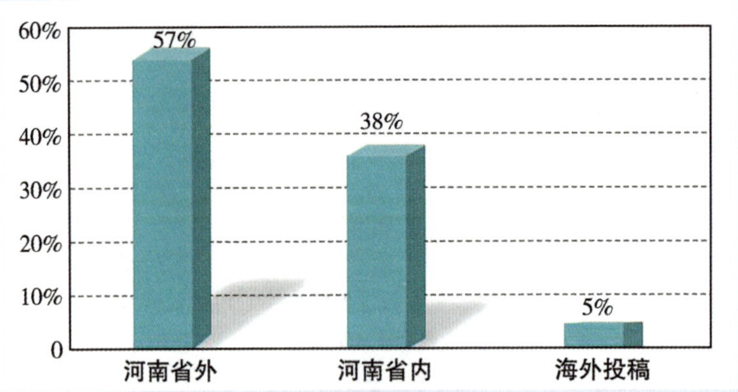

图 2-2-23 河南省社会科学类期刊作者及稿件地域来源构成

数据来源：河南省期刊状况调查问卷

根据河南省期刊状况调查问卷，与河南省期刊总体情况相比，社会科学类期刊的稿件 60% 来自高等院校，高于河南省期刊总体情况（52%）；来自科研机构的稿件占比 22%，与河南省期刊总体情况相持平。除了这两项，其他类目均低于河南省期刊总体情况。可以看出，社会科学类期刊比其他两类期刊更依赖高等院校供稿。高等院校师生发稿需求量大，根据座谈会相关期刊反馈，高校学生发稿

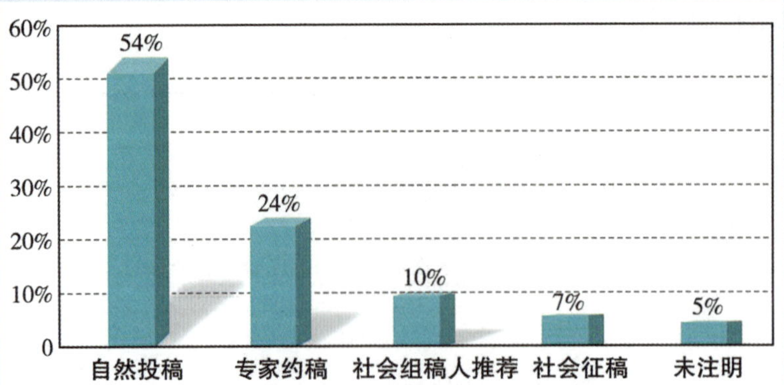

图 2-2-24 河南省社会科学类期刊稿件来源方式

数据来源：河南省期刊状况调查问卷

质量参差不齐，高质量稿件不多。但是科研“大咖”的稿件又约不到，处于这种两难的尴尬境地。

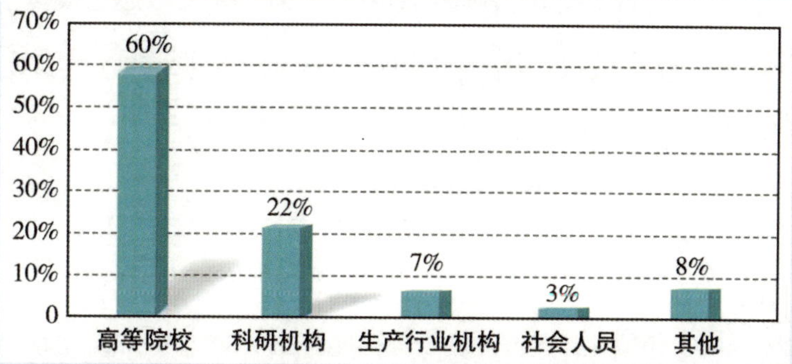

图 2-2-25　河南省社会科学类期刊稿件机构来源

数据来源：河南省期刊状况调查问卷

从中国科学技术信息研究所提供的期刊作者机构数来看，河南省平均值高于全国。学报－社科和学报－自科明显比非学报的社科和自科低，这与学报是本校“自留地”有一定关系。

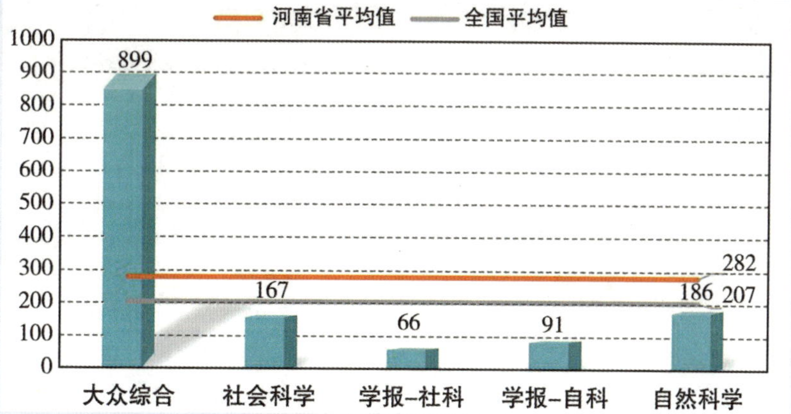

图 2-2-26　河南省各类别期刊机构分布数

数据来源：中国科学技术信息研究所

四、稿件质量

根据河南省期刊状况调查问卷中对比调查看出，“总发稿量”“课题研究”“约稿”“自投稿”这四项2020年的平均值都高于2019年，课题研究增长明显。

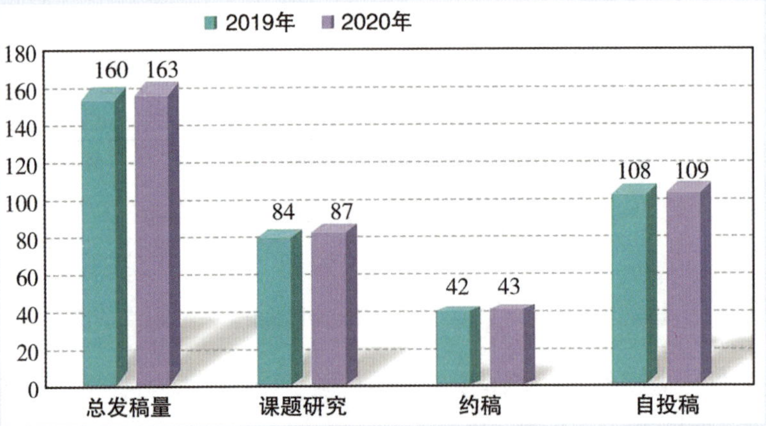

图 2-2-27 河南省社会科学类期刊 2019 年与 2020 年平均发稿量对比

数据来源：河南省期刊状况调查问卷

根据河南省期刊状况调查问卷，2020 年课题研究类稿件中，平均每个期刊国家级课题 22 个，省部级课题 27 个，行业级课题均值最小。与自然科学样本一样（国家级课题平均值 42 个，省部级课题平均值 44 个，行业级课题平均值 26 个），这说明国家级与省部级课题较受重视，但不论是哪一级课题，社会科学类期刊都低于自然科学类期刊平均值。

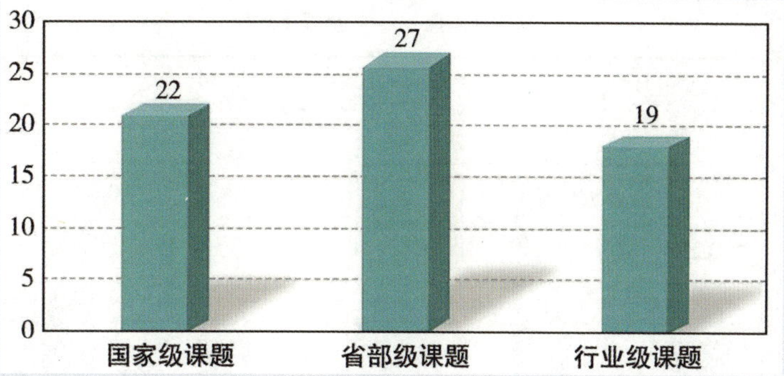

图 2-2-28　河南省 2020 年课题研究类稿件各级别课题平均值

数据来源：河南省期刊状况调查问卷

从中国科学技术信息研究所提供的河南各类别期刊海外论文占比来看，河南省平均值与全国平均值接近，尤其是社科类学报海外论文比非常高。而在基金论文比的图表中，社科类学报与自科类学报占比也是居于各类别前两位。这与学报的用稿标准有关，对海外论文和基金论文更加重视。

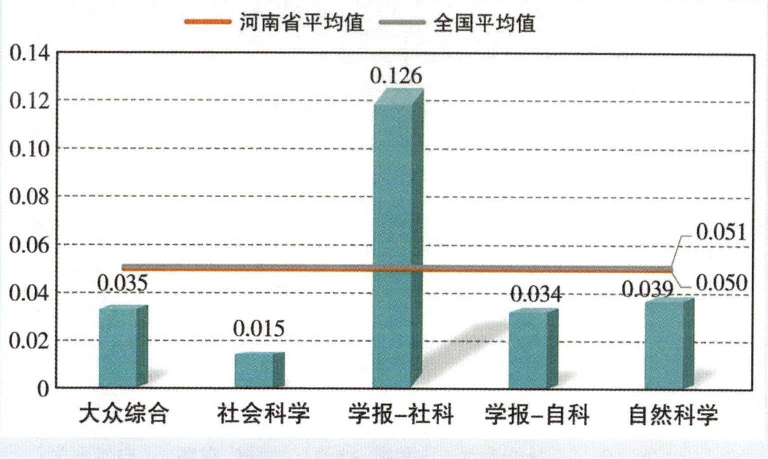

图 2-2-29　河南省各类别期刊海外论文比

数据来源：中国科学技术信息研究所

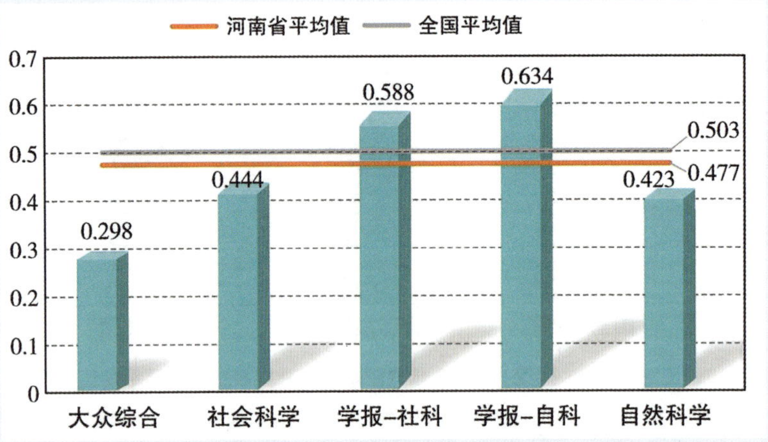

图 2-2-30 河南省各类别期刊基金论文比

数据来源：中国科学技术信息研究所

根据中国科学技术信息研究所的河南省各类别期刊扩展学科影响指标（扩展学科影响指标指期刊所在学科内，引用该刊的期刊数占全部期刊数量的比例），社会科学类学报期刊在全省各类别学科影响力最低，仅为0.18，其中《河南工程学院学报（社会科学版）》等30种期刊的学科影响指标低于0.1。

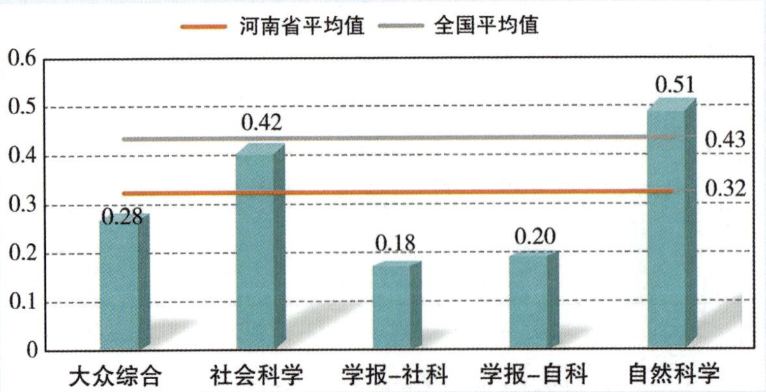

图 2-2-31 河南省各类别期刊扩展学科影响指标

数据来源：中国科学技术信息研究所

第五节　经营能力

一、发行

根据河南省期刊调研核验表，社会科学类期刊主要依靠邮政发行的方式，占比为41.67%，其次是自办发行，占比33.33%，赠阅

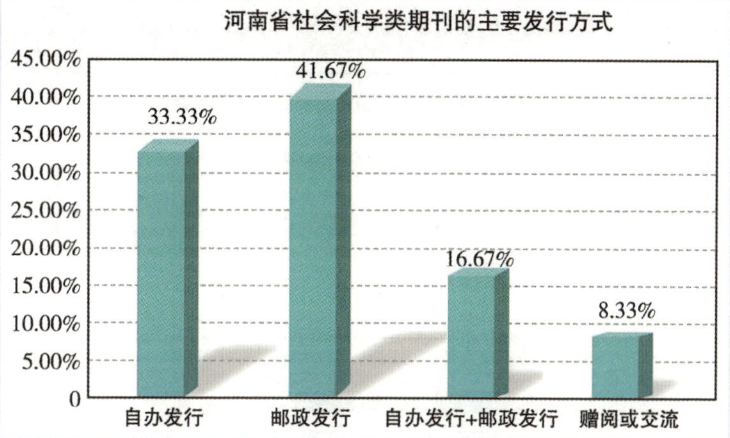

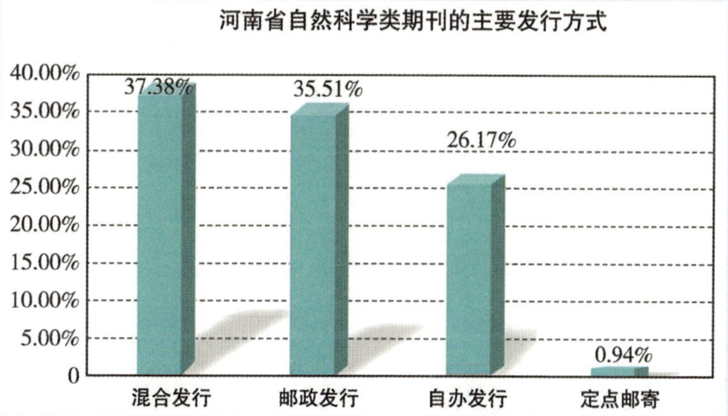

图 2-2-32　数据来源：河南省期刊调研核验表

或交流期刊占比为 8.33%，高于河南省期刊总体情况（5.17%）。相比而言，自然科学类期刊主要以邮政发行为主，但混合发行占比 37.38%，社会科学类期刊的混合发行（自办发行 + 邮政发行）仅有 16.67%。

根据河南省期刊状况调查问卷，社会科学类期刊发行量在 20000 份以上的期刊占比 20.69%，远高于河南省期刊总体情况（发行量 20000 份以上为 12.93%）。与三类期刊相比，社会科学类期刊发行方式较为传统，但发行量高于平均水平。

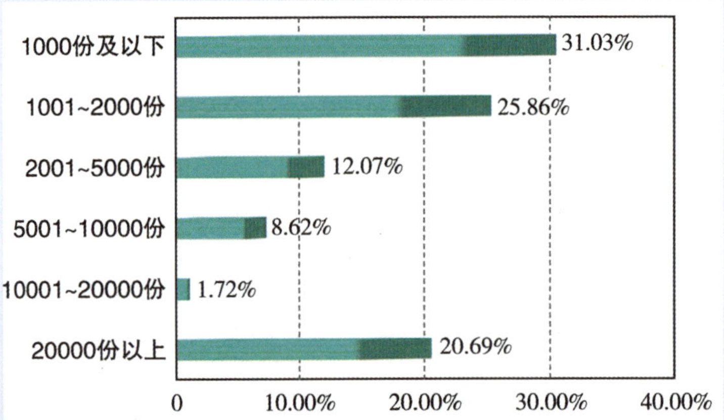

图 2-2-33 河南省社会科学类期刊发行量

数据来源：河南省期刊状况调查问卷

根据河南省期刊调研核验表，从整体分布上看，社会科学类期刊的年定价集中在 50 ~ 100 元（含），占比 48.65%，该区间内刊期基本都为双月刊和季刊，页码大都在 100 页以上。

根据河南省期刊调研核验表，整体来看，社会科学类期刊单价 10 ~ 15 元（含）占比 32.43%，15 ~ 20 元（含）的占比 24.32%，10 元及以下的占比 29.74%，20 元以上的合计占比 13.51%，定价普

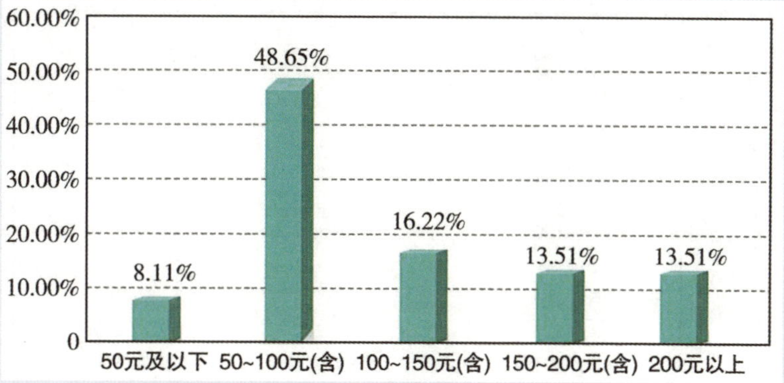

图 2-2-34　河南省社会科学类期刊年定价

数据来源：河南省期刊调研核验表

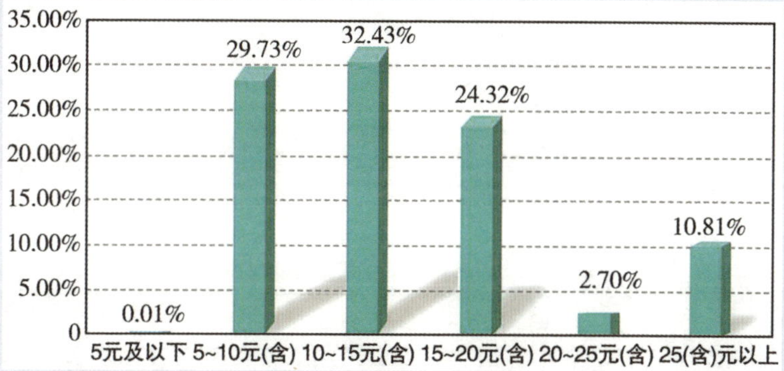

图 2-2-35　河南省社会科学类期刊单价

数据来源：河南省期刊调研核验表

遍较低。

根据河南省期刊状况调查问卷，16 开本的社会科学类期刊占比 89.66%，32 开本占比 1.72%，其他开本占比 8.62%。

根据河南省期刊状况调查问卷，98.28% 的社会科学类期刊不设增刊，年度出版一本增刊的仅有 1.72%。

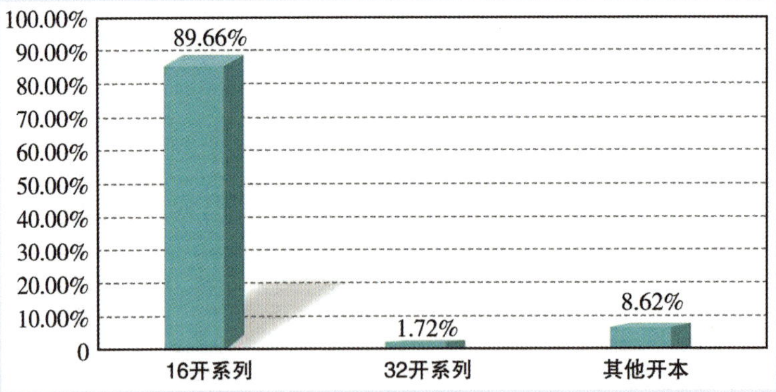

图 2-2-36　河南省社会科学类期刊开本

数据来源：河南省期刊状况调查问卷

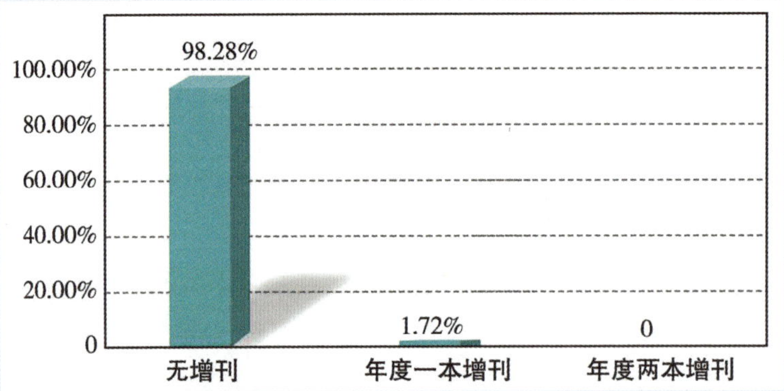

图 2-2-37　河南省社会科学类期刊年度增刊数量

数据来源：河南省期刊状况调查问卷

二、广告及其他

根据河南省期刊调研核验表，在广告业务经营方面，社会科学类期刊单位大多数无广告业务，占比 68.42%，期刊自主经营广告业务占比 21.05%，期刊委托代理经营占比 2.63%，社会科学类期刊的主要收入方式并不依靠广告。按照学术期刊认定的规定，学术期刊不应依靠广告营利。但广告又确实能弥补社会科学类期刊收入的不足。

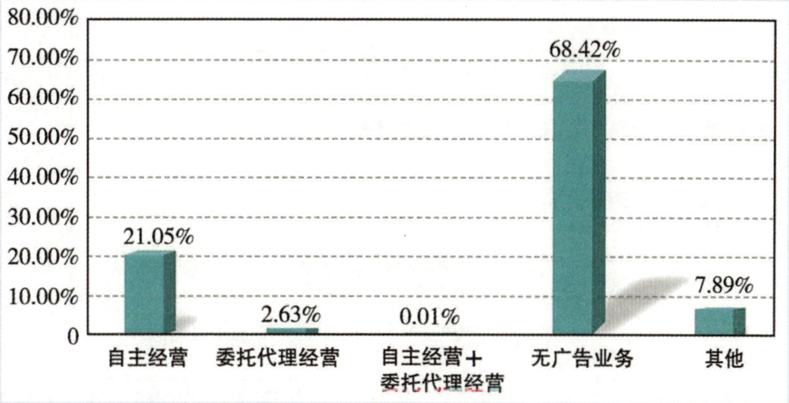

图 2-2-38　河南省社会科学类期刊广告经营方式

数据来源：河南省期刊调研核验表

根据河南省期刊状况调查问卷，93.10% 的社会科学类期刊无广告软文，即使有广告软文也多为本行业的推广宣传，人物宣传和产品推介各占比 3.45%。

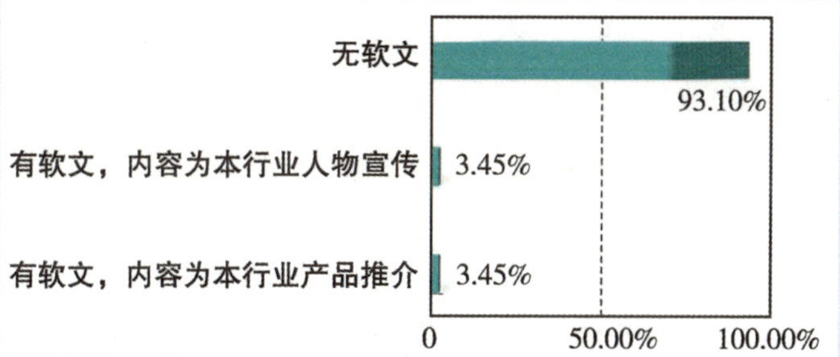

图 2-2-39　河南省社会科学类期刊广告软文

数据来源：河南省期刊状况调查问卷

根据河南省期刊状况调查问卷，社会科学类期刊广告与期刊自身非常契合的占比 36.21%，低于河南省期刊总体情况（43.10%），不契合的占比 25.86%，高于河南省期刊总体情况（19.83%），说明社会科学类期刊与其他两类相比，在广告的选择范围上更为宽泛，

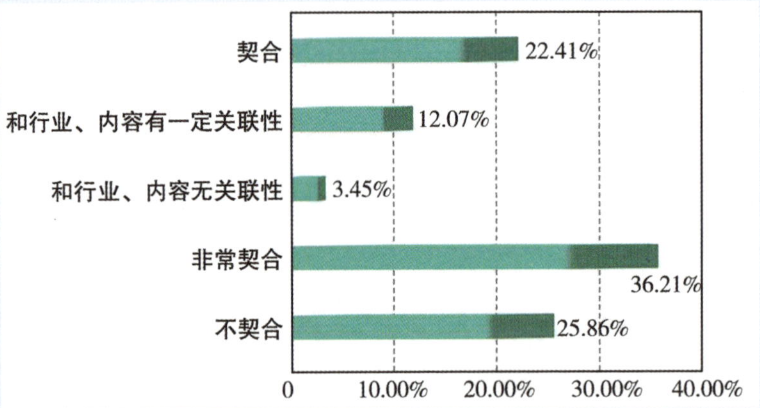

图 2-2-40 河南省社会科学类广告与期刊契合度

数据来源：河南省期刊状况调查问卷

不受限于期刊自身定位。

第六节 经济效益与社会效益

一、经济效益

根据《河南省新闻出版局关于 2019 年度期刊核验工作的情况报告》，2019 年河南省进行财务独立核算的期刊年度资产总额为 101185 万元，总收入 116246 万元，主营业务收入 54153 万元，发行收入 82121 万元，广告收入 3750 万元，新媒体收入 184.19 万元，利润总额 16846 万元，纳税总额 15281 万元。其中资产总额较 2018 年资产总额 93283.473 万元增长 7.8%；利润总额较 2018 年利润总额 10411.501 万元增长 38%。河南省整体期刊经济效益较好。但根据河南省期刊调研核验表，由于有些单位填写缺项，河南省社会科学类期刊总收入额尚没有数据支撑。

根据河南省期刊调研核验表，对三类期刊利润额平均值进行对比，可以发现大众综合类期刊由于高额的发行量和大量的零售市场，平均利润额高达 370.52 万元。社会科学类期刊却是负值，平均利润额为 −12.78 万元。

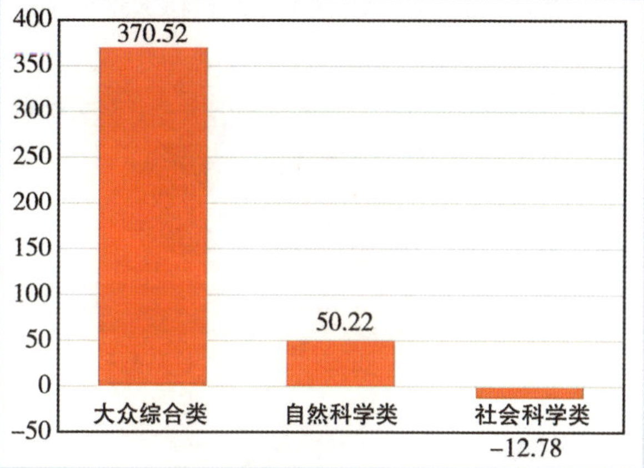

图 2-2-41　河南省三类期刊利润额平均值（万元）对比

数据来源：河南省期刊调研核验表

根据河南省期刊调研核验表，社会科学类期刊的收入来源从多到少依次为发行收入、项目活动收入、版权收入和其他收入，分别占比 69%、19%、8% 和 4%。

根据河南省期刊调研核验表，社会科学类期刊的支出主要为人员工资、纸张印刷费用和稿酬，分别占比 43%、18% 和 14%，其他支出占比 21%，员工培训支出占比 3%，新媒体支出不到 1%。

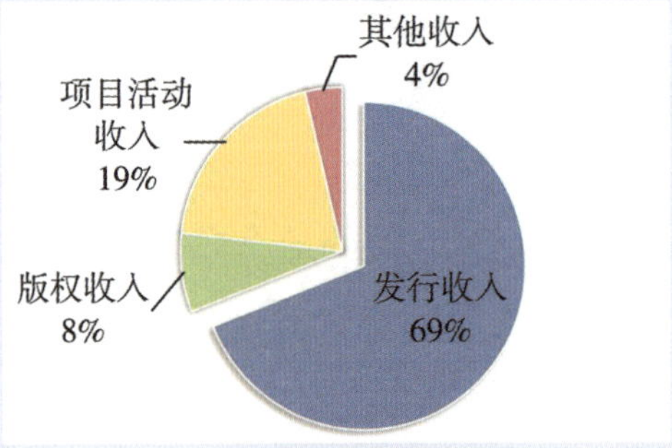

图 2-2-42 河南省社会科学类期刊收入分布

数据来源：河南省期刊调研核验表

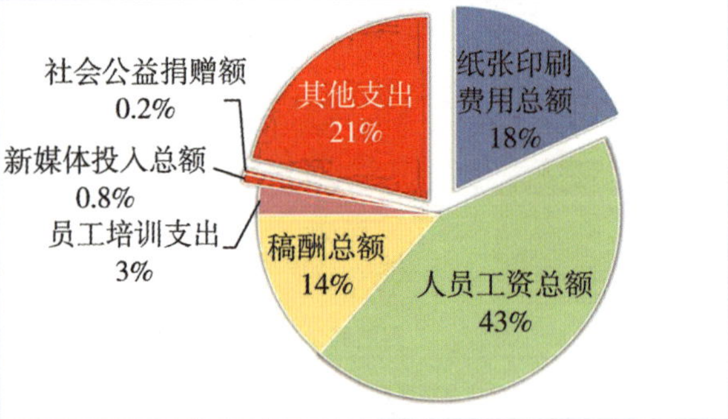

图 2-2-43 河南省社会科学类期刊支出分布

数据来源：河南省期刊调研核验表

二、社会效益

根据《河南省新闻出版局关于 2019 年度期刊核验工作的情况报告》，河南省期刊根据市场情况和受众需求，多层次、多维度建设特色品牌，改革创新，砥砺奋进，实现了社会效益与经济效益的双丰收。开展公益活动，彰显媒体社会责任。社会科学类期刊依托自身资源，通过刊发公益广告、举办公益活动来服务社会。比如：《金融理论与实践》参与举办“中原金融大讲堂”，通过传播理论、指导实践，为河南省经济发展提供学术思想支持。《征信》连续在封三页面上刊登脱贫攻坚公益广告，以高度的政治责任感和使命感，加强脱贫攻坚公益广告刊发和宣传，服务河南省脱贫攻坚事业。

根据《关于河南省期刊出版单位2019年度社会效益评价考核情况的报告》，对全省245家期刊出版单位2019年度社会效益评价考核工作，根据自评、复核及抽查结果，河南省备案的245种期刊出版单位社会效益考核评价平均得分86.6分（满分100分），整体呈现良好等级，其中舆论引导与社会责任考核项目平均得分29.17分（满分32分），出版与管理考核项目平均得分26.12分（满分28分），规模与效果考核项目平均得分17.91分（满分26分），党的建设与人才培养考核项目平均得分13.4分（满分14分）。河南省备案的245种期刊出版单位2019年度社会效益评价考核等级均达到合格以上等级。其中考核等级优秀的期刊97种，占比39.75%；考核等级良好的期刊137种，占比56.15%；考核等级合格的期刊10种，占比4.1%。整体呈现出稳中有进、稳中向好的良好发展态势。245种期刊均有刊发公益报道和公益广告，参与各项公益事业、公益捐赠和公益活动等，且形式多样、亮点纷呈，生动展现了河南省期刊出版行业的担当。多家期刊主管、主办单位在评价考核工作中，明确要求出版单位在日后的工作中要紧紧围绕社会效益评价考核的相关指标开展工作，把考核规定的内容贯彻到日常工作和年终绩效考核中，推动期刊出版工作更好发展。

除此之外，根据河南省期刊调研核验表期刊支出分布图，河南省社会科学类期刊的社会公益捐赠额占比为0.2%，社会效益为主，并与经济效益相结合，社会科学类期刊对社会公益事业的投入支出，对含有社会正能量、正确的价值观的文章进行刊载和传播，对人们起到启发智慧、慰藉心灵的作用。

第七节　数字化与新媒体推广

一、数字技术应用

根据河南省期刊状况调查问卷，“未应用采编系统，稿件审核应用电子邮箱”的社会科学类期刊最多，占比 50.01%，远高于河南省期刊总样本平均数（34.05%），“无任何数字化应用”的占比 8.62%，高于河南省期刊总样本平均数（3.88%），除了这两项，其余选项均低于河南省期刊总样本平均数，这说明社会科学类期刊线上采编系统使用率较低，对数字技术的应用并不普遍，目前期刊的工作流程

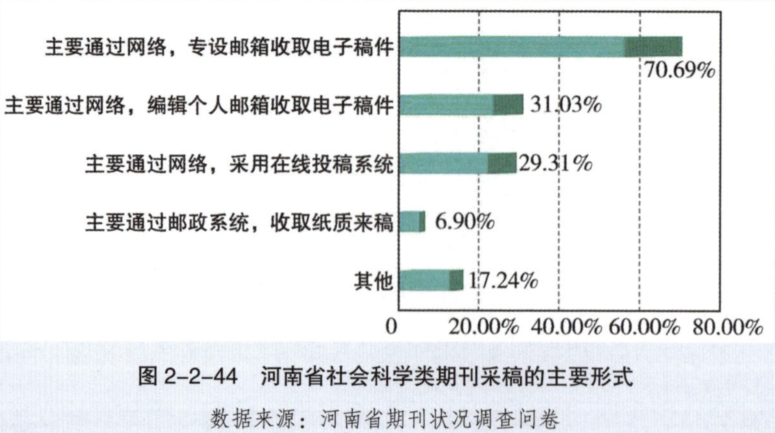

图 2-2-44　河南省社会科学类期刊采稿的主要形式

数据来源：河南省期刊状况调查问卷

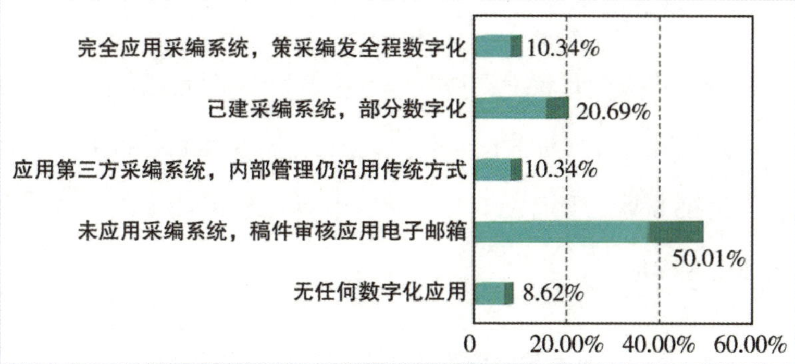

图 2-2-45　河南省社会科学类期刊出版过程中数字技术应用情况

数据来源：河南省期刊状况调查问卷

主要还是依靠传统手段。

根据河南省期刊编辑人员状况调查问卷，通过办公软件完成文字加工、文稿整理工作的比例为 37%，购买、使用校对软件等专业软件的比例为 21%，购买、使用专门的文稿编纂系统的合计 5%（其中购买使用的 4%，自行开发专用的占 1%）。使用电子邮件和 QQ 等社交软件传递文稿的合计占比 30%，采用其他形式的占比 7%。

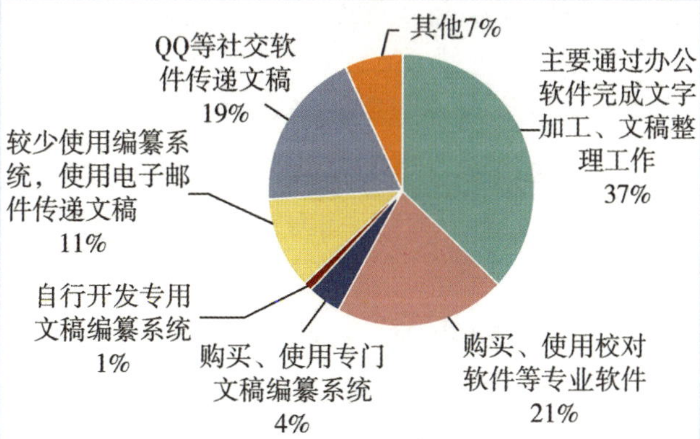

图 2-2-46　河南省社会科学类期刊稿件编辑上应用数字技术主要方式

数据来源：河南省期刊编辑人员状况调查问卷

二、出版形态

根据河南省期刊状况调查问卷，社会科学类期刊目前数字化出版形态以知网、万方等数据库为主，占比为 86.21%，网站形式首发出版占比 25.86%，手机 APP 形式首发出版占比 10.43%，自主数据库出版占比 8.62%。

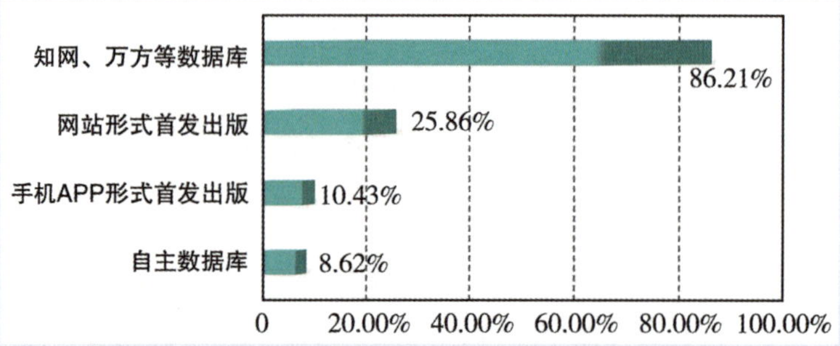

图 2-2-47 河南省社会科学类期刊目前数字化出版形态

数据来源：河南省期刊状况调查问卷

三、新媒体建设

根据河南省期刊状况调查问卷，同河南省期刊总体情况相似，

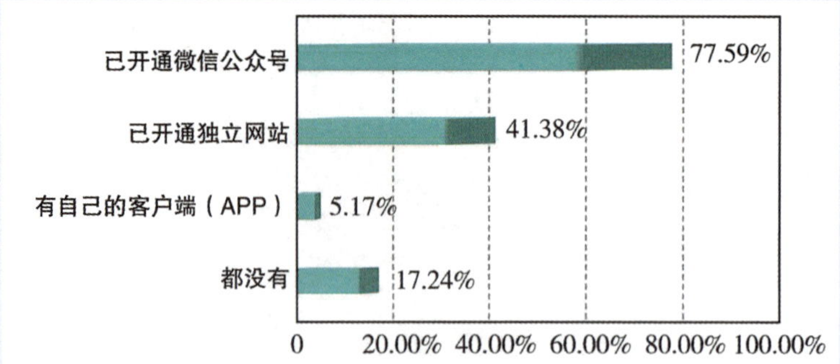

图 2-2-48 河南省社会科学类期刊是否开通独立网站、微信公众号或客户端（APP）情况

数据来源：河南省期刊状况调查问卷

微信公众号也是社会科学类期刊进行新媒体宣传的最主要平台，开通微信公众号的占比 77.59%，开通独立网站的占比 41.38%，微信公众号、网站、客户端都没有开通的社会科学类期刊占比 17.24%。

根据河南省期刊状况调查问卷，新媒体宣传的形式依次为微信号公众号、自营网站、平台网站栏目、内容文档跳转链接，同名微博。

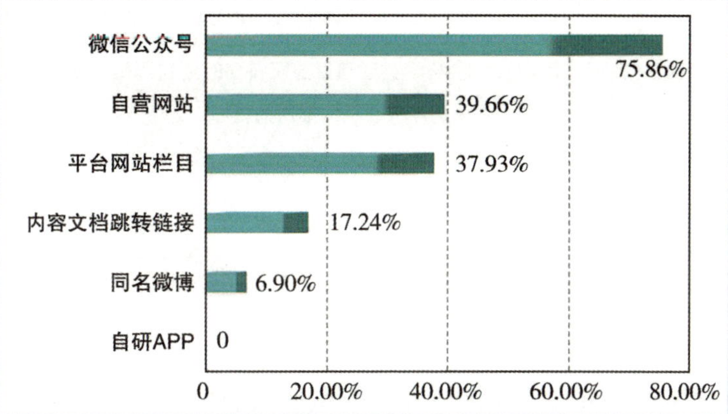

图 2-2-49　河南省社会科学类期刊目前应用新媒体宣传形式情况

数据来源：河南省期刊状况调查问卷

由图可以看出，社会科学类期刊新媒体推送内容大部分为纸本期刊内容的重复，这一点与河南省期刊总体情况基本一致，但值得一提的是，社会科学类期刊“有别于纸本期刊的内容”占比 18.97%，高于河南省期刊总样本平均数（16.81%），说明社会科学类期刊比其他两类期刊更重视为新媒体量身定制文章，在新媒体宣传方面，走在三类期刊的前列。

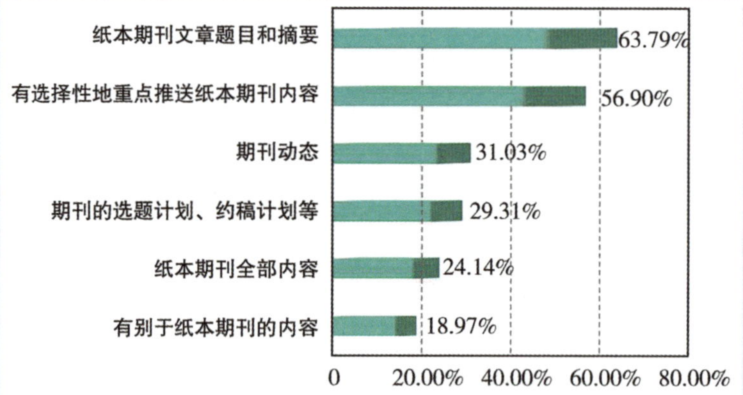

图 2-2-50 河南省社会科学类期刊目前所看到的期刊网站、微信公众号或客户端经常推送的内容

数据来源：河南省期刊状况调查问卷

四、新媒体运营情况及效果

根据河南省期刊调研核验表，社会科学类客户端建设已经有了一定基础。目前社会科学类官方客户端数量为7个，客户端总下载量平均值为7548次，客户端日活平均值为2453次，但点击量和日活还不够高，客户端下载量平均值还不过万，说明客户端对社会科学类期刊来说，投入产出比有待观察。

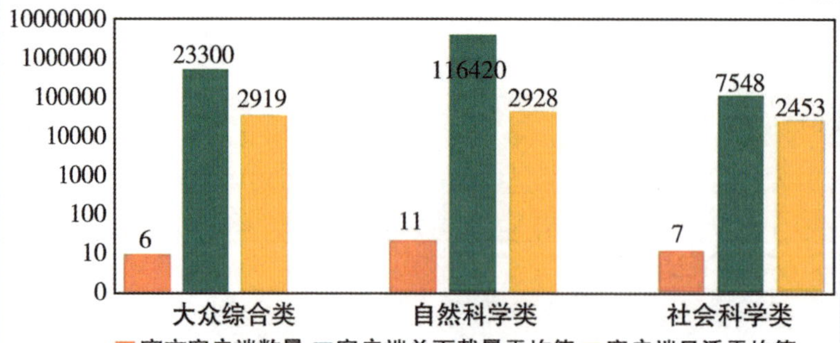

图 2-2-51 河南省三类期刊官方客户端情况统计（次）

数据来源：河南省期刊调研核验表

根据河南省期刊调研核验表，相比于大众综合类和自然科学类期刊，社会科学类期刊所办网站数量更多，达到 66 个，但网络点击量平均值稍显逊色，仅有 55762 人次。

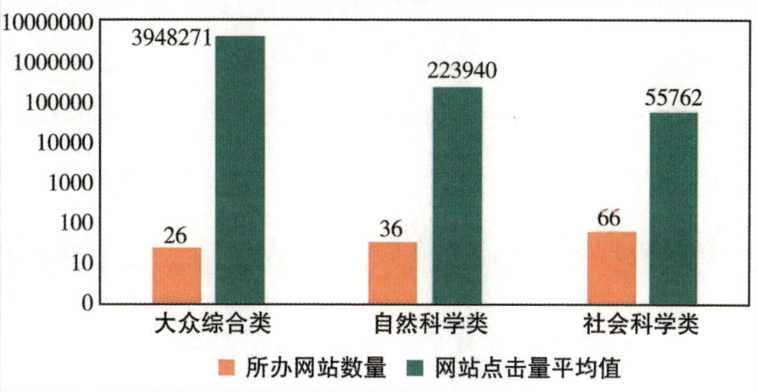

图 2-2-52　河南省三类期刊所办网站情况统计（次）

数据来源：河南省期刊调研核验表

社会科学类期刊用户量在 5000 人及以下的占比最高，为 63.79%，其次为 5001 ~ 10000 人的占比 15.52%，10000 人以上的合计占比为 20.69%，其中 10001 ~ 30000 人的和 50000 人以上的占比

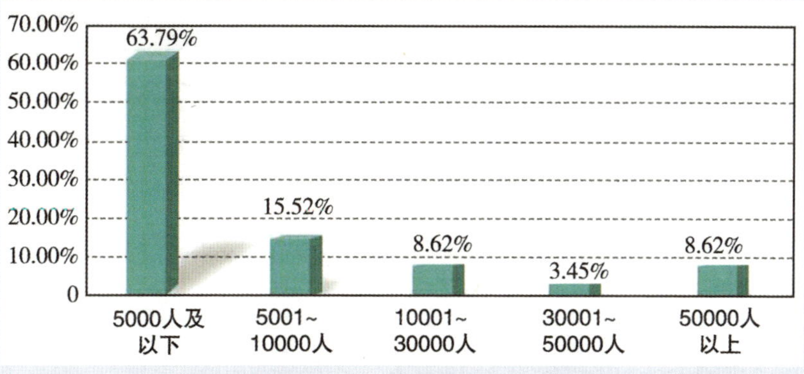

图 2-2-53　河南省社会科学类期刊网站、微信公众号或客户端用户数量

数据来源：河南省期刊状况调查问卷

都为 8.62%，由上文可知，不论是新媒体岗位设置方面，还是微信公众号及网站的维护方面，社会科学类期刊都明显更为重视，粉丝量相对较高。也有社会科学类期刊比起自然科学类期刊更容易出热点话题，专业门槛没那么高的原因，更容易引起关注。

根据河南省期刊状况调查问卷，58.62% 的社会科学类期刊有专职人员负责管理运营网站、微信公众号与客户端，高于河南省期刊总样本平均数 53.02%。两者对比可以看出，社会科学类期刊在新媒体管理运营方面更倾向于配置专职人员。

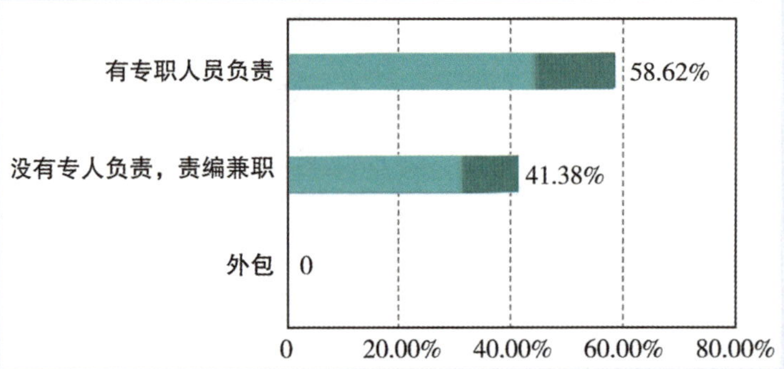

图 2-2-54 河南省社会科学类期刊管理及运营网站、微信公众号或客户端方式

数据来源：河南省期刊状况调查问卷

五、数字化发展趋势

社会科学类期刊在全媒体背景下推动学术期刊融合发展，应从哪些方面着手，根据期刊状况调查问卷结果，占比前三的依次为：建立在线投稿系统、建立在线审稿系统、建立线上传播系统，建立在线投稿系统占比 89.66%，建立在线审稿系统占比 84.48%，建立线上传播系统占比 74.14%。

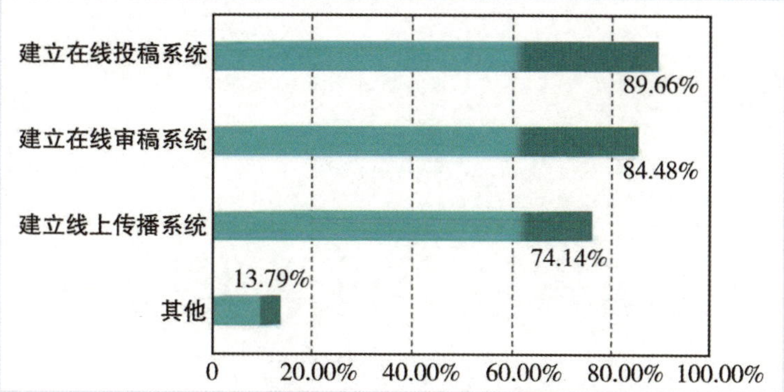

图 2-2-55　河南省社会科学类期刊在全媒体背景下推动学术期刊融合发展，应从哪些方面着手

数据来源：河南省期刊状况调查问卷

根据河南省期刊状况调查问卷结果，社会科学类期刊未来数字化出版形式，55.17% 的期刊社认为应建立更广泛的大数据库，然后依次为利用移动终端、读者个性定制和数字化期刊（同步在线出版）。

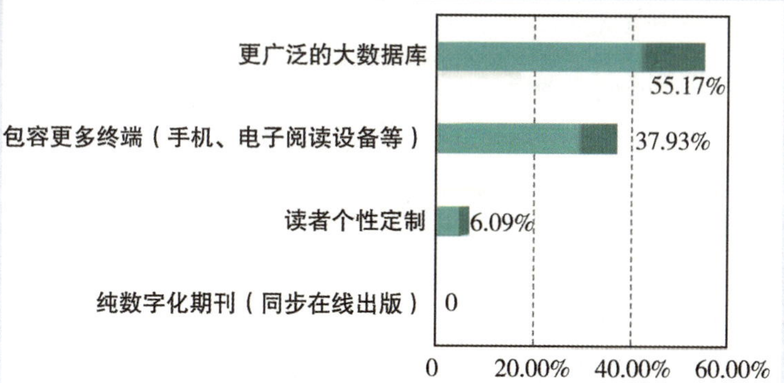

图 2-2-56　河南省社会科学类期刊未来数字化出版形式

数据来源：河南省期刊状况调查问卷

第三章

河南省社会科学类期刊编辑状况

第一节　人员特征

根据河南省期刊编辑人员状况调查问卷，期刊社编辑中，女性所占比例比男性大（女 61%，男 39%），与河南省期刊社总体情况（女 59%，男 41%）相比，社会科学类期刊女性稍显更多。

根据河南省期刊编辑人员状况调查问卷，中年编辑（36 ~ 50 岁）是期刊社的主要构成人员，占比 52%，青年编辑（26 ~ 35 岁）和资深编辑（51 岁以上）相对较少，分别占比 21%、26%。与河南省期刊社总体情况（26 ~ 35 岁占比 24%，36 ~ 50 岁占比 52%，51 岁以上占比 24%）相比，中年编辑情况基本一致，社会科学类青年编辑更少一些，资深编辑更多一些。

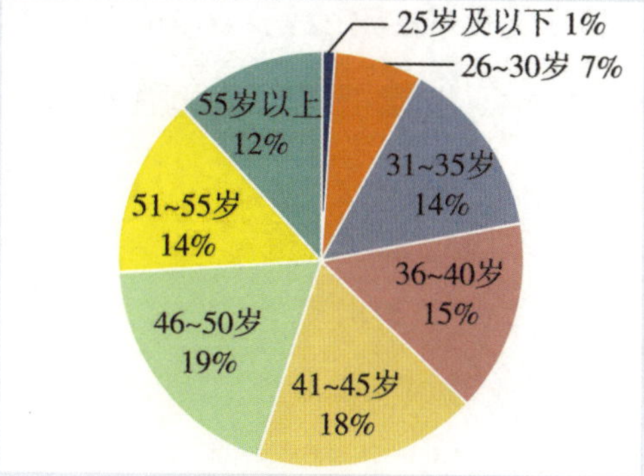

图 2-3-1 年龄结构

数据来源：河南省期刊编辑人员状况调查问卷

根据河南省期刊编辑人员状况调查问卷，社会科学类期刊编辑所学的专业门类，文学占比最多，为38%，其次是法学占比13%，历史学占比11%，经济学占比9%。艺术学、教育学、工学、哲学、农学等占比很少，分别是6%、5%、3%、3%、1%。

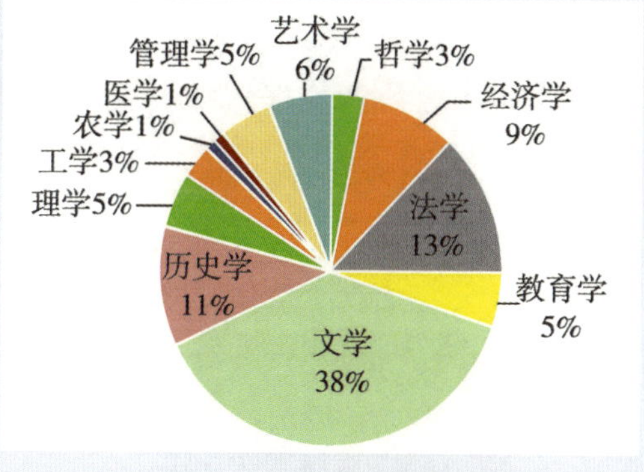

图 2-3-2 从业人员所学专业门类

数据来源：河南省期刊编辑人员状况调查问卷

根据河南省期刊编辑人员状况调查问卷，无多学科学习经历的占绝大多数，占比63%，具备跨专业学习背景的占比27%，双学位的占比10%。与河南省期刊社总体情况相比（无跨学科学习背景占比69%，有跨学科学习背景占比22%，双学位占比9%），社会科学类期刊编辑有跨学科学习背景的和双学位的稍多一些。

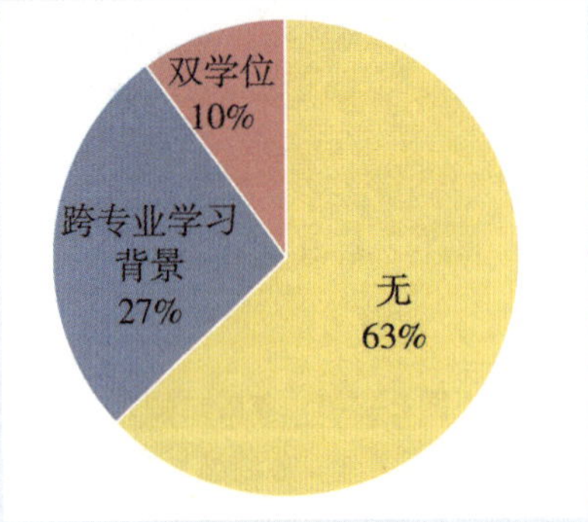

图2-3-3 多学科学习经历情况

数据来源：河南省期刊编辑人员状况调查问卷

根据河南省期刊编辑人员状况调查问卷，社会科学类编辑的文化程度，本科及硕士所占比例最多，分别为41%和37%，然后是博士18%，本科及硕士、大专及以下较少。与河南省期刊社总体情况（本科占比46%，硕士占比36%，博士占比13%）相比，社会科学类期刊编辑硕士和博士学历所占比例更多。

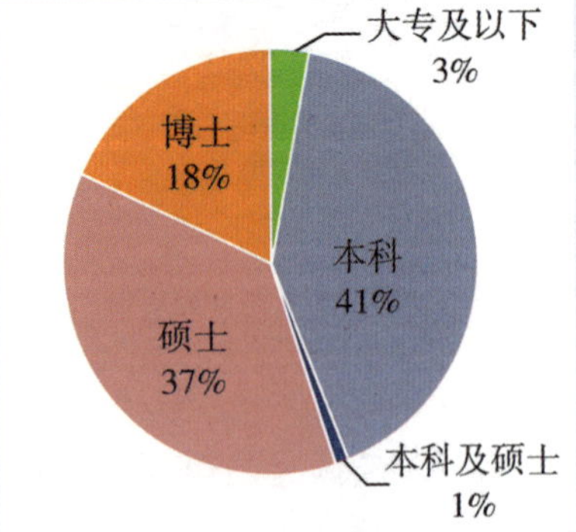

图2-3-4 文化程度

数据来源：河南省期刊编辑人员状况调查问卷

社会科学类编辑具有海外学习经历的较少，无海外学习经历的占比 97%，有阶段性海外留学背景的编辑占比 3%。与河南省期刊社总体情况保持一致（无海外学习经历的占比 98%）。这说明河南省期刊“走出去”人才储备不足，需要加强这方面培训和人才引进。

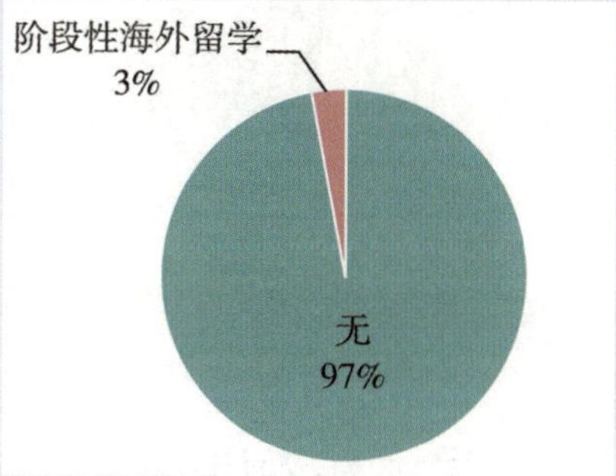

图 2-3-5 海外学习经历

数据来源：河南省期刊编辑人员状况调查问卷

根据河南省期刊编辑人员状况调查问卷，社会科学类期刊在编人员所占比例突出，在编占比 76%，聘用占比 19%，与河南省期刊社总体情况（在编占比 70%，聘用占比 21%）比较，社会科学类期刊在编比例更大。

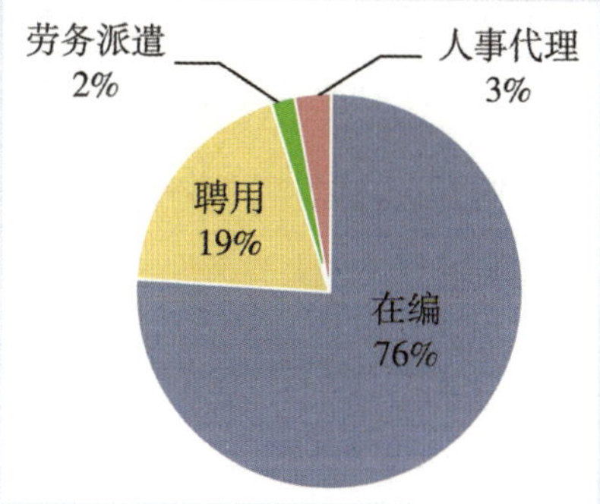

图 2-3-6 在所属期刊的身份性质

数据来源：河南省期刊编辑人员状况调查问卷

根据河南省期刊编辑人员状况调查问卷，社会科学类编辑的专业领域与期刊内容领域相对吻合，非常吻合、吻合和基本吻合的共计占比 90%，不吻合的占比 8%，完全不相关的非常少，占比 2%。

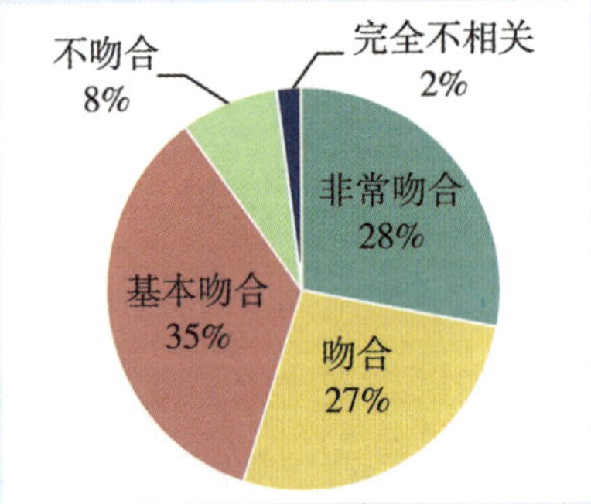

图 2-3-7　专业领域与期刊内容领域吻合程度

数据来源：河南省期刊编辑人员状况调查问卷

第二节　从业情况

根据河南省期刊编辑人员状况调查问卷，一直在同一期刊工作的人员所占比例最大，占比 71%，有过工作调整的编辑所占比例较少，在不同期刊和在非期刊出版单位经历工作调整的分别占比 13% 和 2%，有其他行业经历的占比 14%。与河南省期刊社总体情况相比（一直在同一期刊工作占比 80%），社会科学类编辑工作变动稍大一些。

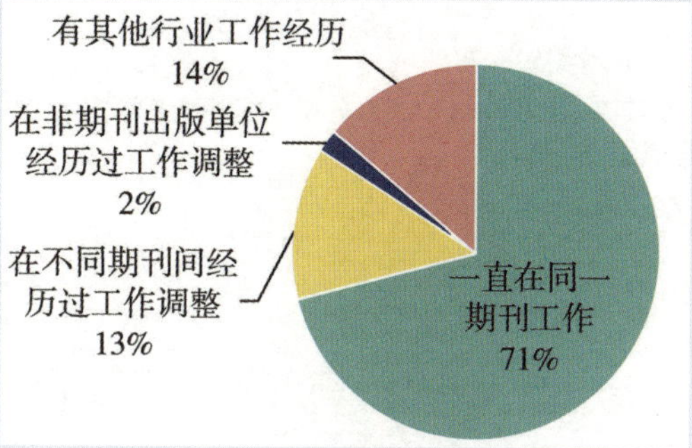

图 2-3-8　从事期刊出版工作以来

数据来源：河南省期刊编辑人员状况调查问卷

根据河南省期刊编辑人员状况调查问卷，一直从事文案编辑工作的所占比例最大，为 58%，同时兼顾其他工作的比例为 28%，不全都属于文案编辑的占比 14%。

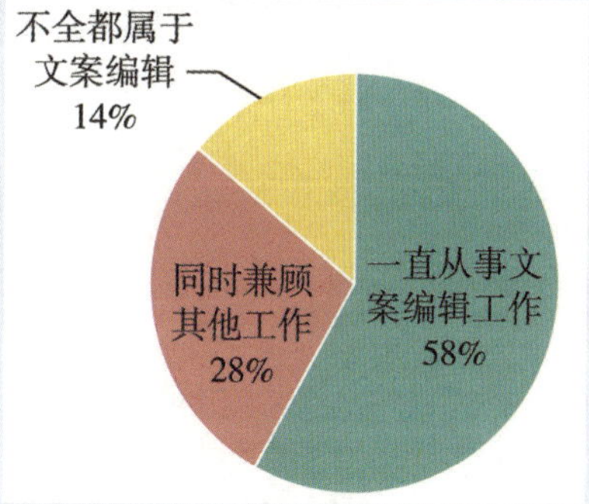

图 2-3-9　从事编辑工作之前

数据来源：河南省期刊编辑人员状况调查问卷

根据河南省期刊编辑人员状况调查问卷，社会科学类岗位最多的是综合编辑 49%（兼顾策划、文案编辑工作，全流程负责），然后依次是文案编辑占比 33%、助理编辑占比 7%、美术编辑占比 4%、技术编辑占比 2%、流程编辑占比 1%。与河南省期刊社总体情况相

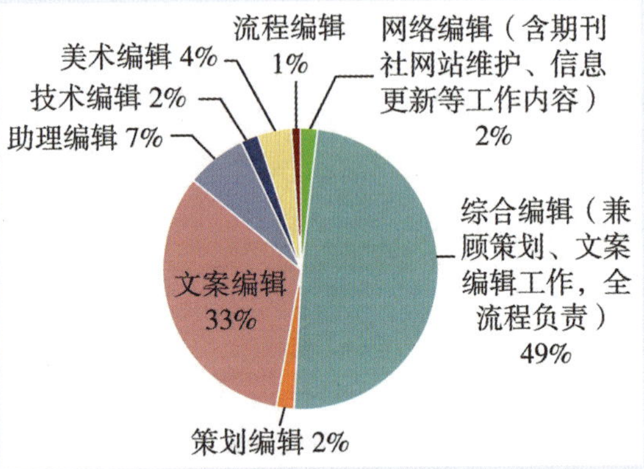

图 2-3-10　具体岗位

数据来源：河南省期刊编辑人员状况调查问卷

比（综合编辑占比 49%，文案编辑占比 27%，技术编辑占比 7%），社会科学类期刊从事文案编辑的人更多一些，技术编辑更少一些。

根据河南省期刊编辑人员状况调查问卷，社会科学类期刊社聘任人员需资格证书的比例占据多数，出版职业资格证书系列达 56%，同期刊主管主办单位职业资格系列的占 16%，新闻记者资格证书系列占比 5%，数字编辑职业资格系列占比 1%，直接入职无要求的占比 22%。

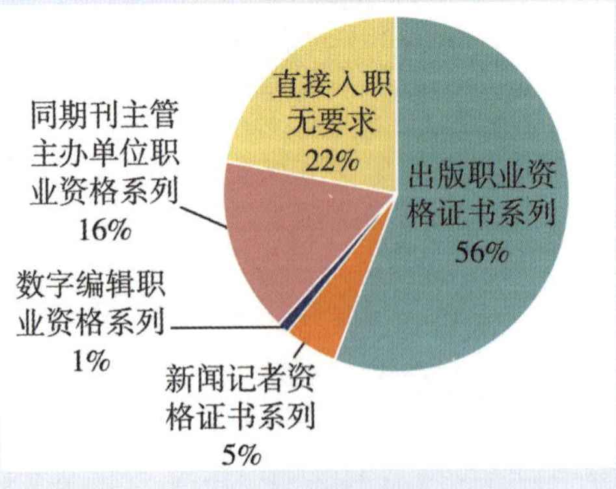

图 2-3-11　聘任所依据的职业资格证书

数据来源：河南省期刊编辑人员状况调查问卷

根据河南省期刊编辑人员状况调查问卷，社会科学类编辑职称序列最多，占比 49%，其次是教师职称序列，占比 35%。与河南省期刊社总体情况相比（河南省编辑职称序列占比 54%，教师职称序列占比 25%），社会科学类编辑职称序列少一些，教师职称序列多一些。

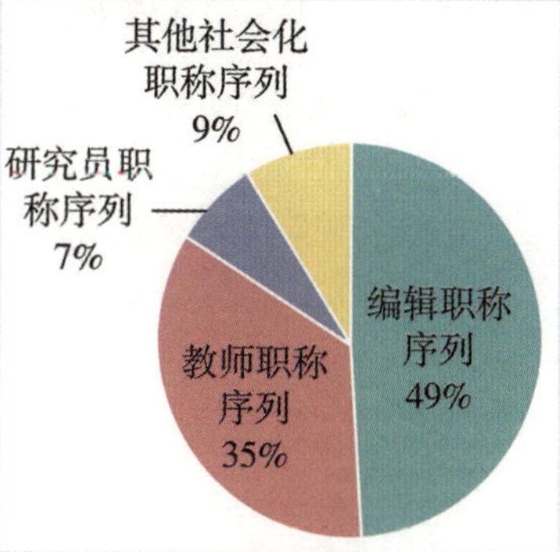

图 2-3-12　职称序列

数据来源：河南省期刊编辑人员状况调查问卷

第三节　编辑流程

根据河南省期刊编辑人员状况调查问卷，社会科学类期刊社稿件源于作者自投稿的所占比例最大，达 36%，行业领域征稿组稿、行业专家推荐、策划编辑根据政策导向组稿等占比大体接近，分别为 19%、12%、14%。

根据河南省期刊编辑人员状况调查问卷，期刊社收稿主要以工作专用邮箱的方式最多，占比 44%；其次是期刊社投稿系统，占比 24%；然后是个人邮箱收稿 18%，邮政系统收稿 4%，其他 10%。其

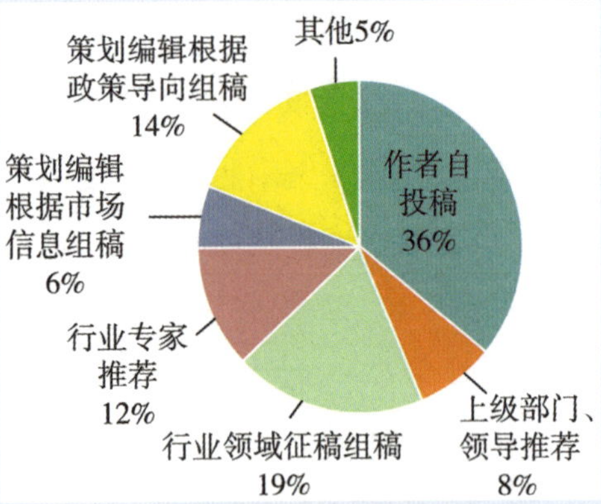

图 2-3-13 稿件来源

数据来源：河南省期刊编辑人员状况调查问卷

中，社会科学类期刊社运用投稿系统方式投稿的比河南省期刊社总体情况（31%）要少，工作邮箱的运用要多于河南省期刊社总体情况（39%），说明社会科学类期刊更多依赖于工作专用邮箱。

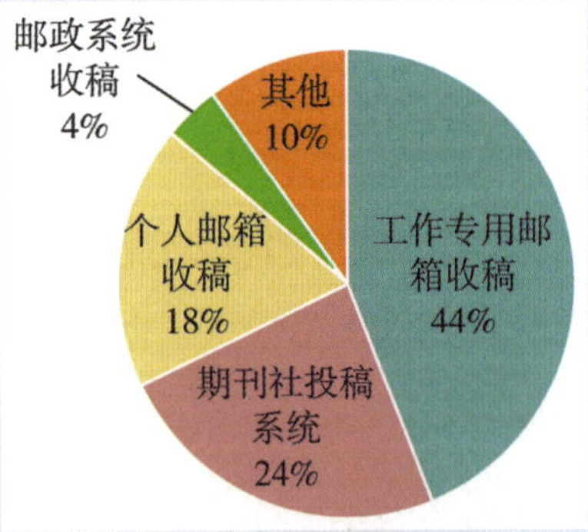

图 2-3-14 收稿方式

数据来源：河南省期刊编辑人员状况调查问卷

根据河南省期刊编辑人员状况调查问卷，日常编辑文稿的最主要来源还是由社领导或编辑部主任分配的居多，占比 32%，其次是自身兼任策划编辑，全程自行开发选题和组稿，占比 27%。

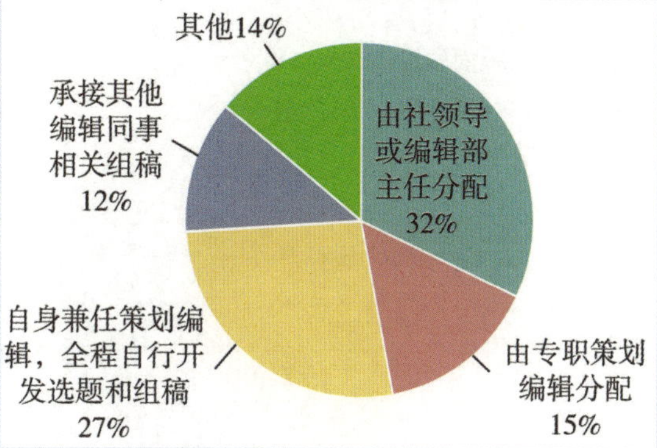

图 2-3-15　日常编辑文稿主要来源

数据来源：河南省期刊编辑人员状况调查问卷

根据河南省期刊编辑人员状况调查问卷，期刊文稿的主要编辑方法主要是纸版打印稿与数字文件并行的方式，占比 51%。说明目前期刊社多采用纸版打印稿和数字文件相结合的方式进行文稿编辑。

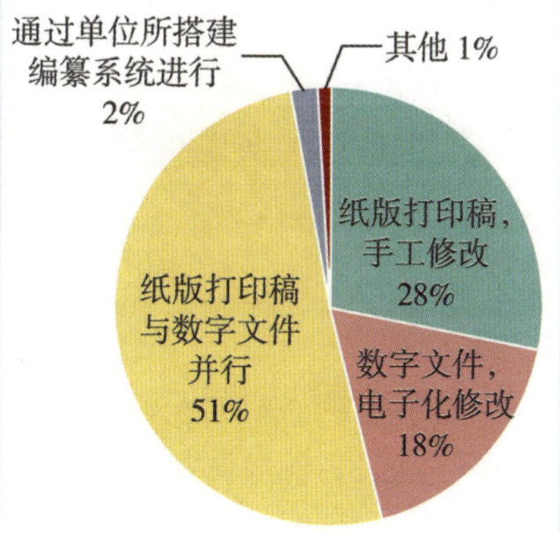

图 2-3-16　文稿编辑方式

数据来源：河南省期刊编辑人员状况调查问卷

根据河南省期刊编辑人员状况调查问卷，稿件选题标准以是否内容质量扎实，符合行业相关规定为首要标准，占比 36%，其次是

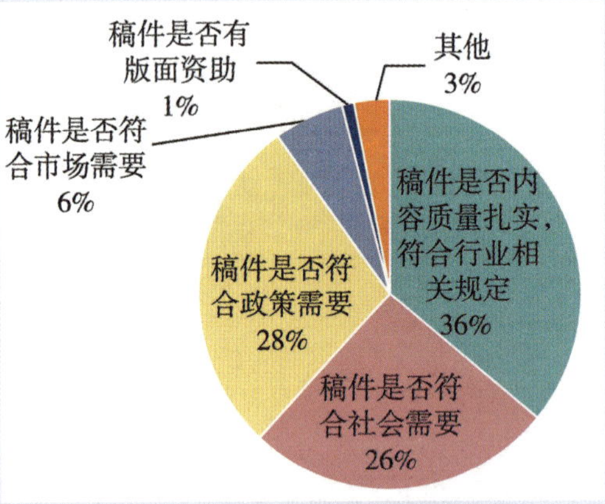

图 2-3-17　稿件选题标准

数据来源：河南省期刊编辑人员状况调查问卷

看是否符合政策需要和社会需要，分别占比 28% 和 26%，最后才会考虑市场和其他原因。

第四节　考核评价

根据河南省期刊编辑人员状况调查问卷，期刊社对工作质量的考核标准很少以所完成版面的纯利润作为主要参考依据，仅占 2%，以所完成版面获得行业、社会奖项荣誉为主要参考依据的占比 47%，以所完成版面数量作为主要参考依据的占比 34%，以所完成工作数量为主，不做具体质量要求的占比 17%，说明奖项荣誉对期刊社和编辑人员有较大激励作用。

根据河南省期刊编辑人员状况调查问卷，对工作量评估以所完成文稿篇数（版面数）为基本单位进行计算的占比 32%，以期刊社

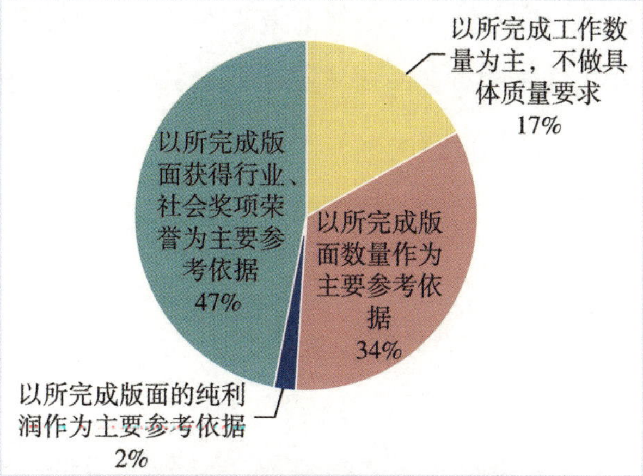

图 2-3-18　期刊社对编辑工作质量考核标准

数据来源：河南省期刊编辑人员状况调查问卷

效益通盘考虑，不做个人具体指标要求的占比 28%，以所完成文稿字数（万字）为基本单位进行计算的占比 24%，其他占比 13%，很少以坐班时间为基本要求。

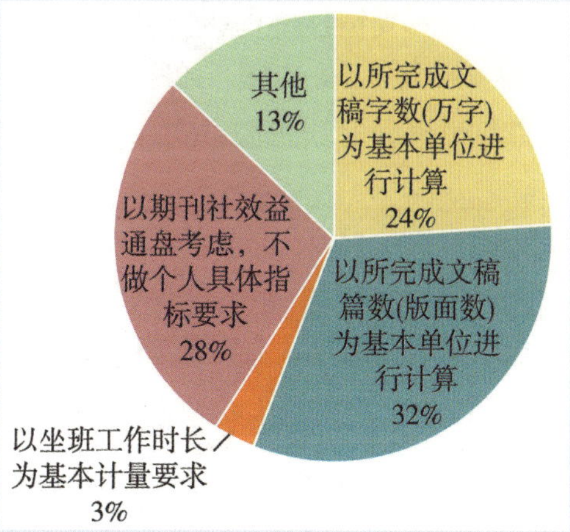

图 2-3-19　期刊社对编辑年度工作量评估指标

数据来源：河南省期刊编辑人员状况调查问卷

根据河南省期刊编辑人员状况调查问卷，期刊社内部除了日常编辑工作，编辑额外还有维系作者等活动（29%）、联系印厂（19%）、参与宣传活动（17%）、调研市场（13%）等工作任务，偶尔还需要组织读者活动，维系产品线（3%）及做好销售渠道、平台对接（1%）等。

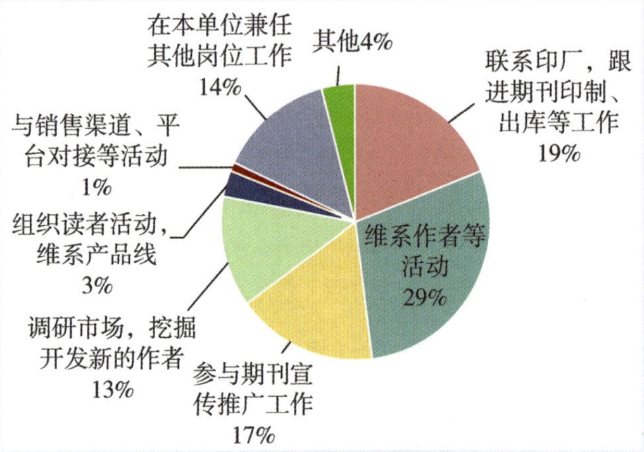

图 2-3-20 期刊社编辑内部的额外工作任务

数据来源：河南省期刊编辑人员状况调查问卷

根据河南省期刊编辑人员状况调查问卷，社会科学类期刊社外部工作任务工作数量的要求，出版所从事领域行业或出版行业相关内容专著有 346 项，参与行业订货会、博览会、年会等有 329 项，在行业报刊上发表论文有 142 项，在所从事领域行业期刊发表论文有 108 项，参加本领域学会、协会行业团体并承担一定职务有 59 项，参加行业征订会、博览会、年会等有 55 项，无明确要求的有 106 项。这说明社会科学类期刊编辑在外部工作中也有一定要求。

根据河南省期刊编辑人员状况调查问卷，期刊社对编辑考核周期多为每年度考核，占比 67%，其次是每季度考核，占比 13%。每

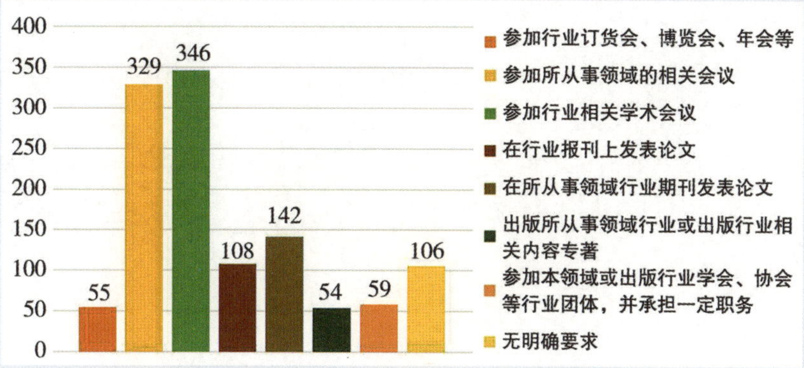

图 2-3-21　期刊社外部工作任务工作数量要求

数据来源：河南省期刊编辑人员状况调查问卷

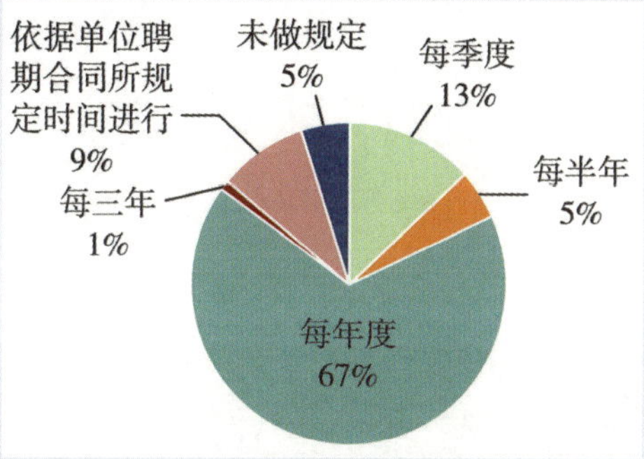

图 2-3-22　期刊社编辑工作量考核周期

数据来源：河南省期刊编辑人员状况调查问卷

半年和依据单位聘期合同所规定时间进行考核分别占比 5% 和 9%。与河南省期刊社总体情况相比（每年度占比 59%，每季度占比 6%），社会科学类期刊社年度考核更多，季度考核稍少。

根据河南省期刊编辑人员状况调查问卷，社会科学类期刊社评价编辑工作的标准，对内容质量（59%）的要求更高一些，其次是社会效益（24%），行业、社会奖项（15%），对经济效益（2%）的要求更少或无要求。

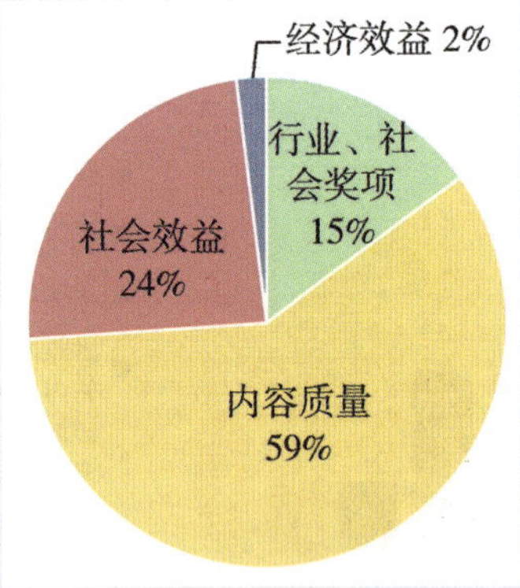

图 2-3-23 单位评价编辑工作的标准

数据来源：河南省期刊编辑人员状况调查问卷

第五节 薪资待遇

根据河南省期刊编辑人员状况调查问卷，编辑相关业务取得的月收入（税后）比例较为平均，4000 元及以下的占比 29%，4001 ~ 6000 元的占比 35%，6001 ~ 8000 元的占比 24%，但很少有税后收入达到万元以上的，收入在 8001 ~ 12000 元的占比 11%，12000 元以上的占比 1%。

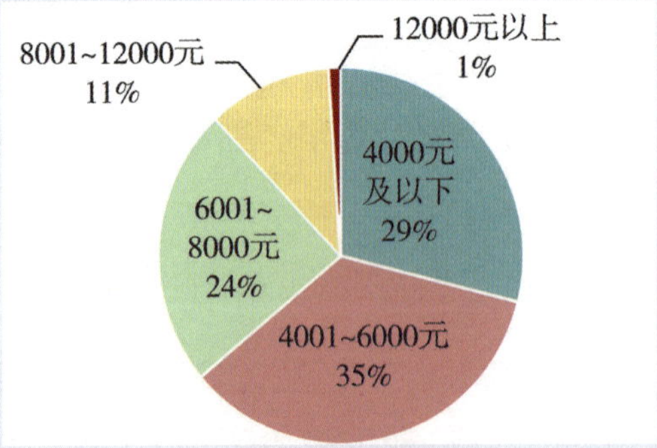

图 2-3-24 编辑相关业务上所取得的月收入（税后）

数据来源：河南省期刊编辑人员状况调查问卷

根据河南省期刊编辑人员状况调查问卷，编辑对收入满意度一般（61%），不满意的占比（18%），非常满意（2%）和非常不满意（4%）的非常少。

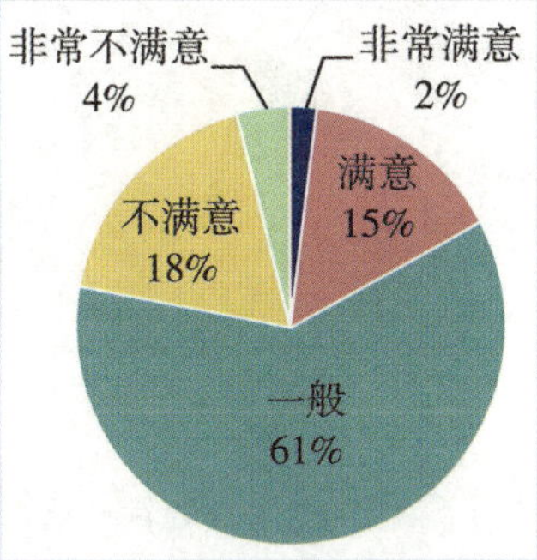

图 2-3-25　收入满意度

数据来源：河南省期刊编辑人员状况调查问卷

根据河南省期刊编辑人员状况调查问卷，编辑大多无副业，以本职工作为唯一收入来源的占比 86%，有行业以外收入的占比 7%，不方便回答的占比 7%。

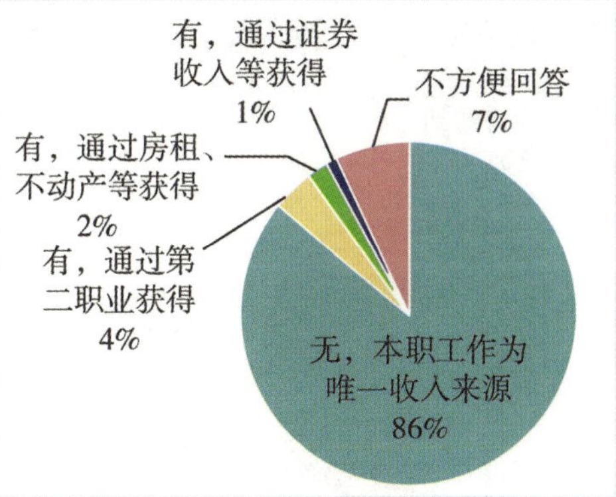

图 2-3-26　是否还有行业以外的收入

数据来源：河南省期刊编辑人员状况调查问卷

根据河南省期刊编辑人员状况调查问卷，社会科学类编辑业务外无收入占比 77%，有其他收入的幅度也相对平均，2000 元及以下的占比 7%，2001 ~ 4000 元的占比 5%，4001 ~ 6000 元的占比 6%，6000 元及以上的占比 5%。

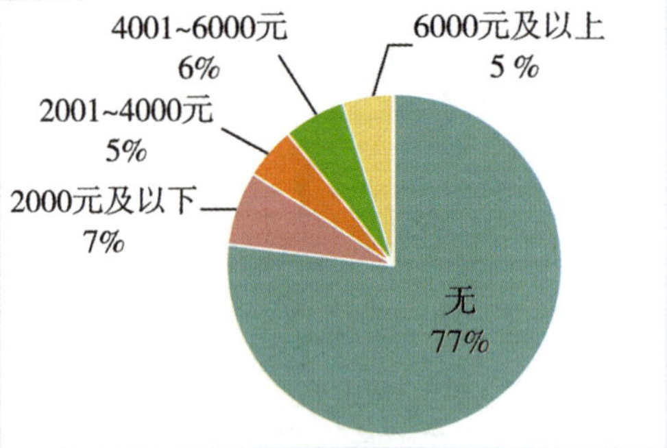

图 2-3-27 编辑业务外所得月收入（平均）

数据来源：河南省期刊编辑人员状况调查问卷

根据河南省期刊编辑人员状况调查问卷，无奖金发放的占比 50%，年终统一发放奖金，奖金数额按照职称、薪级体现差别占比 25%，多种组合方式发放占比 12%。与河南省期刊社总体情况相比（无奖金 36%），社会科学类期刊无奖金所占比例更大。

根据河南省期刊编辑人员状况调查问卷，社会科学类期刊社有

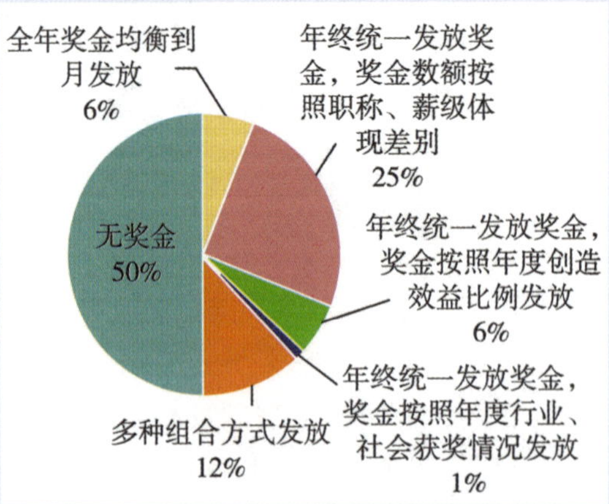

图 2-3-28 奖金发放情况

数据来源：河南省期刊编辑人员状况调查问卷

单位食堂补贴（24%）和年假等相关政策（23%），还有一定比例其他补贴如交通补贴（9%）、子女入学（7%）、户口（2%）、廉价职工宿舍（1%）等。本单位无高价值福利政策的占 24%。

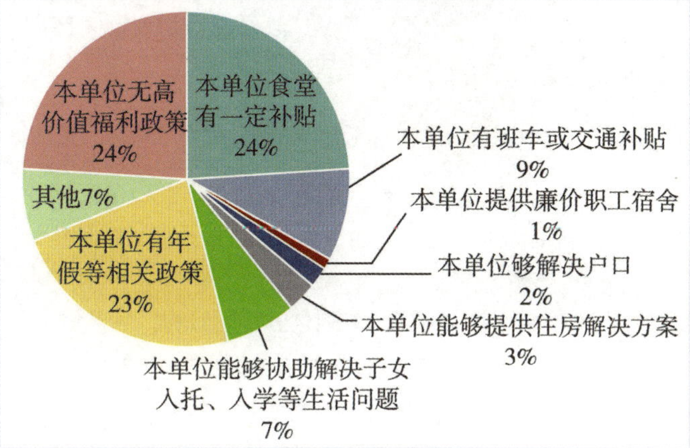

图 2-3-29　期刊社福利政策

数据来源：河南省期刊编辑人员状况调查问卷

第六节　职业体会

根据河南省期刊编辑人员状况调查问卷，社会科学类编辑在刚入职后无系统培训占比 51%，基本是由领导指导、同事帮助摸索进行工作，或参考行业相关培训教材进行。其余进行培训的有行业举办的短期培训班（30%）、长期培训班（行业组织举办 3%，相关院校举办 2%，单位举办 2%）。总体来讲，无系统培训占比最多，短期培训班次之，长期培训班较少。

根据河南省期刊编辑人员状况调查问卷，编辑业务能力与业态发

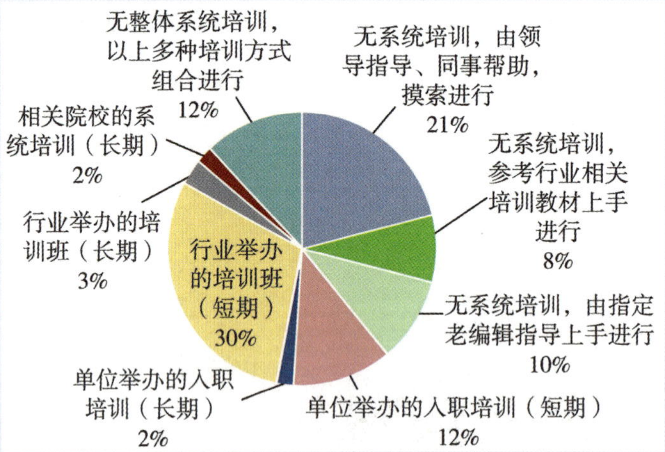

图 2-3-30　刚入职时经历的岗位培训

数据来源：河南省期刊编辑人员状况调查问卷

展相比，编辑人员有着多样的补充学习需求，如认为出版业态发展很快，需要补充学习的占比 23%，认为编辑工作数字化程度逐渐提高，需要补充学习的占比 19%，认为出版政策发展很快，需要补充学习的占比 16%，认为媒介融合趋势加剧，融媒体相关技术需要补充学习的

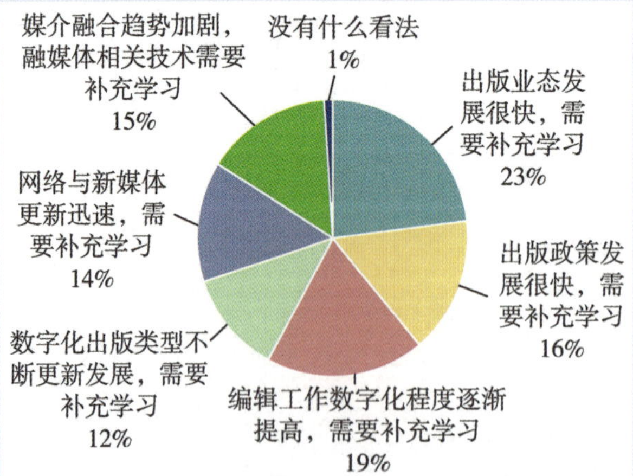

图 2-3-31　编辑业务能力与业态发展相比

数据来源：河南省期刊编辑人员状况调查问卷

占比 15%，认为网络与新媒体更新迅速，需要补充学习的占比 14%。

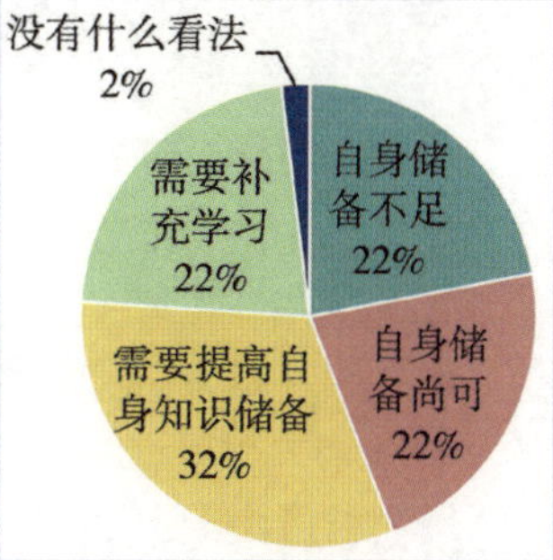

图 2-3-32　知识结构与工作内容相比

数据来源：河南省期刊编辑人员状况调查问卷

根据河南省期刊编辑人员状况调查问卷，期刊社编辑认为自己需要提高自身知识储备的占 32%，认为自身储备尚可的、认为需要补充学习的、认为自身储备不足的均占 22%。

根据河南省期刊编辑人员状况调查问卷，编辑期望的教育补充方式按优先顺序首先是行业组织专题培训班（35%），然后依次是跟随相关院校、专业的课程完整学习（18%），单位组织专题培训班（17%），海外游学、调研（15%），跟随相关院校、专业的课程长线学习（8%），最后是日常自学（7%）。

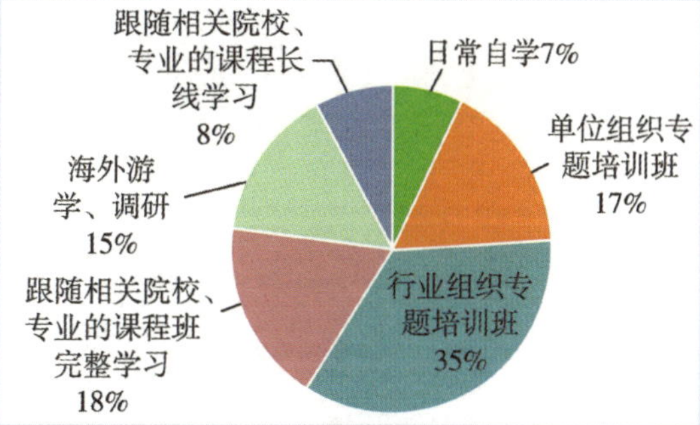

图 2-3-33　期望的教育补充方式

数据来源：河南省期刊编辑人员状况调查问卷

第四章

河南省社会科学类期刊特征

2021 年 5 月，中宣部、教育部、科技部印发的《关于推动学术期刊繁荣发展的意见》指出，“哲学社会科学类期刊要把深入研究、宣传、推广、阐释习近平新时代中国特色社会主义思想，建设有中国特色、中国风格、中国气派的学科体系、学术体系和话语体系作为重大任务”，围绕党和国家重大理论和实践问题，围绕群众关注的历史和现实问题，及时开展研究解读和引导分析，引领哲学社会科学研究。

针对上级精神和总体要求对标对表，总结社会科学类期刊的内在发展规划，根据课题组对河南省社会科学类期刊总体状况、期刊社状况及期刊从业人员情况的调查分析发现，河南省社会科学类期刊特征比较明显，概括来说，有以下五方面。

第一节　与新时代同频共振，坚持正确的政治导向性

— ★★★ —

哲学社会科学研究不是一般的研究，是意识形态工作和政治工作，必须与党和国家的总体要求相适应。社会科学类期刊是宣传思想的主要阵地，要站在构建中国特色人文社会科学的高度，引导中国社会科学形成具有中国特色的学科体系、学术体系和话语体系，坚持正确的政治导向是社会科学类期刊的重要使命。

河南省社会科学类期刊全面落实意识形态工作责任制，加强阵地建设和管理，旗帜鲜明地反对和抵制各种错误观点，做到了守土有责、守土负责、守土尽责。坚持为人民服务、为社会主义服务，坚持百花齐放、百家争鸣的办刊方针，发挥了期刊的导向作用，紧紧围绕“不忘初心、牢记使命”主题教育，“庆祝中华人民共和国成立 70 周年”“全面建成小康社会”“生态文明建设”“一带一路”“黄河流域生态保护和高质量发展”“乡村振兴与精准扶贫”等重大主题，积极策划，着力推出一批主旋律突出、正能量强劲的优秀专题、专栏和好作品。《管理学刊》设立《习近平新时代中国特色社会主义经济思想研究》专栏，深入研读习近平新时代中国特色社会主义经济思想。《河南财经政法大学学报》调整栏目，突出了富有时代意义的《法治中国》《民生法学》《法治文化》等栏目，以宣传十九大精神和全面依法治国战略。《中州学刊》开设《生态

文明建设》栏目，阐释生态文明建设相关理论，为生态文明建设提供智力支持。《经济经纬》针对“一带一路”倡议，刊出系列高水平和有特色的研究成果。

社会科学类期刊牢牢把握正确的舆论导向，唱响主旋律，弘扬正能量，不断巩固壮大主流思想舆论，未出现导向错误、影响恶劣的情况，未出现违法违规问题被处罚的情形和社会负面评价。

第二节　社会效益突出，勇于承担社会责任

2021 年《关于推动学术期刊繁荣发展的意见》指出，要不断完善把社会效益放在首位、社会效益和经济效益相统一的体制机制，为社会主义现代化建设提供强大精神动力和智力支持，为建设世界科技强国和社会主义文化强国作出更大贡献。这一方面河南省期刊社会效益突出，整体表现良好，根据河南省期刊调研核验表，河南省社会科学类期刊的社会公益捐赠额占比为 0.2%，以社会效益为主，并与经济效益相结合。根据河南省期刊自评、复核及抽查结果，河南省期刊出版单位社会效益考核评价平均得分 86.6 分（满分 100 分）。

河南省备案的社会科学类期刊出版单位 2019 年度社会效益评价考核等级均达到合格以上，期刊均有刊发公益报道和公益广告，参与各项公益事业、公益捐赠和公益活动等，且形式多样、亮点纷呈。整体呈现出稳中有进、稳中向好的良好发展态势。如：《征信》

连续在封三页面上刊登脱贫攻坚公益广告，以高度的政治责任感和使命感，加强脱贫攻坚工作宣传，服务河南省脱贫攻坚事业。

第三节 出版管理规范，内容质量把关严格

根据中宣部出版局对河南省期刊编校质量的抽查通报，河南省期刊没有发现未备案休刊、休刊超过180天、长期无法正常出版等问题，没有发现改变或超越办刊宗旨、刊发质量低劣论文等问题，没有发现学术期刊存在违反学术伦理和出版规范问题，没有发现期刊存在转让出版权、违规承包等行为，没有发现期刊出版单位及主管主办单位资本结构中存在非公资本成分问题，没有发现期刊主要负责人挂名、缺位等问题，没有发现期刊及其采编人员违规申领、使用记者证等问题，没有发现新闻敲诈、虚假新闻、违规发稿等问题。

在采编、经营行为规范方面，能够遵守出版内容管理、采编活动管理、出版物发行、广告、经营、版权贸易等要求，未出现违法违规问题被处罚的情形；管理机制与流程方面，没有出现导向问题、违法违规问题和社会负面评价，严格落实“三审三校”、重大选题备案等制度。

第四节　经济效益良好，可持续发展态势较好

— ★★★ —

根据《2020中国新闻出版统计资料汇编》，2019年河南省期刊总印数8059万册，社会科学类期刊总印数3358万册，在本省占比42%；河南省期刊平均期印数301.22万册，社会科学类期刊平均期印数142.73万册，在河南本省的三类期刊中，社会科学类期刊占比49%；河南省期刊总印张数376493千印张，社会科学类期刊总印张数179970千印张，在本省占比48%；河南省期刊定价总金额61223万元，社会科学类定价总金额为27706万元，在本省占比45%。整体上看，河南省社会科学类期刊品种在本省占比虽小（根据资料汇编社会科学占27%），但平均期印数、期刊总印数、总印张数、定价总金额都在河南省占比较高。

根据河南省期刊调研核验表，社会科学类期刊发行量在20000份以上的占比20.69%，远高于河南省期刊总体情况（12.93%），21.05%的期刊自主经营营收业务。发行量和经营业务是经济基础，也是支持社会科学类期刊可持续发展的驱动力。

第五节　地域特色明显，品牌矩阵潜力形成

— ★★★ —

河南省作为中国古代文明发祥地之一，全省常住人口共 9936.6 万人，占全国人口的 7.04%，位居全国第三，并且作为教育大省，每年高考人数过百万，在哲学社会科学研究方面，党建、教育、语言文字、文史文博文化、经管商业等方面特色突出。

主管单位多为教育部门。如表 4–1（注：主管期刊数量在 3 种以上的单位列出，少于 3 种的未列出），河南省教育厅主管主办的期刊最多，共计 15 种，其次是河南大学（5 种）、河南省社会科学院（3 种）、郑州大学（3 种），《中原文化研究》《区域经济评论》等都充分发挥了河南省的学术研究优势。

表 2–4–1　河南省社会科学类期刊主管单位

主管单位	主管期刊数量
河南省教育厅	15 种
河南大学	5 种
河南省社会科学院	3 种
郑州大学	3 种

期刊定位立足于河南优势专业和读者需求。河南省在语言文字、文博文化研究、党政、经济管理期刊较多，这些专业分别分布在哲学社会科学类期刊和大众综合类期刊。有的期刊发行量大，社会影响力强，广为普通读者熟知，比如《领导科学》《销售与市场》等。

有的期刊因应市场需求，从哲学社会科学类期刊转向了大众综合类期刊，成为走市场的消费性期刊，比如《中州体育》变更为《少林与太极》，当然也有走市场不理想从大众综合类期刊转而变更为哲学社会科学类期刊的，如郑州大学出版社的《汉字汉语研究》是《语文知识》更名而来，河南大学主办的《汉语言文学研究》原名为《中学语文园地》。但基本还是瞄准河南拥有甲骨文研究、文字博物院等语言文字的地域优势。

第五章

河南省社会科学类期刊问题总结

综上分析，河南省社会科学类期刊发展态势良好，健康发展、可持续发展基础扎实，优势特征明显，但也不可避免存在不足与短板。

第一节　有高原无高峰，传播力影响力有待加强

一、核心期刊不多

在调查的 46 种河南省社会科学类期刊中，其中北大《中文核心期刊要目总览》与南大《中文社会科学引文索引》均收录的有 9 种：

《史学月刊》

《中州学刊》

《新闻爱好者》

《经济经纬》

《河南社会科学》

《河南师范大学学报（哲学社会科学版）》

《征信》

《河南大学学报（社会科学版）》

《管理学刊》

其余有 13 种社会科学类期刊被中国社会科学院《中国人文社会科学核心期刊要览》或者武大《中国学术期刊评价研究报告》或者其他机构等收录，《档案管理》为北大核心期刊，《河南工业大学学报（社会科学版）》2020 年选入北大核心期刊。除此之外的 25 种期刊无任何学术期刊评价机构收录。核心期刊不能作为评价期刊的唯一指标，但在现阶段还是发挥着必不可少的参考作用。

二、影响力有待提升

中国知网评价研究中心对河南省社会科学类期刊的数据统计有 76 种，尽管分类标准不同，品种数量不同，但也可以看到期刊大致表现。知网数据库收录河南省社会科学类期刊数为 76 种，排名第 7 位，高于全国各省市平均数 70 种，说明河南省社会科学类期刊刊数具有数量优势；但在被引频次上，刊均被引频次 1202.09 次，低于全国平均数 2008.48 次，排名第 22 位；刊均下载频次 13.84 次，低于全国平均数 18.05 次，排名第 18 位；刊均影响因子 0.635，低于全国平均数 1.104，排名第 21 位。整体位次比较靠后。

根据中国科学技术信息研究所提供的数据统计，包括 19 种社会科学类学术期刊，22 种社会科学类大学学报期刊，共计 41 种期刊，河南省社会科学类期刊扩展总被引频次的平均值为 1161 次 / 刊，社会科学类学报的扩展总被引频次平均值仅为 539 次 / 刊，低于国内期刊平均值 1784 次 / 刊。在中信所统计的河南省期刊各类别中（社会科学类、大众科学类、自然科学类、自然科学类学报、社会科学类学报）为倒数第一。河南省社会科学类期刊的扩展因子平均值为 0.718，社会科学类学报的期刊扩展因子平均值为 0.513，低于全国平均值 0.927，社会科学类学报在各类别中也是倒数第一。又根据中信所的各类别期刊扩展学科影响指标，社会科学类学报期刊在本学科影响力最低，仅为 0.18，其中《河南工程学院学报（社会科学版）》等 30 种期刊的学科影响指标低于 0.1。这些数据都说明河南省社会科学类期刊影响力过低，亟待提升。

河南省社会科学类期刊的整体学术水平在全国处于中下游，说明河南省社会科学类期刊的影响力有待提升。

三、新媒体传播只重建设不重效果

据课题组调研，目前，河南省社会科学类期刊千网一面，大多是由玛格泰克技术公司开发的基本功能网站网页，只保障最基本的投审稿功能。不少学报甚至网站网页都没有。搜索期刊名称时，首页弹出的基本都是非法论文中介的网站，期刊客户端、微信公众号用户尽管在三类中领先，但与全国比起来，互联网应用还处于初级阶段，更谈不上全媒体传播，这也是社会科学类期刊传播力和影响力弱的原因之一。

四、国际化、“走出去”还未起步

在课题组分类认定的46种社会科学类期刊中，无学术期刊国际数据库收录的，与学术期刊国际传播平台合作的也仅有1种期刊，是2020年新增北大核心的《河南工业大学学报（社会科学版）》，其与CNKI、万方、超星等均有合作，通过这些第三方平台面向全球传播。这些平台在全球100多个国家和地区均有分布。自建国际传播平台或者英文版的基本没有，在国际影响力乃至“走出去”的探索实践还没开始。在与期刊负责人座谈会上，很多期刊也急切期待上级主管部门出台相关政策，提高影响力，提高河南省期刊核心竞争力。

第二节 定位不准，特色不突出，摇摆于学术与市场之间

一、办学术期刊还是办走市场期刊

在社会科学类期刊与大众综合类期刊分类时，课题组很难做出明确选择。有的期刊确实在学术还是市场之间摇摆，明明可以走市场，偏偏要找“市长”，这是全国社会科学类期刊普遍存在的问题，在

河南更为突出。靠学术刊可以收取版面费，靠市场经营就面临着不可预知的风险和困难，而且面向市场办刊，现有的体制机制和人员都还不能适应。河南有一些期刊通过转型，在市场上闯出了一条新路，比如《中州体育》更名为《少林与太极》，但期刊整体分类不清、定位不准，有待改变。

二、办综合刊还是办专业刊

学术期刊不同于一般的商业性质的杂志，其所针对的一般是特定学科领域的人群，目标受众比较集中。一些专业刊物所面向的就是特定学科领域的研究者，综合性的学报由于包含的栏目较多，学科领域相对较广，针对的目标读者群体相较于专业刊而言更广。

多学科综合性刊数量多专业刊数量少，是中国现代学术体制和行政体制双重影响的产物，每个高校的专业是综合的，学报是服务于教学和科研的，也只能是综合的，一些学报分明可以做“拿手菜”，非要做“大杂烩”“大拼盘”。但如果主管主办背景是名校、一流学校还好，如果不是，就很难异军突起。

从学术生产方式转型的角度看，我们目前的学术转型还没有完成，虽然各大学有专业的院系，但实际并没有形成专业的学术共同体。各专业之间的交叉还是很多的，综合性的期刊在当下中国仍然有存在的必要。它的优势在于，可以适应多学科的综合性研究。

高度的专业化甚至到碎片化的程度是进行学术评价的前提，因为只有分专业才能进行评价。这个问题在目前的现实语境中还面临跨学科问题研究与综合性期刊如何评价的问题。期刊影响因子评价带来了一个问题，即综合性期刊的影响因子不如专业性期刊，使得综合性期刊在学术评价体制中处于不利的地位，这导致许多办刊人想把综合性期刊转为专业期刊。但对大学来说，其他学科论文发表园地就不复存在了。到底是办综合刊还是专业刊，确实是个两难的问题。

第三节　单刊编辑部体制制约了期刊发展

一、“小散弱”的单刊编辑部体制较多

社会科学类期刊的出版单位性质为事业法人或企业法人的有 7 种，5 种为事业法人，2 种企业法人，其余 39 种都为非法人单位的单刊编辑部，编辑部体制“小散弱”的弊端，使期刊很难独立自主地参与社会经济活动。

事业法人期刊：《中原文化研究》《区域经济评论》《河南社会科学》《行政科学论坛》。

企业法人期刊：《档案管理》、《汉字汉语研究》（隶属郑州大学出版社）。

非法人期刊：39 种。

二、主管主办单位学术背景、资源优势潜力尚未挖掘

在本次调研的 46 种社会科学类期刊中，有 21 种隶属省级机

关管理单位，14 种由相关企业、医院、学校等机构管理，其中各类高校办的学报 21 种，学报数量近半，多为教育厅主管，大学主办。社会科学类期刊主管期刊数量前四位单位排序依次为：河南省教育厅（15 种）、河南大学（5 种）、河南省社会科学院（3 种）、郑州大学（3 种）。

虽然河南省社会科学类期刊一半以上是学报，但传播力较弱，河南是人口大省，也是教育大省，但不是教育强省。河南进入 211 院校的只有郑州大学，没有一所传统“985 工程”高校，双一流学科也只在郑州大学和河南大学。大学学报依托的大学学术背景普遍较弱，体制也不灵活。

三、编辑部人员不足，编制受限

根据河南省期刊调研核验表，河南省社会科学类期刊每单位总人数多为 6 ~ 10 人，占比 64.44%，10 人以上仅占比 20%，而且根据调研座谈，还有一部分人是兼职，专职人数更少，多为 3 ~ 5 人团队。

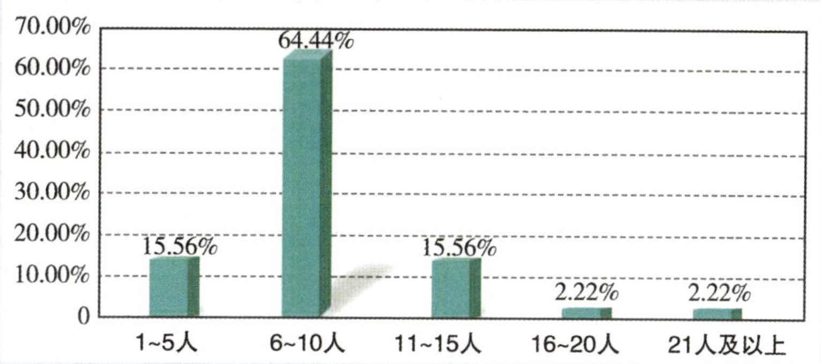

图 2-5-1　河南省社会科学类期刊单位每单位总人数

数据来源：河南省期刊调研核验表

由于社会科学类期刊编辑要占用大学或机关单位的编制，人员招聘受限，难以吸引人才。

通过与社会科学类期刊负责人座谈调查，普遍反映：期刊规模小、布局散、实力弱，抗风险能力低、盈利能力弱，经费不足，存在着总体实力不够强，在国际国内叫得响、有影响的权威刊物、名牌刊物少的问题。

第四节　缺乏外部与内部的激励机制

由于编辑部体制的弊端，上级主管主办单位难以充分放权，编辑部在人、财等各个方面都要按照主管主办单位的要求，层层汇报，自主性较差，办刊积极性明显受到影响。

一、期刊编辑部缺少自主权

根据河南省期刊调研核验表，社会科学类期刊在编人员占比79.62%，聘用人员占比 20.38%，在编人员远高于聘用人员。在编人员多，虽在编稳定但激励机制不到位不落实，在编与聘用人员同工不同酬，期刊不能自主制定绩效考核方案，与人员考核不挂钩。能把刊物办好全凭职业荣誉感、责任感。

在编辑人员座谈会上，许多学报期刊表示院校层次不高，引进博士也很困难，无引进人才的渠道，很多编辑人员是从学校其他部门借调过来的。

对外部的兼职主编和编委要给予充分的激励机制才能吸引学术研究带头人、学科领军人物到期刊兼职，才能主动积极帮助期刊组稿、审稿，提供选题思路和策划方案。

二、编辑自主策划选题能力弱

课题组对期刊编辑人员调查发现，一直从事文案编辑工作的占比 58%，兼顾其他工作的比例为 28%，说明社会科学类期刊编辑大多是“两耳不闻窗外事”的文案编辑，这不应成为当前数字化、网络化、智能化时代学术期刊的主流。

根据期刊社人员调查问卷，期刊社日常编辑文稿的最主要来源还是以分配为主，占比 47%，自己策划组稿的仅占 27%；对期刊编辑的考核还停留在以所完成文稿篇数、字数、版面来计算，占比为 56%，不对个人定具体指标的占比 28%。这一方面是激励机制问题，另一方面说明期刊编辑部缺乏内生动力。

三、对拨款、资金支持依赖性强，自主经营能力弱

根据河南省期刊调研核验表，在经费支持这方面，社会科学类期刊办刊经费每年在 20 万元以下的最为集中（52%），其中 10 万～20 万元的为 28%；20 万～30 万元的占比 16%；50 万元以上的占比 4%，其中 100 万元以上经费的几乎没有。而自然科学 100 万元以上经费的占比 8.41%，说明社会科学类期刊的经费支持比不上自然科学类期刊。这一方面与社会科学类期刊的主管主办单位多为大学、社科院、机关，而自然科学类期刊的主管主办单位多为科研院所、企业、协

会有关，另一方面，也说明对社会科学类期刊的重视程度普遍较低。

根据河南省期刊调研核验表，社会科学类期刊的资金来源几乎全部为主办单位拨付，占比为93.94%，自筹、拨付与自筹相结合的方式占比都仅为3.03%。河南省期刊大多依靠财政拨款维持，这一点社会科学类期刊尤为突出。很多社会科学类期刊，需要主管主办单位支持，并增加专项基金支持。

通过编辑人员座谈会，许多期刊责任人也谈到了经费问题，如《管理学刊》表示目前无法自主经营，《管理学刊》主办单位新乡学院层次不高，人、财、物不足以支持创办高质量期刊，无引进人才的渠道。办刊经费对社会科学类期刊尤其迫切。

四、出版周期长、时效性差、竞争力不强

根据河南省期刊调研核验表，社会科学类期刊出版周期较长，且都集中分布在双月刊，占比54%，其次是季刊和月刊，分别占比21%、19%。办季刊和双月刊是社会科学类期刊不得已为之，究其原因，一是由于人手少，版面少，发稿量少，收、编、审稿流程耗时较长，二是功利化办刊的倾向所致。

当期刊社能否名列核心期刊成为其能否获得各种奖项和资助、能否获得充足优质稿源的重要前提时，期刊社为了追逐引用率和转载率、提高影响因子，采用了种种手段迎合当前的评价指标，其中普遍采用的一条，就是热衷于发长文，减少论文篇数。在河南省社会科学类期刊调查中发现，社会科学类期刊每篇文章为6001～12000字的最多。发稿少、周期长还有利于入选核心，期刊

编辑又何乐而不为呢？但是随之而来的就是阻滞了时效性强的优质稿源发表，削弱了期刊的竞争力。

第五节　队伍建设问题

一、缺少学术一流的主编和办刊领军人物

在期刊编辑人员座谈会上，《郑州大学学报》主编提到，对于一般的编辑而言，很多基本工作是编校等基础工作，仅仅依靠编校质量很难成为国家一流期刊，更需要一流的主编来带动团队整体发展。《学习论坛》主编也阐明目前期刊社紧缺刊物的领军人物，期刊面临发行面窄、学术前沿性不够的局限性，如何提高整体学术水平并进一步实现学术发表领域权威性是社会科学类期刊面临的一个显著问题。

二、缺少职称晋升通道

根据河南省期刊调研核验表，社会科学类期刊中、高级职称占比超过 60%，其中副高级职称占比最多，为 34.09%，正高级职称 28.57%，中级职称 25.65%，说明编辑团队专业和业务水平较高，素质过硬。根据河南省期刊编辑人员状况调查问卷，社会科学类编辑职称序列最多，占比 49%，其次是教师职称序列，占比 35%。与河南省总体情况相比（河南省编辑职称序列 54%，教师职称序列

25%），在大体占比情况相似下，社会科学类编辑职称序列少一些，教师职称序列多一些。

在期刊编辑人员座谈会上，有编辑反映期刊社内不缺乏高级工程师等职称，但很多编辑止步于中级职称，要晋升高级职称更困难。

三、薪酬待遇留不住人才

根据河南省期刊编辑人员状况调查问卷，编辑相关业务取得的月收入（税后）比例较为平均，4000 元及以下的占比 29%，4001 ~ 6000 元的占比 35%，6001 ~ 8000 元的占比 24%，但很少有税后收入达到万元以上的，收入在 8001 ~ 12000 元的占比 11%，12000 元以上的占比 1%。又根据河南省期刊编辑人员状况调查问卷关于福利待遇的调查，社会科学类期刊社有一定的食堂补贴（24%）和年假等相关政策（23%），还有一定比例其他补贴如交通补助（9%）、子女入学（7%）、户口（2%）、廉价宿舍（1%）等，无高价值福利政策的占 24%。说明目前期刊社薪资普遍中等，几乎无高薪资，缺乏高价值福利待遇。

通过期刊编辑人员座谈会，许多期刊社也谈及目前单位受到工作压力大、薪资待遇低、发展空间受限等因素的影响，出版行业对年轻人的吸引力近年呈下降趋势，行业人才流失也相对比较严重。

四、缺少多层次贴合业务需求的培训学习

根据河南省期刊编辑人员状况调查问卷，社会科学类编辑在刚入职后无系统培训的占比 51%，基本是由领导指导、同事传帮带工作，

或参考行业相关培训教材进行工作。其余进行培训的有行业举办的短期培训班（30%）、长期培训班（行业组织举办 3%，相关院校举办 2%，单位举办 2%）。总体来讲，期刊社无系统培训的占比最多，有短期培训班次之，长期培训班较少。

在期刊编辑人员座谈会上，有许多编辑指出，目前同类别期刊之间的交流较少，甚至不太了解本省其他同类期刊的基本情况，以至于无法借鉴交流。一部分社会科学类期刊的负责人或编辑都比较注重自身专业知识与编辑技巧的学习，却常常不经意间忽略对中央最新文件、精神的学习，尤其缺乏全面系统、及时跟进的学习。由于没有全面系统、及时跟进地学习中央的最新文件、精神，很有可能在编辑工作过程中没有尽到应尽的政治把关责任，给一些有导向瑕疵甚至错误的稿件留下了生存空间，导致期刊编校质量的不合格等。更为严重的是，由于没有准确理解中央的最新文件、精神，少数期刊在实际工作中忽视对政治术语的严谨规范使用，编辑出版了一些内容看似政治正确实则是“低级红”“高级黑”的稿件，造成了无法评估的负面效果。

总体来讲，期刊社目前缺乏多层次贴合业务需求的培训学习：一类为期刊社行业交流，尤其是同类期刊的会议、座谈等；另一类为编辑本身诸如编校能力、编辑素养，尤其是政治学习等培训。

第六章

提升河南省社会科学类期刊发展的具体建议

习近平总书记在哲学社会科学工作座谈会上指出，“哲学社会科学具有不可替代的重要地位”，号召一切有理想、有抱负的哲学社会科学工作者“立时代之潮头、通古今之变化、发思想之先声”。而哲学社会科学类期刊是哲学社会科学传播和交流的重要平台，是巩固马克思主义在意识形态领域指导地位的重要阵地，也是哲学社会科学工作者“把论文写在祖国大地上”的重要载体。应该说，河南省哲学社会科学类期刊在繁荣社会科学研究、引领研究潮流、培育人才队伍、促进学风建设等方面发挥了重要作用。为了促进哲学社会科学类期刊进一步承担起举旗帜、聚民心、育新人、兴文化、展形象的使命任务，课题组建议，河南省社会科学类期刊在发展中应该做到三个“顺应”，以期使河南省社会科学类期刊成为河南文化名片，乃至全国文化名片。

顺应河南功能定位。地方期刊与全国性大刊的区别是其承载新闻出版的地方性，河南省社会科学类期刊应彰显河南省区域地理、科研文化等方面的特色，关心河南的发展状况，关注河南省的规划政策和未来发展，充分挖掘河南的信息资源，从河南发展实际出发，在突出地方信息服务功能，体现服务的精细化和对象化的同时，形成自身鲜明的办刊特色。

顺应时代发展趋势。河南省社会科学类期刊发展应充分考虑互联网时代新媒体发展给传统纸质期刊带来的冲击，需要与时俱进，变革出版内容，拓宽传播渠道，丰富展示形式，更密切地与时代发展相结合，反映时代诉求。

顺应产业变革方向。河南省社会科学类期刊发展应充分关注河南支柱产业的发展，对加快地方科技科研创新、构建高精尖经济结构起到促进作用，为新兴产业和高技术产业建设、为河南省的经济和文化等战略发展提供宝贵的科研资源与平台。

第一节　加强意识形态责任制，筑牢意识形态主阵地

社会科学类期刊是意识形态领域重要的宣传窗口，是意识形态主阵地，是政治导向关、学术质量关和价值取向关的重要把关人，因此，哲学社会科学类学术期刊的办刊质量，还体现在对意识形态

工作的引领和主导上。

一、抓办刊质量，首先要抓意识形态责任落实

在办刊方向和理念上必须坚持党性原则，树立正确的政治导向，坚持正确的办刊方向，这是学术期刊健康可持续发展的根本政治保证。这就要求我们从政治高度认识哲学社会科学类期刊的功能：一方面是学术传播和交流的载体，在传播和交流学术研究，反映学术动态，推动学术研究不断创新，发展文化和学术事业中具有不可替代的作用；另一方面通过发表学术研究成果，在不断巩固主流意识形态的指导地位方面，具有非常重要的地位和作用。

期刊主管主办单位及期刊社负责人要提高政治站位，增强“四个意识”、坚定“四个自信”、做到“两个维护”，不断增强做好意识形态工作的政治自觉和行动自觉，增强责任感和使命感。期刊社负责人不仅要业务精、学术研究水平高，更要政治强、作风正。首先要将意识形态责任落实放在第一位。政治立场是哲学社会科学类期刊对很多文章的第一要求，一篇文章如果在政治立场上有原则性的问题，无论如何都是不具备被转载资格的，不能给政治导向错误的文章提供进一步传播的机会。

二、政治理论学习与专业理论学习并重

哲学社会科学的专业理论学习与政治理论学习密不可分。有些哲学社会科学类期刊负责人与期刊编辑闭门编稿，重本专业理论掌握，轻政治理论学习，对最新的政治理论不熟悉，掌握不深入。哲

学社会科学类期刊负责人和编辑都应该避免在实务工作中错用一些不严谨的政治口号、政治术语等。

强化对社长、总编这个“关键的少数”的选拔和培训，牢牢把握出版阵地的领导权、主导权。既要强调对总编、社长的政治理论培训，深入学习领会习近平新时代中国特色社会主义思想，也要加强资格考察并针对普遍存在的问题开展业务技能持续培训，引导社长、总编带领期刊主动、自觉地用马克思主义立场观点方法和专业技能开展期刊编辑出版工作。

建议对哲学社会科学类期刊根据学科专业或定位分组，组成政治理论学习小组，期刊负责人和编辑线上或线下参加，对中央的最新文件、精神，及时跟进，组织学习。采用专家授课与座谈交流、实地调研学习相结合的方式，促进交流，营造崇尚学习、重视学习的良好风气。

省新闻出版局对哲学社会科学类期刊应加大常态化检查与年度评估，重点抽查中央文件文献引用使用等重大政治表述并内部通报，为迎接中共二十大胜利召开，筑牢意识形态阵地。

第二节 集中优势资源，打造一批河南名刊大刊

目前，河南省社会科学类期刊在发挥寓教于乐作用、提高社会文化水准、倡导良好社会风尚、促进经济文化艺术的健康发展方面，已经取得了一定的成绩，在此基础之上，应更进一步坚持“内容为王”，

打造基于河南功能定位和区域特色，面向全国乃至全球的知名期刊。名刊工程应是一个导向工程、一个建设工程、一个创新工程、一个特色工程、一个整体工程、一个质量工程、一个责任工程、一个系统工程。通过打造一批、指导一批、推介一批、推选一批，创河南期刊名牌。

一、分类指导，建立河南省精品期刊目录，设立省期刊发展基金，重点打造一批全国知名的河南期刊名片

期刊要实现良好的发展，应基于地方特色，寻找市场空位，精准定位读者。相较于国家级主流期刊，地方期刊所能调动的资源相对有限。因此，地方期刊要想实现进一步提升，必须实行重点突破，着力打造精品内容。政府有关部门也应有选择地重点扶持，建立河南省精品期刊目录或者名刊工程，打造一批示范期刊。对于社会科学类各领域中的标杆性期刊，协调主管主办单位，在人、财、物各方面给予重点支持，将其纳入扶持的重点对象。

二、面向专精特新，重点指导一批期刊找准定位、转型升级

河南省社会科学类期刊转型进入密集期。《中州体育》变更为《少林与太极》，《语文知识》变更为《汉字汉语研究》，《中学语文园地》变更为《汉语言文学研究》，瞄准河南拥有少林寺、甲骨文研究、文字博物院等语言文字的地域优势，都是成功的尝试。为此，河南省社会科学类期刊应以这些特色期刊为榜样，推广经验，促进期刊

深度理解期刊定位，重点指导一批期刊找准定位，基于地域特色学科，在专精特新上谋发展。

三、立足河南地域特色，重点推介一批优秀栏目、重点栏目

各类期刊，无论是学术期刊还是大众读物，都应用心策划设计特色栏目，要使读者“提期刊就知栏目”“提栏目就知期刊”，突出策划主题和特色内容。

河南省作为中国古代文明发祥地之一，在哲学社会科学研究方面，党建、教育、语言文字、文史文博文化、经管商业等方面特色突出。河南省社会科学类期刊可在定位上更加重视垂直细分领域，着重突出河南特色。如《中原文化研究》《区域经济评论》推出类似《中原文化研究》栏目，致力于河南文化研究，推动河南文化建设，围绕“人文河南、科技河南、绿色河南”主线，深入报道河南经济、政治、文化和社会发展成果，为世界认识河南打开一扇窗口。不仅要评选期刊，也要对优秀栏目、重点栏目进行重点推介。

四、发掘办刊人才，重点推选一批优秀期刊主编和编辑

期刊主编是一个期刊的灵魂人物，是指导期刊发展方向的领军人、带队人。一些期刊主编兢兢业业深耕专业很多年，德才双馨，但非常低调；有的主编在学术上建树颇深，但不善沟通。应该通过各维度的指标，推选出一批优秀的期刊主编。对编辑也是同样，荣誉是对他们的认可，更是一种鞭策。

第三节　与河南省教育厅共同指导学报转型

— ★★★ —

教育部前部长袁贵仁在推动高校名刊工程时曾指出：目前，我国高校社科学报不能说没有定位，我们总的定位是高校哲学社会科学工作者。但是，如果我们近千种刊物是同一个定位，对于每个刊物来说，就等于没有定位。这对于整个高校哲学社会科学的发展是不利的。

原新闻出版总署分管报刊工作的副署长李东东也曾指出：高校期刊特别是大学学报在学术成果创新、服务学科建设、培养科研人才方面发挥了较大的作用，但从整体上看仍存在三方面问题：一是封闭办刊、理念落后。缺乏更大范围的学术交流，文章缺乏现实性、针对性和原创性。二是缺乏专业特色，同质化现象严重。几乎所有大学学报都是综合性学术期刊，没有明显的学科特色，个人或研究部门订阅较少。三是资源分散，出版力量单薄，对一流学术论文和创新性研究成果缺乏吸引力。

高校社科学报整体呈现出“全、小、散、弱”的特点，“全”是指文学、史学、哲学、经济、法学、社会学、教育学面面俱到；“小”是发行量偏小、经济效益社会效益偏低；“散”指高校社会科学学报分散经营、各自为政，不能形成规模效应；“弱”指高校社会科学学报质量弱、影响力弱、综合实力弱。河南省由于重点高校、名校少，学报多，这个特点更为突出。

根据2021年6月中宣部、教育部、科技部等三部委联合印发的《关于推动学术期刊繁荣发展的意见》，鼓励多学科综合性学报向专业化期刊转型，突出优势领域，做精专业内容，办好特色专栏，向“专精特新”方向发展。

对于高校学报改革，袁贵仁提出了三个可行路径，即上、中、下“三策”。简单地说，上策是办高校社科学报专业刊；中策是鼓励若干高校社科学报合作，组成联合编委会，进行相对集中的学科专业分工；下策是走内涵发展的道路。这“三策”对河南省哲学社会科学同样有参考作用。

在学报体制、协同合作、数字化传播和社会评价等方面，制约高校学报发展为一流期刊的瓶颈必须突破。

一、联合教育厅，出台鼓励学报转型“专精特新”政策

联合教育厅对转型“专精特新”专业的学报给予支持政策，鼓励学报找准定位，依托本校优势，依托特色学科找到学术的空白点。走“专精特新”，找到自己的特色所在，变综合性刊物为专业性刊物。此前已有成功案例，比如《征信》原为《河南金融管理干部学院学报》重新定位，独辟蹊径，聚焦金融领域的征信更名而来。这一做法值得推广。

政策可以包括启动经费支持、绩效考评的加分项，对成功转型的给予奖励或者配比具体项目资金。

二、找准定位，依托本校学科优势，创办高起点新刊

“大拼盘”式的办刊思路已经严重制约了学报的发展。专业研究要高起点，就不可能是综合研究。反映在为科研服务的学术期刊上，专业期刊应该占据学术期刊大多数甚至绝大多数，才能适应和满足科研的需要。主动放弃全面出击，成为专攻某一学科方向的专业期刊，变综合性刊物为专业性刊物。

三、利用国家高校结对子政策，引入双一流院校或双一流专业合作办刊办栏目

国家鼓励利用高校互相结对子，帮扶联合政策，重新定位高校学报，合作成立编委会，引入学术带头人担任主编，以“多校一刊”优势聚焦“专精特新”专业。通过联合，破除为本校服务、一校一刊的旧观念和旧模式，变封闭式办刊为开放式办刊，促使各高校之间的学术交流更加通畅，稿源质量和学术影响力得到改善和提升。

第四节　引导期刊集群化发展，逐步形成学术共同体

《关于推动学术期刊繁荣发展的意见》指出，“开展学术期刊集群化发展试点，以优质学术期刊为龙头重组整合资源，建设一批导向正确、品质一流、资源集约、具备核心竞争力的学术期刊集群”。

调查发现,河南省社会科学类期刊集聚性不强,不仅学报是单兵作战,学报之外的期刊也还没有走集群化道路，即便是同一个主管主办单位，也没有联合协作。

一、指导学术背景和影响力强的期刊牵头，建设专业学术服务平台

同一主管主办单位成立期刊集团。指导学术背景和影响力强的期刊牵头，建设专业学术服务平台。河南教育报刊社在教育领域，河南省社会科学院主管主办的《区域经济评论》《中原文化研究》在哲学社会科学方面，传播力和影响力较强，互联网基础较好，可以支持这类期刊牵头,联合同类期刊,支持现有的学术平台升级迭代,功能更新，发挥各自优势，打造资源共建、共享的综合性学科资讯平台、开放存取同行评议平台、服务读者的知识服务平台或者服务学者的虚拟学术社区。

二、以平台为抓手，集群化发展，构建学术共同体

以平台为抓手，集群化发展，构建学术共同体。充分利用互联网的技术优势，汇集一些学科方向接近的期刊，组成具有专业方向的期刊集群，建立集群化平台，借助集群内的期刊集合各项资源，充分发挥人才、技术、管理等优势，实现资源共享和优化配置，整合编辑出版资源，优化编辑出版流程。

平台内的期刊既相互竞争，又相互合作，有利于各个期刊充分调动积极性和主观能动性，能够及时了解其他刊物的发展情况，增

强忧患意识，促进良性竞争，实现刊群的共同发展，从而提升刊物的竞争力和影响力，实现期刊的共同发展愿景，进而形成学术期刊共同体。

河南省有条件成立集群化的专业有教育、经济、文博文物、语言文字等，建议省委宣传部协调主管主办单位，由这些专业里的强势期刊主动牵头，给予集群化发展的配套支持，省文化发展资金重点支持集群化平台建设。借助集群的数字化平台建设既能实现数字化弯道超车，又能为下一步构建学术共同体做准备。

三、指导学术共同体完成社会科学类期刊的自我创新

指导学术共同体完成社会科学类期刊的自我创新。学术期刊共同体在学术成果采编与发表、学术资源检索和集成化传播、学术评价、协商交流等功能方面着力，为学者和读者提供更加便捷的服务，为学术期刊和科研人员提供更多的交流机会。通过学术共同体至少实现以下几个目标。

1. 通过集群化发展乃至学术共同体，建立以学术共同体为主体的发稿前和发稿后的同行评议机制，制定一套同行评议的制度——遴选制度、承诺制度、回避制度、信誉制度和追责制度。

2. 通过学术共同体，营造良好的科研生态，在学术共同体内部，建立一套民主的讨论与协商机制，明确学术标准与职业伦理，建立学术惩戒制度，逐步建立健全期刊评价结果公示、反馈、申诉和复议等制度。

3. 通过学术共同体形成对办刊质量的良性评价生态，承担为学

术论文质量把关的重任。摆脱某种程度上唯影响因子马首是瞻的困境，回到为读者服务、为作者服务的办刊初心。

第五节　建设河南出版智库，制定人才激励政策

一、建设河南省出版智库，面向国内国外广揽人才，培育主编和编辑队伍

主编和专业的编辑是一流哲学社会科学类期刊可持续发展的重要保障。主编作为学术期刊的真正舵手，其稳定性有利于延续期刊政策，保证期刊稳步发展。如有 140 多年历史的国际顶级学术期刊 *Nature* 至今为止总共只有 7 位主编，大部分主编都有 20 年以上的任期。一流期刊的主编往往为该领域的知名专家，在国际学术界影响力大。主编不仅要把握刊物的定位及栏目设置，还需亲自负责约稿等具体事务，确保办刊基调和内容质量。编辑的专业性也是成为一流期刊的重要因素。期刊编辑需紧跟最新学术动态，主动联系作者与读者，根据不同学科的特点收集优秀文章，积极融入学科研究队伍的建设中。

二、建立开放性的编委会，以制度激励科研人员参与办刊

根据《关于推动学术期刊繁荣发展的意见》精神，“支持办

刊单位出台政策措施，探索编研结合模式，将优秀学者和科研人员引入办刊队伍，支持教育科研单位教学科研人员与办刊人员双向流动”。

引入一流学者担任主编、编委，上海大学类期刊社走出了成功之路。上海大学类期刊社曾荣获中国出版行业的最高奖“中国出版政府奖先进出版单位”和“中国出版政府奖期刊奖”两项殊荣。2019年《社会》杂志以影响因子2.576，在国际所有150本社会学杂志中再度荣列第21名，超过不少著名的社会学杂志。

上海大学类期刊社坚持专家办刊，把好策划组稿内容质量关。实施“学术内容与出版管理”双轨运行机制。由主编率领编委负责策划组稿和内容质量，积极招募吸引国内外高水平专家加盟编委会。下辖期刊每年召开1至2次编委会，总结上一年度办刊成效，落实下一年度出版计划，遴选高被引作者，分析高被引论文。各刊通过设立主编主持日、主编定稿会等工作机制，扎扎实实从源头做好选题策划、主题出版、专栏专辑出版等内容质量把关工作。

编辑部要通过制度设计，敢于给编委定任务并建立健全奖励和退出机制。建立开放性的编委会、顾问团，尽可能地邀请专业领域内的知名专家、学者成为编委或顾问，密切与学者和学术组织的联系互动，充分发挥学术期刊在学术交流中的桥梁纽带作用，在组织稿件和来稿评审中充分发挥编委会和顾问团的资深优势，提高学报的知名度和影响力，形成期刊质量和科学研究互相促进的良好局面。

三、推动主管主办单位，改革编辑部绩效管理

编辑部作为主管主办单位的一个部门，在人、财、物方面由上级统筹管理，缺少自主权，往往被边缘化，不受重视。一些编辑因此只看重上级的管理制度，无视编辑部内部管理制度。编辑部内部管理也往往处于比较尴尬的地位，有的编辑部有一定的管理机制，但在遇到与上级管理政策冲突时，内部管理制度只能流于形式。

主管主办单位对所属期刊不仅要守土、担责，还要创新，将成功的编辑部绩效管理经验推介到各期刊社。编辑部内部管理改革必须先行于期刊改革，建立健全的编辑部激励机制、目标管理机制和项目责任制。同时，建立健全的编辑部管理的各项规章制度，建立适应学术期刊的目标管理机制，坚持有效地推行下去，定期考核评估，实行项目责任制，明确权利与责任、责任与任务、集权与分权的关系，激发编辑部的整体活力，增强凝聚力，提高竞争力。

四、营造以编辑为中心的职业环境

编辑部内部管理制度的建立必须以人为本，以提高编辑的积极性为核心，激励主要包括精神层面的激励和物质层面的激励，应采取多种奖励措施，制定并实施可操作性强的考核制度，对期刊编辑工作进行绩效评估，奖励优秀，激发办刊人员的工作热情。

1. 设计科学、多元的绩效考核评估体系

从期刊生产来看，期刊编辑部的核心任务是确保刊物质量，刊物质量体现为内容质量、编校质量、印制质量、形式质量等。可以用引用次数、下载次数、复印转载次数等衡量内容质量，用差错

率衡量编校质量。最重要的就是刊物内容质量，内容质量是形成期刊生态的决定性因素。对于审稿、发稿、转载等，适合于按数量计算绩效；对于不适合于按数量计算的劳动，可按批量、按字数、按劳动时间计算绩效。时间维度考核既体现在质量层面，也可以单独考核。

2. 设计编辑职称晋升通道，树立编辑生涯发展目标

通过制定《编辑职业生涯规划制度》《编辑业务竞赛制度》《遴选优秀编辑攻读研究生学位制度》《选送骨干编辑或管理人员赴国外进修制度》等，鼓励编辑参与相关学（协）会工作等，从而加快期刊社学者型编辑、学者型期刊管理队伍的成长步伐，使编辑人员的业务水平和科研能力大幅提高。

3. 短中长期继续教育相结合，提升编辑综合素质

多举办以交流讨论为主的研讨式培训、以参观考察为主的实践式培训、以优秀团队经验分享为主的案例式培训、以参加项目运作为主的体验式培训、以提升业务技能为主的专业竞赛等，形式越多样、内容越丰富，越能够满足不同类别、不同层次出版专业技术人员的继续教育需求。

第六节 推动媒体融合，以新思维、新形态、新手段办刊

随着微信、微博、手机客户端等新媒体的涌现，传统期刊与新兴媒体的融合成为期刊发展的大趋势。要抓住机遇，迎接挑战，期刊业必须学会掌握融合发展的新本领，即培养新思维、驾驭新载体、运用新手段，才能加快推进传统期刊和新媒体的深度融合、一体发展，在巩固传统期刊原有优势的基础上，拓宽发展的空间，才能抢占未来发展制高点，实现跨越与创新。

一、推动传统期刊与新媒体的深度合作、融合发展

传统期刊与新媒体，有先天互补的优势。传统期刊具有优质的原创内容，深刻的分析，广泛的社交网络，但是由于刊期所限，又由于审稿时间漫长，时效性较差。而且河南省社会科学类期刊大都局限于河南一省之内，影响力有限。

新媒体时效性强，可以每日更新，网站和微信公众号甚至可以一日更新多次，可以较快跟进社会热点内容。影响力广泛，可以迅速触达全国读者和行业外的大众读者，可以解决河南省期刊影响力欠缺的问题。目前河南省的新媒体发展也没有跟上全国新媒体发展的潮流，微信、微博的影响力和大V数量远远不如北京和东南沿海城市。河南省近年在文艺方面有《唐宫夜宴》《飞天洛神舞》《龙

门金刚》等节目引爆了网上话题，但可惜的是，引爆话题的平台都不是河南本地的平台。新媒体发展的瓶颈是优质内容资源的欠缺。河南省社会科学类期刊的优质内容，正好可以作为补充。

河南省社会科学类期刊可以与全国微博大V、学者、各大新媒体平台加强互动，提供优质内容资源，让这些新媒体运营者为河南省社会科学类期刊助力引流。再如：湖南省组织了“优秀社科期刊宣传推介”活动，邀请中央媒体驻湖南机构对湖南省优秀的名刊、大刊进行宣传推介；湖南省直属的主要媒体统一开设《湖南名刊大刊》专栏，每隔两天推介一个社科期刊，重点宣传在本领域的地位、影响，所属新媒体平台聚焦各期刊工作的亮点和成果，制作推出受众喜闻乐见的融媒体产品，增加宣传报道的影响力和传播力。这种方式可以为河南省所借鉴。

二、利用新技术和新媒体，开拓全媒体新领域

随着新媒体的不断升温，微博、微信公众号已成媒体标配，各大期刊媒体普遍开通了微信公众号和微博账号，即便是媒体融合发展较为滞后的学术期刊也不例外。但开通新媒体账号并不是目的，如何利用新媒体平台，打造出好产品，扩大自身的传播力与影响力才是关键。顺应新时代用户使用习惯和场景的变化，各期刊必须突破传统的文字形式，主动利用新技术、新手段，综合运用图文、视频、动画、直播、VR、Html 5等技术，打造形式多样的全新平台，带给用户新鲜的体验。

三、打破传统思维桎梏，丰富服务品类

随着媒体融合进程的逐渐深入，“互联网 +”思维的重要性日益凸显。河南省社会科学类期刊要实现跨越式发展，必须打破传统固有思维，开拓新思路，要以用户为中心，以提升用户体验为目标，以“互联网 +”为突破点，拓宽服务品类，深度垂直服务区域用户，为期刊发展寻找新的增长点。如学术期刊可探讨内容付费发展模式，开通专业类公开课，对接专家与用户资源。由编辑部根据用户需求筛选适合的课程内容及授课教师，每节课不仅围绕主题在线授课，且固定答疑时间，编辑可提前利用微信群搜集问题，教授授课结束后用户也可在线提问，这种定制式的一问一答，可解决用户科研上的许多痛点问题。与此同时，一批因公开课而了解期刊的用户，也可能自发地订阅纸质期刊，有效实现期刊的增量增长，在传统内容付费及为服务付费二者之间形成良性循环。

第七节　促进多维度国际化，践行“展形象”重要使命

哲学社会科学类期刊国际化发展是向世界展示、宣传新时代中国特色社会主义建设的伟大成就，为世界贡献中国经验、中国智慧的重要途径。习近平总书记在全国宣传思想工作会议上，明确指出“展形象”的要求就是要推进国际传播能力建设，讲好中国故事，传播好中国声音，向世界展现真实、立体、全面的中国，提高国家

文化软实力和中华文化影响力。而河南是中国传统文化的发祥地之一，是最具中华文化代表性的区域，更应该有自己“走出去”的担当。建议从提升国际化程度、拓宽国际化合作、扩大国际化影响三个方面，通过资金支持、举办国际论坛、参与国际活动、促进人才交流等方式着力推进河南省社会科学类期刊的国际化进程。

一、疏通海外发行渠道，实现国际传播新突破

目前河南省社会科学类期刊的国际化程度普遍较低，基本没有海外发行，并且网络开放内容大多局限于知网、万方这类数字内容集中平台，缺乏自身传播路径。这一现象的背后，一方面有主观上不重视国际化的因素存在，另一方面有人才梯队建设缺乏的客观原因。从操作的层面上看，可以先筛选一批有国际化人才储备与技术条件的期刊，优先扶持与发展。同时，在图文为主的内容体系中，鼓励期刊开发短音频、短视频等具有网络传播力度、复合出版的内容形式，适应互联网时代全球传播的需求。

二、促进多元互惠模式，拓宽国际化合作

融入国际主流期刊的行列，最快速的方式是与世界主流期刊进行深度合作，选择一至二家较主流却非顶尖的世界级期刊企业，达到互惠互利的国际合作模式，以交换市场、交换内容为合作方式，尽快熟悉国际主流期刊的运作模式，培养国际化人才，融入期刊的全球化进程。在瞄准国际主流的同时，也可以独辟蹊径地寻求与“一带一路”国家的合作，这些国家历史悠久，具有非常独特的文化，

同时与我国有较近的地理联系，在文化深层中有更多的共同、共融之处，与这些国家合作也是“走出去”战略的良好突破口。

三、突出本土化原则，扩大国际化影响

要增加国际影响力，不但需要在国际上有声音，更重要的是有国际影响力的内容。本着“越本土化越国际化”的宗旨，多展现中华文化、多揭示中华元素，是更有利于国际化的方式。河南文化有足够的底蕴与深度，河南省社会科学类期刊应该立足于河南，立足于本土文化的历史、本土文化的精粹、本土文化的特色，进行系列化、体系化、纵深化的剖析与报道，相信扎根越深则枝叶越茂，而相关政府部门则可以从政策上优先组织有意识、有基础的期刊，在扶持力度、“走出去”支持等方面倾斜，以点带面推进整体提升。

第八节　创新经营模式，促进期刊良性发展

互联网及新媒体技术的快速发展，深深影响并改变了信息传播的途径与方式，也影响着传统纸质媒体的发展，其以内容售卖和广告售卖为主的传统盈利模式受到了很大的挑战。但是，河南省期刊业缺少经济金融方面的人才，也缺少创新经营的视野和勇气。在这种情况下，河南省社会科学类期刊需要着力革新旧有盈利模式，不断提升期刊的内容价值和品牌效益，寻求新的盈利增长点，走上良性发展道路。

一、基于期刊品牌影响力，拓展产业链

根据河南省期刊编辑人员状况调查问卷，河南省社会科学类期刊编辑所学专业，经济学仅占 9%，管理学仅占 5%，比例很小。在历史上，河南省并非商业和第三产业的强省，缺少经济学和金融学的强刊，也缺少这方面人才，既有的社会科学类刊物也缺少改革经营的勇气。

河南省社会科学类期刊应首先挖潜自身的经济学和金融学的期刊品类，在 3 ~ 5 年内，打造两三家具有全国影响力的名刊。重点发展如《区域经济评论》《企业观察家》《金融理论与实践》《销售与市场》《商业 2.0》《北大商业评论》《营销界》等河南省金融和管理学刊物，挖掘产业链的盈利价值，或将其他刊物向金融管理类刊物转型。面向河南新兴产业和企业管理者，打造适合河南本省实际的资本、产经、管理、创业、理财、消费等专题。建立由河南企业家、全国企业家、财经专家等组成的智囊团队并延伸发展财经高层俱乐部，在商业资讯、深度报道、研究咨询、整合营销等方面塑造核心竞争力，积极组织经济金融管理类刊物与河南省企业家和全国知名企业家的座谈和会议交流。注重内容建设，提升内容质量，使其内容价值和品牌效益发挥更大的作用，利用已经成熟的品牌号召力、媒体影响力和广泛的读者群体将内容价值转化为销售收入，并且通过打造财经论坛获得更大的品牌延展收益。以经济学和金融学刊物为抓手，为河南省经济发展提供动力支持和人才储备。

其他类别比如传统文化、语言文字类也可以延伸产业、做大产业。可以依托广大受众群，整合社会资源、做大做强读者资源，并为其

进行对接服务，如提供包括社区服务、生活服务、行业服务、定制服务等在内的一系列增值服务，以延长产业链的盈利价值。通过对产业链的横向挖掘和纵向延伸，实现“平面化”+“数字化”+“网络化”+“多元化”的盈利模式的转变。

二、多元化多渠道开发，实现精准专业的内容服务

与期刊数字化同步，河南省期刊开发多元化增值服务。应以内容为中心，通过信息技术实现资源的整合，利用“内容＋平台”的方式实现大范围的传播转化，以内容数据库为基础，通过重构、挖掘和深度开发内容产品的价值，进行内容产品的再次创造，变“二次售卖”为“多次售卖”，通过盈利模式的转变，增强期刊的市场竞争力。多元化的增值服务可以包含以下三方面：

1. 部分期刊互联网出版平台，可以通过网上包库、镜像网站、流量计费等方式，获得一定收入。

2. 广告收入方面，除了在传统纸质期刊上发布广告，还应利用新媒体平台，为客户量身定做期刊的网站布局样式和网站栏目。要抢先站住移动互联网的高地，创办和维护好微信公众号、微博账号，利用自身优势吸引线上客户资源，以“移动优先、互联网优先”的原则打造广告文案，从而拓宽广告渠道、通过数字化渠道，为读者进行精准的广告营销，增加广告收入。

3. 在其他收入方面，应大力挖潜，创新思路，开发多种增值服务，“多点开花”。学术期刊可以提供数字化信息服务，通过技术手段，从单纯的知识信息售卖过渡到“全而专”的信息知识服务甚至互动

交流服务，同时瞄准专业读者，提供会议服务、培训服务和智库服务等多元化服务，提高自身盈利能力。

在这方面，有很多成功案例，例如《青年文摘》，线上资源与服务围绕“写作提升”，提供名师、名作家写作技巧的视频及直播课程，增设会员等级服务，吸引读者以低价打包购买资源，增加了读者黏性。在2019年，基于《青年文摘》2019年第二期到第五期的出版融合产品在武汉知识产权交易所售出，交易额为39万元。

第九节　用好评估抓手，优化期刊管理机制与发展环境

期刊的发展离不开有效的监管、有力的政策和良好的环境。为此，需要期刊管理部门以评估为抓手，通过监管、激励、引导、规范、支持等手段，优化期刊的管理体制和发展环境。

一、管理政策与评估体系相结合，提升期刊管理水平

由政府主导，在年度核验表基础上，依靠并整合行业协会和现有各评估机构的相关资源，建立河南省社会科学类期刊分类评估体系和年度评估制度，通过评价工作，科学、客观、准确地贯彻国家出版导向和政策。评估体系首先应强调思想引领性、导向正确性，培养期刊自觉、主动地弘扬马克思主义，传播中国声音。评估体系也应体现内容质量主导性，重视对期刊特色的评估，立足河南功能

定位，适当体现国际性。评估体系还应倡导对期刊进行明确分类和标准多元性，科学全面地反映各级各类期刊状况。在评估体系基础上，应配套建设评估数据库和管理制度，确保评估数据实时更新，评估结论年年梳理，动态支持期刊的奖惩、扶持、监督等决策。

二、依法监管与有效引导相结合，确保期刊出版合法合规

采取措施及时监管期刊出版导向，旗帜鲜明地坚持和巩固马克思主义在期刊出版中的指导地位，强调以人民为中心的出版政治导向，避免出现严重的导向性问题。统一规划，科学分类，建立按学科分类管理社会科学类期刊的管理体系，完善管理机制和标准规范制度建设。依法依规加强期刊监管，提高期刊社社长（总编）的责任意识，将办刊的违规行为整治与期刊主管主办责任制挂钩。设立投诉平台，针对期刊不端和违法问题进行及时调查和整顿。建立奖惩机制，着力改进期刊年检数据的完整性和正确性，使之在支撑期刊管理工作中取得实效。

三、重点扶持与合理退出相结合，形成优胜劣汰机制

在科学、动态评估的基础上，重视期刊的扶持和退出机制建设。首先，要建设河南省层级的名刊名栏工程，结合河南特色，凸显期刊影响力，改革期刊资助模式，下大力气重点扶持和培养一批标杆性期刊。其次，要建立期刊奖惩与普惠资助相结合的管理机制，规范和引导期刊持续良性发展，应根据学术期刊、非学术期刊的不同特征和期刊高、中、低三个水平的等级，设定有针对性的资助方案，

重点扶持高端期刊，有效提升中端期刊，着力监管低端期刊。最后，既要总量控制，又要动态优胜劣汰，合理规划期刊布局。针对质量明显较差、严重影响河南省社会科学类期刊综合影响力的期刊，应建立健全调整退出机制，降低劣质期刊的负面影响，优化河南省社会科学类期刊结构和布局。

综上，用三至五年的时间，打造若干家河南名刊，使若干家学报转向“专精特新”，若干个期刊栏目成为期刊的名片，若干位学术大家成为河南期刊名主编，成为期刊的形象代言人、内容把关人，若干位期刊编辑在本专业学术建树位居前列，实现河南省期刊繁荣发展、高质量发展的目标。

附录1：河南省社会科学类期刊分类情况明细表

课题组对河南省社会科学类期刊重新分类表

分类	序号	期刊名称
教育	1	河南教育
	2	数字教育
	3	教育信息化论坛
	4	学习论坛
史学	5	中原文化研究
	6	史学月刊
经济	7	区域经济评论
	8	金融理论与实践
	9	管理学刊
语言文字	10	汉字汉语研究
	11	汉语言文学研究
	12	外文研究
	13	大学书法
情报信息	14	河南图书馆学刊
	15	档案管理
年鉴	16	河南年鉴
	17	黄河年鉴
	18	中国铁路郑州局集团有限公司年鉴
其他	19	心理研究
	20	新闻爱好者
	21	美与时代

续表

分类	序号	期刊名称
其他	22	经济经纬
	23	河南社会科学
	24	中州学刊
	25	征信
学报	1	天中学刊
	2	河南大学学报（社会科学版）
	3	中共郑州市委党校学报
	4	河南师范大学学报（哲学社会科学版）
	5	河南教育学院学报（哲学社会科学版）
	6	信阳师范学院学报（哲学社会科学版）
	7	南都学坛
	8	郑州大学学报（哲学社会科学版）
	9	河南财政税务高等专科学校学报
	10	行政科学论坛
	11	河南工程学院学报（社会科学版）
	12	河南理工大学学报（社会科学版）
	13	河南科技大学学报（社会科学版）
	14	郑州航空工业管理学院学报（社会科学版）
	15	河南工业大学学报（社会科学版）（2020 年新增北大核心）
	16	郑州轻工业学院学报（社会科学版）
	17	华北水利水电大学学报（社会科学版）
	18	洛阳理工学院学报（社会科学版）
	19	殷都学刊
	20	河南财经政法大学学报
	21	河南司法警官职业学院学报

（根据课题组分类，社会科学类期刊共计 46 种）

附录 2：河南省社会科学类期刊报告线上会议纪要

类别：社会科学类期刊

时间：2021 年 8 月 12 日下午 16：30—18：00

地点：腾讯会议

座谈人：

课题组负责人：董毅敏、林晓芳、周康

课题组成员：原业伟、武向娜、王雨涵、赵茜、王诗哲

河南省新闻出版局

期刊社社长或副社长（主管期刊经营方面）

主编或副主编或编辑部主任（主管期刊内容方面）

《金融理论与实践》《区域经济评论》《中州学刊》《河南大学学报（社会科学版）》《郑州大学学报（哲学社会科学版）》《学习论坛》《管理学刊》

议程：

1. 介绍课题相关背景、进展

2. 参与座谈人员简介

新闻出版研究院

河南省新闻出版局

3. 简单汇报研究结论

4. 邀请参与座谈各刊社人员发言

5. 总结，留联系邮箱，收发文字材料

问题：

一、日常工作

1. 您日常通过何种途径获取行业信息？

2. 您和社会科学类相关专业的沟通情况如何？

3. 您日常有无和发行、营销等单位、行业同事进行沟通的习惯？如有，如何沟通？

4. 您对贵社编辑业务能力和整体结构有何评价？主要问题是什么？影响编辑业务能力的主要因素有哪些？

5. 您对贵刊所在专业的地位怎么看？您认为应如何提升期刊的专业地位？

6. 您怎么看待专业期刊和学术期刊的关系？

二、入职培训与继续教育

1. 您对编辑出版行业入职门槛有什么看法？您对所在专业的培训有哪些认识？

2. 您对编辑出版相关职业技能培训有什么看法？

3. 贵社在新编辑培训方面有什么好做法？您希望在哪些方面继续做下去？

4. 贵社在老编辑能力提升方面有什么好做法？您希望在哪些方面继续做下去？

三、队伍管理与建设（课题方向）

1. 您认为单位和国家在编辑个人职业发展上应该提供什么政策、措施和帮助？

2. 您认为贵单位在编辑队伍建设和管理上面临的新问题有哪些？需要提供什么政策、措施和帮助？

3. 您认为国家在编辑和出版工作的管理上还需要哪些改进？

4. 您认为管理部门应该对贵刊提供何种政策导向以促进发展？

5. 您对期刊改革有哪些期待？对改革方向有哪些期待？

6. 您对期刊课题发展有哪些期待？

7. 河南有哪些具有本地特色的社会科学课题适合期刊操作？

四、新媒体与行业结合

1. 您对建设专用期刊编纂系统在功能和设置上有什么意见和建议？

2. 您对数字出版和融合出版等新行业概念怎么看？

3. 您对互联网、新媒体对出版业的冲击有什么看法？

4. 您对以抖音、快手为代表的短视频在出版业中的应用有什么看法？

5. 您对直播形式在贵刊的宣传和营销上的使用有什么意见和建议？

6. 您对以二维码或其他链接形式对期刊稿件进行延伸阅读有什么看法？

7. 您对建立本刊所属微信公众号或其他信息交流平台以促进期刊工作有什么看法？

8. 您认为社会科学类期刊在新媒体建设方面需要哪些硬件支持？

9. 您的期刊社在新媒体方面需要哪些人力支持？

10. 您对很多期刊社采取新媒体稿件优先的举措有什么看法？

五、职业素养与职业倦怠

1. 您对编辑的社会地位怎么看？您对期刊编辑的职业前景怎么看？

2. 您对出版行业有无职业荣誉感？目前从事期刊编辑工作，您是否感觉有压力？如有，是何种原因造成的？

3. 您是否有职业倦怠？是否有过换工作的考虑？

六、市场展望与国际化

1. 您对贵刊未来的市场前景怎么看？发展潜力怎么看？

2. 您对社会科学类期刊的国际化前景如何认识？

3. 请您列举一两家河南省内的同类期刊，一两家河南省外的同类期刊，对比一下经营方向、经营方法、选题结构、选题方向有哪些不同。

4. 您对“走出去”怎么看？您对期刊国际化怎么认识？有哪些途径可以探讨？

5. 河南省是否有必要搭建统一的期刊对外合作交流平台？

附录 3：图表索引

续表

续表

续表

续表

附录 4：参考文献

[1] 陈建龙，张俊娥，蔡蓉华 . 中文核心期刊要目总览：2020 年版 [M]. 北京：北京大学出版社，2021：129-146.

[2] 张立 .2019—2020 中国数字出版产业年度报告 [M]. 北京：中国书籍出版社，2020.

[3] 范军，李晓晔 . 新闻出版业改革开放 40 年 [M]. 北京：中国书籍出版社，2018.

[4] 邓履翔，杨保华，吴湘华 . 高校期刊集群化建设的编辑培养策略及实践探索 [J]. 科技与出版，2021(4)：83-87.

[5] 曾建林 . 盘活"小"期刊：特色科技期刊产业集群建设路径 [J]. 中国出版，2021(6)：10-14.DOI：10.3969/j.issn.1002-4166.2021.06.002.

[6] 杨蕾，童菲，马沂，等 . 产业集群对专业化期刊集群的启示：对《中国激光》杂志社创新与坚守的再思考 [J]. 中国科技期刊研究，2014，25(6)：729-735.DOI：10.3969/j.issn.1001-7143.2014.06.001.

[7] 刘茜 . 我国学术期刊集群化发展必要性与路径探析 [J]. 铜陵职业技术学院学报，2020，19(4)：23-26.DOI：10.16789/j.cnki.1671-752x.2020.04.006.

[8] 郑壮丽，刘仁庆，康艳 . 媒体融合背景下的省域科技期刊集群平台建设 [J]. 河南科学，2015(7)：1253-1257.

[9] 刘俊，张昕，颜帅 . 大学出版社学术期刊集群化运营模式研究：以清华大学出版社期刊中心为例 [J]. 编辑学报，2016，28(6)：561-565.DOI：10.16811/j.cnki.1001-4314.2016.06.015.

[10] 钟秋波 . 数字化转型：高校学术期刊的改革方向 [J]. 四川师范大学学报（社会科学版），2018，45(3)：168-172.DOI：10.3969/j.issn.1000-5315.2018.03.022.

[11] 黄爱东 . 学术期刊数字化发展趋势下学报的改革取向 [J]. 科技与出版，2011(10)：77-79.

[12] 黄文华，郑芹珠，吴一迁，等 . 上海市科技期刊运营模式和盈利现状与数字化建设 [J]. 中国科技期刊研究，2013，24(2)：242-246.DOI：10.3969/j.issn.1001-7143.2013.02.005.

[13] 李前 . 数字时代专业期刊生存体系重构研究 [J]. 新媒体研究，2021，7(1)：46-49.DOI：10.3969/j.issn.2096-0360.2021.01.014.

[14] 廖文婷，夏露 . 新时代哲学社会科学学术期刊高质量发展研究 [J]. 湘潭大学学报（哲学社会科学版），2020，44(6)：187-190.DOI：10.3969/j.issn.1001-5981.2020.06.030.

[15] 王晓枫 . 数字时代学术期刊发展与人工智能融合研究 [J]. 淮海工学院学报（人文社会科学版），2019，17(3)：80-82.DOI：10.3969/j.issn.2095-333X.2019.03.021.

[16] 李媛 . 人工智能时代的学术期刊数字化传播 [J]. 中国科技期刊研究，2019，30(11)：1183-1190.DOI：10.11946/cjstp.201904130266.

[17] 习近平给《文史哲》编辑部全体编辑人员的回信 [J]. 党史文苑，2021(5)：49.DOI：10.3969/j.issn.1007-6646.2021.05.014.

[18] 关于推动学术期刊繁荣发展的意见 [J]. 中国出版，2021(14)：3-5.DOI：10.3969/j.issn.1002-4166.2021.14.001.

[19] 郭伟 . 中国科技期刊发展的新契机：试论《关于深化改革培育

世界一流科技期刊的意见》政策亮点及实施建议 [J]. 中国科技期刊研究，2019，30(10)：1029-1033.DOI：10.11946/cjstp.201909090627.

[20] 顾海娥 . 新时代哲学社会科学类学术期刊质量的提升 [J]. 中南民族大学学报（人文社会科学版），2021，41(6)：137-142.DOI：10.19898/j.cnki.42-1704/C.2021.0618.

[21] 李朱 . 哲学社会科学类期刊编辑应加强最新文件、精神的学习 [J]. 学习与探索，2020(6)：186-190.DOI：10.3969/j.issn.1002-462X.2020.06.025.

[22] 庄健 . 我国人文社会科学类期刊评价体系新探索 [J]. 世界经济与政治，2008(11)：F0003.

[23] 王雅静 . 中国人文社会科学类期刊综合评价体系的建构与实践 [J]. 江苏大学学报（社会科学版），2021，23(1)：100-117.DOI：10.13317/j.cnki.jdskxb.2021.009.

[24] 邓祝仁 . 论社会科学学术期刊的创新问题：以《社会科学家》杂志为例 [J]. 社会科学家，2000，15(4)：70-73.DOI：10.3969/j.issn.1002-3240.2000.04.018.

[25] 李明，柯青，石进，等 . 学术期刊作者机构指数 AAI 排名实证探索：以中文高等教育学类期刊为例 [J]. 西南民族大学学报（人文社会科学版），2019，40(9)：236-240.DOI：10.3969/j.issn.1004-3926.2019.09.035.

[26] 刘昉 . 媒体融合背景下人文社会科学学术期刊发展策略研讨 [J]. 新闻研究导刊，2017，8(22)：257-258.DOI：10.3969/j.issn.1674-8883.2017.22.192.

[27] 余悦 .21 世纪人文社会科学学术期刊发展战略研讨（笔谈）- 学术期刊社会责任的维度 [J]. 浙江学刊，2005(3)：26-27.

[28] 窦延玲，范升才 . 学术期刊创新之路探索 [J]. 西北农林科技大学学报（社会科学版），2006，6(3)：131–134.DOI：10.3969/j.issn.1009-9107.2006.03.028.

[29] 王嘉军 . 人文类学术期刊的国际化探索 [J]. 中国期刊年鉴，2015(1)：468–470.DOI：10.3969/j.issn.1671-6655.2015.01.157.

[30] 刘伟霄，王雅娇，杨建肖，等 . 高校学报微信公众号运营思路与实践：以《河北农业大学学报（社会科学版）》微信公众号运营为例 [J]. 河北农业大学学报（社会科学版），2021，23(2)：130–134.DOI：10.13320/j.cnki.jauhe.2021.0036.

[31] 陈风华，弗朗西斯科·维勒索 . 多模态话语研究的知识图谱演化分析：基于国内外核心期刊的研究 [J]. 华侨大学学报（哲学社会科学版），2017(6)：154–166.

[32] 翟晓玲 . 中国学术期刊数字化出版平台发展研究 [J]. 石家庄铁道大学学报（社会科学版），2020，14(3)：101–105.DOI：10.13319/j.cnki.sjztddxxbskb.2020.03.16.

[33] 康亚钟 . 对人文社会科学编辑工作中几个关系的认识 [J]. 甘肃社会科学，2009(6)：252–255.DOI：10.3969/j.issn.1003-3637.2009.06.066.

[34] 朱本华 . 破除“唯 SCI”背景下科技期刊发展路径的探讨 [J]. 汕头大学学报（人文社会科学版），2020，36(9)：89–93.DOI：10.3969/j.issn.1001-4225.2020.09.014.

[35] 杨荣华 . 学术期刊编辑应具有敏锐的学术眼光 [J]. 学术探索，2014(1)：126–128.DOI：10.3969/j.issn.1006-723X.2014.01.025.

[36] 罗飞宁，周理艺 . 我国青年研究类学术期刊的学术影响力分析

[J]. 黄冈师范学院学报，2019，39(4)：135-138.DOI：10.3969/j.issn.1003-8078.2019.04.30.

[37] 余悦 .21 世纪人文社会科学学术期刊发展战略研讨（笔谈）- 学术期刊社会责任的维度 [J]. 浙江学刊，2005(3)：26-27.

[38] 张志君 . 试论社科类学术期刊编辑的知识结构 [J]. 黑河学刊，2003(3)：87-89.DOI：10.3969/j.issn.1009-3036.2003.03.033.

[39] 杨云山 . 走出学术期刊困境的途径 [J]. 编辑之友，2004(5)：54-55.DOI：10.3969/j.issn.1003-6687.2004.05.017.

[40] 苏金燕 . 人文社会科学类期刊评价中同行评议与影响因子相关性分析 [J]. 图书情报知识，2020(3)：128-136，3.DOI：10.13366/j.dik.2020.03.128.

[41] 沈广斌 . 论社会科学类期刊编辑主体的协同意识 [J]. 编辑之友，2019(5)：81-87.DOI：10.13786/j.cnki.cn14-1066/g2.2019.4.013.

[42] 王维，黄延红，任胜利 . 国际出版机构期刊集群化发展及启示 [J]. 中国科技期刊研究，2021，32(5)：596-600.DOI：10.11946/cjstp.202009030791.

大众综合类

引 言

出版工作是我国社会主义精神文明建设的重要组成部分，我国党和政府历来高度重视出版工作，历任党和国家领导人多次对出版工作做出重要指示，习近平同志长期关注出版工作，多次发出重要指示，要求出版工作能够发出中国声音。

出版包含图书出版、期刊出版、报纸出版、音像制品出版以及网络出版、数字出版等多个领域。期刊出版是出版的重要组成部分，也是出版工作中相对最为活跃的部分之一。出版工作在我国肩负着积累文化、传播文明、娱乐大众等不同的社会功能。期刊出版与之类似，也承担着各种出版功能的实现，同时，期刊出版周期短、内容更新快、市场反应灵敏、读者活跃度高等特点使得期刊出版在出版领域中独树一帜，成为反映一个国家出版能力、科技发展水平、文化水平的重要指标，在出版工作中具有独特地位。

我国有图书出版社 583 家，图书出版管理较为明晰。在期刊出版中，虽然存在部分期刊由一个期刊出版单位主办的情况，但整体来说，一社一刊的情况更为多见，造成期刊出版社数量较大，期刊品种数量过万，进而也对期刊研究带来了困难。

在期刊分类中，存在自然科学技术类期刊、哲学社会科学类期刊、大众综合类期刊、教育教学刊等不同品类划分，自然科学技术类期刊与哲学社会科学类期刊是期刊的主体，总计超过 7000 种，统称学术类期刊。我国近年陆续出台多个文件，对自然科学技术类期刊或哲学社会科学类期刊提出重要指示，希望自然科学技术类期刊与哲学社会科学类期刊能够承担起提高我国社会科技水平、承载社会主义精神文明、传播中国传统文化的重任，将中国声音更好地传向世界。2019 年中国科协等四部委发布的《关于深化改革 培育世界一流科技期刊的意见》，贯彻落实了中央全面深化改革委员会第五次会议提出的“要以建设世界一流科技期刊为目标，科学编制重点建设期刊目录，做精做强一批基础和传统优势领域期刊”的重要精神；而中国科协等七部门联合实施的卓越行动计划，则是推动培育世界一流科技期刊体系建设的重要举措。这些都为自然科学技术类期刊的发展提供了方向。2021 年 6 月 23 日，中共中央宣传部、教育部、科技部印发的《关于推动学术期刊繁荣发展的意见》；2021 年 5 月 9 日，习近平总书记给《文史哲》编辑部全体编辑人员回信，对哲学社会科学类期刊编辑的工作成果给予了高度肯定，并提出办好哲学社会科学类期刊的殷切期望。这些也为哲学社会科学类期刊发展指明了道路。

大众综合类期刊与自然科学技术类期刊、哲学社会科学类期刊相比，在知识文化的传播与传递方面，功能可能稍微弱一些，但在宣传党的路线、方针、政策，引导我国人民拥护党的领导、拥护党的建设等方面，以及在一些新闻、时政信息传播、娱乐信息到达等方面起着不可替代的作用。2019 年 8 月 21 日，习近平同志在兰州视察，在读者出版集团有限公司考察调研《读者》，了解企业历史沿革、出版发行、经营管理等情况，看望《读者》编辑部工作人员。“人民群众多读书，我们的民族精神就会厚重起来、深邃起来。要提倡多读书，建设书香社会。”也正体现了大众综合类期刊的独特价值。

大众综合类期刊直接服务于市场，直接面向大众，具有独特的社会功能，不能忽视。河南省大众综合类期刊在新一轮的建设过程中，应当如何在自然科学技术类期刊、哲学社会科学类期刊均要大发展的情况下同步发展，如何在现代数字社会环境下应对自媒体的冲击，如何拥抱数字化，如何拥抱大众市场，都是值得研究和需要改进的方面。

在种种影响之下，河南省大众综合类期刊依然能够保证质量，坚守立场，发扬自己的办刊宗旨，实现自己的最初社会定位及功能，是其应有之意。如何帮助河南省大众综合类期刊在未来做好出版工作，得以能够服务河南经济建设中心，传播河南文化，在中华大地发出河南声音，在世界寰球唱响中国声音，是本报告需要研究的重点。

本报告通过对河南省大众综合类期刊社及其工作人员的问卷调查和比较分析，结合河南省期刊社会效益年检数据、中邮阅读等相关数据，发现问题，分析优势，解决不足，提出建议，为河南省大众综合类期刊社的发展提供借鉴。

第一章
河南省大众综合类期刊总体状况

第一节　总量

河南省期刊总数为 245 种。

根据课题组的分类，其中大众综合类期刊 63 种，自然科学技术类期刊 136 种，哲学社会科学类期刊 46 种。

根据《2020 中国新闻出版统计资料汇编》，全国各省市期刊数排名中，河南省期刊数为 247 种，排名第 12 位，高于全国各省市平均数 228 种，在全国位居中游。

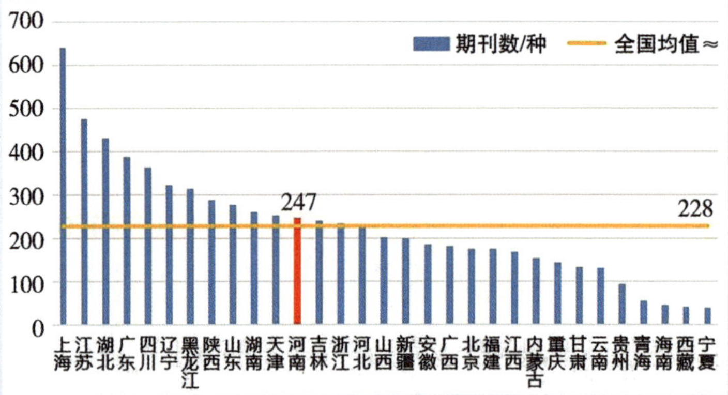

图 3-1-1　全国各省市期刊数排名

数据来源：《2020 中国新闻出版统计资料汇编》

河南省大众综合类期刊数为 69 种，排名第 14 位，低于全国各省市平均数 84 种。

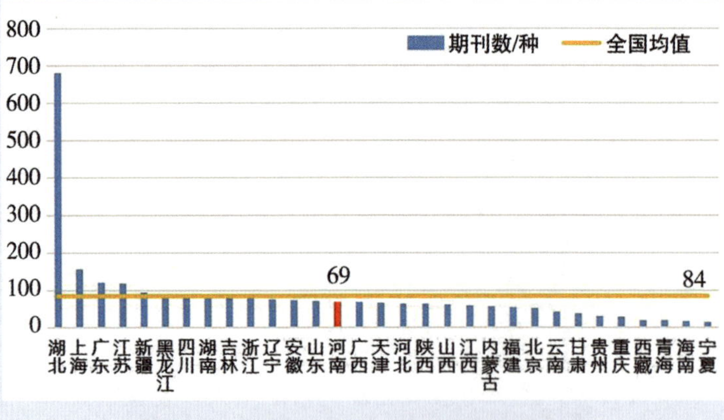

图 3-1-2　全国名省市大众综合类期刊数排名

数据来源：《2020 中国新闻出版统计资料汇编》

根据《2020 中国新闻出版统计资料汇编》，河南省平均期印数为 301.22 万册，占全国 2%。

河南省大众综合类期刊，平均期印数为 123.33 万册，略低于全国大众综合类期刊各省平均值 128.09 万册。在河南省本省的三类期刊中，大众综合类期刊占比 42%。

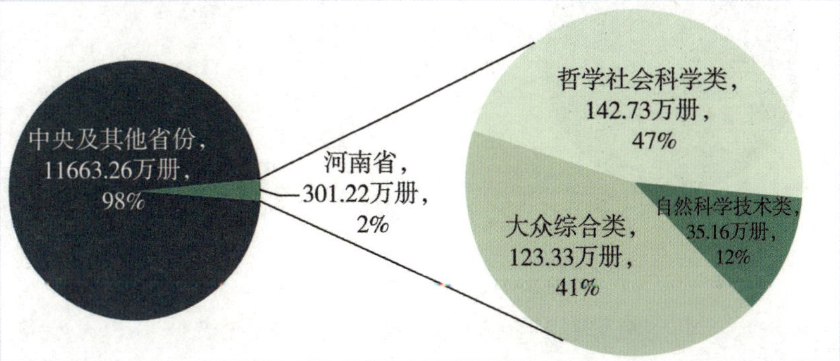

图 3-1-3　河南省期刊平均期印数

数据来源：《2020 中国新闻出版统计资料汇编》

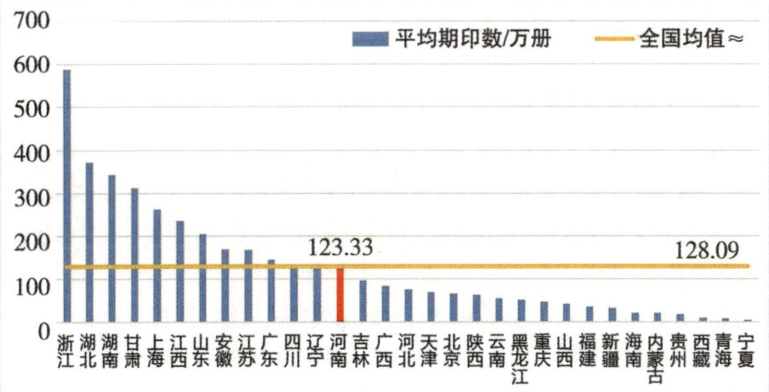

图 3-1-4　全国各省市大众综合类期刊平均期印数

数据来源：《2020 中国新闻出版统计资料汇编》

根据《2020 中国新闻出版统计资料汇编》，河南省期刊总印数为 8059 万册，占全国 4%。

河南省大众综合类期刊总印数为 3834 万册，高于全国大众综合类期刊各省市平均值 3239.95 万册。在河南省本省的三类期刊中占比

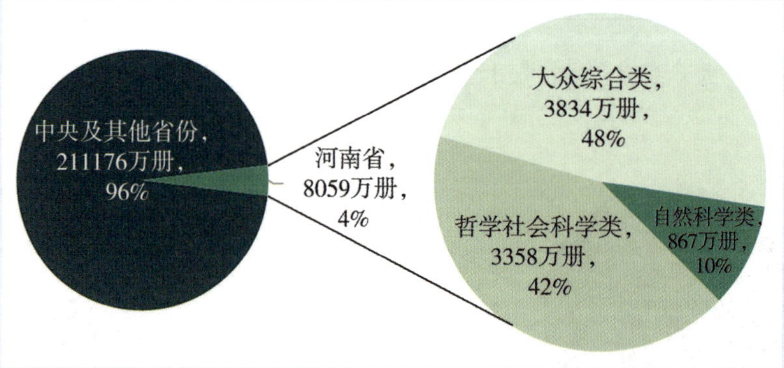

图 3-1-5 河南省期刊总印数

数据来源：《2020 中国新闻出版统计资料汇编》

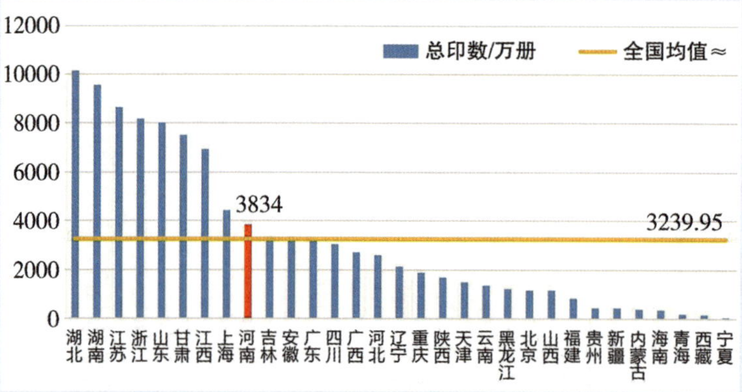

图 3-1-6 全国各省市大众综合类期刊总印数

数据来源：《2020 中国新闻出版统计资料汇编》

48%，占比较高。

根据《2020 中国新闻出版统计资料汇编》，河南省总印张数为 376493 千印张，占全国 3%。

河南省大众综合类期刊的总印张数为 157933 千印张，高于全国大众综合类期刊各省市平均值 133120.26 千印张，在河南省本省的三类期刊中，占比 42%。

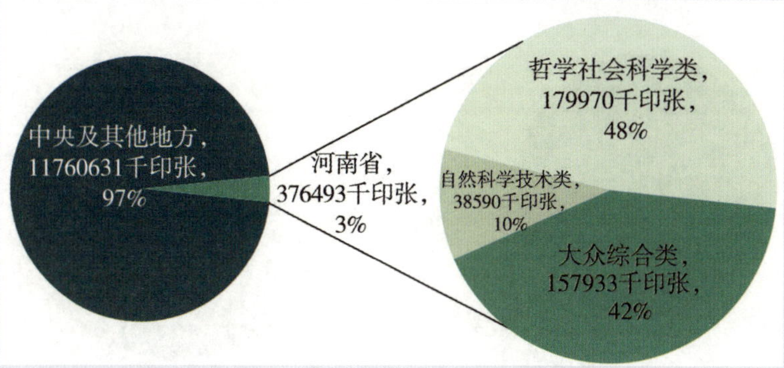

图 3-1-7　河南省期刊总印张数

数据来源：《2020 中国新闻出版统计资料汇编》

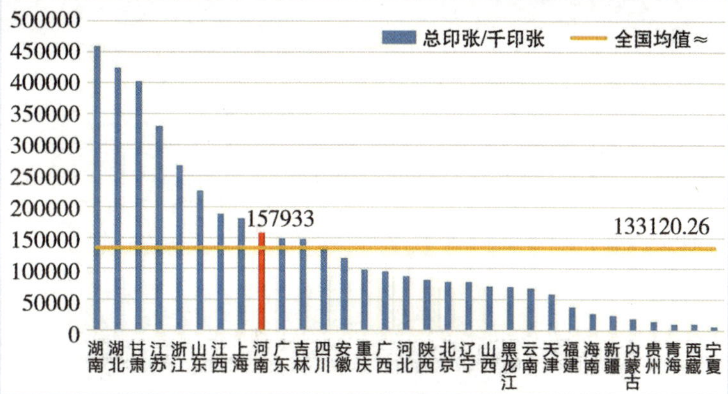

图 3-1-8　全国各省市大众综合类期刊总印张

数据来源：《2020 中国新闻出版统计资料汇编》

根据《2020 中国新闻出版统计资料汇编》，河南省期刊定价总金额为 61223 万元，占全国 3%。

河南省大众综合类期刊定价总金额为 25796 万元，略低于全国大众综合类期刊各省市平均值 26561.26 万元，在河南省本省的三类期刊中，占比 42%。

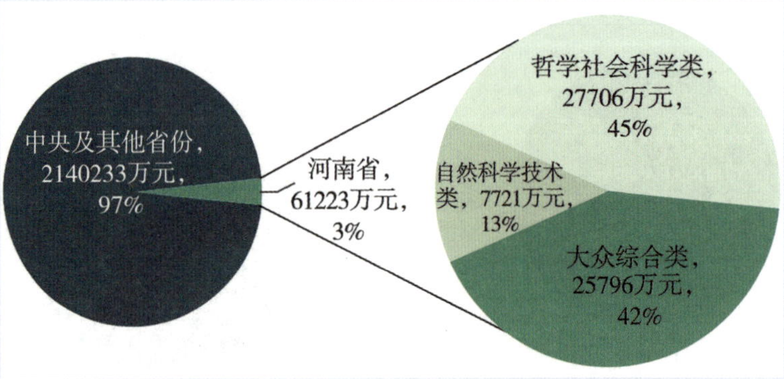

图 3-1-9 河南省期刊定价总金额

数据来源：《2020 中国新闻出版统计资料汇编》

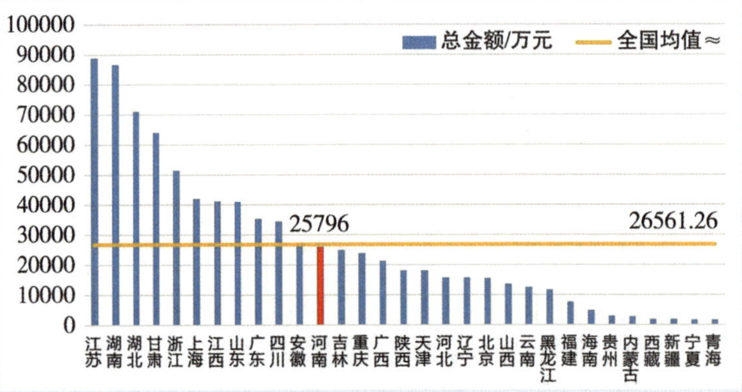

图 3-1-10 全国各省市大众综合类期刊定价总金额

数据来源：《2020 中国新闻出版统计资料汇编》

第二节 品种

根据大众综合类期刊的具体内容，对其进行更为详细的小类划分。具体分为以下若干类。

教育类：《中学政史地》《幼儿智力开发画报》《青少年书法》

《作文》《快乐阅读》《试题与研究》《招生考试之友》《小学教学》《中学生数理化（初中版）》《中学生数理化（高中版）》《中学生阅读》。

经管类：《领导科学》《理财》《销售与市场》《商业 2.0》《营销界》《北大商业评论》《决策探索》《人才资源开发》《今日消费》《企业观察家》《市场研究》。

党政学习类：《党史博览》《人大建设》《河南文史资料》《协商论坛》《党的生活》《河南省人民政府公报》

文学类：《寻根》《名人传记》《传奇故事》《武侠故事》《莽原》《散文选刊》《时代报告》《故事家》《南腔北调》《躬耕》《大观》《小小说选刊》《百花园》《牡丹》

文艺类：《青年歌声》《流行歌曲》《魅力中国》《黄河　黄土　黄种人》

文博类：《中原文物》《东方艺术》《华夏考古》

少儿类：《小樱桃》《金色少年》

青年类：《时代青年》

妇女类：《妇女生活》《人生与伴侣》

老人类：《老人春秋》

画刊：《漫画月刊》《漫维》

体育保健：《少林与太极》《家庭医学》《婚育与健康》

法律类：《公民与法》

三农类：《农家参谋》《农村　农业　农民》

从种类上看，可以认为河南省大众综合类期刊在绝对数量上不大，但在内容涵盖上，从少年儿童到老人、党政军学团等传统意义上各个群体均有所覆盖，整体上品种完备，基本涵盖了社会生活的各个方面。

第三节 规模

从规模上看，河南省大众综合类期刊需要从总量、品种数量，以及各具体期刊社的资金、固定资产、人员数量等多角度考查。

在单位人员数量上，河南省大众综合类期刊单位规模在 6 ~ 10 人分布最多，其次是 1 ~ 5 人，说明期刊规模整体较小。

在资金规模上，河南省大众综合类期刊总资产在 50 万元以下的占比最高，固定资产在 10 万元以下的比重最大，说明小规模期刊占大多数。其中，24% 的期刊年末净资产为 0 或负值，但资产分布范围较广，0 到 1000 万以上均有涉及。

在人员、资金规模各项指标上，河南省大众综合类期刊各项数值区间均有分布，但整体来看，规模较小。

第四节　隶属关系、归属

从隶属关系上来看，河南省大众综合类期刊的主管单位、主办单位也呈现复杂多样的特征。主管主办单位为期刊拨付办刊资金，同时期刊社也在积极自筹资金投入办刊。

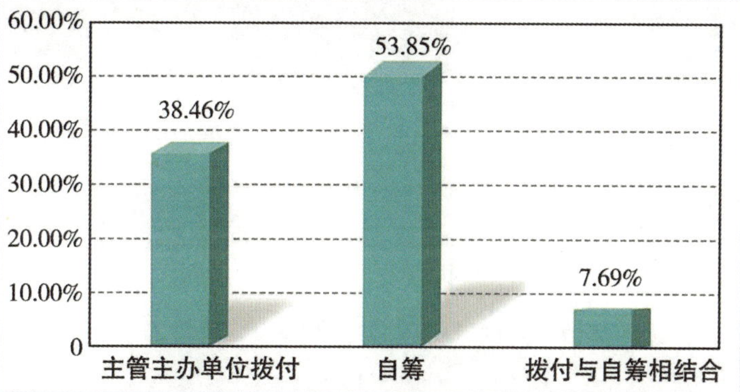

图 3-1-11　河南省大众综合类期刊资金来源

数据来源：河南省期刊核验表

综合所有期刊样本，主管主办单位拨付占比最高，为65%。大众综合类期刊最主要的资金来源为自筹，其次是主管主办单位拨付。

第二章

河南省大众综合类期刊社状况

第一节　资金与办公条件

河南省大众综合类期刊总资产在 50 万元以下的占比最高，固定资产在 10 万元以下的比重最大，说明小规模期刊占大多数。其中，24% 的期刊年末净资产为 0 或负值，但资产分布范围较广，0 到 1000 万以上均有涉及。

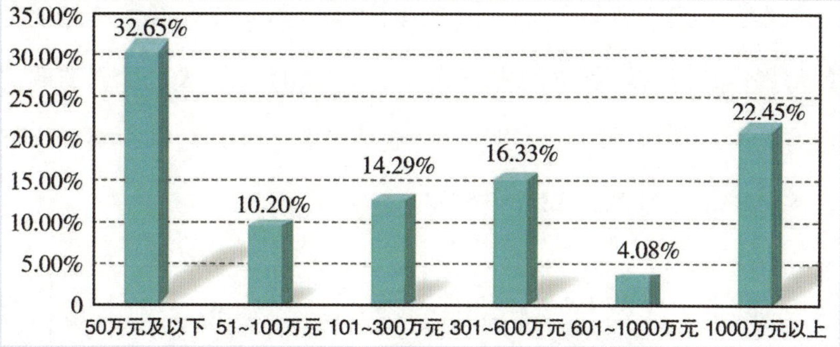

图 3-2-1 河南省大众综合类期刊总资产规模分布

数据来源：河南省期刊核验表

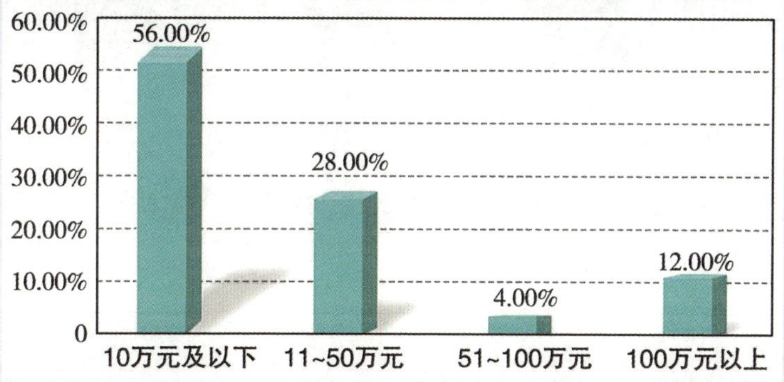

图 3-2-2 河南省大众综合类期刊固定资产规模分布

数据来源：河南省期刊核验表

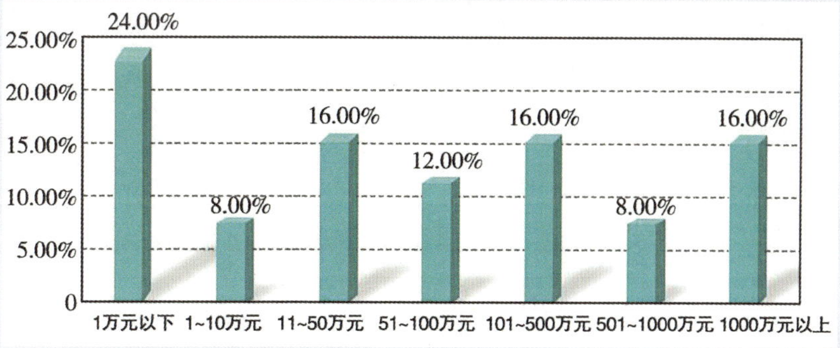

图 3-2-3 河南省大众综合类期刊年末净资产规模分布

数据来源：河南省期刊核验表

在办公场所方面，大众综合类期刊单位办公场所 49.76% 为上级单位提供，自有场所与租赁场所也占有相当比例。大众综合类期刊自有场所与租赁场所的比例较高。在职人员人均办公面积集中分布在 5 ~ 10m² 区间内，占比 45.83%。

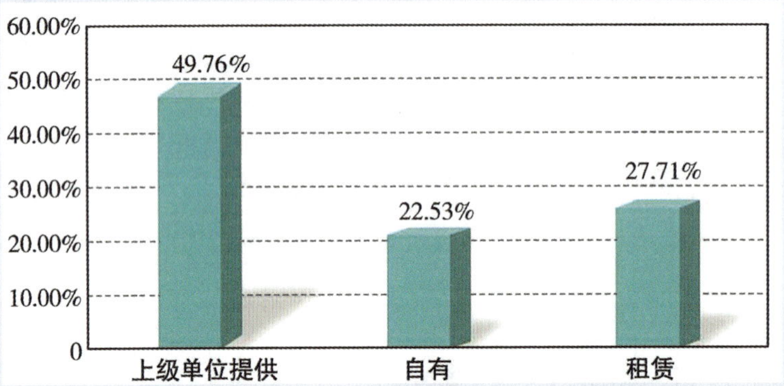

图 3-2-4　河南省大众综合类期刊办公场所来源占比

数据来源：河南省期刊核验表

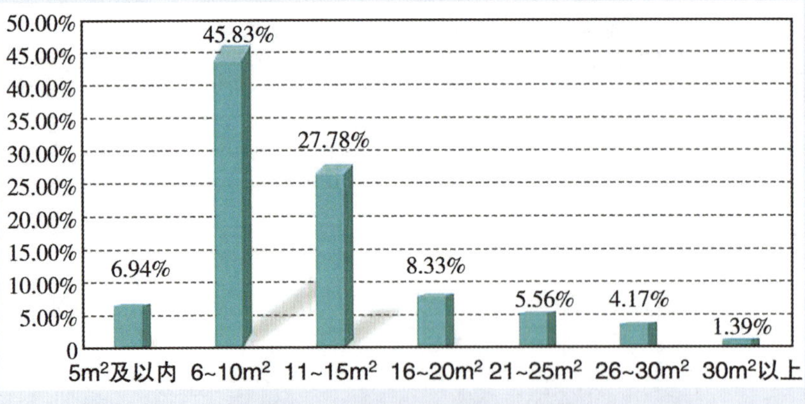

图 3-2-5　河南省大众综合类期刊在职人员人均办公面积占比

数据来源：河南省期刊核验表

第二节　人员基本数据

在人员的职能分布方面以采编人员为核心，占比为 53.99%，其次是行政人员，占比为 15.18%，发行人员占比为 10.21%。

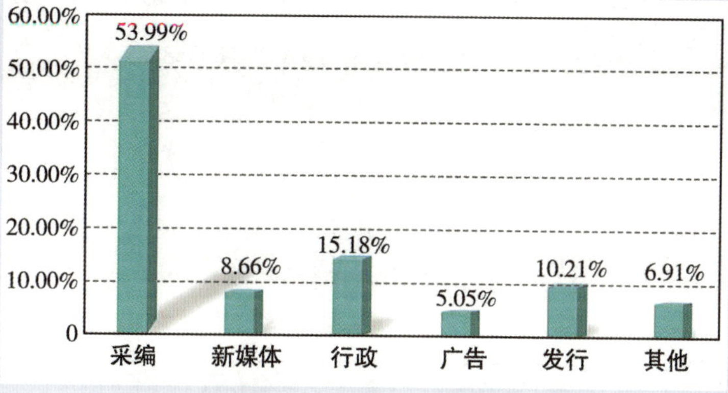

图 3-2-6　河南省大众综合类期刊人员职能分布

数据来源：河南省期刊核验表

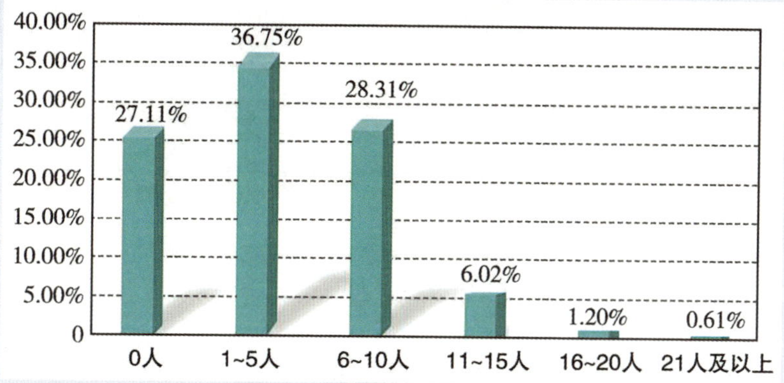

图 3-2-7　河南省采编培训合格人数占比

数据来源：河南省期刊核验表

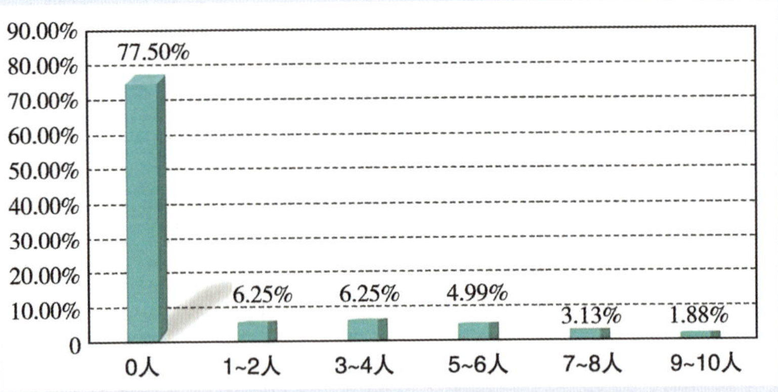

图 3-2-8 河南省大众综合类期刊单位取得新闻记者证人数

数据来源：河南省期刊核验表

综合所有样本，采编培训合格人员比例整体高于取得记者证人员比例。采编培训合格人数为 1 ~ 5 人的期刊单位占所有单位的 36.75%，有 77.50% 的期刊单位无人取得新闻记者证。

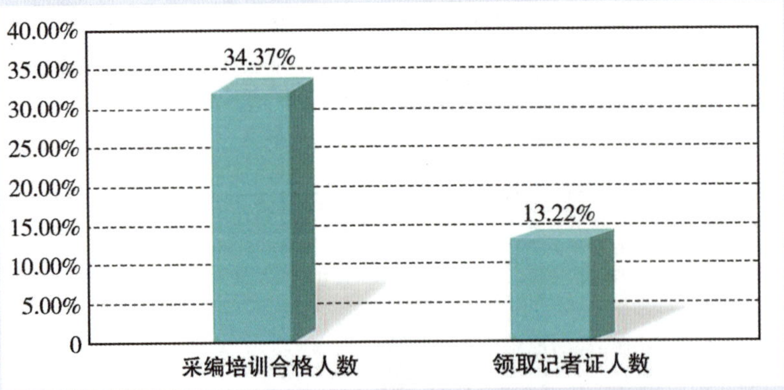

图 3-2-9 河南省大众综合类期刊采编人员情况

数据来源：河南省期刊核验表

具体到大众综合类期刊上，在学历分布上，大众综合类期刊人员本科与专科学历占比最高，分别为 64.68% 和 20.21%，硕士和博士

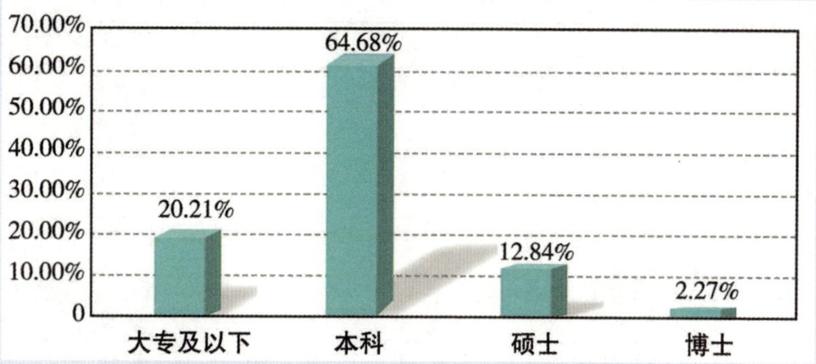

图 3-2-10　河南省大众综合类期刊人员学历分布

数据来源：河南省期刊核验表

人员占比过少。

在职称构成上，大众综合类期刊初级及无职称占比最高，为 56.31%，高级职称人员仅占约 15%。

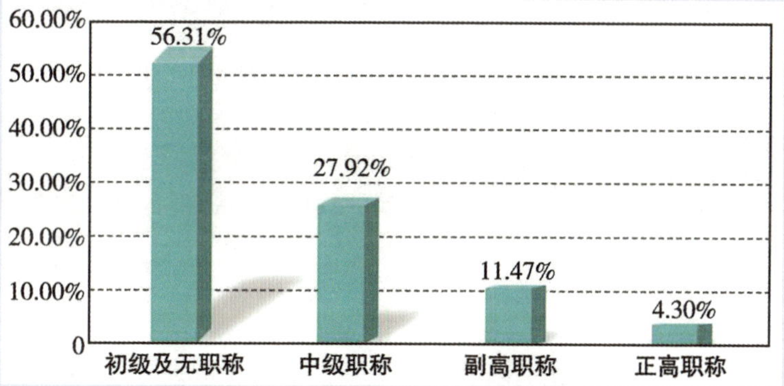

图 3-2-11　河南省大众综合类期刊人员职称分布

数据来源：河南省期刊核验表

在政治面貌上，大众综合类期刊从业人员中，群众占比最高，为 50.42%，其次是中共党员，占比为 41.27%。

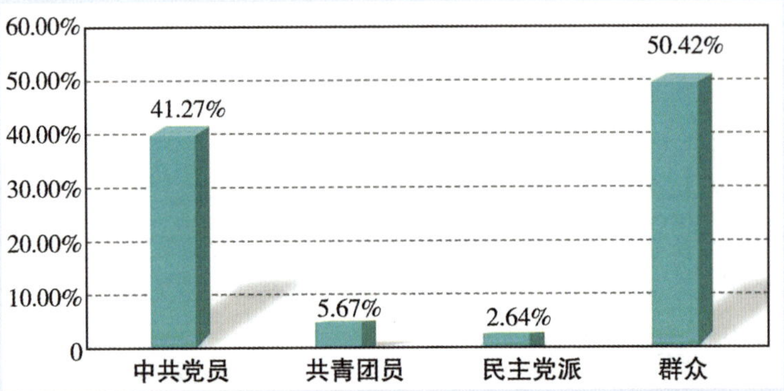

图 3-2-12　河南省大众综合类期刊人员政治面貌分布

数据来源：河南省期刊核验表

第三节　组织结构

在期刊社组织结构上，河南省大众综合类期刊根据办刊需要，围绕内容中心，进行组织机构建设。

通常期刊社设置专职或兼职期刊主编，管理期刊内容事务，社长或兼职副社长，管理期刊运营事务。在接受问卷调研的 67 份期刊中，设立专职期刊主编的为 45 家，占比 67.16%；设立兼职期刊主编的为 22 家，占比 32.84%。

期刊社内部部门设置，主要依据期刊社人员职能分布设立。采编部门是期刊社的核心部门，其他部门可划分为行政部门和业务部门。

关联具体部门、机构设置，在期刊社行政部门设置中，设置社办公室的期刊社有 48 家，占比 71.64%；设置总编室的 38 家，占比 56.72%；设置财务部的 20 家，占比 29.85%；设置广告部的 11 家，

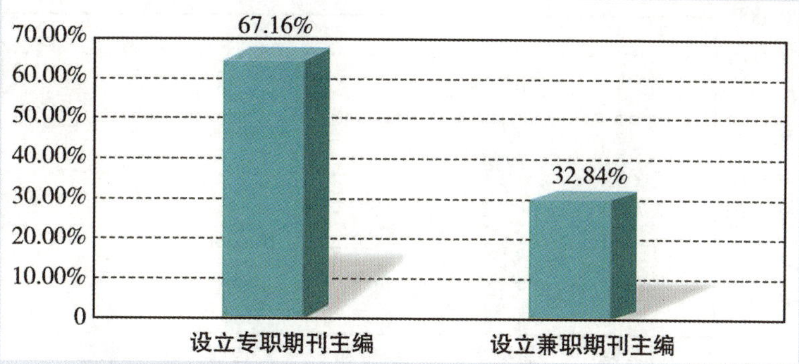

图 3-2-13　河南省大众综合类期刊社设立专职或兼职主编比例

数据来源：河南省期刊核验表

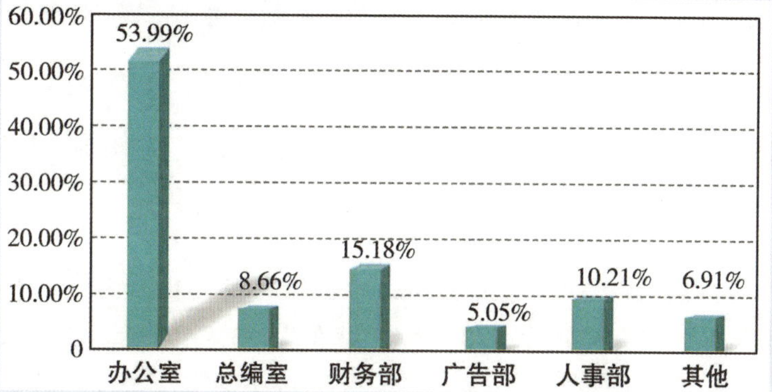

图 3-2-14　河南省大众综合类期刊人员职能分布

数据来源：河南省期刊核验表

占比 16.42%；设置人事部的 9 家，占比 13.43%。

在期刊社业务部门设置中，在编辑部以外，设置发行部的 24 家，占比 35.82%；设置新媒体部的 17 家，占比 25.37%；设置读者服务部的 12 家，占比 17.91%；设置记者部（采编部）的 11 家，占比 16.42%；设置经营部的 9 家，占比 13.43%；设置活动策划部的 7 家，占比 10.45%；设置美编部的 5 家，占比 7.46%；设置对外联络部的 3 家，占比 4.48%。

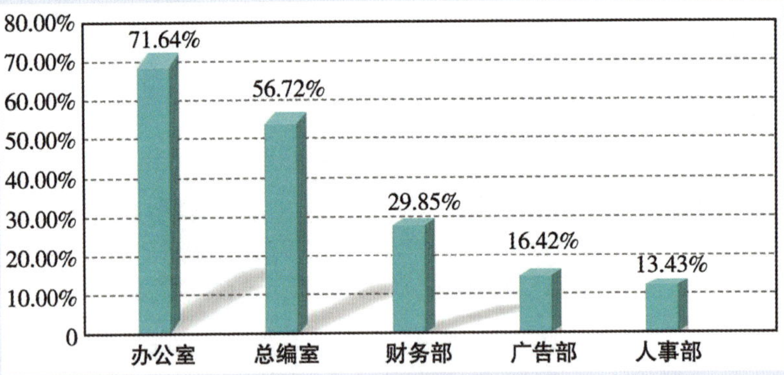

图 3-2-15 河南省大众综合类期刊社设置相关部门所占比例

数据来源：河南省期刊核验表

但河南省大众综合类期刊未进行法务部设置。

期刊社内部，各种人员岗位设置情况如下，具有审稿、发稿权限的期刊编辑设置最多，其次为主编、编辑部主任等。具体设置责任编辑的为 62 家，占比 92.54%；设置主编的为 57 家，占比 85.07%；设置编辑部主任的为 43 家，占比 64.18%；设置副主编的为 41 家，占比 61.19%；设置编辑 / 记者的为 33 家，占比 49.25%；设置美术编辑的为 26 家，占比 38.81%；设置执行主编的为 22 家，占比 32.84%；设置总编辑的为 20 家，占比 29.85%；设置副总编辑的为 16 家，占比 23.88%；设置新媒体编辑的为 14 家，占比 20.9%；设置记者的为 12 家，占比 17.91%；设置流程编辑 / 编务的为 10 家，占比 14.93%；设置发行总监的为 8 家，占比 11.94%；设置发行经理的为 7 家，占比 10.45%；设置图片 / 视觉编辑的为 6 家，占比 8.96%；设置特约撰稿人的为 4 家，占比 5.97%；设置营销经理的为 4 家，占比 5.97%；设置印务 / 印务总监的为 4 家，占比 5.97%；设置摄影记者的为 3 家，占比 4.48%；设置广告总监的为 3 家，占比 4.48%；

设置图片总监的为 2 家，占比 2.99%；设置营销策划的为 2 家，占比 2.99%；设置主任记者的为 1 家，占比 1.49%；设置资深 / 首席编辑的为 1 家，占比 1.49%。

期刊社部门设置、人员岗位设置，最为体现期刊社的市场化水平，大众综合类期刊需要能够对社会密切接触，反映社会生活的方方面面，必须有足以联系社会、读者的部门设置，也必须有与新媒体对接的新媒体岗位设置。

第四节 经营情况

在大众综合类期刊经营上，期刊年度办刊经费 20 万以下为 28 家，占比 41.79%；20 万（含）~ 50 万为 17 家，占比 25.37%；50 万（含）~ 100 万为 11 家，占比 16.42%；100 万（含）以上为 11 家，占比 16.42%。

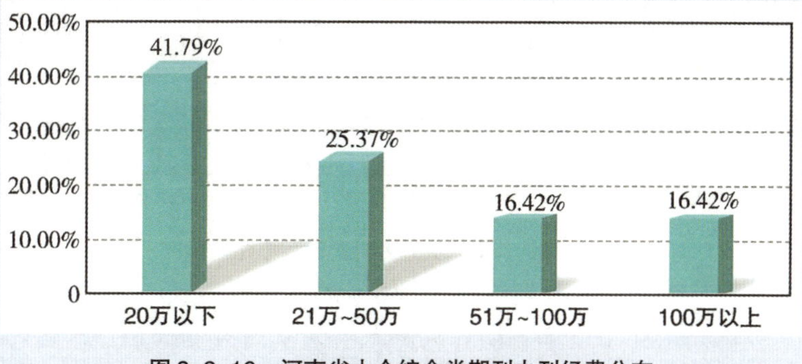

图 3-2-16 河南省大众综合类期刊办刊经费分布

数据来源：河南省期刊核验表

在期刊办刊经费来源上，财政全额拨款的期刊为 32 家，占比

47.76%；自筹为 26 家，占比 38.81%；其他经费资助为 5 家，占比 7.46%；财政差额拨款为 4 家，占比 5.97%。

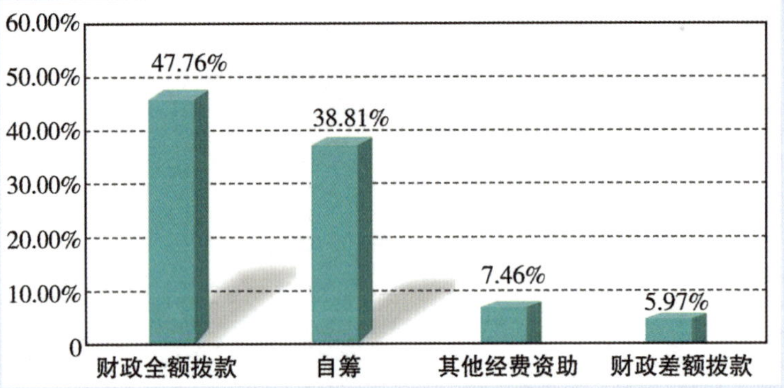

图 3-2-17　河南省大众综合类期刊经费来源

数据来源：河南省期刊核验表

在大众综合类期刊定价上，年定价大都在 300 元以下，整体定价水平较低。

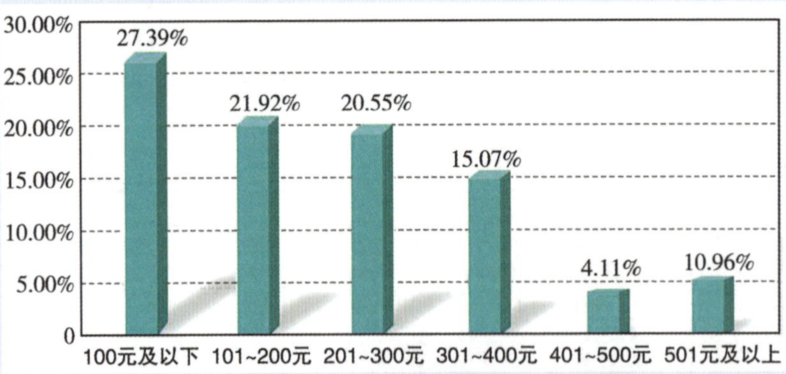

图 3-2-18　河南省大众综合类期刊年定价情况

数据来源：河南省期刊核验表

在发行方式上，大众综合类期刊主要为自办发行与邮政发行相结合。

在广告经营方式上，大众综合类期刊较为灵活。在广告业务经营方面，河南省 41% 的期刊单位无广告业务，33% 的期刊单位自主经营。其中，就大众综合类期刊而言，选择自主经营方式的期刊单位占比最高，为 46.58%。

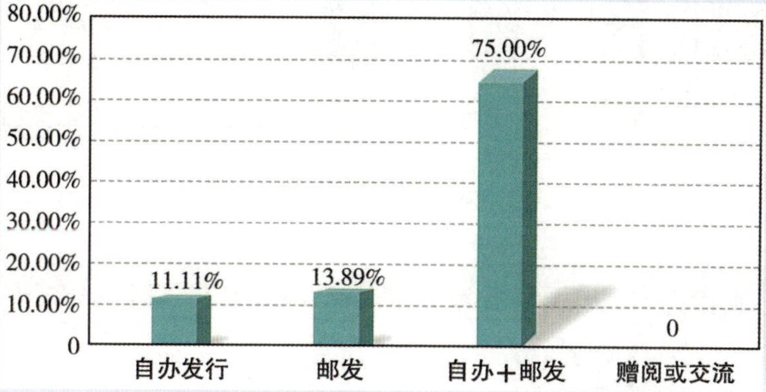

图 3-2-19　河南省大众综合类期刊发行方式选择情况

数据来源：河南省期刊核验表

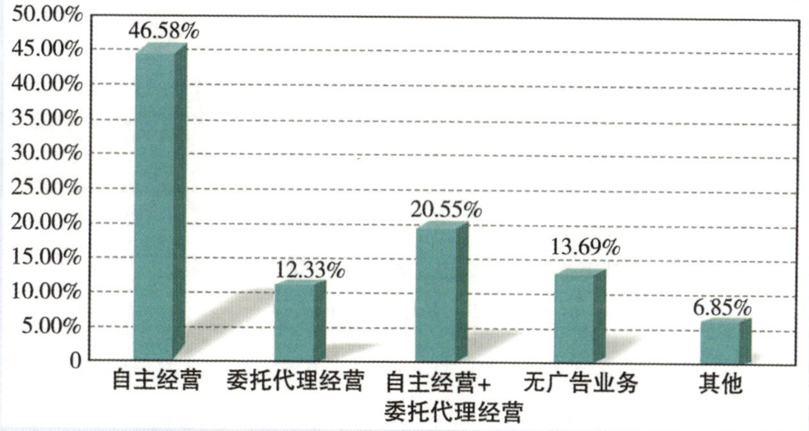

图 3-2-20　河南省大众综合类期刊广告经营方式选择情况

数据来源：河南省期刊核验表

在期刊出版周期上，双月刊为 21 家，占比 31.34%；月刊为 15 家，占比 22.39%；半月刊或旬刊为 13 家，占比 19.40%；季刊或更长周期为 12 家，占比 17.91%；周刊为 6 家，占比 8.96%。

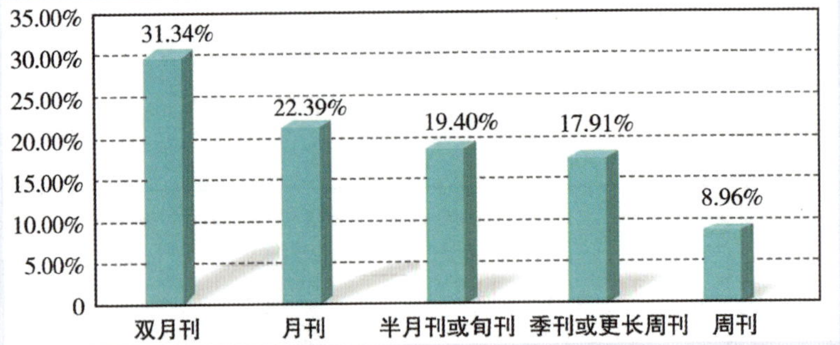

图 3-2-21　河南省大众综合类期刊出版周期

数据来源：河南省期刊核验表

年度无增刊出版为 58 家，占比 86.57%；年度出版一本增刊为 3 家，占 4.48%；年度出版两本增刊为 1 家，占比 1.49%。

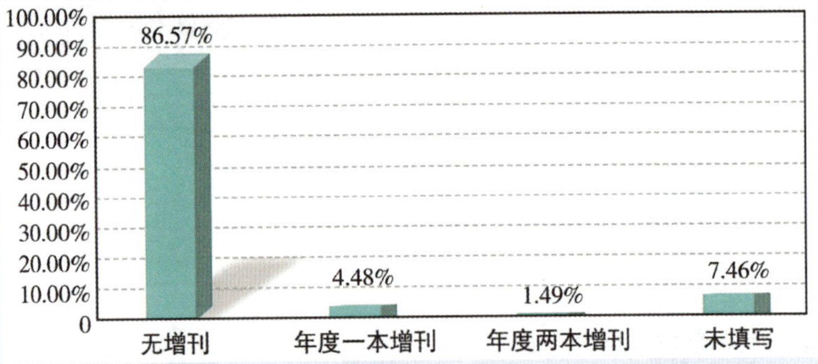

图 3-2-22　河南省大众综合类期刊增刊出版情况

数据来源：河南省期刊核验表

在期刊开本上，选择 16 开系列的为 65 家，占比 97.02%；32 开系列的为 1 家，占比 1.49%；异型开本 1 家，占比 1.49%。

在期刊页码量上，每期页码 51 ~ 100 页的为 36 家，占比 53.72%；101 ~ 200 页的为 26 家，占比 38.81%；50 页以下的为 3 家，占比 4.48%；200 页以上的为 2 家，占比 2.99%。

在单期期刊定价上，定价 10 ~ 20 元的为 36 家，占比 53.72%；

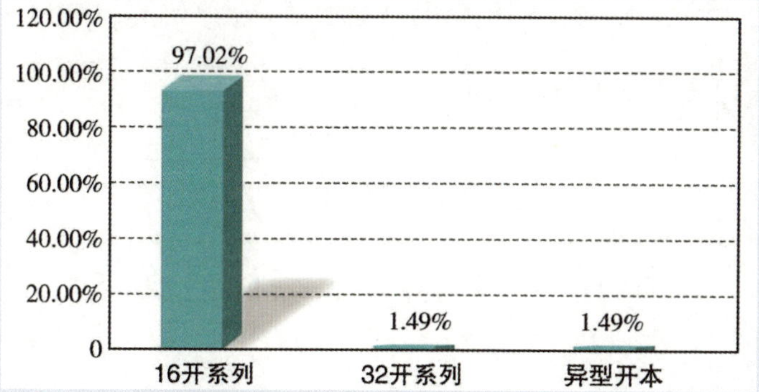

图 3-2-23　河南省大众综合类期刊开本选择

数据来源：河南省期刊核验表

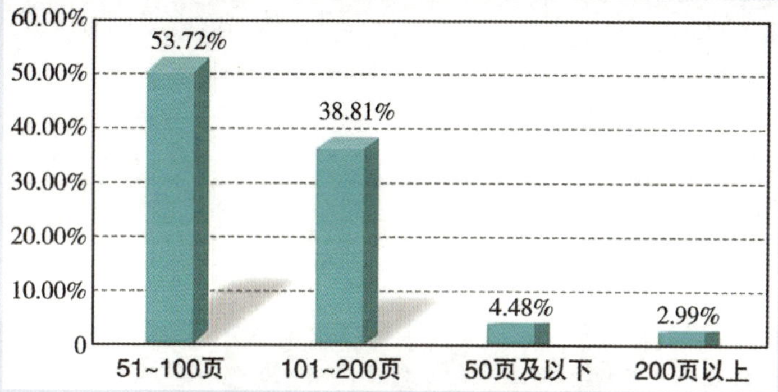

图 3-2-24　河南省大众综合类期刊页码量

数据来源：河南省期刊核验表

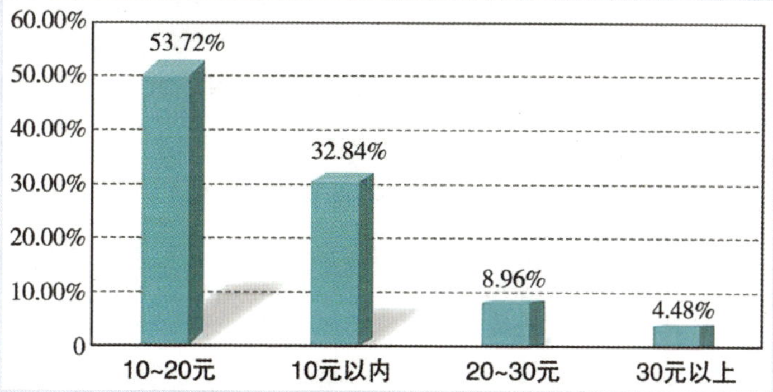

图 3-2-25　河南省大众综合类期刊单期定价

数据来源：河南省期刊核验表

10 元以内的为 22 家，占比 32.84%；20 ~ 30 元的为 6 家，占比 8.96%；30 元以上的为 3 家，占比 4.48%。

第五节　经济效益与社会效益

河南省大众综合类期刊的发行方式上，自办发行为 29 家，占比 43.28%；邮政发行为 16 家，占比 23.88%；混合发行为 16 家，占比 23.88%；定点邮寄为 6 家，占比 8.96%。

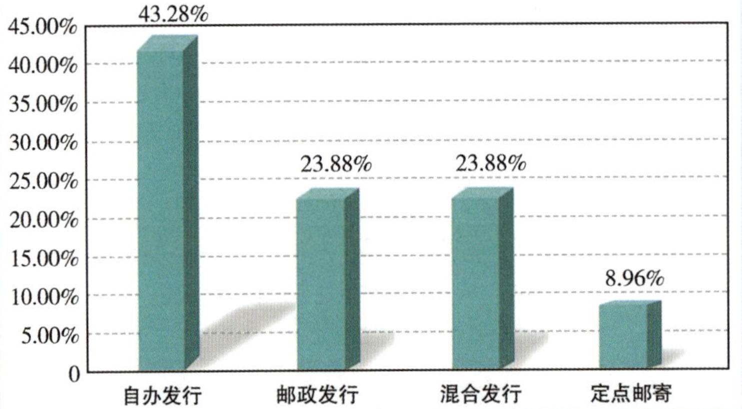

图 3-2-26　河南省大众综合类期刊发行方式

数据来源：河南省期刊核验表

在荣誉称号获取上，期刊目前获得行业期刊荣誉称号的为 43 家，占比 64.18%；入选中国期刊方阵的为 13 家，占比 19.40%；入选 RSSCE 期刊 4 家，占比 5.97%；大量期刊获得较低的社会、行业荣誉评价。

将期刊奖项进行国家级、省级、行业专业级荣誉评价，大众综

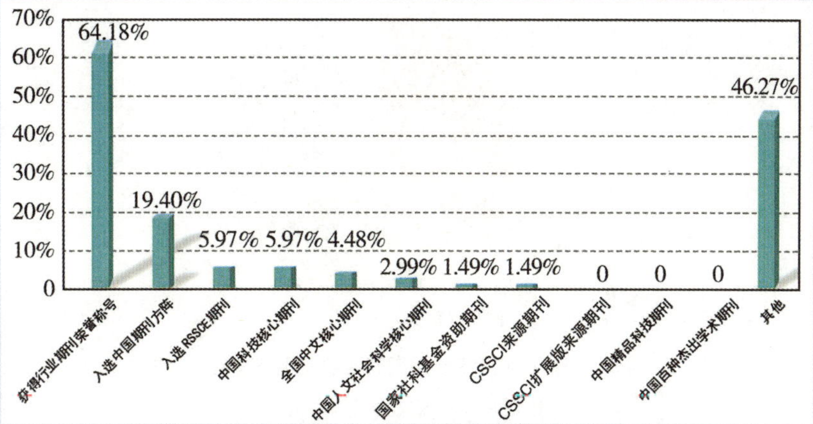

图 3-2-27 河南省大众综合类期刊获得荣誉称号占比

数据来源：河南省期刊核验表

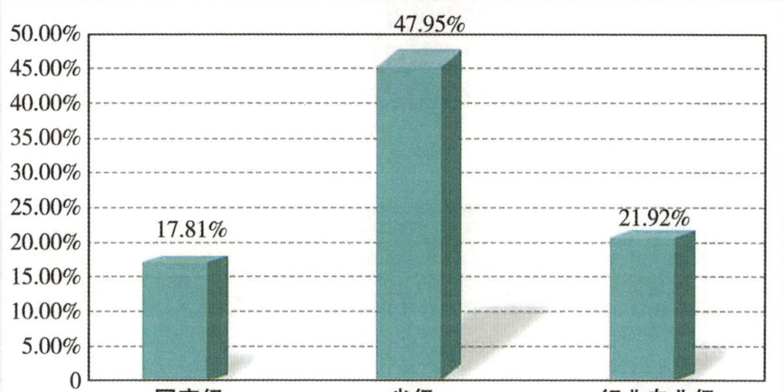

图 3-2-28 河南省大众综合类期刊荣誉获得情况

数据来源：河南省期刊核验表

合类期刊中，获得最多的为省级荣誉，占比 47.95%。

河南期刊总体收益并不高，大多集中在每年 500 万元及以下，伴随着收益不佳，开支自然更为节俭。年收益与支出都在 100 万元以下的期刊有 25 家，而收入与支出超过 1000 万元的仅有 3 家。

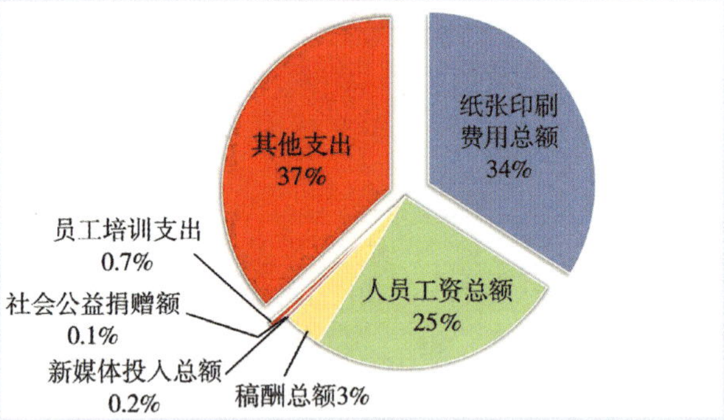

图 3-2-29　河南省大众综合类期刊各项支出在总支出中的占比

数据来源：河南省期刊核验表

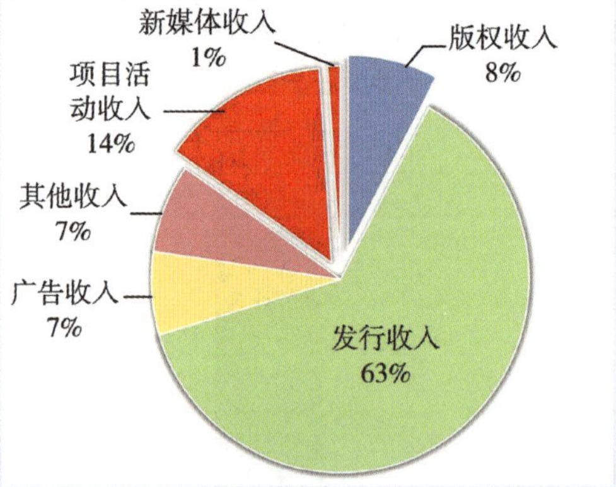

图 3-2-30　河南省大众综合类期刊各项收入在总收入中的占比

数据来源：河南省期刊核验表

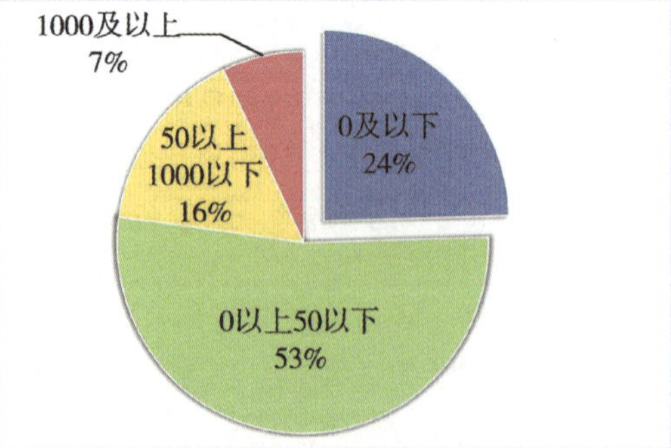

图 3-2-31　河南省大众综合类期刊利润总额（万元）区间分布

数据来源：河南省期刊核验表

发行收入依然是期刊的主要收入来源，纸张印刷费用支出也依旧居高不下，相比之下，新媒体入驻期刊行业迫在眉睫。

在提供了利润额的 57 家期刊中，全年利润额为负值的有 14 家，数量占整体的 24%，而收益不甚理想，居于 0 ~ 50 万元区间的高达 30 家，占比 53%，利润额在 50 万以上的共 13 家，其中 50 万以上 1000 万以下的 9 家，1000 万以上的仅有 4 家。

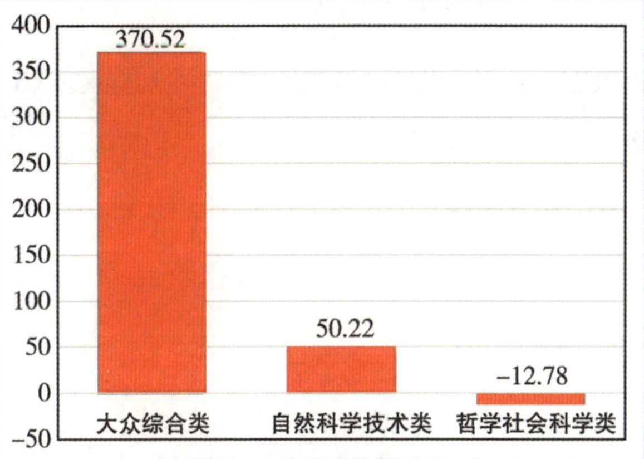

图 3-2-32　河南省三类期刊利润额平均值（万元）对比

数据来源：河南省期刊核验表

通过计算平均值，大众综合期刊由于高额的发行量和大量的零售市场，平均利润额相对可观；自然科学技术类期刊虽然收益不佳，但整体仍处于盈利状态；哲学社会科学类期刊则整体亏损，年平均利润额呈负值。

第六节　数字化

一、数字化宣传

在河南省大众综合类期刊数字化建设方面，根据核验表相关数据，网站、微信公众号、微博公共账号均有不同程度的建设。

网站和客户端建设已经有了一定基础，点击量相对自然科学技术类和哲学社会科学类较高，但与省外期刊优秀媒体相比，仍有差距。

河南省大众综合类期刊所办网站数量为 26 个，网站年点击量平均值达 3948271 次。

在开设微信公众号数据上，大众综合类受调研期刊中，共计有 56 个公众号，平均每个公众号订阅人数超过 4 万人，但点击量超 10 万的文章数仅有 18 篇，开展电子商务的公众号有 8 个。大众综合类期刊受众市场广泛，公众号粉丝量大，但内容质量有待提高。

在开设微博公共账号情况上，19 个官方微博公共账号平均粉丝数量在 7 万以上。

以上数据相当于河南省大众综合类期刊已经开始进行以“两微一端”为代表的新媒体建设，但建设成果不够明显。

河南省大众综合类期刊中，已开通独立网站的占比 46.27%，已开通微信公众号的占比 44.78%，都没有的占比 32.84%，有自己的客户端（APP）的占比 7.46%。

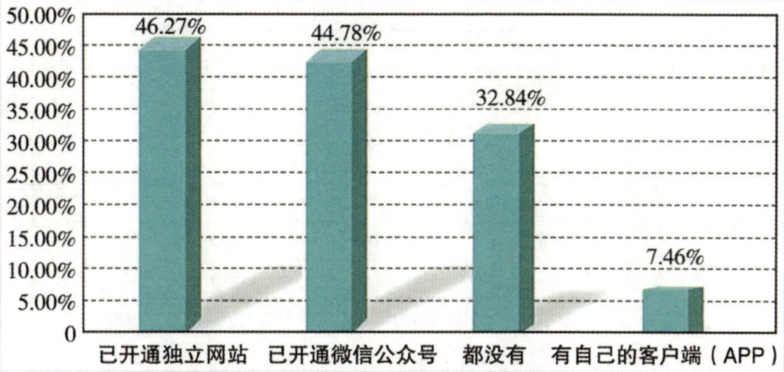

图 3-2-33　河南省大众综合类期刊开通网站、微信公众号和客户端情况

数据来源：河南省期刊核验表

河南省大众综合类期刊中，在管理及运营网站、微信公众号或客户端方面，有专职人员负责的期刊占比 56.72%，没有专人负责、责编兼职的占比 43.28%，无外包。

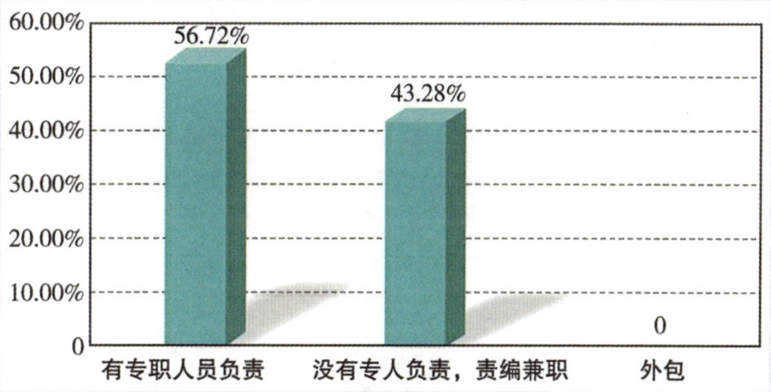

图 3-2-34　河南省大众综合类期刊新媒体运营人员情况

数据来源：河南省期刊核验表

河南省大众综合类期刊中，在期刊网站、微信公众号或客户端用户数量方面，5000 以下的占比 64.17%，5001 ~ 10000 占比 16.42%，10001 ~ 30000 占比 8.96%，30001 ~ 50000 占比 7.46%，50000 以上占比 2.99%。

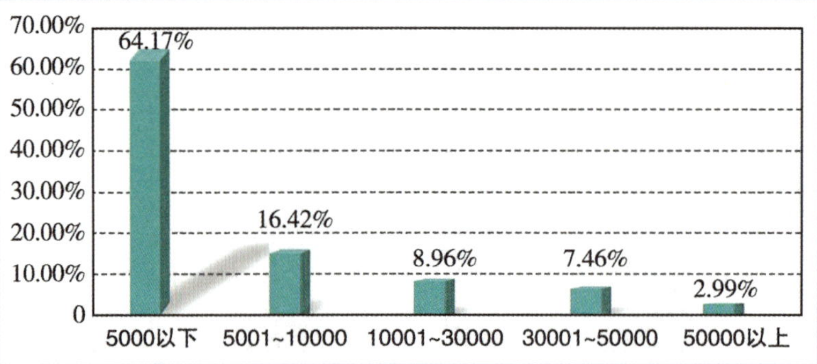

图 3-2-35 河南省大众综合类期刊网站、微信公众号或客户端用户数量情况

数据来源：河南省期刊核验表

而在数据深层对比中，具体业务借助端口、负责该业务内容人员的专职或兼职身份、用户数量多少等，都在实际反映河南省大众综合类期刊数字化应用水平。

河南省大众综合类期刊中，就目前期刊应用新媒体宣传形式而言，平台网站栏目占比 58.21%，同名微信公众号占比 46.27%，自营网站占比 38.81%，同名微博占比 10.45%，内容文档跳转链接占比 8.96%，自研 APP 占比 2.99%。

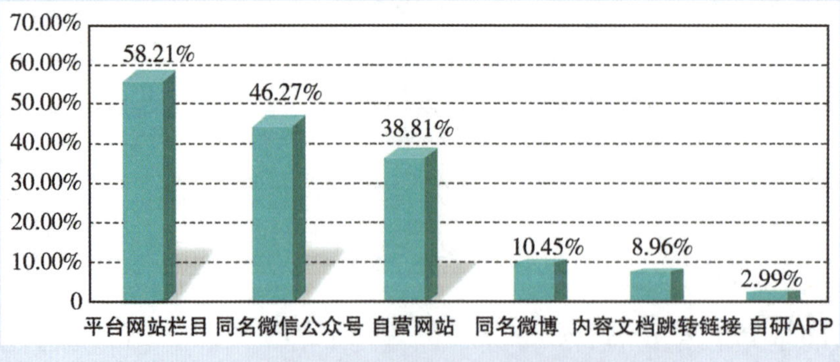

图 3-2-36 河南省大众综合类期刊应用新媒体宣传形式

数据来源：河南省期刊核验表

河南省大众综合类期刊中，在“目前所看到的期刊网站、微信公众号或客户端经常推送哪些内容？”问题中，“有选择性地重点推送纸本期刊内容”占比 47.76%，“纸本期刊文章题目和摘要”占比 44.78%，“期刊动态”占比 43.28%，“纸本期刊全部内容”占比 41.79%，“期刊的选题计划、约稿计划等”占比 25.37%，“有别于纸本期刊的内容”占比 14.93%。

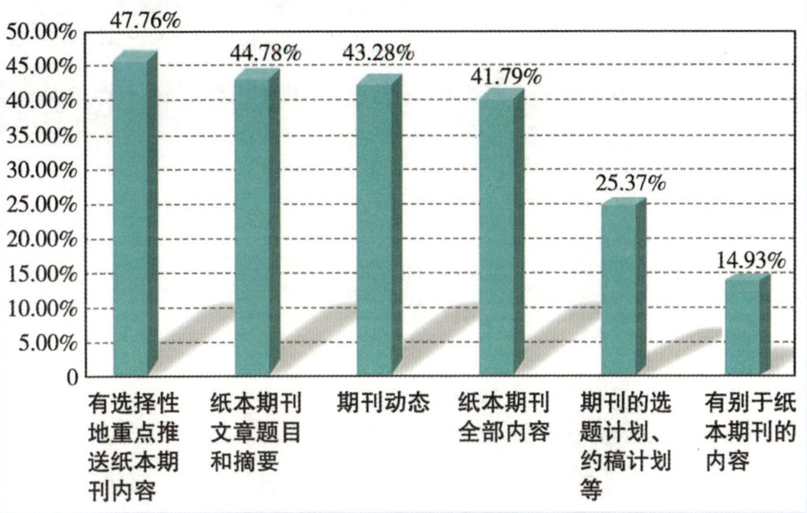

图 3-2-37　河南省大众综合类期刊新媒体推送内容情况

数据来源：河南省期刊核验表

二、数字出版技术应用

河南省大众综合类期刊目前数字化出版形式中，知网、万方等数据库占比 85.07%，自主数据库占比 22.39%，网站形式首发出版占比 17.91%，手机 APP 形式首发出版占比 2.99%。

河南省大众综合类期刊的未来数字化出版形式中，更广泛的大数据库占比 52.23%，包容更多终端（手机、电子阅读设备等）占比

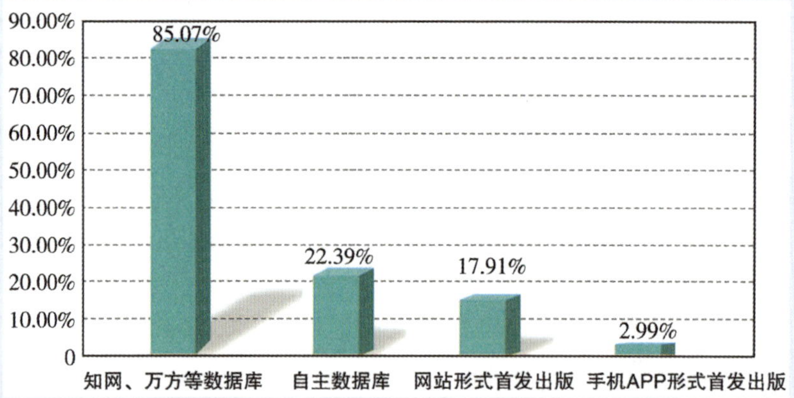

图 3-2-38　河南省大众综合类期刊数字化形式

数据来源：河南省期刊核验表

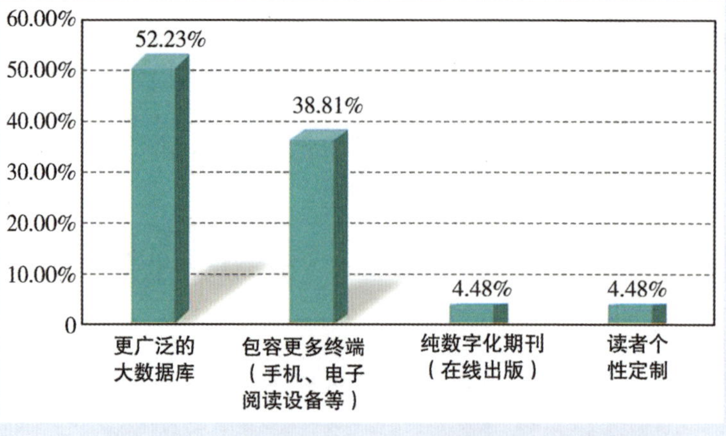

图 3-2-39　河南省大众综合类期刊未来数字化形式预测

数据来源：河南省期刊核验表

38.81%，纯数字化期刊（在线出版）占比 4.48%，读者个性定制占比 4.48%。

河南省大众综合类期刊中，在目前期刊出版过程中数字技术应用情况方面，未应用采编系统、稿件审核应用电子邮箱的占比 46.27%，已建采编系统、部分数字化的占比 28.36%，应用第三方采编系统、内部管理仍沿用传统方式的占比 19.40%，完全应用采编系统、策采编发全程数字化的占比 5.97%，没有无任何数字化应用的期刊。

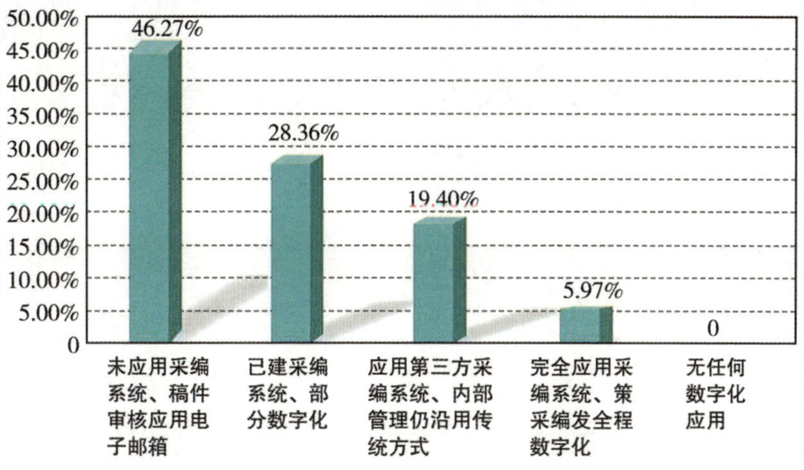

图 3-2-40　河南省大众综合类期刊出版过程数字技术应用情况

数据来源：河南省期刊核验表

第三章

河南省大众综合类期刊编辑状况

第一节　个人信息部分

河南省大众综合类期刊编辑在性别中，女性占比 59.73%，男性占比 40.27%。

河南省大众综合类期刊编辑中，在年龄上，25 岁以下的占比 8.72%，26 ~ 30 岁的占比 22.83%，31 ~ 35 岁的占比 20.13%，36 ~ 40 岁的占比 12.08%，41 ~ 45 岁的占比 16.11%，46 ~ 50 岁的占比 7.38%，51 ~ 55 岁的占比 6.04%，55 岁以上的占比 6.71%。

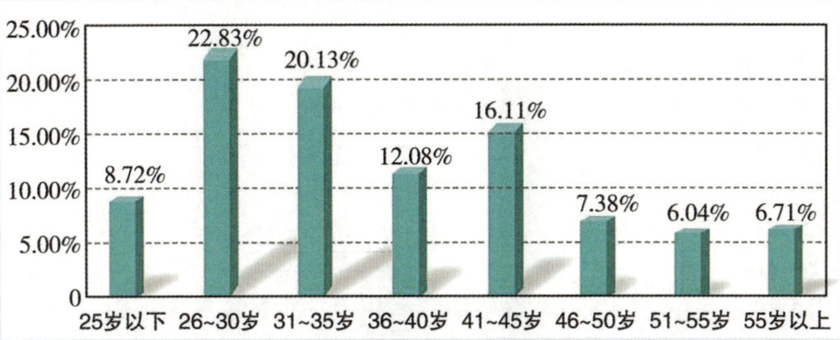

图 3-3-1　河南省大众综合类期刊编辑年龄占比

数据来源：河南省期刊核验表

河南省大众综合类期刊编辑中，从业年限小于 2 年的占比 16.11%，3 ~ 5 年的占比 20.81%，6 ~ 10 年的占比 12.07%，11 ~ 15 年的占比 16.11%，16 ~ 20 年的占比 17.45%，20 年以上的占比 17.45%。

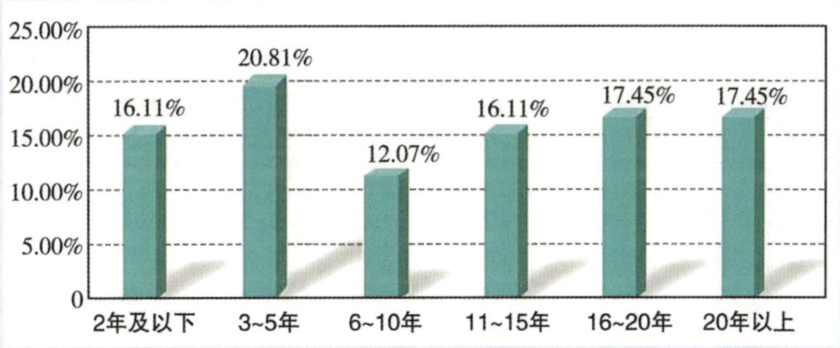

图 3-3-2　河南省大众综合类期刊编辑从业年限占比

数据来源：河南省期刊核验表

河南省大众综合类期刊编辑中，期刊社所在城市为郑州的占比 90.60%，占据绝对比重；其他城市占比 9.40%。

河南省大众综合类期刊编辑在文化程度方面，本科占比最多，

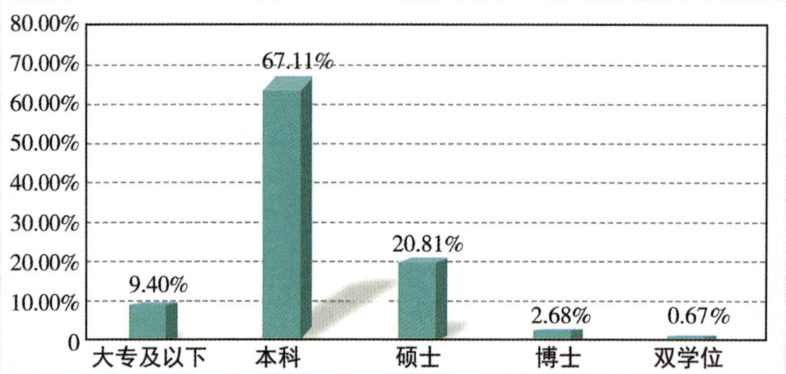

图 3-3-3 河南省大众综合类期刊编辑文化程度情况（注：双学位为多选）

数据来源：河南省期刊核验表

为 67.11%；硕士次之，占比 20.81%；大专及以下占比 9.40%；博士占比 2.68%；双学位占比 0.67%。

河南省大众综合类期刊编辑中，在所学专业的所属门类上，文学占比 44.31%，艺术学占比 14.09%，管理学占比 10.07%，工学占比 9.40%，经济学占比 6.71%，理学占比 6.04%，农学占比 2.68%，历史学占比 2.01%，法学、教育学、医学均占比 1.34%，哲学占比 0.67%，

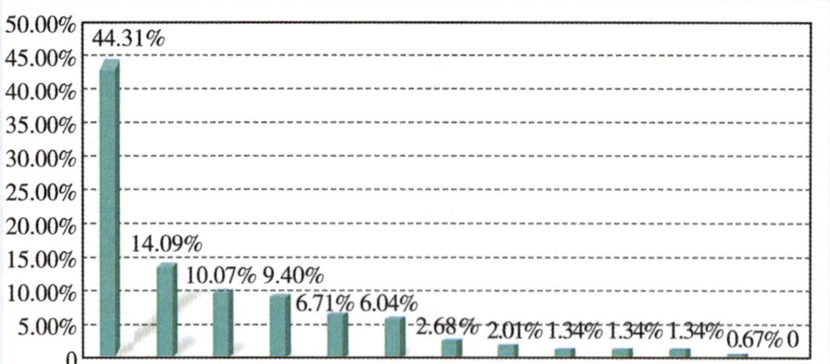

图 3-3-4 河南省大众综合类期刊编辑专业门类占比

数据来源：河南省期刊核验表

无军事学门类的编辑。

河南省大众综合类期刊编辑在多学科学习经历方面，本科阶段双学位、双专业学习背景占比 10.07%；无多学科学习经历，本、硕等不同学习阶段同一专业背景的占比 69.8%；无多学科学习经历，本、硕、博等不同学习阶段同一专业背景的占比 6.71%；本、硕不同学习阶段跨专业学习背景的占比 12.75%；本、硕、博等不同学习阶段跨专业学习背景的占比 0.67%。

河南省大众综合类期刊编辑中，在是否有海外学习经历方面，无海外留学、游学经历的占比 98.66%；本、硕国内，博士为海外留学的占比 1.34%。

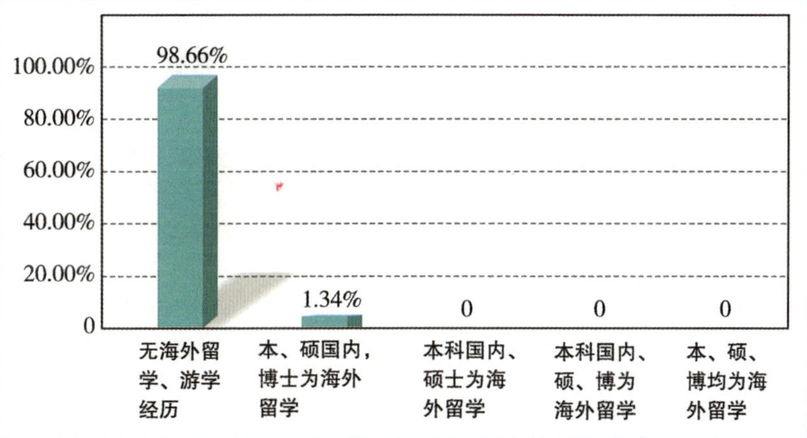

图 3-3-5　河南省大众综合类期刊编辑海外学习经历情况

数据来源：河南省期刊核验表

河南省大众综合类期刊编辑中，所学习的学科专业领域与所在期刊内容领域基本吻合的占比 46.98%，吻合的占比 22.82%，非常吻合的占比 13.42%，不吻合的占比 13.42%，完全不相关的占比 3.36%。

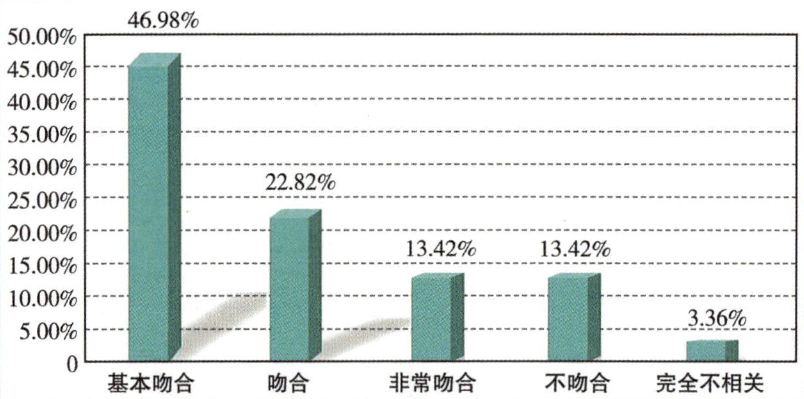

图 3-3-6　河南省大众综合类期刊编辑所学专业与所在期刊内容领域吻合度情况

数据来源：河南省期刊核验表

对河南大众综合类期刊编辑人员自然信息进行总结，即为男女性别比例 4 ∶ 6，年轻编辑、从业年限较低、低职称编辑占比较多，编辑学科背景集中在文科，学历集中于本科、研究生，较少编辑拥有多学科学习经历，整体基本无海外学习背景，所学专业与期刊专业领域吻合度较高。

第二节　单位基本管理情况

河南省大众综合类期刊编辑在所属期刊的身份性质中，聘用的占比 50.34%，在编且为所在期刊专职编辑的占比 34.23%，劳务派遣的占比 10.74%，在编且为期刊兼职编辑的占比 2.68%，人事代理的占比 1.34%，返聘的占比 0.67%。

河南省大众综合类期刊中，在从事期刊编辑工作之前的经历中，

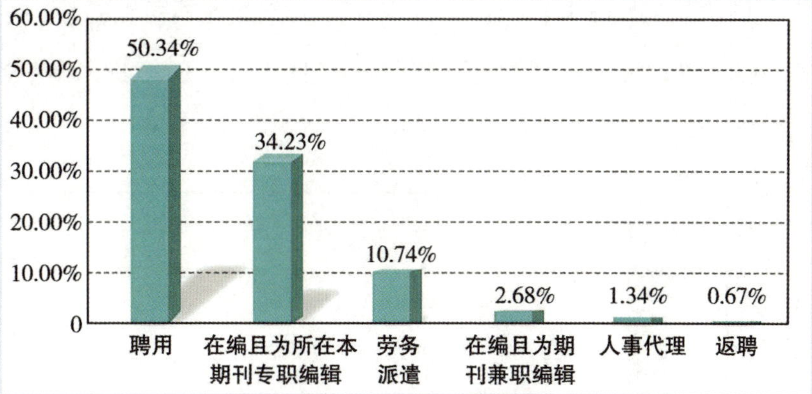

图 3–3–7　河南省大众综合类期刊编辑身份性质情况

数据来源：河南省期刊核验表

有其他行业工作经历（非新闻出版行业）的占比 41.61%，无其他行业工作经历的占比 40.94%，有其他行业工作经历（新闻出版行业）的占比 17.45%。

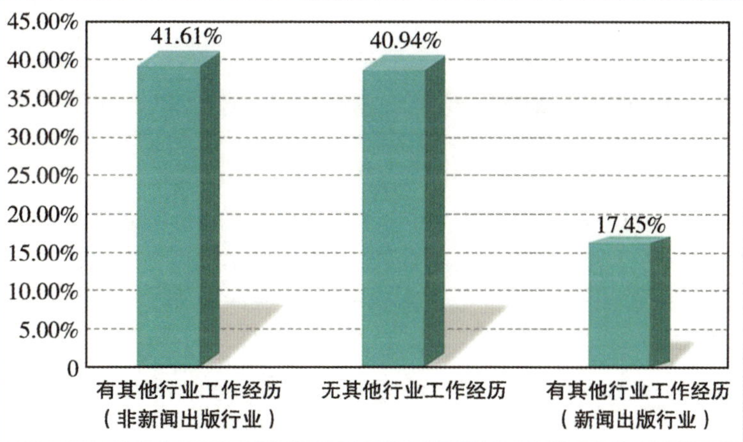

图 3–3–8　河南省大众综合类期刊编辑从事编辑工作之前的经历情况

数据来源：河南省期刊核验表

河南省大众综合类期刊编辑中，从从事期刊编辑工作以来的经历来看，一直在同一期刊工作的占比 66.44%，在不同期刊间经历过工作调整的占比 13.42%，在报社、期刊社、出版社间经历过工作调整的占比 10.74%，有其他行业工作经历的占比 8.72%，在音像社、网站、出版社间经历过工作调整的占比 0.68%。

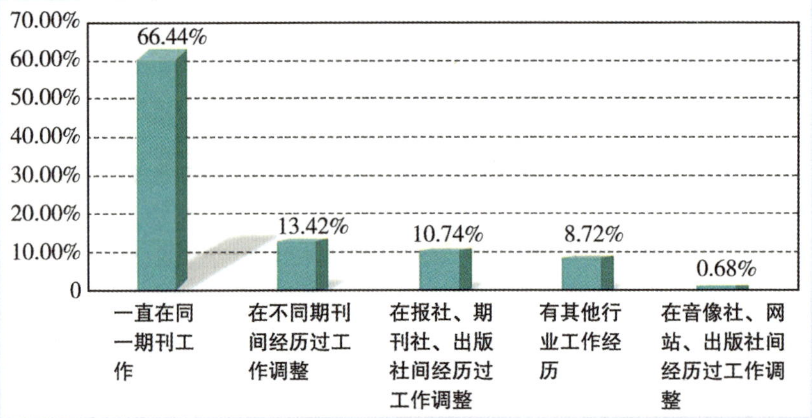

图 3-3-9 河南省大众综合类期刊编辑从事期刊编辑工作以来工作调整经历情况

数据来源：河南省期刊核验表

河南省大众综合类期刊中，从从事期刊出版工作以来的岗位来看，一直从事文案编辑工作、未经历其他岗位的占比 35.57%，在单位内部经历过不同部门工作调整、不全都属于文案编辑的占比 24.83%，在文案编辑工作同时兼其他工作的占比 20.81%，在单位内部经历过不同编辑部门工作调整、都属于文案编辑的占比 18.79%。

河南省大众综合类期刊编辑中，综合编辑 (兼策划、文案编辑工作，全流程负责)80 人，占比 53.69%；文案编辑 27 人，占比 18.12%；美术编辑 14 人，占比 9.40%；编辑助理 10 人，占比 6.71%；技术编辑 8 人，占比 5.37%；策划编辑 4 人，占比 2.68%；网络编辑 (含期刊社网站维护、信息更新等工作内容)3 人，占比 2.01%；

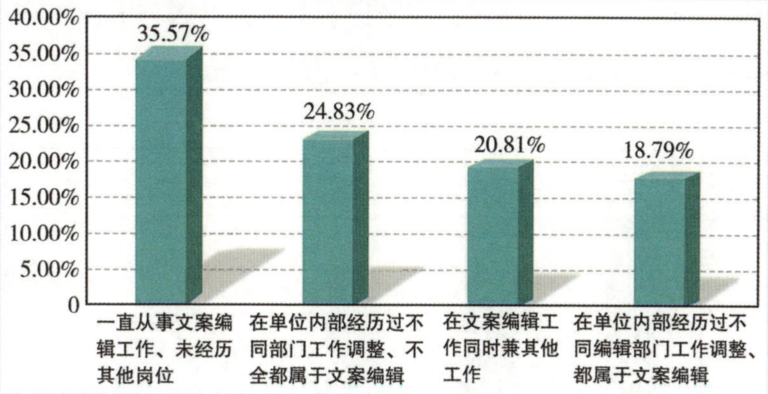

图 3-3-10　河南省大众综合类期刊编辑工作岗位变迁情况

数据来源：河南省期刊核验表

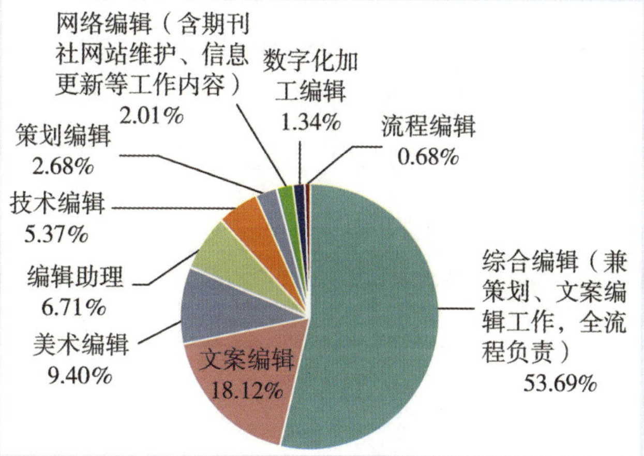

图 3-3-11　河南省大众综合类期刊编辑分工

数据来源：河南省期刊核验表

数字化加工编辑 2 人，占比 1.34%；流程编辑 1 人，占比 0.68%；无人从事版权编辑。

河南省大众综合类期刊编辑中，期刊社进行岗位聘任所依据的职业资格系列是，出版职业资格证书系列 51 人，占比 34.23%；同期刊主管主办单位职业资格系列 48 人，占比 32.21%；直接入职，无要求 34 人，占比 22.82%；新闻记者资格证书系列 15 人，占比 10.07%；数字编辑职业资格系列 1 人，占比 0.67%。

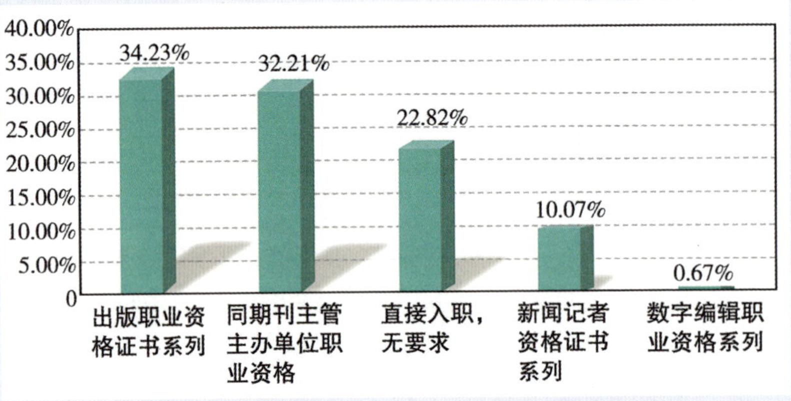

图 3-3-12　河南省大众综合类期刊编辑职业入职资格

数据来源：河南省期刊核验表

河南省大众综合类期刊编辑中，编辑系列评聘的职级是初级的有 69 人，占比 46.31%；中级的有 58 人，占比 38.93%；副高的有 19 人，占比 12.75%；正高的有 3 人，占比 2.01%。

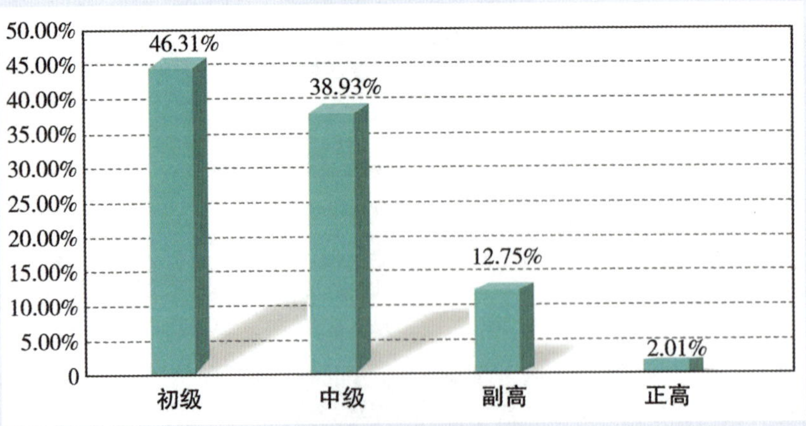

图 3-3-13　河南省大众综合类期刊编辑职称级别

数据来源：河南省期刊核验表

河南省大众综合类期刊编辑中，采用编辑职称序列的有 112 人，占比 75.17%；其他社会化职称序列的有 15 人，占比 10.07%；教师职称序列的有 9 人，占比 6.04%；新闻记者职称序列的有 6 人，占比 4.03%；经济师职称序列的有 3 人，占比 2.01%；工程师职称序列的有 2 人，占比 1.34%；研究员职称序列的有 2 人，占比 1.34%。

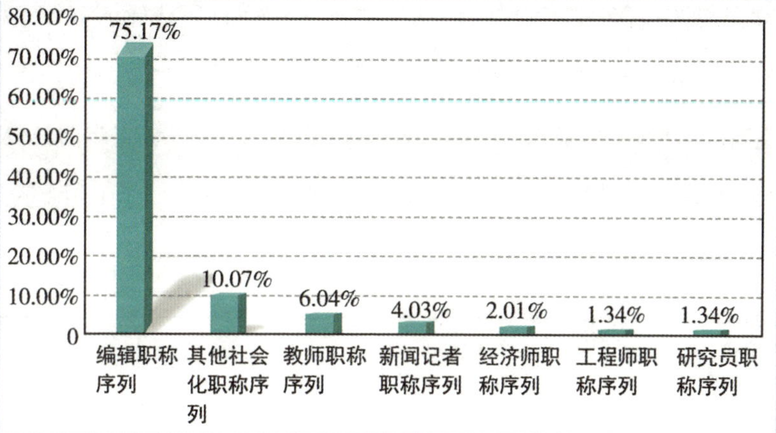

图 3-3-14 河南省大众综合类期刊编辑所采用职称序列情况

数据来源：河南省期刊核验表

河南省大众综合类期刊对编辑的基本管理情况为：在编聘用与其他各种劳务关系并存，大多数编辑入职前无行业经历。入职后工作稳定性较强，多数期刊执行持证上岗制度，编辑所聘职称系列以出版系列为主，期刊社岗位设置丰富但与编辑具体岗位对应关系不强，多数编辑日常工作需要兼顾多方面内容。

第三节 工作情况部分

河南省大众综合类期刊编辑从事编辑工作，所在期刊的稿件主要来源是作者自投稿的有 137 人，占比 91.95%；行业领域征稿组稿 82 人，占比 55.03%；策划编辑根据市场导向组稿占比 50.34%；策划编辑根据政策导向组稿 41 人次，占比 27.52%；行业专家推荐 24 人次，占比 16.11%；其他 26 人次，占比 17.45%；上级部门、领导推荐 18 人次，占比 12.08%。

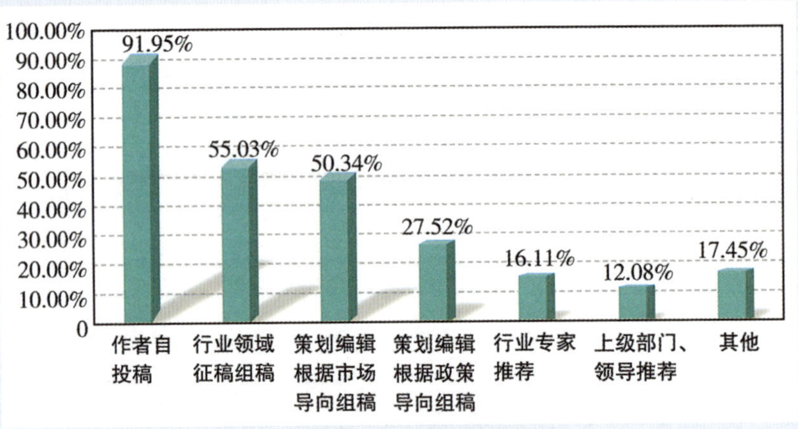

图 3-3-15 河南省大众综合类期刊稿件主要来源

数据来源：河南省期刊核验表

河南省大众综合类期刊中，编辑从事编辑工作所在期刊收稿方式为工作专用邮箱收稿的有 127 人次，占比 85.23%；个人邮箱收稿 89 人次，占比 59.73%；期刊社投稿系统收稿 36 人次，占比 24.16%；邮政系统收稿 13 人次，占比 8.72%；其他 33 人次，占比 22.14%。

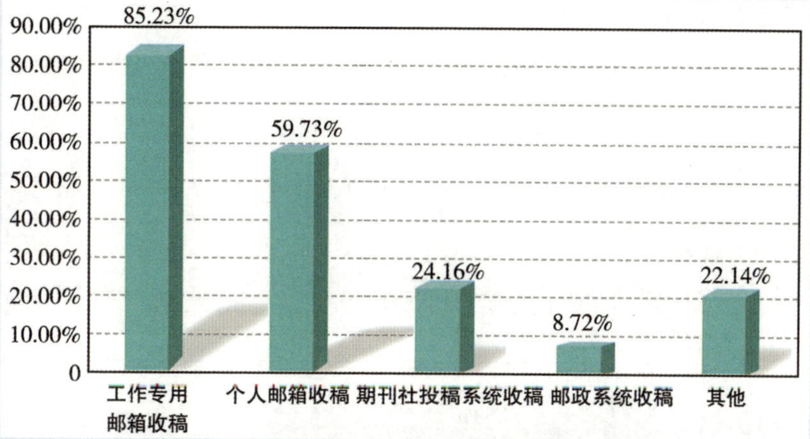

图 3-3-16　河南省大众综合类期刊收稿方式

数据来源：河南省期刊核验表

河南省大众综合类期刊中，在编辑日常所编辑的文稿来源方面，自身兼任策划编辑并全程自行开发选题和组稿的有 102 人次，占比 68.46%；由社领导或编辑部主任分配的有 81 人次，占比 54.36%；由专职策划编辑分配的有 61 人次，占比 40.94%；承接其他编辑同事相关组稿的有 23 人次，占比 15.44%；其他为 39 人次，

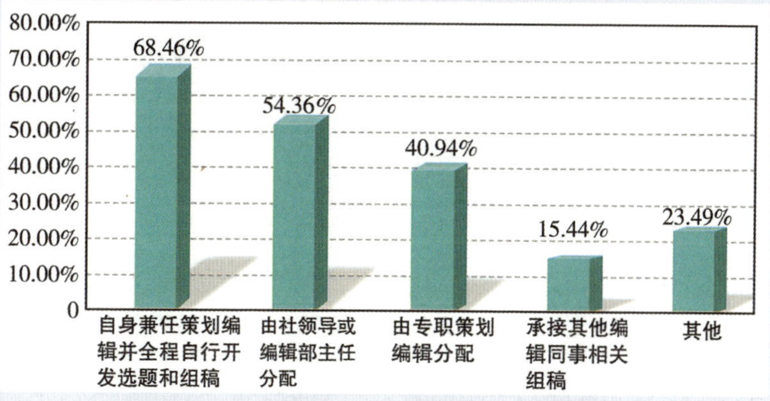

图 3-3-17　河南省大众综合类期刊文稿来源情况

数据来源：河南省期刊核验表

占比 23.49%。

河南省大众综合类期刊中，编辑所在期刊社的文稿编辑方式方面，主要通过纸版打印稿与数字文件并行的有 68 人次，占比 45.65%；数字文件，电子化修改为 56 人次，占比 37.58%；纸版打印稿，手工修改为 19 人次，占比 12.75%；通过单位所搭建编纂系统进行的有 2 人次，占比 1.34%；其他为 4 人次，占比 2.68%。

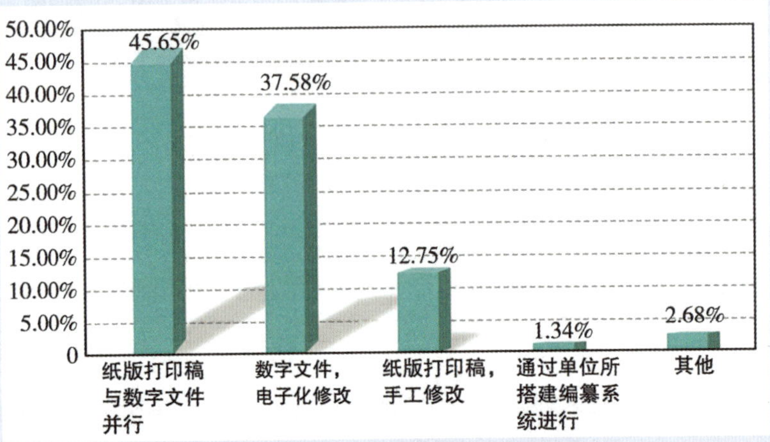

图 3-3-18　河南省大众综合类期刊文稿编辑方式

数据来源：河南省期刊核验表

河南省大众综合类期刊中，编辑从事稿件编辑工作时，在数字技术应用方面，主要方式为通过办公软件完成文字加工整理工作的有 126 人次，占比 84.56%；QQ 等社交软件传递文稿的为 90 人次，占比 60.40%；购买、使用校对软件等专业软件的为 38 人次，占比 25.50%；较少使用编纂系统，使用电子邮件传递文稿的为 15 人次，占比 10.07%；购买、使用专门文稿编纂系统的为 13 人次，占比 8.72%；自行开发专用文稿编纂系统的为 4 人次，占比 2.68%；其他为 24 人次，占比 14.09%。

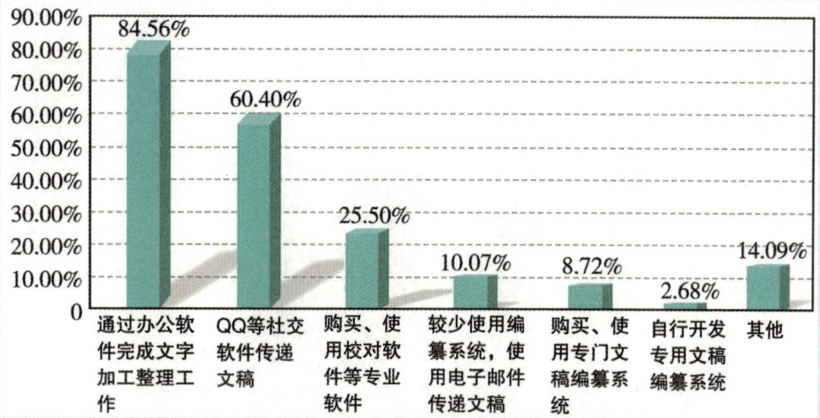

图 3–3–19　河南省大众综合类期刊编辑数字技术应用情况

数据来源：河南省期刊核验表

河南省大众综合类期刊中，编辑从事编辑工作时，所在期刊社稿件选题通过的主要标准是稿件是否内容质量扎实，符合行业相关规定的有 139 人次，占比 93.29%；稿件是否符合政策需要的有 117 人次，占比 78.52%；稿件是否符合社会需要的有 75 人次，占比 50.34%；稿件是否符合市场需要的有 73 人次，占比 48.99%；稿件是否有版面资助的有 3 人次，占比 2.01%；其他为 15 人次，占比 8.05%。

河南省大众综合类期刊编辑中，所在期刊社在稿件编校的工作过程中，严格执行责任编辑制，本社符合规定人员完成三审三校的为 147 人次，占比 98.66%；审稿工作本社编辑人工完成，校对工作可外包完成的为 18 人次，占比 12.08%；审稿工作本社编辑人工完成，校对工作通过软件完成的为 5 人次，占比 3.36%；初级审校工作外包完成，高级审校工作内部编辑人员完成的为 4 人次，占比 2.68%；其他为 13 人次，占比 8.72%。

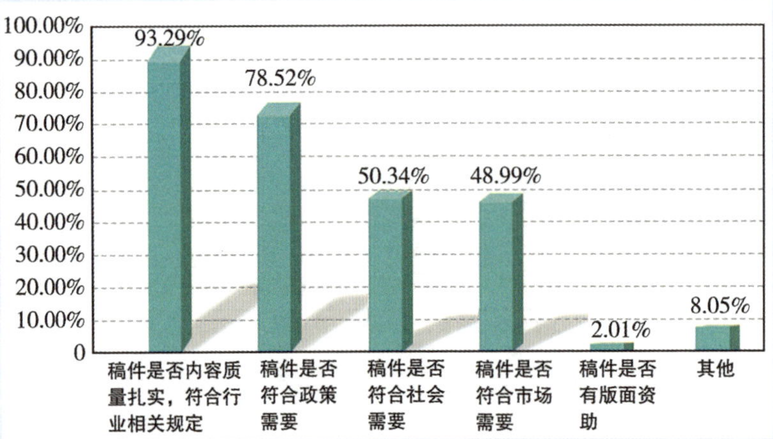

图 3-3-20　河南省大众综合类期刊选稿主要标准

数据来源：河南省期刊核验表

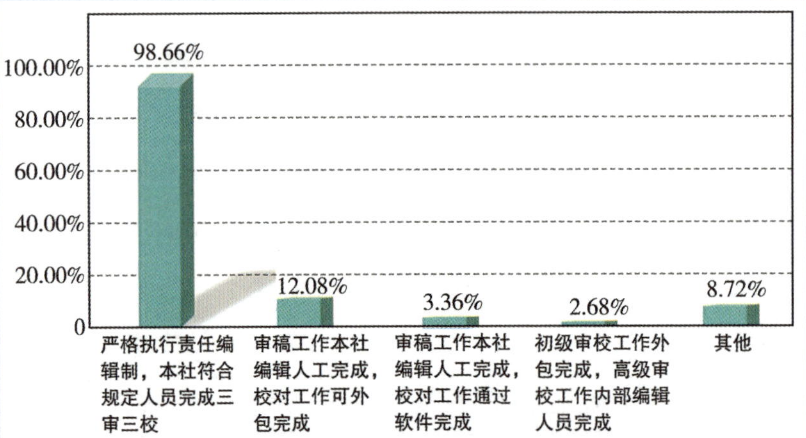

图 3-3-21　河南省大众综合类期刊编校工作流程安排情况

数据来源：河南省期刊核验表

河南省大众综合类期刊编辑所在期刊社在工作质量要求上，在符合编校质量相关规定之外，主要是以所完成版面获得行业、社会奖项荣誉为主要参考依据的为 115 人次，占比 77.18%；以所完成版面数量为主要参考依据的为 96 人次，占比 64.43%；以所完成工作数

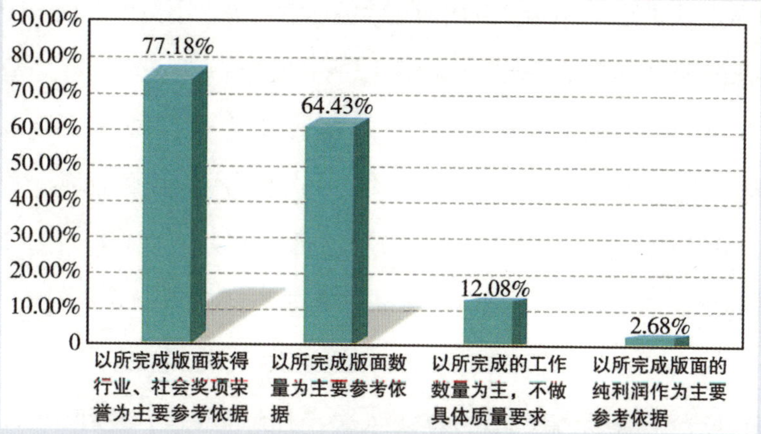

图 3-3-22　河南省大众综合类期刊工作质量要求的参考依据

数据来源：河南省期刊核验表

量为主，不做具体质量要求的为 18 人次，占比 12.08%；以所完成版面的纯利润作为主要参考依据的为 4 人次，占比 2.68%。

河南省大众综合类期刊编辑所在期刊社，对每年度完成工作量指标主要是以所完成文稿篇数（版面数）为基本单位进行计算的为

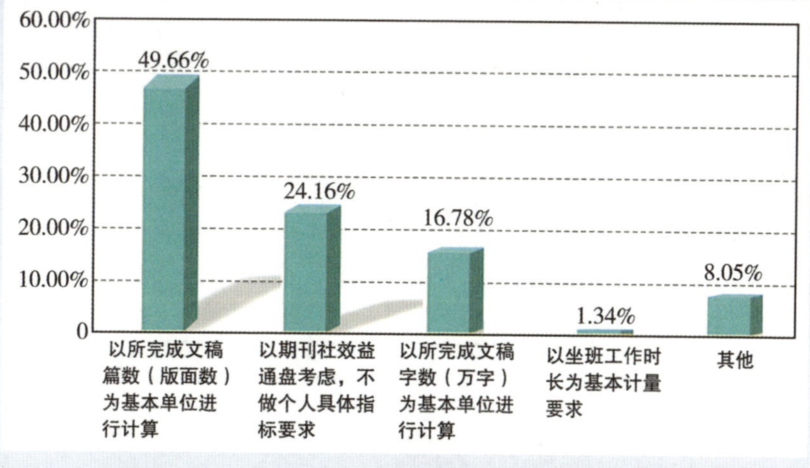

图 3-3-23　河南省大众综合类期刊年度完成工作量指标计算方式

数据来源：河南省期刊核验表

74 人次，占比 49.66%；以期刊社效益通盘考虑，不做个人具体指标要求的为 36 人次，占比 24.16%；以所完成文稿字数（万字）为基本单位进行计算的为 25 人次，占比 16.78%；以坐班工作时长为基本计量要求的为 2 人次，占比 1.34%；其他为 12 人次，占比 8.05%。

河南省大众综合类期刊编辑从事编辑工作所在期刊社对编辑人员在文案工作之外，还要求参与维系作者等活动的为 107 人次，占比 71.81%；参与期刊宣传推广工作的为 97 人次，占比 65.10%；调研市场，挖掘开发新作者的为 90 人次，占比 60.40%；联系印厂，跟进期刊印制、出库等工作的为 40 人次，占比 26.85%；在本单位兼任其他岗位工作的为 37 人次，占比 24.83%；组织读者活动，维系产品线的为 19 人次，占比 12.75%；与销售渠道、平台对接等活动的为 15 人次，占比 10.07%；其他为 18 人次，占比 12.08%。

河南省大众综合类期刊编辑从事编辑工作所在期刊社对编辑人员在工作数量要求之外，还要求参加所从事领域的相关会议的

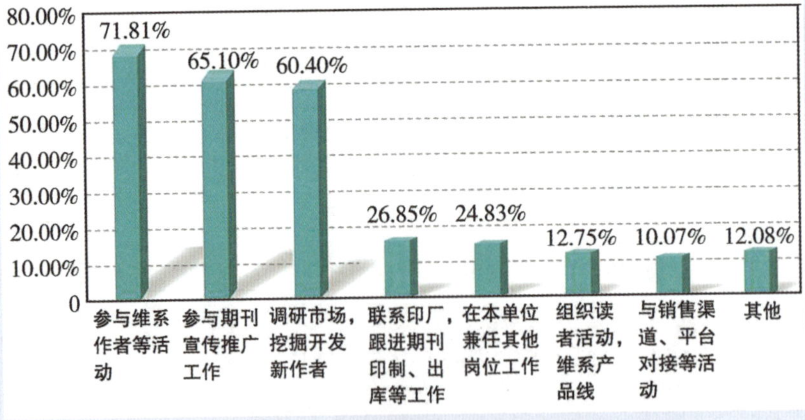

图 3-3-24　河南省大众综合类期刊编辑文案工作之外的工作

数据来源：河南省期刊核验表

为 98 人次，占比 65.77%；参加行业相关学术会议的为 83 人次，占比 55.70%；参加行业订货会、博览会、年会等的为 63 人次，占比 42.28%；在行业报刊上发表论文的为 14 人次，占比 9.40%；在所从事领域行业期刊发表论文的为 14 人次，占比 9.40%；参加本领域或出版行业学会、协会等行业团体，并承担一定职务的为 10 人次，占比 6.71%；出版所从事领域行业或出版行业相关内容专著的为 5 人次，占比 3.36%；无明确要求的为 40 人次，占比 26.83%。

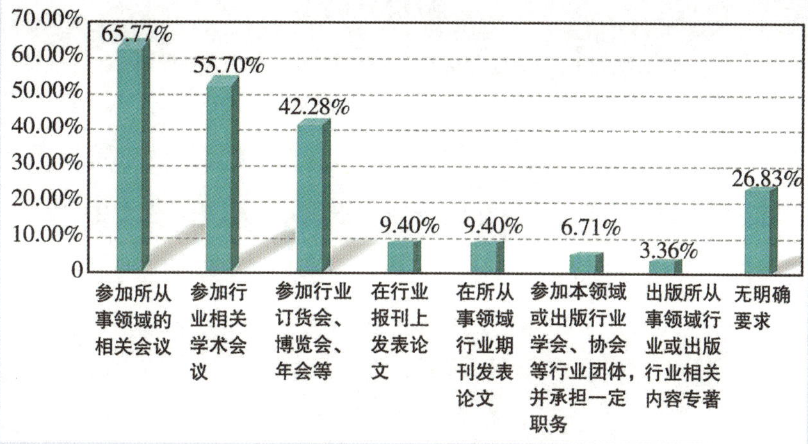

图 3-3-25　河南省大众综合类期刊编辑参加会议和发文要求

数据来源：河南省期刊核验表

河南省大众综合类期刊编辑从事编辑工作所在期刊社工作量考核的周期是按每季度的为 58 人次，占比 38.93%；按每年度的为 44 人次，占比 29.53%；依据单位聘用合同所规定时间进行的为 23 人次，占比 15.44%；每半年的为 17 人次，占比 11.41%；未作规定的为 7 人次，占比 4.69%。

河南省大众综合类期刊编辑从事编辑工作所在期刊在完成发稿

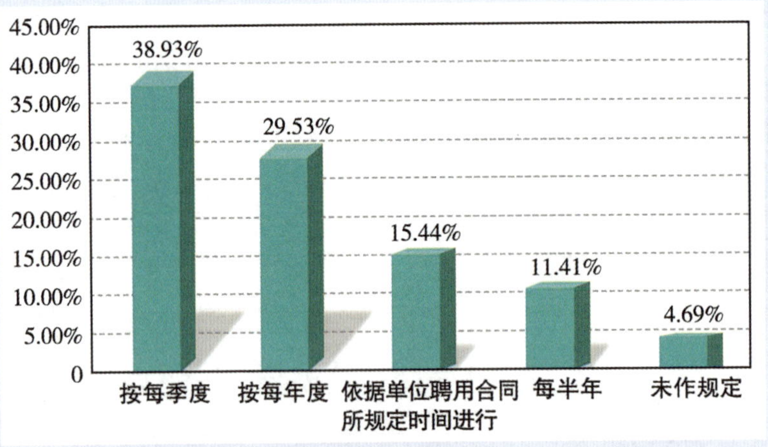

图 3-3-26　河南省大众综合类期刊编辑工作量考核周期

数据来源：河南省期刊核验表

工作后，给作者支付稿酬的时间是一个月后结算发出的为 82 人次，占比 55.04%；发稿完成后即结算发出的为 38 人次，占比 25.50%；每季度结算发出的为 11 人次，占比 7.38%；每半年结算发出的为 2 人次，占比 1.34%；每年度结算发出 1 人次，占比 0.67%；未作规定的为 11 人次，占比 10.07%。

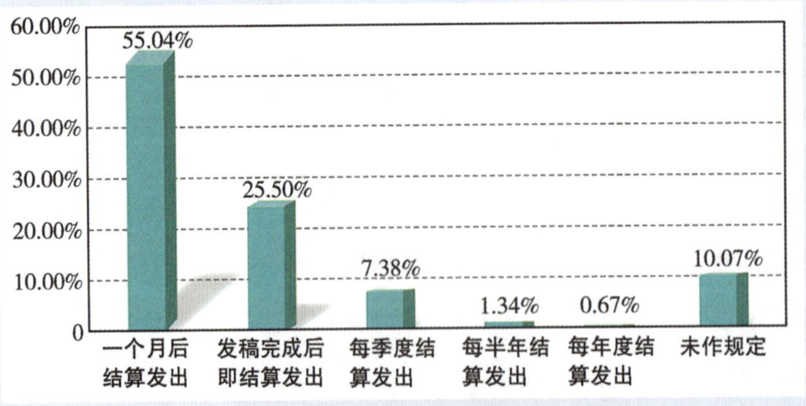

图 3-3-27　河南省大众综合类期刊稿酬结算周期

数据来源：河南省期刊核验表

河南省大众综合类期刊编辑具体工作过程中，严格遵循各项编辑规章制度，从组稿到编辑加工，有各种不同程度的数字化渗透与应用。在稿件编辑加工之外，编辑需要保持与社会、行业等的积极联络，也需要完成多项非文案工作，期刊社对编辑的考核在内容质量外，也参考工作数量、社会性奖励等重要指标。

第四节 薪资待遇部分

河南省大众综合类期刊编辑中，无行业以外的收入，本职工作为唯一收入来源的为 136 人，占比 91.27%；有行业以外的收入，通过房租、不动产等获得的为 7 人，占比 4.70%；不方便回答的为 5 人，占比 3.36%；有行业以外的收入，通过第二职业获得的为 1 人，占比 0.67%。

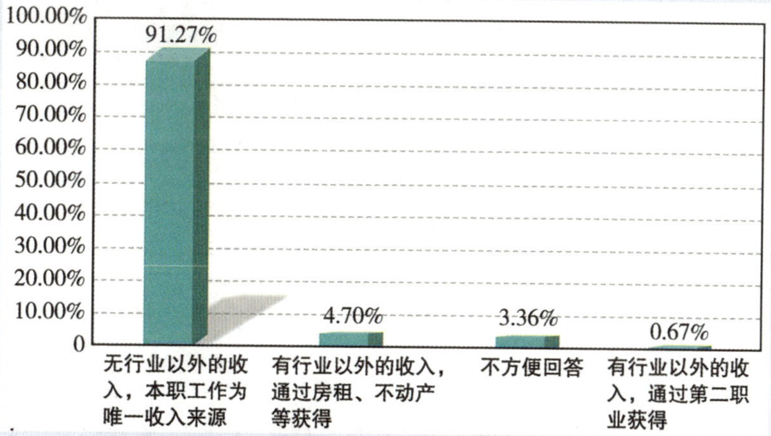

图 3-3-28 河南省大众综合类期刊编辑行业外收入情况

数据来源：河南省期刊核验表

河南省大众综合类期刊编辑中，从事本行业，在编辑相关业务上所取得的月收入(税后)平均大约为4001～6000元的为74人，占比49.66%；4000元及以下的为52人，占比34.90%；6001～8000元的为16人，占比10.74%；8001～12000元的为5人，占比3.36%；12000元及以上为2人，占比1.34%。

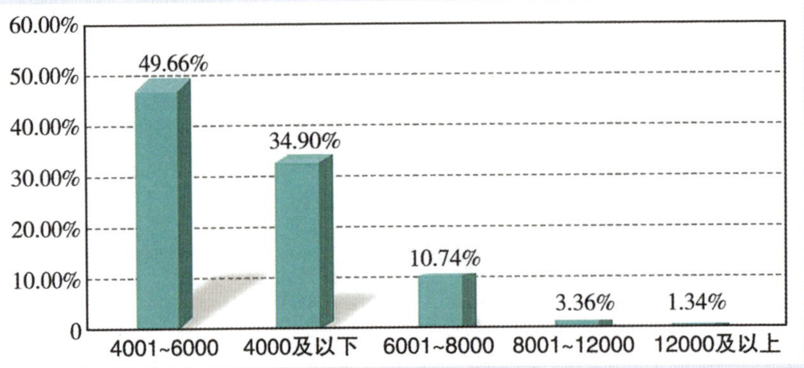

图 3-3-29　河南省大众综合类期刊编辑月收入平均值（元）情况

数据来源：河南省期刊核验表

河南省大众综合类期刊编辑中，无其他收入，仅以编辑岗位本职工作取得收入的为121人，占比81.21%。从事本行业，在编辑工作相关业务以外，所取得的月收入(税后)平均大约2000元及以下的为10人，占比6.71%；4001～6000元的为8人，占比5.37%；2001～4000元的为6人，占比4.03%；6000元及以上的为4人，占比2.68%。

河南省大众综合类期刊编辑中，所在期刊社的奖金发放情况为多种组合方式发放的有49人，占比32.89%；年终统一发放，奖金数额按照职称、薪级体现差别的为33人，占比22.15%；年终统一发放，奖金按照年度创造效益比例发放的为19人，占比12.75%；全年奖金

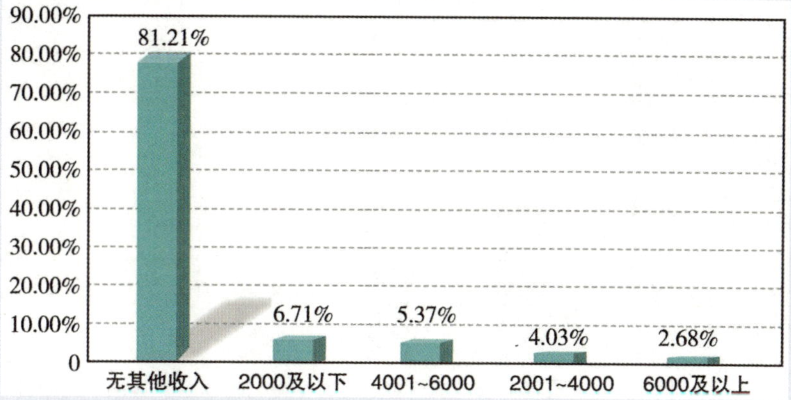

图 3-3-30　河南省大众综合类期刊编辑本职工作以外的收入（元）情况

数据来源：河南省期刊核验表

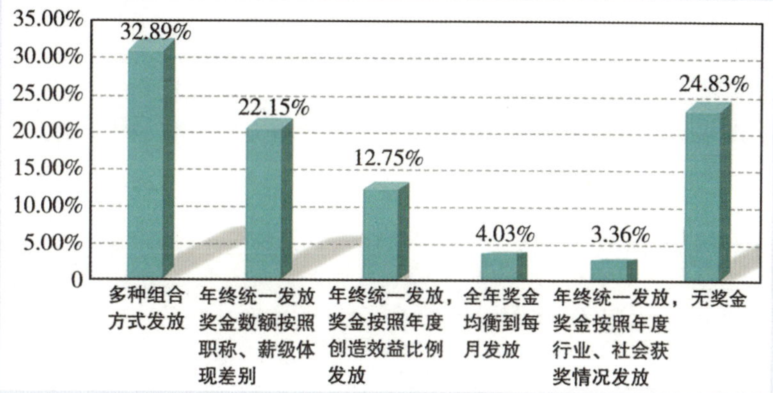

图 3-3-31　河南省大众综合类期刊编辑奖金发放情况

数据来源：河南省期刊核验表

均衡到每月发放的为 6 人，占比 4.03%；年终统一发放，奖金按照年度行业、社会获奖情况发放的为 5 人，占比 3.36%；无奖金的为 37 人，占比 24.83%。

河南省大众综合类期刊编辑中，认为在行业内，编辑相关岗位收入同本行业其他岗位相比偏低为 66 人，占比 44.30%；基本持平 44 人，占比 29.53%；很低为 21 人，占比 14.09%；不了解为 18 人，

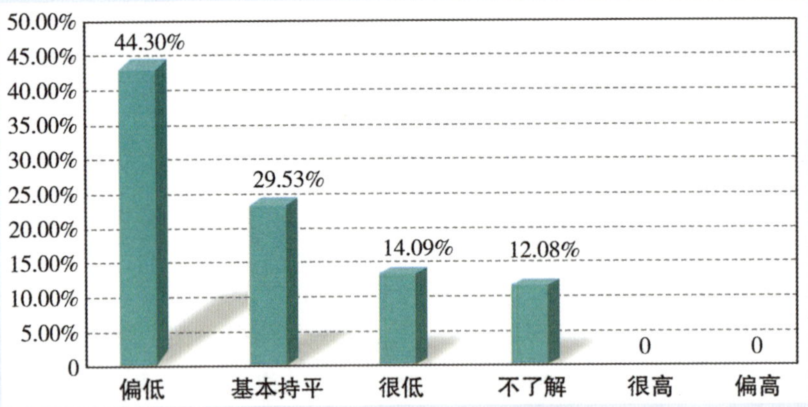

图 3-3-32　河南省大众综合类期刊编辑对相关岗位收入与同行业其他岗位收入相比的看法

数据来源：河南省期刊核验表

占比 12.08%。

河南省大众综合类期刊编辑从事编辑工作，所感知的行业平均月收入，同其他文教类行业平均工资相比认为偏低 75 人，占比 50.34%；基本持平 33 人，占比 22.15%；很低为 21 人，占比 14.09%；不了解为 20 人，占比 13.42%。

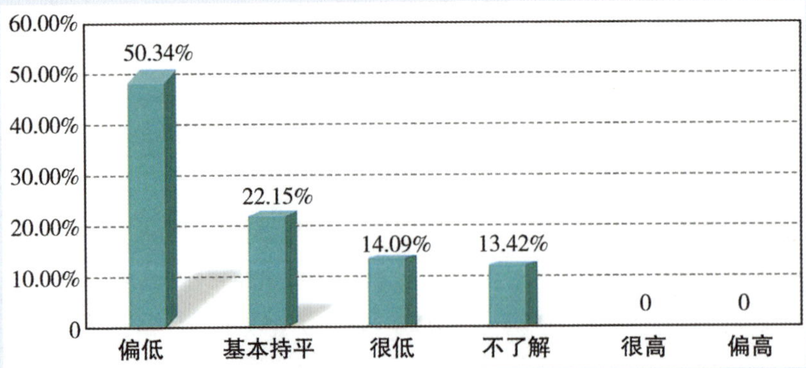

图 3-3-33　河南省大众综合类期刊编辑对与其他文教行业收入相比的看法

数据来源：河南省期刊核验表

河南省大众综合类期刊编辑中，认为自己收入同所在城市的平均收入水平相比偏低的为 67 人，占比 44.97%；基本持平为 42 人，占比 28.19%；很低为 28 人，占比 18.79%；不了解为 12 人，占比 8.05%。

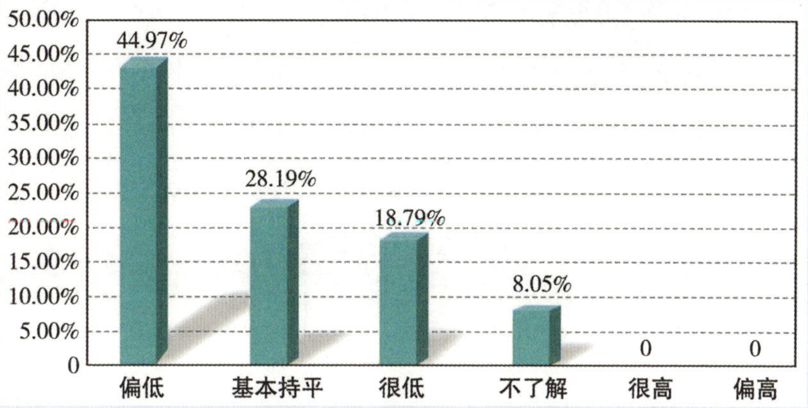

图 3-3-34 河南省大众综合类期刊编辑对与同城市收入水平相比的看法

数据来源：河南省期刊核验表

河南省大众综合类期刊编辑中，认为自己收入同我国城市居民平均收入水平相比偏低的为 71 人，占比 47.65%；基本持平为 38 人，占比 25.50%；很低为 24 人，占比 16.11%；不了解为 16 人，

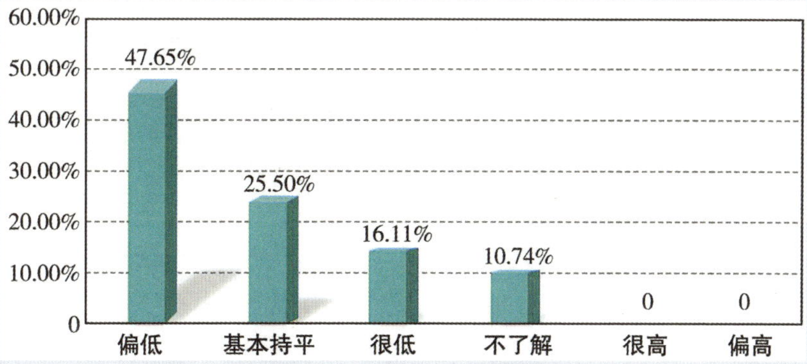

图 3-3-35 河南省大众综合类期刊编辑对与我国城市居民平均收入相比的看法

数据来源：河南省期刊核验表

占比 10.74%。

河南省大众综合类期刊编辑中，所在期刊社在工资、奖金等待遇外的福利措施方面，本单位有年假等相关政策的为 87 人次，占比 58.39%；本单位食堂有一定补贴为 83 人次，占比 55.70%；本单位无高价值福利政策为 40 人次，占比 26.85%；本单位有班车或交通补贴为 21 人次，占比 14.09%；本单位能够协助解决子女入托、入学等生活问题为 5 人次，占比 3.36%；本单位能够提供住房解决方案为 4 人次，占比 2.68%；本单位提供廉价职工宿舍为 2 人次，占比 1.34%；其他为 53 人次，占比 35.57%。

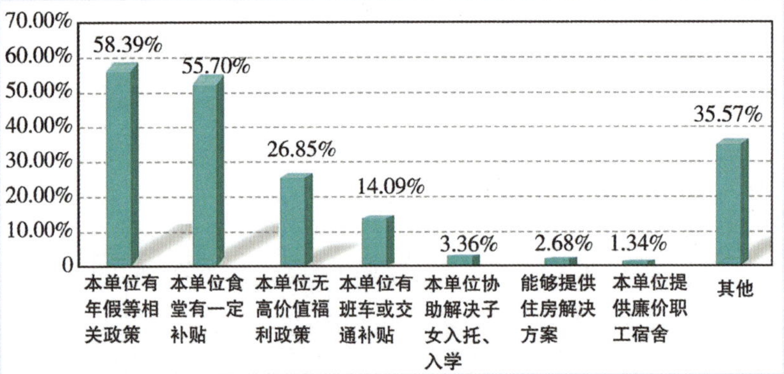

图 3-3-36 河南省大众综合类期刊编辑福利措施情况

数据来源：河南省期刊核验表

河南省大众综合类期刊编辑从事编辑工作，您希望所在期刊社有哪些福利措施？提供住房解决方案为 62 人次，占比 41.61%；提供学历提升协助政策为 55 人次，占比 36.91%；能够协助解决子女入托、入学等生活问题为 54 人次，占比 36.24%；本单位食堂提供补贴为 52 人次，占比 34.90%；执行年假、产假等相关政策为 47 人次，占比 31.54%；提供运动、聚会等措施为 33 人次，占比 22.15%；提供廉价职工宿舍为 29 人次，占比 19.46%；解决户口问题为 8 人次，占比 5.37%；其他为 34 人次，占比 22.82%。

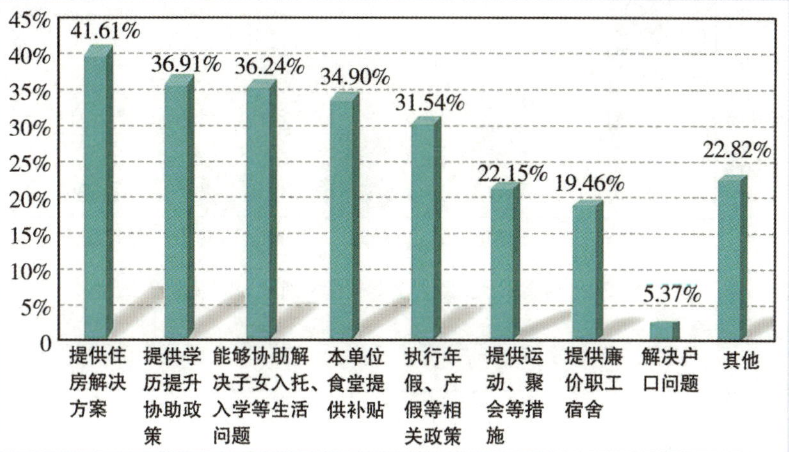

图 3–3–37　河南省大众综合类期刊编辑希望提供福利措施的情况

数据来源：河南省期刊核验表

河南省大众综合类期刊编辑中，对自己在编辑岗位上所取得的收入满意度：一般为 80 人，占比 53.69%；不满意为 80 人，占比 18.79%；满意为 26 人，占比为 17.45%；非常不满意为 13 人，占比 8.72%；非常满意为 2 人，占比 1.34%。

河南省大众综合类期刊编辑中，编辑人员（以中级职称编辑为例）的理想年度平均收入（税后，不含奖金）：以货币计算，年薪 10 万～15 万元为 60 人，占比 40.27%；以货币计算，年薪 15 万～20 万元为 37 人，占比 24.83%；以货币计算，年薪 8 万～10 万元为 21 人，占比 14.09%；以货币计算，年薪 20 万～30 万元为 14 人，占比 9.40%；以货币计算，年薪 30 万元以上为 5 人，占比 3.36%；没有什么看法为 12 人，占比 8.05%。

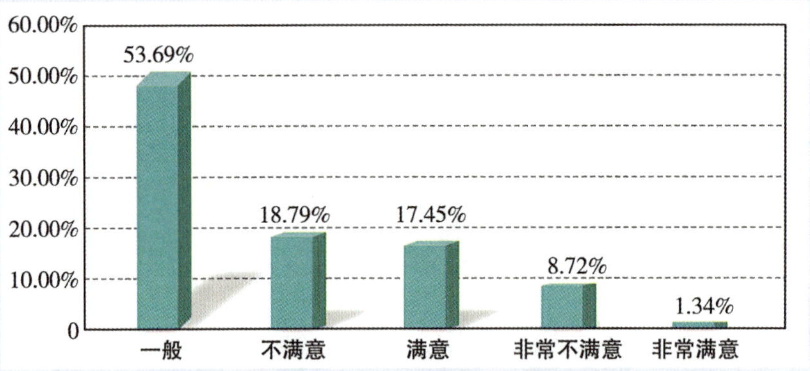

图 3-3-38 河南省大众综合类期刊编辑对收入的满意度占比

数据来源：河南省期刊核验表

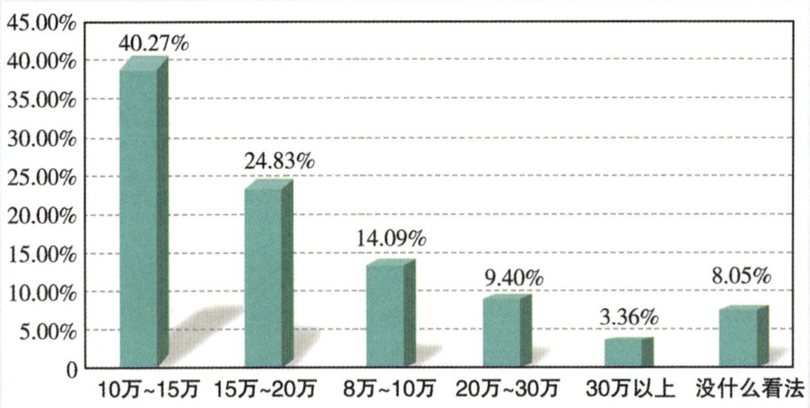

图 3-3-39 河南省大众综合类期刊编辑理想平均年收入

数据来源：河南省期刊核验表

河南省大众综合类期刊编辑中，编辑人员（以中级职称编辑为例）的收入（税后）为不以直接货币数额计算，期望值为月收入超所在城市平均水平 20% 的为 51 人，占比 34.23%；不以直接货币数额计算，月收入超所在城市平均水平 40% 的为 38 人，占比 25.50%；不以直接货币数额计算，月收入与所在城市平均水平持平的为 25 人，占比 16.78%；不以直接货币数额计算，月收入超所在城市平均水平一倍的为 11 人，占比 7.38%；不以直接货币数额计算，月收入超所在城市平均水平 60% 的为 7 人，占比 4.70%；没有什么看法的为 17 人，占比 11.41%。

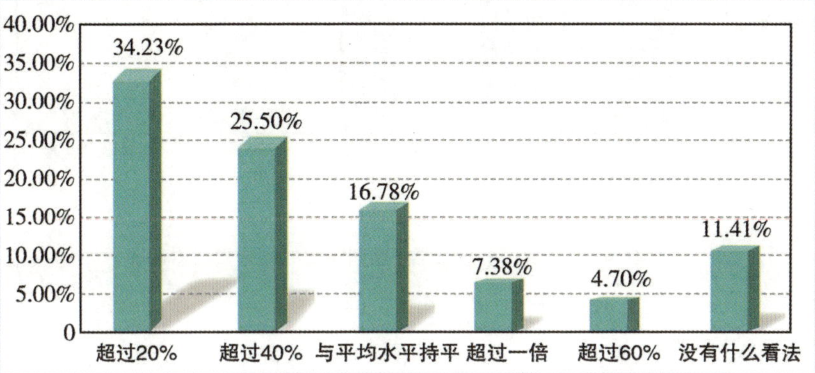

图 3-3-40　河南省大众综合类期刊编辑期望月收入超过所在城市平均水平的情况

数据来源：河南省期刊核验表

河南省大众综合类期刊编辑对于从事编辑工作所获薪酬，普遍认为偏低，且绝大多数编辑仅以编辑出版工作为唯一收入来源，无副业收入，编辑希望期刊社、行业能够提供一些福利措施。

第五节　工作体悟部分

河南省大众综合类期刊编辑认为，在我国，从事编辑工作人员肩负着我国社会主义精神文明建设重任，光荣而崇高的为 54 人，占比 36.24%；同其他文化教育类工作基本类似，没有特殊之处的为 32 人，占比 21.48%；积累知识，传播文明，高于其他文化教育

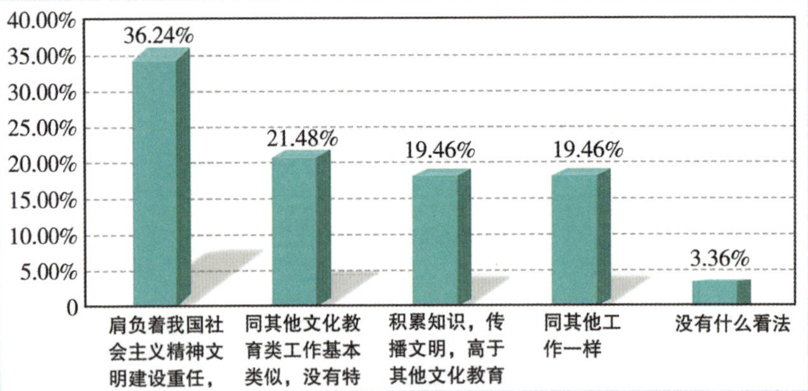

图 3-3-41 河南省大众综合类期刊编辑的社会责任感情况

数据来源：河南省期刊核验表

类工作的为 29 人，占比 19.46%；同其他工作一样的为 29 人，占比 19.46%；没有什么看法的为 5 人，占比 3.36%。

河南省大众综合类期刊编辑在满足工作量要求之外，认为单位进行评价的标准最主要应该是以编辑完成的内容质量的为 71 人，占比 47.65%；以编辑完成的社会效益的为 38 人，占比 25.50%；以编辑所获

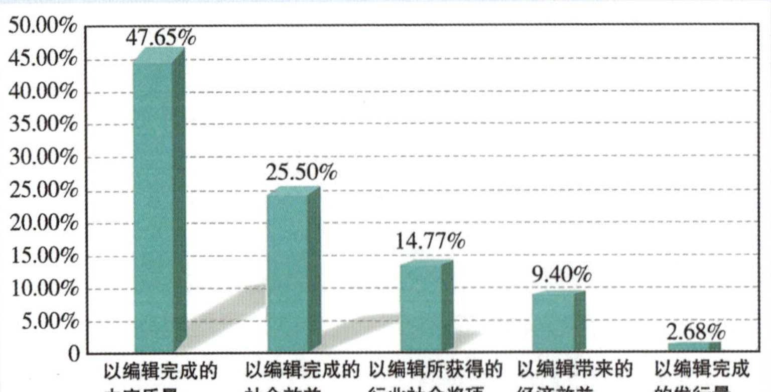

图 3-3-42 河南省大众综合类期刊编辑认为单位进行评价的最主要标准

数据来源：河南省期刊核验表

得的行业、社会奖项的为 22 人，占比 14.77%；以编辑带来的经济效益为 14 人，占比 9.40%；以编辑完成的发行量的为 4 人，占比 2.68%。

河南省大众综合类期刊编辑，最初选择在出版业从事期刊编辑工作原因为喜欢从事文字相关工作的为 99 人次，占比 66.44%；认为出版行业和编辑工作是积累知识、传播文化，光荣崇高的为 80 人次，占比 53.69%；所学学科专业与之契合度高，默认从事专业相关工作的为 60 人次，占比 40.27%；工作时间相对轻松，工作环境文化氛围高的为 19 人次，占比 12.75%；偶然选择的为 17 人次，占比 11.41%；整体属于文化教育类工作，不需要体力耗费，相对轻松，待遇尚可的为 10 人次，占比 6.71%；入职门槛相对较低，在无其他更适合工作时入职的为 3 人次，占比 2.01%。

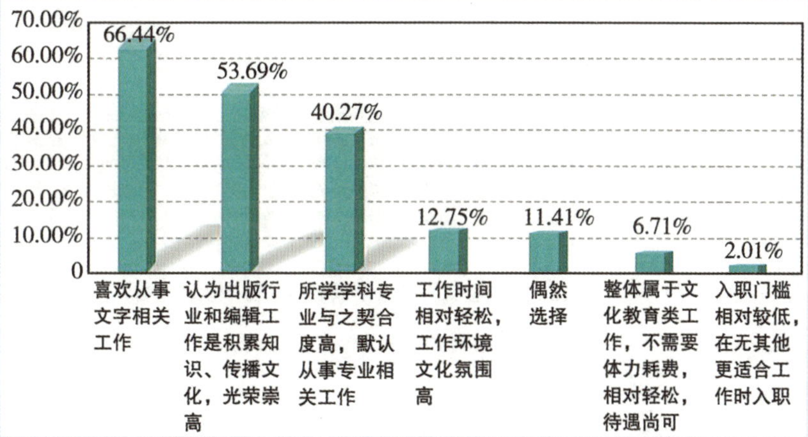

图 3-3-43　河南省大众综合类期刊编辑选择期刊编辑工作的原因

数据来源：河南省期刊核验表

河南省大众综合类期刊编辑，经历过的岗位培训类型，无整体系统培训，以上多种培训方式组合进行为 65 人次，占比 43.62%；无系统培训，由领导指导、同事帮助，摸索进行为 44 人次，占比

29.53%；行业举办的培训班（短期）为 38 人次，占比 25.50%；单位举办的入职培训（短期）为 30 人次，占比 20.13%；无系统培训，由指定老编辑指导上手进行为 17 人次，占比 11.41%；无系统培训，参考行业相关培训教材上手进行为 13 人次，占比 8.72%；单位举办的入职培训（长期）为 6 人次，占比 4.03%；相关院校的系统培训（长期）为 6 人次，占比 4.03%；行业举办的培训班（长期）为 6 人次，占比 4.03%。

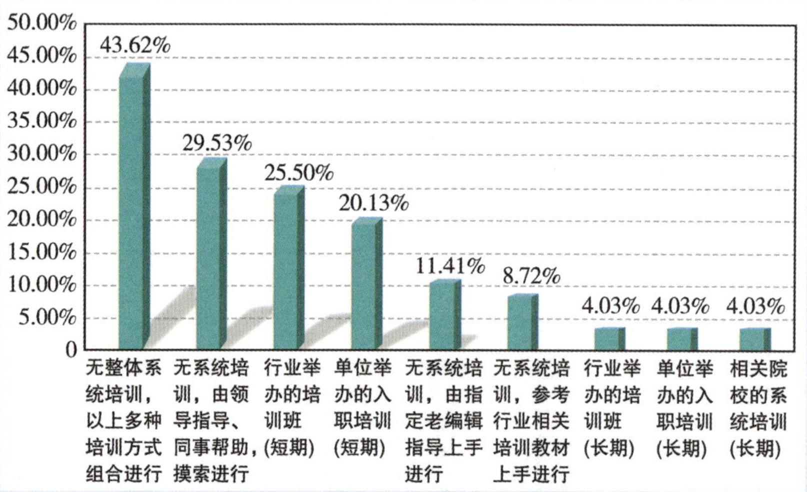

图 3-3-44 河南省大众综合类期刊编辑岗位培训类型

数据来源：河南省期刊核验表

河南省大众综合类期刊编辑对个人的知识结构与工作内容相比，在是否需要补充学习上，认知是交叉学科、边缘学科增幅加快，需要提高自身知识储备的为 87 人次，占比 58.39%；社会、市场风尚变化很快，需要补充学习的为 87 人次，占比 58.39%；所对应内容领域有所发展，自身储备尚可的为 54 人次，占比 36.24%；所对应内容领域发展很快，自身储备不足的为 41 人次，占比 27.52%；所对应内容

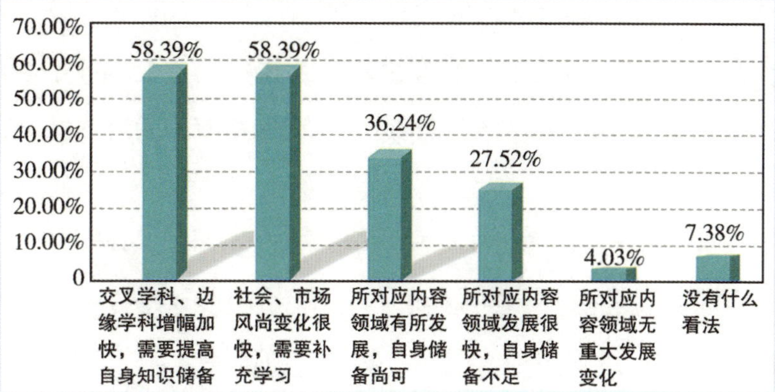

图 3-3-45　河南省大众综合类期刊编辑因工作产生的学习需求情况

数据来源：河南省期刊核验表

领域无重大发展变化的为 6 人次，占比 4.03%；没有什么看法的为 11 人次，占比 7.38%。

河南省大众综合类期刊编辑认为个人编辑业务能力与业态发展相比，出版业态发展很快，需要补充学习的为 88 人次，占比 59.06%；媒介融合趋势加剧，融媒体相关技术需要补充学习的为 87 人次，占

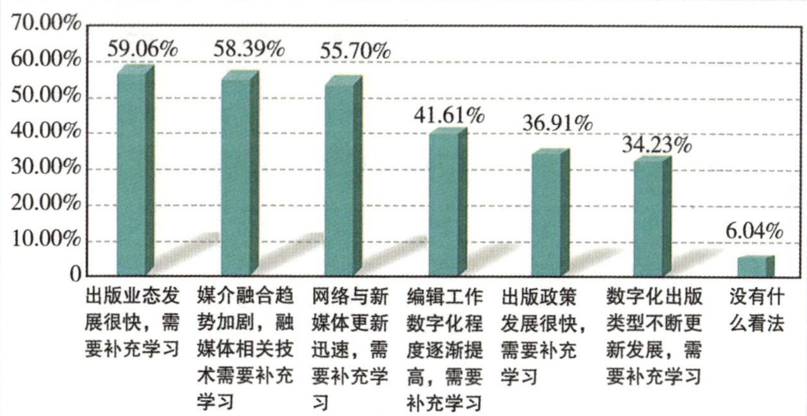

图 3-3-46　河南省大众综合类期刊编辑因业态发展产生的学习需求情况

数据来源：河南省期刊核验表

比 58.39%；网络与新媒体更新迅速，需要补充学习的为 83 人次，占比 55.70%；编辑工作数字化程度逐渐提高，需要补充学习的为 62 人次，占比 41.61%；出版政策发展很快，需要补充学习的为 55 人次，占比 36.91%；数字化出版类型不断更新发展，需要补充学习的为 51 人次，占比 34.23%；没有什么看法的为 9 人次，占比 6.04%。

河南省大众综合类期刊编辑认为，在未来通过继续教育来补充提高业务能力，最适合的方式是阶段性短期脱产学习，以行业组织专题培训班形式进行的为 79 人次，占比 53.02%；阶段性短期脱产学习，以单位组织专题培训班形式进行的为 66 人次，占比 44.30%；阶段性短期脱产学习，跟随相关院校、专业的课程班完整学习的为 45 人次，占比 30.20%；短期脱产学习，增加海外游学、调研等内容的为 39 人次，占比 26.17%；日常自学即可，不需要安排时间和场所的为 28 人次，占比 18.79%；不脱产学习，跟随相关院校、专业的课程长线学习的为 20 人次，占比 13.42%。

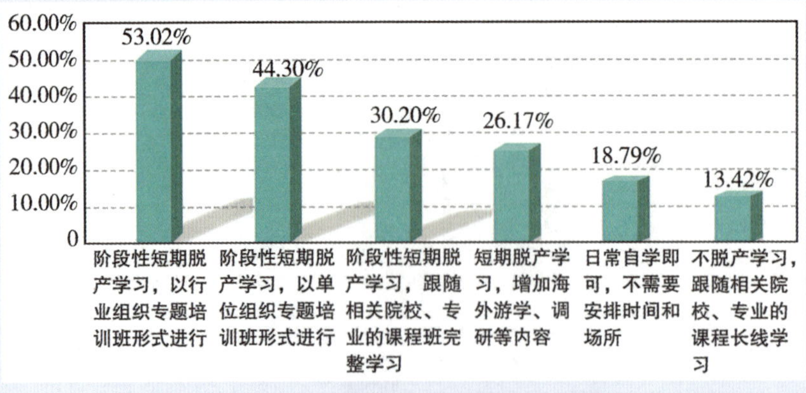

图 3-3-47 河南省大众综合类期刊编辑对未来继续教育方式的选择

数据来源：河南省期刊核验表

河南省大众综合类期刊编辑认为在现在社会环境下，继续从事期刊编辑工作需要补充数字出版、融媒体等技术知识的为 84 人次，占比 56.38%；需要补充所对应学科内容领域的为 75 人次，占比 50.34%；需要补充出版政策和理论知识的为 69 人次，占比 46.31%；需要补充编辑工作数字化相关工作技能的为 67 人次，占比 44.97%；需要补充社会学、读者心理等偏营销性知识的为 48 人次，占比 32.21%；相关专业知识储备足够，可以承担的为 31 人次，占比 20.81%；无学习兴趣，不继续学习的为 4 人次，占比 2.68%。

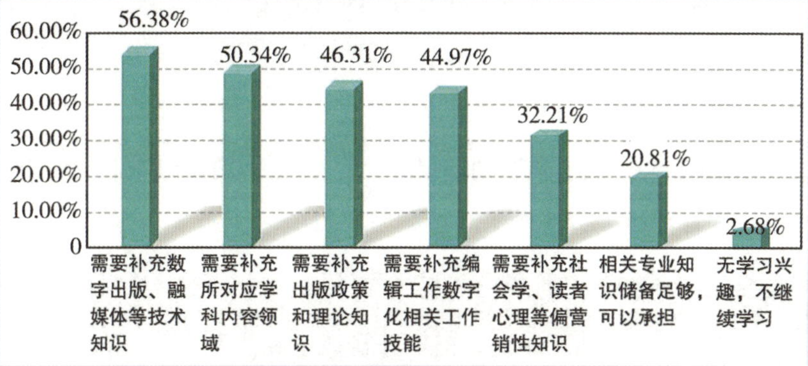

图 3-3-48　河南省大众综合类期刊编辑继续从事期刊编辑工作需要补充的知识

数据来源：河南省期刊核验表

河南省大众综合类期刊编辑作为从业人员，对现在所从事的编辑工作的看法认为是一项崇高的工作，光荣且有意义，愿意为之奉献的为 91 人次，占比 61.07%；是文化教育工作中的一项，重要性优于其他文教职业的为 42 人次，占比 28.19%；是文化教育工作中的一项，与文教类职业持平的为 42 人次，占比 28.19%；是一项工作，不优于其他职业的为 38 人次，占比 25.50%；是一项工作，属于脑力劳

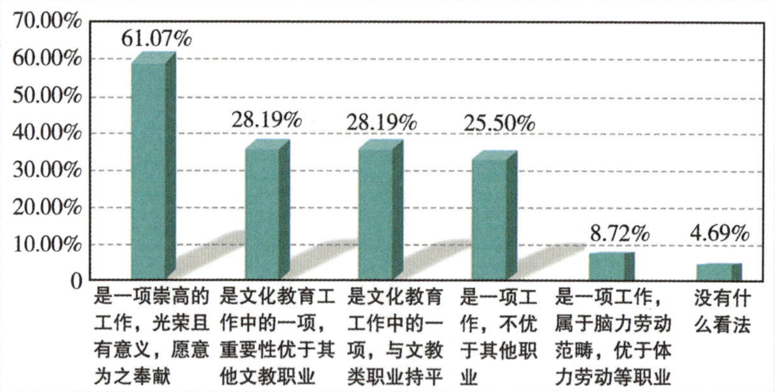

图 3-3-49　河南省大众综合类期刊编辑对编辑工作意义的看法

数据来源：河南省期刊核验表

动范畴，优于体力劳动等职业的为 13 人次，占比 8.72%；没有什么看法的为 7 人次，占比 4.69%。

河南省大众综合类期刊编辑认为，在编辑工作上的付出，产生职业认同和自豪感的地方在于能够为社会提供高质量的内容的为 87 人次，占比 58.39%；能够与领域内作为作者的专家、学者深入交流的为 79 人次，占比 53.02%；能够获得读者和作者的尊重的为 77 人

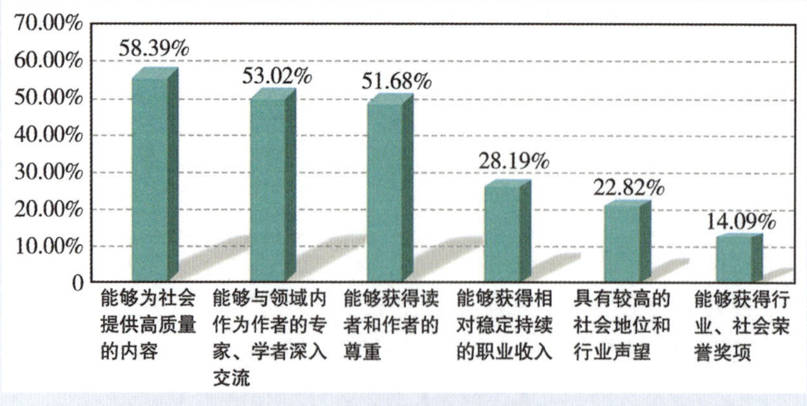

图 3-3-50　河南省大众综合类期刊编辑对职业认同和自豪感的来源

数据来源：河南省期刊核验表

次，占比 51.68%；能够获得相对稳定持续的职业收入的为 42 人次，占比 28.19%；具有较高的社会地位和行业声望的为 34 人次，占比 22.82%；能够获得行业、社会荣誉奖项的为 21 人次，占比 14.09%。

河南省大众综合类期刊编辑，从事期刊编辑工作以来没有产生过更换行业和工作岗位的想法的为 98 人，占比 65.78%；产生过更换工作岗位，还继续从事期刊出版工作的想法的为 26 人，占比 17.45%；产生过更换行业的想法，打算调整到公务员、高校等事业单位的为 12 人，占比 8.05%；产生过更换行业的想法，打算调整到外企、私企等高薪企业单位的为 8 人，占比 5.37%；产生过在出版业以外自主创业的想法的为 4 人，占比 2.68%；产生过在出版业自主创业的想法的为 1 人，占比 0.67%。

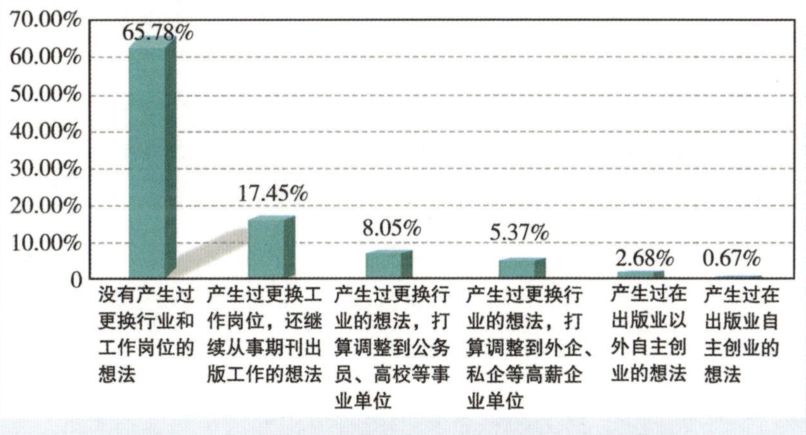

图 3-3-51　河南省大众综合类期刊编辑对更换工作的看法

数据来源：河南省期刊核验表

河南省大众综合类期刊编辑，在未来如果继续选择在出版业从事期刊编辑工作，主要是因为个人兴趣爱好，喜欢从事文字等工作的为 87 人次，占比 58.39%；这是一项崇高的事业，愿意为之奉献的为 68 人次，占比 45.64%；整体属于文化教育类工作，社会地位尚可的为 31 人次，占比 20.81%；已经习惯编辑这一工作，不愿意发生改变的为 31 人次，占比 20.81%；工作时间相对轻松，工作环境文化氛围高，待遇尚可的为 30 人次，占比 20.13%；社会永远需要编辑出版相关工作，从事该职业不会失业的为 14 人次，占比 9.40%；其他行业竞争激烈，节奏快，不能适应的为 7 人次，占比 3.70%。

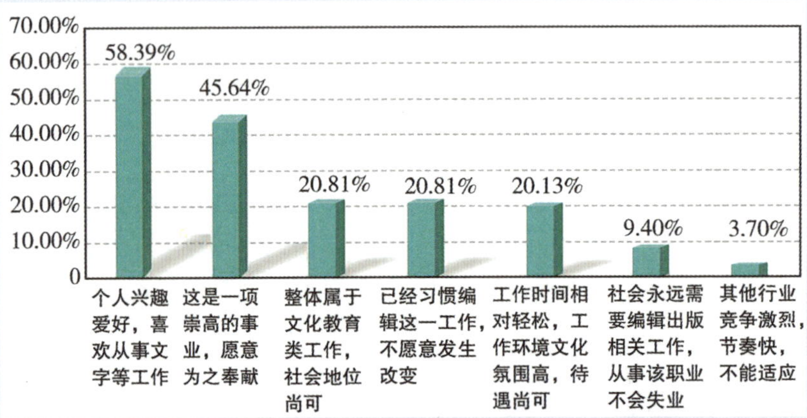

图 3-3-52 河南省大众综合类期刊编辑未来从事编辑工作的动力

数据来源：河南省期刊核验表

河南省大众综合类期刊编辑认为，未来如果放弃期刊编辑工作，是因为薪资待遇与社会其他行业相比，不占优势的为 89 人次，占比 59.73%；从事编辑工作所获收入偏低，经济压力亟待解决的为 77 人次，占比 51.68%；本刊销售有限，无法带来奖励性收入，整体收入偏低的为 31 人次，占比 20.81%；本行业隐性压力偏大，需要严格执行各项规章制度的为 29 人次，占比 19.46%；虽属于文化教育类工作，与其他文教类相比，收入最低且付出最大的为 28 人次，占比 18.79%；职称、职务等晋升没有希望的为 28 人次，占比

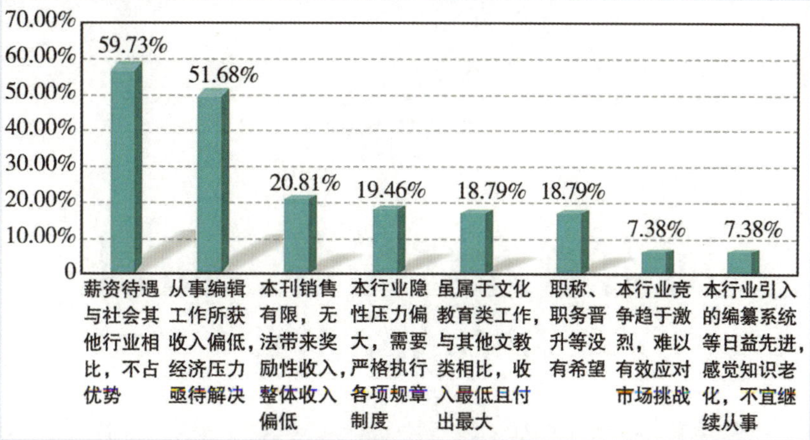

图 3-3-53　河南省大众综合类期刊编辑未来放弃编辑工作的理由

数据来源：河南省期刊核验表

18.79%；本行业竞争趋于激烈，难以有效应对市场挑战的为 11 人次，占比 7.38%；本行业引入的编纂系统等日益先进，感觉知识老化，不宜继续从事的为 11 人次，占比 7.38%。

河南省大众综合类期刊编辑在工资体悟和职业素养方面，认同编辑工作的重要性和独特价值，入职出于对文字工作的喜欢以及对编辑、文教等相关工作的热爱，所接受的岗位培训有多种方式，但随着职称晋升、薪资待遇对比等的影响，在继续做好编辑工作的同时，也在事实上产生了想改换工作等职业倦怠情绪。

第四章 河南省大众综合类期刊存在的问题

在前文对河南省大众综合类期刊各项数据进行的分析中就各项数据所反映的问题进行了简单描述，这种描述虽然具体但偏于零碎，还需要对河南省大众综合类期刊各项数据所反映的问题进行归纳和总结，从大的方面来认识这些问题。

第一节 办刊数量、品种与覆盖面存在不足

对比河南省人口数据，对河南省大众综合类期刊办刊的数量应该有更为清晰的认知。

一、办刊数量绝对值与相对值均较小

对河南省人口数据的分析和利用，对照大众综合类期刊，会发现大众综合类期刊建设上还存在一定的不足。根据我国第七次全国人口普查（以下简称普查），河南省常住人口共 9936.6 万人，占全国人口的 7.04%，位居全国第三（普查数据表明，河南省人口十年来继续保持平稳增长态势）。在人口地区分布上，郑州、南阳、周口、商丘和洛阳位居全省人口数量前五，人口向经济发达城市进一步集聚。全省常住人口中，56 个民族齐全。其中，汉族人口为 9821.1 万人，占 98.84%；各少数民族人口为 115.5 万人，占 1.16%。

在户别人口出现家庭户规模缩小，全省共有家庭户 3178.3 万户，家庭户人口为 9074.4 万人；集体户 144.2 万户，集体户人口为 862.2 万人。平均每个家庭户的人口为 2.86 人。在性别构成上男性人口占 50.15%，女性人口占 49.85%；在年龄构成上河南省少儿人口比重回升，同时人口老龄化程度加深，0 ~ 14 岁人口为 2298.9 万人，占 23.14%；15 ~ 59 岁人口为 5841.3 万人，占 58.78%；60 岁及以上人口为 1796.4 万人，占 18.08%（其中，65 岁及以上人口为 1340.2 万人，占 13.49%）。

在受教育程度上，拥有大学（指大专及以上）文化程度的人口为 1167.0 万人，拥有高中（含中专）文化程度的人口为 1514.2 万人，拥有初中文化程度的人口为 3728.0 万人，拥有小学文化程度的人口为 2440.1 万人；在城乡人口数量上与 2010 年相比城镇人口增加 1885.9 万人；在流动人口数量上省内流动人口为 1992.8 万人，外省流入人口为 127.4 万人。

从个人层面来看，个人一生中需要经历婴幼儿、少年、青年、中年、老年几个大的时期，各个人生时期所需要的精神产品不一样；从家庭层面来看，一个家庭会经历组建期、哺育期、成长期、空巢期等不同时期，各个家庭期间划分中，在经济、物品消费之外，文化产品也是一项巨大的消费；从家族层面，虽然现代社会家庭颗粒化，但还会有各种各样的方式将各个家庭作为纽带联系在一起。人的一生中，物质生活之外，精神生活的满足也是必不可少的。

河南省大众综合类期刊办刊数量为60余份，绝对值相对比较大，在全国各省市排行中居于中游偏上，但相对于河南省庞大的人口基数，这个办刊数量就显得略有不足。河南省大众综合类期刊没有与本省庞大的人口数量相类比应有的绝对值，从相对值上来看，需要对河南省各主要群体特征人口进行划分。在河南省人口数量统计中，几个大的类型人口都应该有相对应的大众综合类期刊予以满足。从目前来看，针对青少年的大众综合类期刊主要集中于与考试相关的教辅类期刊等方面，没有与其他的校园生活、文化生活等方面相关的期刊；与老年人口相对应的只有《老人春秋》，没有其他期刊；与其他人口群体数量特征相对应的期刊也存在一定程度的不足。

二、办刊品种与河南人口结构不对应

在对河南省大众综合类期刊进行数量的相对值与绝对值的比较之外，还应该更详细地将河南省大众综合类期刊的品种与河南省的人口数量结构以及相应的经济、文化、科技、消费、文教等水平进行综合对照分析。目前，总数量为60余份的大众综合类期刊无法与河南人口数量中详细的群体对应相关，整体水平还处于相对基础的阶段，只在数量上对河南省人民群众进行了简单的满足，不能够在更高层次上满足河南人民群众大众文化生活的需要。将河南省大众综合类期刊办刊数量的相对值、绝对值以及品种数与人口数据相对应后，发现这些期刊无法对河南省普通居民文化消费形成全方位、多角度的覆盖。以河南省具体人口数据为例，仅仅在河南省所公布的简单人口数据结构中，就出现了多种人口群体的划分，这说明在目前河南省内存在着多种多样的群体类型，不同群体类型的文化消费需求是不一样的。

三、办刊未建立起对河南居民文化消费全覆盖

河南省还出现了大量的打工人员，以郑州、南阳等为代表的核心城市的工业纷纷发展，省内、省外异地打工人群涌入，他们整体上在性别上趋同，年龄上接近，所在制造业领域也趋同，但没有针对年轻打工群体进行精神抚慰的期刊类产品。

河南作为中国最大的农业省，农业人口数量巨大，在为“三农”服务的大众综合类期刊上，应有针对农民从事农业所需要的农机、农药、育种、农民生活等各种内容，因此应有如《农村参谋》的专门期刊予以满足。在肯定《老人春秋》作为河南省大众综合类期刊的代表且办刊质量较高的情况下，我们也应该注意到老人在正常的生活之外，在养生保健、收藏、文旅以及精神交流上的需求应该得到满足。中医中药是中华文化的重要组成部分，在国家不缺少专门核心期刊的情况下，河南省的中医中药期刊是否可以转型增加养生、

保健、科普类的版块内容？这也应该予以关注。同时，河南作为老子、庄子等一系列文化名人的故里，作为杜甫、苏轼等人曾经的生活场所，它的文化旅游资源非常丰富，河南名山大川众多，以洛阳龙门石窟等为代表的文物古迹也是一个重要的河南符号，是否有足够的期刊予以展现值得探究。

在河南省大众综合类期刊办刊数量问题上，河南省总体期刊数量与全国平均水平基本持平，大众综合类期刊也保持这种特征，但结合河南省人口数量、人口结构、经济发展水平、文化水平等因素，河南省大众综合类期刊数量尚有欠缺，应该逐步建立大众综合类期刊与河南省人口数量、结构以及各层次人口数量结构的对应关系，并且在期刊办刊数量上予以调整，重点针对河南省中小学学生、城市人口以及老年人口等不同群体，调整面向各级学校学生的教辅刊，面向老年人口的中老年休闲文化刊，面向其他人群的休闲娱乐、文化传播等期刊，达到省内人口全面覆盖、重点人群重点满足的办刊数量。以具体的群体所需要的文化类型进行服务是大众综合类期刊的应有之意。目前在这个方面，河南省大众综合类期刊存在不足。

第二节　期刊队伍管理与建设缺少举措

一、编辑画像后性别、年龄、职称等数据不佳

对河南省期刊队伍各项调查数据汇总，可以勾画出河南省期刊编辑队伍的职业群像。该职业群像能够从性别比、年龄层次、职称结构、学历数据等多方面描绘出河南省期刊编辑队伍的面貌：女性较多、男性相对较少；初级、中级职称较多，高级职称较少；编辑工作任务量巨大，但薪资相对较低。河南省期刊编辑队伍在现代社会条件下能够很好地完成大众综合类期刊的编辑工作，但是对于编辑工作与薪资待遇等的匹配度存在一定的问题。在这种情况下，对河南省大众综合类期刊编辑队伍进行职业画像，需要能够区分出各方面分布的数值结构，并根据这些数值结构的此消彼长来预测未来五年、十年乃至更长时间整体期刊编辑队伍的人员退休状况、职称晋升状况等，判断应引入多少新人以及已有编辑队伍在哪些方面进行提高。目前对河南省期刊编辑队伍的判断必须用一种动态的眼光，不能满足于现状。

二、人才引进、交流困难，队伍梯队建设隐忧

从人员梯队建设上来讲，目前河南省期刊编辑队伍的年轻人数量相对不足，整体队伍职称中级居多、高级较少。应当注意人才的

引进，在留住人才方面，应在职称、薪资等各方面有较好待遇，继续坚持队伍健康有序发展。需要对河南省期刊编辑队伍人才梯队建设进行有效的信息预判，提出相应的对策，从落实已有队伍的人员管理入手，做好人才进出，尤其是吸引优质人才，补足数字化、经营等方面缺口，补足队伍建设短板。

三、薪资待遇欠佳，职业倦怠存在

在期刊队伍的薪资待遇上，编辑们普遍认为薪资较低，在提升编辑人员的业务能力之外，也要提升待遇，保证队伍的稳定与可持续发展。在已有编辑队伍的薪资待遇上，应当注意河南省大众综合类期刊编辑薪资期望值的分布区间，结合河南省整体平均的薪资期望值以及全国行业的薪资平均期望值来判断河南省大众综合类期刊编辑的薪资是否合理，编辑人员的薪资待遇有多少的提升空间。其次在于对整个编辑队伍的职业素养培训。在编辑队伍的职业素养培训中，需要包含对职业的坚持与坚守、对职业的信任以及减少职业倦怠感等内容。在这个方面，需要对已有编辑队伍进行系统、全面梳理，并且树立编辑队伍对编辑事业的信心。

四、能力模型有短板，业务素养待提升

在河南省大众综合类期刊编辑队伍建设上，还应当注意确定编辑队伍的具体编辑的能力模型与业务提升途径。在现代数字技术越来越深入社会生活方方面面的情况下，作为期刊编辑在传统的文案加工能力之外，能够应用的新技术有哪些？能够将这些新技术运用

到何种程度？传统的编辑、文案加工已经通过电脑及软件进行解决之后，这些数字化的文件如何能够迅速地与网络对接、与其他移动智能设备屏幕适应？这些都需要河南省大众综合类期刊编辑有所考虑并有所掌握。在编辑的业务能力上，作为大众综合类期刊文案编辑，工作之外要直接面向社会对读者服务。读者的所思、所想、所求都会通过具体的需求予以体现。能够满足读者的需求，期刊就有市场，就有销量，不能满足读者需求，期刊的市场与销量就会下滑。保证河南省大众综合类期刊能够持续稳健发展，在保证期刊编辑传统的编辑业务能力之外，编辑对市场的掌握，对读者的了解，对紧跟市场、读者喜欢的内容的策划和开发，对各种新型数码设备的应用开发能力，这些也归入了编辑的业务素质。

五、标志性人才、期刊社双缺乏，外脑引入未开展

对河南省大众综合类期刊队伍进行分析，还应该注意到，河南省期刊编辑队伍有一定的封闭性。由于地处中原，人口数量庞大，本省期刊已经有一定的生存能力，内涵建设做得较好，但在向外扩展上做得不足。河南省经济、文化、科技水平与全国相比处在中游位置，如何通过期刊这一媒介提升河南省经济、文化建设水平？需要有高水平、高层次的领军人才，需要有外界的外部自理资源引入。领军人才或外脑资源对河南省的媒介内容质量提升可以起到积极作用。在已有的期刊队伍的基础上，直接跨越式引入高层次治理资源，减少整体期刊队伍建设周期，提升期刊队伍建设质量。在河南大众综合类期刊队伍问题上，目前从整体上能够满足河南省期刊的需要，

但从期刊队伍的性别结构、年龄结构、学历结构、聘任方式、人事管理等角度进行评估，结合对期刊编辑队伍的薪资意愿、职业素养等方面的调研数据，办好河南省大众综合类期刊，需要河南省期刊队伍在学历层次、专业技能方面有更大的提升，尤其应在业务能力、数字化水平及互联网技术等方面着重加强。这需要河南省大众综合类期刊队伍在继续教育培训上有针对性和选择性，在编辑人员业务能力培训上进行提高。

第三节 办刊质量体现不突出，期刊质量构成有短板

在期刊的品质、内容层面，应当注意两者密切相关。在出版领域，内容是最基础的要素，期刊的品质离不开高质量的期刊内容。对河南省大众综合类期刊进行分析，还需要对其办刊质量进行分析。在数量和队伍之外，期刊的办刊质量直接决定了期刊是否能够赢得市场。

一、办刊质量体现不突出

1. 行业美誉度不足

首先，河南省大众综合类期刊办刊的质量体现在行业美誉度上，60余种期刊中，多数期刊并未获得较高的行业美誉度，更多是在本行业内获得一定的认可，一旦走出行业圈子，不在期刊行业进行评

选便默默无闻。在期刊行业美誉度认可指标上，因大众综合类期刊不属于各类期刊排名机构所设排名，但新闻出版总署曾经进行过中国期刊方阵评选，一个期刊是否入选中国期刊方阵，或是否有双效期刊、百强期刊等国家认可的荣誉称号，标志着其是否从政府管理角度获得肯定。

2. 发行量低，读者认可度低

办刊质量还体现在期刊的发行量上，发行量是读者直接认可度的体现。发行量大，读者认可度高；发行量小，不但是读者认可度不高，还直接会影响到期刊的生存乃至发展。对河南省大众综合类期刊进行发行量衡量，排名第一位的《老人春秋》与河南省老年人数量较多直接相关，其他期刊的发行量数据并不突出。对于大众综合类期刊而言，每期发行量底线为 5 万册，其基本盈利能力可以获得保证，一旦低于 5 万册，其盈利能力就较低。大众综合类期刊之所以被称作大众，即在于其能够最大限度地满足特定细分市场的需求，单一细分市场可能比例偏低，但结合中国庞大的人口基数，其读者数量是比较庞大的，所以发行量的高低是重要指标，应该从发行量上对大众综合类期刊进行考核。

3. 广告数据不理想

广告数据能够获得市场认可的期刊，才能更好地吸引广告投放。广告主对选择投放广告的期刊一定进行了详细考察，对发行数量、读者数量所投射的读者市场进行了经济能力、文化程度等多方面的判断。有无广告、广告数量的多少是判断大众综合类期刊办刊质量的重要指标。虽然在整体上期刊刊登广告有相应的版面上限与下限，但在正常情况下刊登 20% ~ 30% 广告数量的大众综合类期刊是办刊质量较好的期刊，但广告数据方面表现仍不理想。

办刊质量的高低还体现在社会影响力上，虽然没有明确的指标，但一份期刊在提起名字时能否在大众中引起反响，对其是否有充足的正面评价是非常重要的美誉度指标。河南省大众综合类期刊在这一方面尚有不足。

二、期刊质量构成

目前我国各印刷厂印刷质量均较好，河南省大众综合类期刊在印刷质量上通常较好，印刷质量已经不影响期刊质量。期刊作为连续型出版物，有一定的出版周期，出版周期是否能够严格遵循，表明了期刊办刊质量的稳定性，是否存在拖期、合刊等情况，直接影响读者对该刊的观感度。对河南省大众综合类期刊进行考察，需要对其出版周期进行比较，河南省大众综合类期刊出版周期有保证，遵循出版周期标准。

期刊质量构成中，编辑质量最为重要。河南省大众综合类期刊编辑质量较好，但不应仅仅从期刊是否符合编校质量的标准进行单一的文本划分，更应该看内容质量是否得到了市场认可，是否得到了读者认可，是否得到了上级主管单位的认可。在多方认可的情况下，其编辑质量才是真正较好的编辑质量，才会保证其发行、广告等各方数据的增长。

就河南省大众综合类期刊而言，必须提高其内容质量。在内容层面应当注意期刊本身的覆盖面，具体期刊应分析清楚本刊的办刊宗旨与职责范围，以及期刊内部的版块结构、栏目设置等，本刊的版面设置、版块结构、栏目设置等是否能够体现办刊宗旨，在此基础上所发稿件是否也符合本刊办刊宗旨，稿件加工过程是否严格遵守期刊各项规章制度，提高期刊的品质。

三、期刊社工作制度与工作标准化

考察办刊质量还应当考察期刊社的工作制度与工作标准化。对于大众综合类期刊，需要对市场有灵活的反应，需要能够与读者对接，需要灵活地获取各方面的信息并加以呈现，这就对办刊工作提出了很高的要求。在普通的三审三校、编校质量规定之外，期刊社有足够详细完善的工作制度，是办刊过程的制度化保证。另外，还应该重视办刊工作的标准化，征稿、投稿、收稿、组稿等一系列组稿活动是否标准化，在稿件编辑加工过程中工作是否标准化，在发稿过程中工作是否标准化，等等，都应当有章可循，能够准确处理各个环节上产生的纰漏，力争把质量工作做到最好。

对河南省大众综合类期刊进行评估，在办刊质量问题上，整体质量较好，有部分期刊在全省乃至全国有一定知名度和美誉度。但河南省大众综合类期刊还缺少真正有较大知名度的、有代表性的、能够在全国叫得响的期刊。

就国家出版业整体发展形势来看，数字出版、融媒体等越来越多挤占了出版份额，以往在纸质出版的质量体系指标中，期刊的质量与期刊发行量、传播率、期刊读者美誉度等指标联系紧密，期刊所获的行业奖项等也可以作为指标。但现代数字出版的发展在期刊的内容传播上更多追求时效性、更新率与覆盖率，尤其在各类型纸媒还存在自媒体恶性竞争的情况下，少出错，不出错，有别于自然科学技术类期刊和哲学社会科学类期刊稿件本身的高质量，大众综合类期刊的质量问题压力更大。

第四节　期刊的经济效益难以体现

—★★★—

一、发行量小，规模效益低

首先看期刊的发行获益。在河南省大众综合类期刊中，期刊发行量参差不齐，有发行量超过 40 万份的《老人春秋》，也有发行量仅几万份，甚至不过万的一些期刊。发行获益是期刊定价与发行总量之间的乘积减去期刊成本之后所获得的收益，视为毛收益。期刊发行量越大，相对而言其获益就越多，期刊的经济效益就越好。但期刊的发行获益应遵循"本、量、利"原则，让成本、发行量、利益水平三者达到最优。

二、广告量小，二次售卖不成功

考察期刊的经济效益还要看期刊的广告获益，期刊通过刊登广告从广告主那里获取收益，但刊登广告数量的多少应该有相应的限制。从期刊的广告刊登上，广告内容应当与期刊内容基本一致，在满足广告法规定的前提下，做到广告主与期刊的双赢。目前河南省大众综合类期刊广告量较小，二次售卖并不成功。

三、双效期刊匮乏，品牌获益困难

办刊质量较好的期刊才有可能开展品牌活动，期刊的品牌活动可以有很多种。

期刊所在领域资金雄厚，力量强大，有可能开展品牌活动。但如果期刊自身办刊质量差，市场小，即使试图开展品牌活动，也难以获得效益。这就要求对河南省大众综合类期刊进行综合比较之后，选择部分发行量大、广告效益好、市场认可度高的期刊进行品牌建设。将发行获益、广告获益及品牌获益综合在一起，对期刊的经营提出高标准、严要求，这就需要河南省大众综合类期刊提升经营能力，在资金投入与产出效益比上获得好的数据。在内容质量之外，只有发行量、基本的广告刊登量以及相应的品牌活动效益三者都具备的期刊，才是在现代社会生活条件下办刊质量好的期刊。从经济效益的角度来看，河南省大众综合类期刊普遍表现不佳。

期刊行业目前整体而言处于“纸媒黄昏”的困境中，读者阅读方式越来越偏向于数字阅读，短视频等也大量挤占了休闲时间，这都会造成期刊阅读率和购买量的下降。评估河南省大众综合类期刊的经济效益应结合其发行量、市场占有率以及盈利水平等指标，河南省大众综合类期刊在这三部分指标上不占优势，虽然也有以《老人春秋》为代表的效益较好的期刊，但整体经济效益较低，影响到期刊生存。

要提升河南省大众综合类期刊的经济效益，需要期刊在办刊质量构成的种种要素都做好的情况下，有明确的市场指向。提升办刊质量，加强宣传，调整市场，扩大推广，改善经营以提高经济效益。同时也应有重点地选择经济效益好、市场容量大的期刊加以推广和扶持；部分市场容量不大，发行持续萎缩的期刊，则应具体分析，适时调整经营思路，以内容调整、发行渠道变换等改刊方式予以改造。

第五节　期刊的社会效益和社会影响力

对河南省大众综合类期刊进行分析，还应关注期刊的社会效益、社会影响力。

河南省大众综合类期刊的社会效益整体表现较好，能够通过期刊社会效益验收体系。在期刊社会效益考察数据统计中，各项数据均符合期刊的社会效益指标，但囿于河南省期刊整体上办刊质量及影响力，未取得更好的社会效益。

选择在部分期刊上精耕细作，可以更好地提高期刊的社会效益。

一、社会认可度低，引领作用难以发挥

在社会认可度方面，期刊的发行量大，读者认可度高，是社会认可度体现的一个方面。但另一方面，还应关注期刊的实际质量能否得到社会认可。应注意期刊的实际内容质量，关注期刊的内容是否真正符合大众需要。期刊作为媒体，应该对大众产生引领和指导

作用，不能单纯地满足大众的需求，社会大众需要引导，需要响应党和政府各级部门在舆论宣传上制定的方针政策，树立标杆人物，予以加强引导。

河南省大众综合类期刊在满足大众需求的基础上，应当站在更高的层面上为大众提供学习的目标和方向，这也是提高社会认可度的重要方面。

二、期刊品牌活动与效果欠佳，无从形成广泛影响力

严格意义上来讲，能够产生期刊品牌活动效果的河南省大众综合类期刊并不多。《老人春秋》曾组织河南万名老人出行活动，以《老人春秋》杂志作为载体，对该活动进行组织和宣传，客观上提升了期刊的形象，也让部分收入较低的老人在此活动中能够进行长距离游览。但考虑到老人的年龄、身体状况、经济能力，这样的品牌活动存在一定的风险。《中学生阅读》《试题研究》等期刊面向青少年市场，面向校园，他们举办品牌活动的难度更低，但青少年的主要精力放在哪些方面也需求考查。

三、期刊社会效益难以扩大和提升

河南省大众综合类期刊总体都通过了期刊社会教育核验，符合上级主管单位对期刊的种种要求，但还存在社会效益如何发挥和社会影响力如何扩大的具体问题。在这些问题上，还要看期刊的品牌活动与品牌效果。应当注意期刊的品牌影响力与社会效益比值的问题，如何用最少的投入获得最大的产出，在已有期刊的社会影响上，

发挥出更大的社会效益，是值得研究和注意的问题。在河南大众综合类期刊的社会影响力上，部分期刊在发行数量、传播数量、内容质量上具有一定的社会影响力。

就河南省大众综合类期刊内容与河南省文化、旅游、历史等资源结合来看，整体上河南省大众综合类期刊的社会影响力不足。实际上，河南省部分期刊拥有独特资源，可以在河南的地理、历史、文化等方面进行深入挖掘，结合“中原文化”“老家河南”等建设进行拓展，从而提高其社会影响力。

第五章

河南省大众综合类期刊存在的问题分析

在找准河南省大众综合类期刊存在的问题之后，还应该对这些问题进行分析。在前三章具体数据的描述以及第四章存在的问题归拢列举之后，这些问题集中体现在几个方面，需要对其汇总分析。

第一节　外部管理混乱，部门机构不全，发展方向模糊

任何行业存在问题，首先都是管理上存在问题，对河南省大众综合类期刊进行审视，首先应关注外部管理。

一、外部管理不遵循媒体管理经验

外部管理首先体现在管理体系上，我国期刊都存在有主管主办单位，这种做法方便中宣部、国家新闻出版总署等出版管理部门将庞大数量的期刊社分门别类，按照一定的条框体系进行从上到下的逐步层级化统筹管理，能够用最少的人力来管理全国过万份的期刊。但期刊社的设置从主管部门来看，是本部门的下属机构，从主办部门来看，需要完成本部门的基本业务。主管主办部门将期刊社视作一个“机构”或“部门”，而非一个“专业”“重要”的媒体或平台，因此在向期刊社派驻社长、主编等领导干部、班子成员时，首先是协调本部门、本单位人力资源，而非是从专业性、经营性角度来寻找专业人才来办刊，造成了期刊社社长、主编等领导人员、班子成员未必熟悉办刊业务与期刊市场，需要通过“社长总编培训班”这一形式来取得总署核发的上岗资格证才能真正上岗。即使上岗，也还会存在对具体业务不够熟悉，不能够解决专业问题的情况。

河南省大众综合类期刊60余种，广泛分布于不同的主管主办单位，较少由集中的主管主办单位来进行统一管理。因此，各个具体的大众综合类期刊在外部管理上听命于主管主办单位的人员管理，在业务上接受河南省宣传部、河南省新闻出版局的业务指导，办刊只能遵循最初主管主办单位的规划，无法有效对市场做出反应。这种外部管理还使得期刊社相互之间交流合作较少，不会就资源的统一协调和使用达成一致，造成各个期刊单独发展，普遍力量不够壮大。因此，对河南省大众综合类期刊进行外部管理问题分析，需要河南省大众综合类期刊在外部管理方上理顺层级结构，找准发展方向。

二、内部管理未能面对市场设置职能机构

大众综合类期刊需要面对市场，面对市场最基本的决策在于能够对市场信息做出足够迅速、准确的反应。河南省大众综合类期刊在自身内部部门、机构设置以及岗位设置上，很少独立设立“策划编辑”这一专职岗位，也很少设置市场营销部门，甚至在期刊社部门设置统计上，完全不设置“法务部门”“版权编辑”。

“编辑”作为职业和工作岗位，主要工作为稿件的内容加工，附带进行组稿等相关工作，也可以在与文稿相关工作上进行延伸。但现代社会需要全流程编辑、数字化编辑，“编辑”工作的内涵不变，但外延超出了日常理解的范围，河南省大众综合类期刊编辑队伍整体上忙于内容审读工作，对于这些内容与市场的关联度如何，是否得到读者喜欢，并未进行深入研讨。现代大众综合类期刊直接关联市场，直接面向读者，这就需要大众综合类期刊在内部机构、部门设置以及岗位设置上能够符合市场情况，在社长及主编的领导下，能够迅速地对市场做出反应。没有相应的机构、部门和岗位，就很难对市场做出迅速有效的反应。因此，在河南省大众综合类期刊内部管理上，需要做好机构岗位的调整、补全，配置各个具体不同的机构和岗位。

三、管理体系不够规范，制度建设不完善

在期刊的管理层级和机构设置方面，由于河南省大众综合类期

刊普遍规模较小，在人员、资金、办公场所等有限的情况下，日常管理和工作方面较少建立规范化制度，更多是直接指挥。在社长、主编等层级之下，很少有发行部、营销部等具体部门机构，客观上方便人员指挥管理，但在实际运行中会出现人员的岗位职责不够明晰，人员之间的分工与合作不够协调，会影响在具体办刊过程中的时效。

因此，需要对期刊社的管理层级、机构设置等进行规范化的建设或调整，明晰社长、主编、编辑部主任及编辑之间，期刊社各部门之间的权责关系，使各级人员能够在各个机构、岗位上各司其职，分工协作，最快地做出基于专业素养的价值判断，更好提升业务能力。

第二节 激励奖惩机制缺乏，人员入职、晋升困难

河南省期刊队伍班子成员、采编人员等共 2440 人左右，领导人员与业务人员比例约为 1∶3。编辑队伍在整体上较好地完成了河南省期刊的各项工作，但大众综合类期刊各项业绩都不够突出，在前文已经述及。究其原因，还体现在具体的人员管理上。

一、奖励机制缺乏且难以落实，对人员无激励作用

河南省大众综合类期刊队伍存在管理人员、业务人员的分层。由于管理人员普遍由各级主管主办单位任命产生，或者由主管主办

单位以各种聘用方式聘任，主体是由主管主办单位在内部对干部进行选拔和任用。社长或主编等领导人员在身份上更多属于主管主办单位的某一层级的领导，对主管部门负领导责任。社领导在具体期刊的业务能力上不一定专业，但首先要忠实履行主管部门要求。由主管主办单位所管辖的管理人员，在身份上存在束缚，在期刊业务上未必“通、专、精”，因此在具体办刊上很难主动、积极面向市场起舞，同时这种身份制约也存在激励机制的问题，期刊办好办坏，在主管部门眼中不是问题，在人员管理和期刊运行上不出问题就是成绩，并且期刊即使办好，对于期刊社领导来说也会存在自己在具体岗位上的聘期问题，多数期刊社领导不会把办刊视作自己工作的全部，主管主办部门对期刊社领导也通常缺乏相应奖励机制。已经成为管理人员的期刊社社长或主编在缺乏激励机制还要承担管理责任的情况下，大多只是完成主管主办单位交办的任务，不能够积极主动地从期刊出发，从市场出发，按照期刊出版自身的规律和要求办好期刊。

二、职称晋升通道不畅，队伍吸引力不足

在人员管理上还存在业务人员晋升的问题，具体编辑期刊、出版期刊的业务人员在职称序列上以编辑序列为主，但在前文的分析中，期刊编辑队伍建设已经出现了新人引进不易，同时好的人才因薪资待遇、职称晋升等问题难以长留的情况。让新进的期刊人员对自己期刊编辑的身份认知准确并热爱期刊编辑出版事业，能够在入职之后迅速地适应编辑职业和具体编辑岗位，能够认可并走通编辑

职称晋升通道，需要动员多方力量，在政策、待遇、福利等多方面组建配套设施才有可能实现。

管理人员、业务人员这种内部人员管理的问题，关系到编辑队伍的稳定、有序、积极、高效，必须让管理人员和业务人员身份明晰，自身权责清晰，由此才能称得上成功的内部人员管理。

第三节 工作制度建设不够完善

在外部条块管理、内部人员管理之外，制度建设、业务运行也是河南省大众综合类期刊存在问题较多的地方。

一、缺少外脑资源引入，未能建立智库支持

在制度建设方面，大众综合类期刊虽然不像哲学社会科学类期刊和自然科学技术类期刊那样一定要建立编委会制度，但现代社会信息量巨大，期刊社应该有一定的外脑资源，以备咨询。外脑资源可以以专家委员会、编委会或者智库等各种方式、名义存在。在面临一些突发事件或者重大选题策划的时候，期刊社能够从这些外脑智库里吸取一些意见和建议，判断和优化这些内容的选题策划价值，确定加工的方向和深度，这样才能从更好的角度来把握内容。如果没有外部的智库建设和专家智力资源建设，单凭具体一个期刊社的内部智力资源，很难在现代社会“信息爆炸”的环境中把期刊办好。

二、工作制度不完善，未能覆盖全流程

工作制度既包括组稿制度、审稿制度、编校制度，也包括发稿制度、发行制度等一系列的工作制度，这些工作能够组成一个明确的整体，覆盖大众综合类期刊从选题策划到组稿、审稿、编辑、加工、发稿、印制、铺货、上市的全过程。如果制度不够规范，落实执行不够严谨，对大众综合类期刊进行好的质量建设也就无从谈起。

制度建设完备，大众综合类期刊才能有章可循地运转，从而保证各项业务的平稳、有序进行。

第四节　办刊理论与实践能力较弱，业务运行不够严谨

— ★★★ —

一、办刊理论水平未能与时俱进，理念不够先进

出版是一项高度专业化的工作，尤其是在我国，担负着社会主义精神文明建设的重任，期刊出版是出版工作的重要组成部分，从事期刊出版工作，做好期刊编辑，需要相当的理论高度和业务水平。

期刊编辑队伍，从管理人员到具体业务人员，都需要积极掌握党的各项路线、方针、政策，把党中央和习近平总书记对我国宣传工作、出版工作的各项指示都落实到实际工作中去。

二、办刊实践偏于粗犷，未能在精细化管理、科学化办刊上深耕细作

在办刊业务实践上，大众综合类期刊也存在一些问题。在对河南省大众综合类期刊的办刊方式与办刊质量方面的分析过程中，从分析结果来看，办刊方式普遍较为粗犷，在管理层级机构设置上不够科学，不够现代化。在办刊质量上虽然能够满足现在的办刊需求，但对于高质量的期刊而言，其质量提高是无止境的，因此需要通过具体的策略、政策与措施来提升办刊质量。应注意期刊的办刊宗旨及其在办刊过程中的贯彻与实施，在办刊方式与办刊质量并重的情况下，注重办刊方式的现代化、数字化，注重办刊质量的高效化、集约化。

在具体办刊业务上，除了在编辑过程中做好编校工作，在复制环节，一方面要注重印制质量，另一方面也要向大众综合类期刊的数字化方向发力。河南省大众综合类期刊不管是在数字化的宣传方面，还是在数字化的内容推广方面，都存在一定的短板。以目前河南省大众综合类期刊的发行数量以及办刊人员，很难完整、系统地完成大众综合类期刊的非印刷复制工作及数字化工作，需要有所补充。

三、期刊经营能力不足，发行与营销等未能形成有效合力

在办刊业务实践上，还应关注大众综合类期刊的发行。发行工作是大众综合类期刊的经济价值得以实现的基础工作，但河南省大众综合类期刊整体发行量较小，虽然有部分期刊发行量较大，但总

体来讲发行渠道不畅，市场开拓不足。因此，需要在营销上为发行做足文章。在能够保证大众综合类期刊供货渠道的同时，采用种种营销手段辅助发行，扩大大众综合类期刊的发行量，并且也应该注意其他渠道的建设。从整体而言，大众综合类期刊的营销需要在业务能力上提升，需要综合全面地补充短板。

第五节　编辑队伍建设存在缺口，从业人员培训存在短板

期刊编辑出版是专业化工作，从事期刊编辑工作需要一支专业化、高素质、能力强的编辑队伍。从前文对编辑队伍调研问卷的数据中可以看出，期刊编辑队伍整体上学历层次高，大多都受过良好教育。

一、编辑队伍新人入职入门困难

整个出版行业都是以高入职门槛著称。但编辑出版业的薪资待遇在现代社会没有优势可言，尤其是现代社会所存在的大量计算机技术、金融、证券等高新行业，其薪资待遇是出版行业望尘莫及的。这在对已有编辑队伍的观念上产生刺激和冲击的同时，也对编辑队伍的补充造成了影响。各大高校的毕业生首先涌向这些薪资待遇最高的行业，其次还有公务员等职业也有着巨大的诱惑力，编辑职业、编辑岗位的吸引力不足，影响人才的进入。

从人才培养的专业性来说，我国大学本科编辑出版专业从 1985 年才正式设立，到现在有近 40 年的历史，但具体在期刊编辑方面，在各个大学专业教学体系中不成系列，教材短缺，培训很少。对具体编辑的办刊实践，更多的是从实践、新闻学教学的角度出发，从报刊编辑实务出发进行的教育和培训较少，教材方面只有图书编辑的教材可供遵循。

由于我国编辑出版专业建设时间较晚，建设成果还不够有效，行业吸引力不足，专业教育、职业培训匮乏，这都造成编辑的入职难度增加。从实际人员补充来说，很难有专业的编辑出版学专业毕业生进入到出版队伍中来从事期刊编辑工作。因此，在编辑出版专业人才提供不足的情况下，从其他专业如何吸引人才作为新人来从事大众综合类期刊编辑工作是一个问题，这就需要大众综合类期刊能够拿出自己的吸引力解决人员引进的问题。

二、编辑队伍人员出路狭窄，与外界人才交流困难

在队伍建设上的缺口还表现在人才的“出路”问题上，一方面职称晋升困难对期刊编辑造成影响，另一方面期刊社往往无力解决人员的清退问题。各期刊社在人员规模普遍不大的同时，还存在采编人员所占比例相对较低的问题，各个期刊社都存在实际干活人员不足的情况。

还有一方面在于期刊社需要的人员不能合理引进。在新人编辑入职之外，期刊社很难从相近行业或其他行业吸纳相关需要人才进入，这也是队伍建设中出现的问题。

三、职业技能待提高，数字化相关技术理念是短板

在队伍建设中还存在职业素养的问题。大众综合类期刊编辑队伍从整体而言职业素养较高，但随着现代社会条件的变化，对数字技术、数字出版概念、融媒体的应用、自媒体公众号等一系列的新媒体的应用不足。大众综合类期刊的编辑队伍要不断学习和掌握，将原来纯粹的纸刊的专业技能扩大到纸刊和数字刊技能并行的应用层面，这对大众综合类期刊的编辑队伍是更高的要求。在业务能力之外，市场能力、营销能力、人际交往能力，甚至包括大众综合类期刊编辑的心理调试能力，都要提上议事日程。在全方位打造大众综合类期刊编辑业务能力的同时，需要对他们进行哪些方面的培训，培训做到什么程度，以何种方式进行，这些都存在具体问题具体分析的空间。在河南省大众综合类期刊的人员素养方面，整体上办刊人员素养较高，在学历层次、年龄结构、学科背景等方面均较为均衡。但目前期刊业处于从纸媒期刊与数字化期刊并存，并且向数字化期刊过渡的关键时期，各类型单位、公司人员招聘时都对员工提出了越来越多的计算机技术、网络传播、新媒体应用等方面的技能要求，期刊社本身就属于文化行业，其媒体属性要求员工更能拥抱新媒体，用好新媒体，期刊社需要注意提升期刊编辑人员的职业素养，增加互联网技术、数字出版技术、网络传播、自媒体运营等偏向于技术方面的培训，使得期刊编辑既能够编辑高质量的纸质期刊，也能够方便快捷地将纸质期刊内容以各种数字化形式通过网络或手机等媒介进行传播。

第六节 规模化建设不足，数字化程度不高，平台建设缺失

— ★★★ —

一、期刊社普遍规模小，单刊力量薄弱

河南省大众综合类期刊还存在期刊的规模化建设问题。目前河南省大众综合类期刊普遍规模较小，因此发行量较小、办刊质量不足等一系列问题都可从期刊的规模上找到原因。没有多的编辑力量，没有多的资金投入，大众综合类期刊的质量提升就无从谈起。

在这些问题尚未解决的同时，大众综合类期刊可以抱团取暖，一方面是本省内部的期刊是否可以展开合作，同类期刊是否可以展开合作；另一方面是在全国范围内，跨省之间的同类期刊社是否可以展开交流和合作。在稿源、作者、发行渠道互助、内容交流、信息宣传与传播上，这些期刊社都大有可为。

二、数字化技术掌握不足，理念落后，信心不足

在河南省大众综合类期刊办刊的信息化、数字化水平方面，从调查数据来看，河南省大众综合类期刊办刊的信息化和数字化水平均处于一个较低的位置。办刊的信息化、数字化水平既包括办刊过程中期刊编纂系统的数字化与信息化水平，也包括期刊内容的信息化与数字化水平。在现代社会，互联网全面覆盖，手机几乎普及，

办刊的信息化与数字化水平必须与国民经济的发展水平相一致，主动接触和拥抱数字化出版，具备在传统纸媒期刊和数字期刊齐头并进的办刊水平。

三、缺乏共享的期刊平台建设，为各期刊提供统一信息引流窗口

在期刊的平台建设上，万方、知网等数据库平台更多的是收录哲学社会科学类期刊和自然科学技术类期刊的相关数据，对于大众综合类期刊平台建设较为薄弱。一方面，大型出版社、期刊社等纷纷建立了自有网站，但自有网站的内容更新率不在考核和关注范围内。另一方面，在自有平台上，从固定端口网络到移动客户端也应有所提升，应该有同类期刊进行共同平台建设，对大众综合类期刊的读者进行平台引流。

第六章

提升河南省大众综合类期刊发展的具体建议

前文分析了河南省大众综合类期刊的问题，可看出建设好河南省大众综合类期刊需要有总体思路，还需要具体的方法和步骤。对河南省大众综合类期刊具体的意见和建议，要分为以下几个层面。

第一节　厘清总体建设思路，统筹规划整体布局

一、围绕中心，服务大局

河南省大众综合类期刊从属于河南省期刊，从属于中国期刊大众综合类期刊，虽然不像自然科学技术类期刊、哲学社会科学类期

刊那样直接反映科学技术、思想领域等方面的最新动态和最高水平，但大众综合类期刊作为市场反应最活跃、办刊形式最灵活的期刊，应该有自身的意识。大众综合类期刊的存在应该围绕国家层面进行，我国对出版工作的定性及定义同样会反映在对期刊的认知上，对期刊的认知也会反映在河南省大众综合类期刊上。河南省大众综合类期刊应该在河南省委宣传部、河南省新闻出版局的领导下，贯彻我党宣传路线的方针政策，发扬习近平新时代中国特色社会主义思想中关于出版建设、文化建设的具体内涵，以此为中心来服务河南省经济，为建设社会文化大局服务。

二、宣传河南，服务社会

河南省作为我国 34 个省级行政单位之一，人口数量居第三，经济社会、文化科技等方面均取得了很好的发展态势，综合实力在我国省份排名中趋于前列，但河南省的经济、文化建设成就等方面没有得到很好的宣传。在河南省委宣传部、河南省新闻出版局组织拍摄宣传片，以“老家河南”“中原文化”等方式在电视频道播出的同时，河南省大众综合类期刊也应该能够成为河南省宣传的渠道，成为河南文化宣传的名片。以这样的角度和思路来发展河南省大众综合类期刊，也是期刊为社会服务的一种途径。

三、找准定位，有的放矢

发展河南省大众综合类期刊还需要找准定位。有优质学术类稿件即可办好哲学社会科学类期刊、自然科学技术类期刊，但大众综合类期刊有别于此，大众综合类期刊的办刊基础是建立在对社会服务之上，各个具体的大众综合类期刊的内容服务大众群体中的哪一个层级、哪一个方面、哪一类人群，对这类人群的何种需求进行服务，这就是大众综合类期刊的定位。因此，找准定位就需要河南省大众综合类期刊能够有的放矢，选择河南省人口数据、社会发展等各项综合数据中的一个方面来对照自己是否做到了准确定位，将自己的办刊宗旨与自己面向的市场等做好结合，进行调整，做到自己能够有效地面对某一具体市场，并对该市场进行服务，这样才是河南省大众综合类期刊能够长远发展的具体市场路径。

四、实事求是，因刊制宜

办好河南省期刊还应该注意到大众综合类期刊市场反应比较灵活，但存在各刊发行量多少的问题，存在各刊之间质量不一的问题，也存在各刊之间规模大小不同的问题，为河南省大众综合类期刊确定一条整齐划一的技术路径存在难度。但每个具体的大众综合类期刊都应该在找准自己定位之后，实事求是，看清楚自身要服务的对象群体，满足对象群体的需求。分析自身刊物的条件、资金支持人员能力、所掌握的技术途径、自身市场的大小，办刊的具体实践要能够与这些具体的条件相对应，每一个期刊的具体办刊都是一场具体的党的新闻路线的实践，是一场具体的各方面人群需求满足的反映。所以实事求是，因刊制宜，给具体的期刊留出相应的发挥空间也是河南省大众综合类期刊的办刊思路。

第二节　理顺管理层级，明确意识形态优先

一、理顺期刊社内外管理关系

现代期刊应当具备现代的管理水平和工作制度，在已有期刊的运行基础上，如何体现现代期刊的管理水平，是河南省大众综合类期刊应当考虑的问题。

加强管理，还需要理顺期刊社的隶属关系。我国实行期刊社主管主办单位负责制，主管主办单位在向期刊社派出领导和确认班子成员时，更多是从主管主办单位自身人员的角度出发，对期刊社的特性考虑不够周全。因此，在管理上，上级主管主办单位所派出的班子成员必须通过期刊出版的相关学习，抬高期刊社班子成员的入职门槛。

理顺管理关系，还需要这些主管主办单位充分意识到期刊出版工作的特殊性，不能以纯粹的主管主办单位的业务能力、业务流程、业务标准来要求这些大众综合类期刊，它们的日常运行在管理关系上应该厘清主管主办单位的人事聘用与省委宣传部、省新闻出版局中系统的业务指导之间的关系。省委宣传部、省新闻出版局的业务指导的优先级必须高于主管主办单位人员派出的管理优先级。

二、加强意识形态相关领域内容在期刊社内部的贯彻

加强学习不仅是对管理人员、班子成员的要求，也是对普通编辑、业务人员的要求。省委宣传部、省新闻出版局对河南省大众综合类期刊应明确其意识形态属性，要求其把牢意识形态主阵地，做到党管媒体。媒体是党和国家意志的体现，需要遵循党的各项路线方针政策，执行党的各项文件，在保证期刊社班子成员能够执行党的路线方针政策、占领意识形态高地之外，也要求从班子成员到期刊社编辑成员具有理论文化修养，能够自觉地使用党的各项理论来解决期刊出版过程中的种种问题。

第三节　加强各种学习，提升各项业务能力水平

一、将思政领域发展渗透到期刊内容中

现代社会发展速度加快，信息以几何级数暴涨，在海量信息中需要能够找到最为关键、准确的信息来作为期刊内容，这需要期刊社人员有足够的理论素养、新闻敏感性、业务嗅觉。一方面，习近平新时代中国特色社会主义思想和党的各项路线、方针、政策等基础性理论中都包含了党对我们这个时代的基本判断，保证了期刊出版工作能够在社会主义建设的范畴内政治正确；另一方面，历次党的会议中，各种关于期刊工作的指导性意见和实施办法，也要求期刊管理人员和业务人员能够从党的路线、方针、政策的执行高度来

看待期刊编辑工作。

二、将学科理论、专业知识应用到办刊实践中

加强学习，包括相关新闻传播、编辑出版等学科、专业的最新理论与发展。期刊出版作为小的专业领域，各种相关理论研究、案例研究等数量较少，但上位学科的编辑出版、新闻传播、图书情报与档案工作等学科，则分别有一级学科、二级学科的存在，这几个领域每年都会有大量相关专业书籍出版，虽然不一定直接与期刊相关，但部分内容的确涉及期刊业，涉及期刊出版，这些相关书籍应该进入到期刊从业者的视野并进行学习。

此外，新闻传播学科还有相关专业期刊存在，如《中国出版》《编辑之友》《科技与出版》《出版广角》《出版参考》《出版发行研究》等期刊，均会不同程度刊登一些关于期刊各个领域的文章，相关报刊、自媒体公号等，也应该纳入到期刊从业者的视野中来。

三、将兄弟期刊经验应用到经营中

加强学习，也包括具体的期刊出版专业业务能力方面的学习。在专业教育上不够完备的情况下，办期刊不能一直摸着石头过河，河南省大众综合类期刊办刊人员也应当充分借鉴已有的办刊经验，从同类型期刊案例入手，从与其他相关兄弟单位开展交流入手，多种途径并行，提升自身媒介素养，努力学习好各种具体的办刊经验。

第四节 建立健全工作制度，稳定编辑队伍，提升人员素质

一、建立健全编辑工作各项制度

编辑工作制度既包括组稿制度、审稿制度、编校制度，也包括发稿制度、发行制度等一系列的工作制度，这些工作能够组成一个明确的整体，覆盖大众综合类期刊从选题策划到组稿、审稿、编辑、加工、发稿、印制、铺货、上市的全过程。对建立和健全各项工作制度提出建议，主要根据河南省大众综合类期刊的平均人数以及期刊社规模等来判断。在期刊社规模小、编辑人数普遍较少的情况下，用最少的人完成完全的工作，就需要在工作中将错误降到最低，因此必须“有章可循、有度可依”，需要在组稿、审稿、编辑加工到发稿下印厂等一系列环节上，明确地卡出具体的时间点以进行质量监控，在原有的围绕文稿加工建立的各项工作制度中，将相对缺少有关稿源标准、质量控制、编校程序、编校标准以及印刷质量控制、发行周期控制等内容变为可视化、可遵照、可执行的系列工作制度，为编辑提供一个可随时切入工作流程的规范操作空间。

在工作制度之外，及时支付作者稿酬也是期刊社稳定作者队伍的重要做法，制度性地保持和读者进行沟通的座谈会、问卷调查、

回访等也应纳入到这个系列中来。这些制度的贯彻和执行关系到期刊社的长期稳定发展。因此，河南省大众综合类期刊应该建立健全各项完整的工作制度。具体可以参照较为成熟的其他大众综合类期刊进行工作制度设计，制定出一个“小而美”“小而全”的工作制度体系。

二、保持编辑队伍的长期、高效、稳定

保持编辑队伍的建设需要从三个方面来进行。

首先，要保持编辑队伍的长期性。

编辑工作是一项需要投入极多时间和精力的工作，期刊作为连续出版物，同一刊名跨年度长期保持不变，更是必须保持编辑队伍的长期稳定性。大约三年甚至更长时间才能将一个没有从业经验的行业新人培养为一名熟练的期刊编辑。如果培养出的期刊编辑不能长期留下来，即使源源不断有新人补充进来，在新人培训上所花费的时间、精力也会极大地增加编辑部的成本，影响期刊的平稳运行。因此，保持编辑队伍的长期性，应该着重从“留得住人”落脚，期刊社应该给予编辑足够的职称晋升空间和相应的薪资待遇，使得本行业培养的人才不外流。管理部门应该根据本行业人员的基本数量来判断未来不同时期所需要引进的新人数，才能够保证队伍的长期永续性。

其次，要保持编辑队伍的高效性。

编辑本身都是人才，但如何在编辑队伍的人才序列中形成最优组合人选，保证整个队伍的高效运行，就需要保持编辑队伍的

高效性。在社会化大分工已经确立的情况下，需要编辑们能够高效地在各个环节展开工作。这离不开对编辑队伍在具体专业技能上的培训。这些专业技能培训在现代社会条件下已经越来越趋向于模块化，可以通过系列的模块培训课程加以补充。此外，注重队伍的高效性，还应该在外脑资源、智库引入上做文章，让专业的人做专业的事是最为高效的工作办法，已有的队伍在各方潜能都挖掘殆尽，新的需求在培训尚未到位、技能尚未掌握的情况下，可以通过外聘、咨询等外脑方式解决问题，就可以按照相关途径迅速解决，提高效率。

最后，要保持编辑队伍的稳定性。

一份期刊有别于其他期刊，就在于期刊的办刊宗旨。办刊宗旨的执行在于其有一支渗透了该期刊文化的编辑队伍，长期在同一期刊工作，会形成对该期刊条件反射式的工作习惯，整个队伍、具体编辑人员的所思所想，都在围绕这个期刊的运行展开。一旦具体期刊的编辑队伍发生变化，那么审稿标准、编辑标准等也会随之发生变化，如果不能被读者所接受，就面临读者的流失。保持编辑队伍的稳定性，是在保证期刊编辑质量的稳定性，也是在保持期刊社经营的稳定性。

将编辑队伍的长期性、高效性、稳定性综合在一起，从而保持编辑队伍的建设和管理有序进行。

三、提升编辑队伍整体素质，补足职业技能短板

对河南省的期刊提出具体的意见和建议，还在于应提高期刊人

员的职业素养。首先的职业素养在于其领导应该具有专门的经营能力，应该对期刊社的社长、主编进行专门的期刊经营方面的培养，需要他们懂经营、懂出版、懂新闻、懂宣传，更要懂期刊，能够清晰了解期刊出版的方方面面，这样才能够把自己所管理的队伍按照期刊出版的正常逻辑进行管理。

其次，需要提高期刊编辑队伍的职业素养，既包括期刊编辑人员本身的学历、知识结构、学科背景等各方面因素，也必须包含编辑出版专业，尤其是在期刊编辑、期刊出版方面专有的业务能力，能够完成对期刊全年内容、全季度内容或更短时间段内具体内容的策划，能够完成对具体期刊从内容策划到选题，到组稿，到版块栏目设置，到具体稿件编辑加工以及排版、印务等全流程的期刊出版工作，这样才能够保证各个工作人员工作的无缝衔接。

第五节　结合省情，分析市场，服务河南人民

一、了解和分析全省各项数据，寻找细分市场

河南省办期刊，第一读者就是河南人，内容应该反映河南经济、文化、民俗、科技、历史等方面的资源和发展，满足河南人民的需要。服务好河南人民，是河南省大众综合类期刊的立足点和生产点。在河南办好大众综合类期刊必须充分考虑河南省省情。

河南省省情首先体现在人口方面，将近 1 亿的人口，从各种划

分角度可以将河南省人口分为不同的群体。河南省人口的突出特征在青少年、老人群体、外来务工群体规模大，他们分别对应的细分市场为教育市场、银龄市场、务工市场，因此是否能够办出满足这几类市场需要的期刊，是这些期刊是否能办好的前提。

在河南省的人口数据之外，经济发展数据、历史文化、旅游资源、科技数据等，这些都属于河南省省情的范畴，只有对河南省各方面数据、信息了解和掌握，才能在此基础上找到细分市场来办好期刊。

二、对具体市场的容量、效益等进行判断，决定是否进入

办好河南省大众综合类期刊，必须充分考虑和研究河南省省情，从人口结构、经济、文化、科技水平等多方面要素对人口进行划分，决定是否进入。此外，进入具体细分市场，还必须找准需要服务的方面。河南省大众综合类期刊发行量最大的为《老人春秋》，为青少年服务的期刊以教辅类等期刊为主，发行量最大的是与考试直接相关的《试题研究》，这都是发行量远超其他期刊的佼佼者，但在《老人春秋》和《试题研究》等期刊之外，其他各种期刊发行量均不够理想，这与目前河南省大众综合类期刊与省情结合得不够紧密有直接关系。

如针对现在河南省大量存在的外来务工人口，很多已经逐渐在建设河南的过程中扎根河南，不断出现的新的经济增长点总会带来新的工种序列，从中华人民共和国成立早期河南棉纺织行业集中，到磨具、炼油，再到烟草行业等，在为河南带来经济增长

和社会繁荣的同时，产业工人定居河南，已经成为河南人，也在客观上为河南带来了《中国棉花》《烟草科技》等自然科学技术类期刊的独特资源，现在河南郑州作为华中建设的中心，制造业等吸引新型产业工人聚集，高校数量多所凝聚的大中专学生群体，都已经形成了庞大的人口基数，对这些人口群体进行多角度价值判断，也应该有相应期刊满足各群体的文化需求，应该有相应期刊作为各群体的精神指引。河南省人口众多，对数据分析还会产生新的数据——有大量的基层组织单位，在基层党建和团建上，也应该是河南省大众综合类期刊着力的一个方向，其他相关思政类期刊是否开设河南省内容的专题，河南省是否有必要创办专门的思政类期刊以指导基层党建工作，类似组织结构的需求是否得到满足，这也是需要值得注意的。

三、办出符合省情、市场需要的具体期刊

结合河南省的人口数据以及人口规模、文化、历史等各种信息数据，虽然现在河南大众综合类期刊有不尽如人意的地方，但这也从反向说明河南省大众综合类期刊还是大有可为的。

如河南省人口基数庞大，但河南省本身高等教育资源不能与之相配套，客观造成多年来河南人才持续外流，虽然有河南大学、郑州大学加速建设，但河南高分考生外流情况很难遏止，在短期内不能改变这一情况。对这一情况不是无计可施，如“叶落归根”“故土难离”等词汇的存在，河南省可以将“家”“家乡”“老家”“故土”等概念，以现代的语境、现代的表达方式，重新书写，借助“寻

根”，讲述现代河南人在异乡打拼，建设当地回馈社会的故事，介绍河南籍名人的故事等，形成对河南人的精神感召，这样有别于面向“全球寻根”这一较少量的海外华人、华裔、华侨群体，而面向较大量的“全国寻根”“全省寻根”的省外河南人、河南籍群体，其数量不在一个层级。

这个办刊思路，既符合市场，也符合省情，更能联络河南老乡，提振河南文化，进而繁荣河南经济、文化建设，一举多得，可以视为是符合省情与市场需要。

第六节　做好内容建设，补足文化短板，宣传提振河南文化

河南省大众综合类期刊在能够与河南省各项数据对应且有所满足之外，还应该在更高层面上下功夫。

一、调整优化文本结构，提升期刊内容质量

期刊的文本结构是指期刊在形态构成上，可以将其版面分成不同的版块（这里的版块是借用报纸版组的概念，用来指类似内容在报刊上排版接近，集中版面呈现）和栏目，大众综合类期刊分散的文稿，需要共同的内容逻辑来规划，并统一在期刊的办刊宗旨之内。各种文章类型依据其内涵，相近或者相似的文章属于同一栏目或版块，聚合到一起，最终在期刊上以固定版面数量和位置呈现。

调整优化期刊文本结构是指期刊应当在办刊过程中贯彻办刊宗旨，所选用文章稿件应以期刊办刊宗旨为核心展开。现在某些期刊由于稿源不足，迁就稿件，经常调整自己的栏目结构，这难以让期刊保持质量稳定。调整优化期刊文本结构是期刊贯彻办刊宗旨的体现，作为连续出版物，期刊办刊宗旨以具体的栏目、版块来容纳相关主题文章来持续体现，高质量期刊的栏目或者版块可以逐渐吸引高质量作家成为专栏作家、签约作家，也能吸引成系列的读者形成期刊出版的良性循环。这对于期刊内容质量就是一个提升。

二、在品种上查漏补缺，改刊创刊对应河南发展需要

河南地处中原，历史悠久，文化灿烂，黄河是中华民族的摇篮，河南各种历史文化遗址遍布，地下文物丰富，从二里头遗址、殷墟遗址等开始，以河南为中心的中原文化一直是中国文化的主流，《中国国家地理》、《华夏地理》（原《华夏人文地理》）、《中华文化遗产》等为代表的人文地理类期刊多次制作河南专辑或河南考古、文化专题，但河南省自己还缺乏类似以“天文、地理、人文、生物”为主要内容的大众综合类期刊。“中原文化”“黄河文化”“老家河南”等，是河南在全国进行文化宣传、提升河南知名度的文化符号，但没有完整的、与之配套的媒体推广策略，相较于视频画面的短暂视觉停留，能够大幅面、全色彩、图文并茂、持续出版的期刊无疑是最为适用的媒体形式。

河南还拥有其他特殊文化资源，如少林寺、陈家沟所蕴含的武

术要素，功夫电影是中国文化打开西方世界的一把钥匙，至今仍在西方世界有广泛影响，在电影中有专门“功夫片”分类，英文直接为汉语拼音转音表示；龙门石窟、洛阳牡丹、豫剧，以及河南省的饮食文化等也是重要的可推广方面，这些内容资源易于开发和呈现，且安全无争议，应该有专门期刊对此持续性介绍。在新刊创办困难情况下，老刊改名、改刊等是易操作模式。

三、积极拓宽渠道，宣传提振河南文化

拓宽渠道不仅仅指期刊的发行渠道拓展，也指大众综合类期刊的纸质期刊在现代数字传播的环境下，积极应用新媒体技术，将“两微一端”等作为新的期刊呈现形式，以多种数字化媒体的方式传播期刊内容。

由于河南省大众综合类期刊发行量整体较低，部分期刊盈利能力偏弱，可以以新媒体的形式，将原来纸质期刊内容以更加灵活、便捷并且成本更为低廉的形式投送到数字化媒体终端，同时还可以由一份纸质期刊生产产生多个同名、同系列微信公众号或其他数字媒体形式，这是将纸质期刊视为一个“内容生产平台”或者一个“信息源”，认同其在内容编辑加工上的高质量，但以广泛数字化传播的形式，使得期刊内容不再囿于纸质期刊本身，可以在更加广泛的媒介空间上展现，也就相当于拓宽了渠道。

这种做法，对于大众综合类期刊中内容更为“小众”且发行量小的部分期刊而言是值得尝试的，原有编辑队伍作为内容生产力量不变，在纸质期刊外的数字化传播，既能“广撒网捞到鱼”，也能

精准点对点传播，在纸质期刊内容传播过程中所搭载的文化也得以传播。守好纸质期刊的基本盘，积极拓宽渠道，已经是现代社会条件下某些小发行量大众综合类期刊必须进行的选择。

第七节　着眼媒介联动，尝试多种经营，促进国际化传播

一、跨媒体内容合作，多媒介联动传播

办好河南省大众综合类期刊可以在媒体联动上做文章，纸质期刊的内容如何结合其他媒介形式来进行传播一直是难题。在2021年春节开始，河南电视台先后以“博物馆奇妙夜”为主题推出了三场异彩纷呈的晚会节目，以舞蹈等多种结合新媒体的方式展现河南文化，在全国引起巨大反响，在随后的端午和七夕两个重要民俗节日，也都进行了类似创意的节目，同样受到好评。但这种高质量内容均无相关期刊在内容上予以跟进，未能形成全面、及时的媒介联动来巩固和扩大宣传效果。以河南电视台操作这三台舞蹈类节目为抓手，河南历史文化在视频呈现之外，也可以进行其他方式呈现，历史、人文、艺术类内容本身就能成为期刊的优质版面，这一做法完全可以延伸到河南省大众综合类期刊上。这种做法既可以扩大纸刊的宣传力度与宣传层面，也可以为其他饱受优质内容缺乏困扰的电波媒体、网络媒体等提供优质的内容。

文化类期刊建设应该是河南省大众综合类期刊建设的一个着力点，出版社与电台、电视台之间的联动，将自身适合以其他媒介形式表现的内容与这些媒介机构形成互补机制。一方面是网站、出版社、电台、电视台等缺少优质内容呈现，另一方面是大众综合类期刊社多年办刊经验积累，大量资源未进行再次开发。大众综合类期刊通过媒介联动方式完全可以开拓出新的市场蓝海。

河南省大众综合类期刊进行媒介联动，包括期刊社与期刊社之间的合作，同类型期刊社之间可以进行选题策划、内容互助、编辑互助等各种方式，也可以包括更多的纸质期刊和其他媒介类型的合作。纸质期刊优势在于内容深刻，质量有保证。广大自媒体的优势在于数量众多，但质量始终为人诟病。河南省大众综合类期刊可以主动使用自己高质量的内容来充实自己的自媒体，或与其他自媒体建立真正合作。做好纸质期刊与电波媒体、融媒体、自媒体等的联动，可以从内容层面和宣传层面来为其提供一条新路。

二、尝试多种经营，积极探索盈利途径

在世界范围而言，国际性大刊已经发展到 IP 开发、版权输出、版权合作、异地办刊、多语言版本等多种经营方式。河南省期刊在多元化层面还处于劣势，应该对其进行详细规划。如《中学生阅读》在细分市场已经有了初中版、高中版两个分版期刊，明确针对中考生、高考生，多年内容积累，也非常容易将一些特色栏目内容汇总为类似“五年高考”“三年模拟”内容合集，再次将内容出版，版权方仍是期刊社，合作方中加入出版社；也可将内

容数字化处理，增加检索功能和语音发声等功能，制成音像出版物或数字出版物；还可联合其他机构，结合“书香社会”主题，将“阅读”概念推广；同时在延伸开发上，“阅读”本身也有极大的空间可挖掘。这种做法在稳固本身基本盘之外，还可以多种经营方式来积极盈利。

三、积极促进内容的国际化传播

在河南省期刊的国际化传播、国际影响力打造层面，自然科学技术类期刊、哲学社会科学类期刊均有破局，大众综合类期刊尚缺席。但实际上，通过大众综合类期刊来刊载中国文化内容进入国际视野，远较前两者易行。与内容严谨、语言规范、格式规整的自然科学技术类期刊、哲学社会科学类期刊不同，大众综合类期刊以丰富的图文结构、活泼生动的语言、灵活多变的版面，承载的是更为“可视化”“流行化”“通俗化”的文化，而跨文化交流中，对文化的接受，则是从流行、通俗开始，要经历一个从简单到复杂，从流行到古典，从表面到深入的过程，中国文化的国际化传播也应该遵循这样的过程。

如《少林与太极》，该期刊目前主管主办单位为河南省体育局。河南省体育局的主要目标是统筹全省范围内的体育运动，向国家队输送队员、在全运会上获得名次等具体可以用奖牌、奖金来量化的内容，对具体的体育期刊关注度不足。该期刊虽然发行量不大，但海外市场广阔，随着少林寺等在海外设置办学点，海外功夫学员需要多语种的中国功夫读物来了解和学习，这是非常广阔的市场，在经济价值之外，也可以在中国文化的海外传播中发挥影响。对《少林与太极》改刊或发展海外版在技术上并无难度，录制功夫内容教学小视频通过网络传播也不存在技术难题，手机直播课程教学同步可更新且能够在线互动、答疑，简单易行，可快速实施，有助于打响该期刊的海外知名度和影响力，进而带动同类型或相近类型的大众综合类期刊的海外传播。

应当注意，河南省大众综合类期刊的影响力与河南省本身的影响力息息相关，让河南省大众综合类期刊能够全面、系统、完整地展现河南形象，体现中原文化，才能确保河南省大众综合类期刊的影响力不断提升和扩大。在此思路的指导下，对河南省大众综合类期刊重点选择期刊社，重点选择期刊品牌进行影响力打造，为所选择期刊进行详细的内容规划以及分类、分层、分级来设置传播策略，并配套以必要的宣传途径，以求办刊影响力提升、国际影响力扩大。

第八节　进行政策和资金扶持，助力平台建设

在对河南省大众综合类期刊提升办刊能力的方方面面进行总体思路设计上，还需要从政策和资金、数字化的角度提出建议。

一、管理政策留调整余地，鼓励期刊进行改革

大众综合类期刊办刊所需要的政策，在出版业转企改制后，需要的政策更多体现在人员管理方面和发展导向方面。

在人员管理方面，需要保证期刊班子成员和业务人员的入职门槛底线，保证期刊从业人员的高素质，保证编辑队伍与其他行业间薪资、待遇等能维持在正常水平；需要协调编辑队伍人员进出的自由度，以及编辑队伍和其他行业队伍人员的职称、职级确认。

在队伍人员进出之外，应出台政策为大众综合类期刊的智库建设提供空间，鼓励期刊社吸纳外脑资源作为有益补充，鼓励期刊社聘请领军人物兼职或专职参与办刊以提高质量，在相关薪资待遇、福利等方面留有弹性空间。

在编辑队伍职业素养上，应该出台政策确保期刊办刊人员进行年度专业学习的数量和质量，在理论、政策学习之外，尤其要倾斜到对新的经营理念、技术的学习。在单一期刊人力、财力资源不足的情况下，宣传部和新闻出版局应该组织行业专家或更高层次学会、协会等组织，为办刊人员提供多种灵活学习方式并检验学习效果。建议河南省委宣传部、河南省新闻出版局组建本省从业人员的网络学习平台，购买或组织相关内容资源，满足省内办刊人员学习需求。

二、为期刊走市场提供资金扶持与引导

在资金投入上，河南省大众综合类期刊需要进行一定的资金投入，帮助这类期刊完成自我评估、有能力的进行改刊等一些经

营活动，摆脱目前市场开发不足、发行量小、数字化建设不足等经营不善的困境，提升自己的发展水平。这些措施都需要一定的资金扶持。

三、积极推进数字化建设，构建“河南数字期刊群”平台

“内容为王”是出版业不变的重点，在内容确定之后，在形式上借助数字化技术可以拥有更大的自由度，在内容呈现方面也需要使用各项数字技术和数字终端显示设备。期刊如何继续利用各种新媒体形式进行信息宣传与发布，纸质期刊编辑在对纸媒熟悉的情况下如何拥抱技术也需要提升到新的水平上来。

大众综合类期刊应该建立自己的网站作为纸质期刊数字化呈现的基础，在“两微一端”、数据库开发上也应该有所进行，在利用“两微一端”进行自身内容宣传以利传播的同时，多年办刊经验所积累的资源可以作为数据库进行开发，在更多时间和更大空间内服务更多读者。在期刊的数字化建设和新媒体建设层面，河南期刊目前的发展在全国不够突出，较为欠缺，在向新媒体转型过程中还处于探索期。大众综合类期刊更是缺乏统一的期刊平台，具体期刊进行新媒体开发需要一定的资金投入，资金短缺也是河南省大众综合类期刊的短板。采用政府或行业、某优势期刊牵头，建立统一的“河南数字期刊群”作为平台，方便各期刊以链接导航或内容传输平台形式，以具体力量、集体形象展示河南省大众综合类期刊，为各期刊节省各自单独建站的重复建设经费。

对河南的期刊问题进行总结归纳，内容质量是河南省大众综合

类期刊的基础，具体的大众综合类期刊一定要有自己明确的市场，有自己明确服务的目标人群，应该对自己所服务的目标人群有详细的调查和了解，知道自己市场空间的容量，知道自己目标人群的所思、所想、所欲，能够在内容上对他们进行潜移默化的引导，在对其进行内容填充服务之外，能够以先进的思想道德文化潜移默化地引导他们，这是内容上的建设。

在内容建设之外，还应该注意河南省大众综合类期刊的形式开发、多媒体渠道拓展以及媒介合作。在形式开发上，纸媒在现代社会虽然还是期刊的重要形式，但是各种版本、各种类型的数字化期刊越来越多地出现在期刊界。河南省大众综合类期刊目前虽然广泛使用了微信公众号、微博等对自己进行数字化开发，但这种数字化开发更多的是在浅层的宣传层面上，没有能够主动地从内容建设开始就抓住数字化的潮流，在办刊的数字化过程中以及版本的数字化开发上还都有很大的提升空间。渠道拓展方面，河南省大众综合类期刊在传统的发行之外面临发行萎缩的问题，随着时代变化，原有的发行渠道或者销售场所无法适应变化后的大众综合类期刊的内容。因此，在内容之外进行形式开发，必须有与之相配套的渠道拓展。

提高办刊水平是河南省大众综合类期刊需要着力的方面。办刊水平首先体现在期刊的经营层面，期刊出版是一项专业性的工作，从属于媒体经营工作期刊的管理层面和业务层面。这也是省委宣传部、省新闻出版局关注和着力的重点。如何提高经营水平也是河南省大众综合类期刊重点关注的问题。具体经营问题要从市场容量、产能提供及盈利能力各方面予以分别分析。在具体问题上，还应该注意编辑的培训问题，既包括编辑业务能力的培训，也包括编辑新媒体技术的提高。

河南省大众综合类期刊应该围绕河南省建设的中心，服务河南省建设的大局。在这一旗帜的指引下，首先解决自己的定位问题，从自己的办刊主旨出发，将自己的办刊实践与河南省经济、文化各方面建设大局融合，从而服务河南文化发展。

附录 1：课题组对河南省大众综合类期刊的分类表（共计 63 种）

分类	序号	期刊
教育（11 种）	1	中学政史地
	2	幼儿智力开发画报
	3	青少年书法
	4	作文
	5	快乐阅读
	6	试题与研究
	7	招生考试之友
	8	小学教学
	9	中学生数理化（初中版）
	10	中学生数理化（高中版）
	11	中学生阅读
经管（11 种）	1	领导科学
	2	理财
	3	销售与市场
	4	商业 2.0
	5	营销界
	6	北大商业评论
	7	决策探索
	8	人才资源开发
	9	今日消费

续表

分类	序号	期刊
经管（11种）	10	企业观察家
	11	市场研究
文学（14种）	1	寻根
	2	名人传记
	3	传奇故事
	4	武侠故事
	5	莽原
	6	散文选刊
	7	时代报告
	8	故事家
	9	南腔北调
	10	躬耕
	11	大观
	12	小小说选刊
	13	百花园
	14	牡丹
文艺（4种）	1	青年歌声
	2	流行歌曲
	3	魅力中国
	4	黄河　黄土　黄种人
文博（3种）	1	中原文物
	2	东方艺术
	3	华夏考古

续表

分类	序号	期刊
少儿（2种）	1	小樱桃
	2	金色少年
青年（1种）	1	时代青年
妇女（2种）	1	妇女生活
	2	人生与伴侣
老人（1种）	1	老人春秋
党政（6种）	1	党史博览
	2	人大建设
	3	河南文史资料
	4	协商论坛
	5	党的生活
	6	河南省人民政府公报
画刊（2种）	1	漫画月刊
	2	漫维
体育保健（3种）	1	少林与太极
	2	家庭医学
	3	婚育与健康
法律（1种）	1	公民与法
三农（2种）	1	农家参谋
	2	农村 农业 农民

附录 2：河南省大众综合类期刊报告线上会议纪要

类别：大众综合类期刊

时间：2021 年 8 月 12 日下午 14：30 ~ 16：00

地点：腾讯会议

参会单位 / 人员：

课题组负责人：董毅敏、林晓芳、周康

课题组成员：原业伟、武向娜、王雨涵、赵茜、王诗哲

参会单位：河南省新闻出版局、部分大众综合类期刊社

议程：

1. 介绍课题相关背景、进展
2. 介绍参与座谈人员
3. 简单汇报研究结论
4. 邀请参与座谈各期刊社发言
5. 总结会议成果

附录3：图表索引

续表

续表

续表

续表

续表

附录 4：参考文献

[1] 陈建龙，张俊娥，蔡蓉华．中文核心期刊要目总览：2020 年版 [M]. 北京：北京大学出版社，2021：129-146.

[2] 张立 .2019—2020 中国数字出版产业年度报告 [M]. 北京：中国书籍出版社，2020.

[3] 王颖．新时代下老年期刊的办刊特色及探析：以《老人春秋》为例 [J]．新闻传播 .2019，11.

[4] 宋应离．新中国成立之初的河南期刊：兼述对新时期河南期刊界的启示 [J]．河南大学学报（社会科学版），2009，11.

[5] 董淑明．河南近代期刊概述 [J]．河南图书馆学刊，2005，8.

[6] 贾真．融媒体时代大众期刊个性的坚持与融合发展探析 [J]. 编辑学刊 ,2022(02):77-82.

[7] 朱海燕．媒体融合背景下大众期刊的转型路径思考 [J]. 传媒论坛，2021，4(19):93-95.

[8] 高彦云．关于网络环境下大众类期刊编辑工作创新探讨 [J]. 传媒论坛，2020，3(23):84+86.

[9] 高彦云．文化艺术类大众期刊对编辑素养的要求：以《读者欣赏》为例 [J]. 传播力研究，2020，4(16):69-70.

[10] 蒋海军．中国大众期刊传媒研究述评 [J]. 新闻窗，2018(05):33-34.

[11] 乔丽．浅析大众期刊转型的三条路径 [J]. 出版发行研究，

2017(09): 59-61.DOI:10.19393/j.cnki.cn11-1537/g2.2017.09.016.

[12] 周敏 . 大众期刊用户体验的问题研究 [D]. 南京大学，2014.

[13] 张浩 , 于蕾 . 浅谈大众期刊的市场定位 [J]. 现代交际，2013(12): 75-76.

[14] 屈雅利 , 屈潇影 . 中国大众期刊广告编排的创新策略 [J]. 贵州师范学院学报，2013，29(11):48-51.DOI:10.13391/j.cnki.issn.1674-7798.2013.11.018.

[15] 熊晓英 . 中国大众期刊数字化阅读方式的发展及其影响研究 [D]. 南京师范大学，2013.

[16] 张锦华 . 数字时代大众期刊的社会责任意识 [J]. 青年记者，2013(02):33-34.DOI:10.15997/j.cnki.qnjz.2013.02.056.

总附表 1：课题组对河南省期刊重新分类表

大众综合		自然科学		社会科学		学报			
						自然科学		社会科学	
1	中学政史地	1	数学季刊（CHINESE QUARTERLY JOURNAL OF MATHEMATICS）	1	档案管理	1	河南大学学报（自然科学版）	1	天中学刊
2	幼儿智力开发画报	2	河南冶金	2	史学月刊	2	河南大学学报（医学版）	2	河南大学学报（社会科学版）
3	青少年书法	3	地域研究与开发	3	汉语言文学研究	3	中医学报	3	中共郑州市委党校学报
4	作文	4	河南化工	4	外文研究	4	新乡医学院学报	4	河南师范大学学报（哲学社会科学版）

续表

大众综合		自然科学		社会科学		学报			
						自然科学		社会科学	
5	快乐阅读	5	河南科学	5	心理研究（PSYCHOLOGICAL RESEARCH）	5	河南师范大学学报（自然科学版）	5	河南教育学院学报（哲学社会科学版）
6	试题与研究	6	河南建材	6	河南图书馆学刊	6	河南农业大学学报（JOURNAL OF HENAN AGRICULTURAL UNIVERSITY）	6	信阳师范学院学报（哲学社会科学版）
7	招生考试之友	7	灌溉排水学报	7	中原文化研究	7	河南教育学院学报（自然科学版）	7	南都学坛（ACADEMIC FORUM OF NANDU）

续表

大众综合		自然科学		社会科学		学报			
						自然科学		社会科学	
8	小学教学	8	中国水土保持	8	中州学刊	8	信阳师范学院学报（自然科学版）	8	郑州大学学报（哲学社会科学版）
9	中学生数理化（初中版）	9	舰载武器（Shipborne Weapons）	9	新闻爱好者	9	新乡学院学报（Journal of Xinxiang University）	9	河南财政税务高等专科学校学报（JOURNAL OF HENAN COLLEGE OF FINANCE & TAXATION）
10	中学生数理化（高中版）	10	航空兵器	10	河南社会科学	10	河南牧业经济学院学报	10	行政科学论坛
11	中学生阅读	11	眼科新进展	11	征信	11	濮阳职业技术学院学报	11	河南工程学院学报（社会科学版）
12	领导科学	12	中华实用诊断与治疗杂志	12	河南年鉴	12	河南城建学院学报	12	河南理工大学学报（社会科学版）

续表

大众综合		自然科学		社会科学		学报			
						自然科学		社会科学	
13	理财	13	中国卫生检验	13	美与时代	13	南阳理工学院学报（Journal of Nanyang Institute of Technology)	13	河南科技大学学报（社会科学版）
14	销售与市场	14	耐火材料	14	汉字汉语研究	14	河南工程学院学报（自然科学版）	14	郑州航空工业管理学院学报（社会科学版）
15	商业 2.0	15	中国耐火材料	15	经济经纬	15	河南理工大学学报（自然科学版）	15	河南工业大学学报（社会科学版）
16	营销界	16	材料开发与应用	16	大学书法	16	三门峡职业技术学院学报	16	郑州轻工业学院学报（社会科学版）[Journal of Zhengzhou University of Light Industry (Social Science)]

续表

大众综合		自然科学		社会科学		学报			
						自然科学		社会科学	
17	北大商业评论	17	华电技术	17	中国铁路郑州局集团有限公司年鉴	17	商丘师范学院学报	17	华北水利水电大学学报(社会科学版)
18	决策探索	18	金刚石与磨料磨具工程	18	黄河年鉴	18	黄河科技大学学报(JOURNAL OF HUANGHE S&T COLLEGE)	18	洛阳理工学院学报(社会科学版)
19	人才资源开发	19	电光与控制	19	数字教育	19	南阳师范学院学报	19	殷都学刊
20	今日消费	20	石油地质与工程	20	教育信息化论坛	20	河南科技大学学报(自然科学版)	20	河南财经政法大学学报
21	企业观察家	21	断块油气田	21	河南教育	21	安阳工学院学报	21	河南司法警官职业学院学报
22	市场研究	22	石油化工腐蚀与防护	22	金融理论与实践	22	河南医学高等专科学校学报		

续表

大众综合		自然科学		社会科学		学报			
						自然科学		社会科学	
23	寻根	23	国医论坛	23	区域经济评论	23	周口师范学院学报		
24	名人传记	24	金属制品	24	学习论坛	24	郑州航空工业管理学院学报		
25	传奇故事	25	果树学报（Journal of Fruit Science）	25	管理学刊	25	商丘职业技术学院学报		
26	武侠故事	26	果农之友			26	焦作大学学报		
27	莽原	27	中国瓜菜			27	郑州铁路职业技术学院学报		
28	散文选刊	28	中国棉花			28	开封大学学报		
29	时代报告	29	棉花研究（英文）			29	河南警察学院学报（Journal of Henan Police College）		

续表

大众综合		自然科学		社会科学		学报			
						自然科学		社会科学	
30	故事家	30	棉花学报			30	中原工学院学报		
31	南腔北调	31	电波科学学报			31	河南工业大学学报（自然科学版）		
32	躬耕	32	轴承			32	焦作师范高等专科学校学报		
33	大观	33	宽厚板			33	洛阳师范学院学报（JOURNAL OF LUOYANG NORMAL UNIVERSITY）		
34	小小说选刊	34	河南畜牧兽医			34	轻工学报（Journal of Light Industry)		

续表

大众综合		自然科学		社会科学		学报			
						自然科学		社会科学	
35	百花园	35	化学推进剂与高分子材料			35	黄河水利职业技术学院学报		
36	牡丹	36	河南电力			36	济源职业技术学院学报		
37	青年歌声	37	电气防爆			37	河南广播电视大学学报		
38	流行歌曲	38	能源与环保			38	华北水利水电大学学报（自然科学版）		
39	魅力中国	39	河南农业科学			39	中州大学学报		
40	黄河　黄土　黄种人	40	种业导刊			40	河南科技学院学报		
41	中原文物	41	河南农业			41	河南科技学院学报（自然科学版）		

续表

大众综合		自然科学		社会科学		学报			
						自然科学		社会科学	
42	东方艺术	42	河南水产			42	漯河职业技术学院学报		
43	华夏考古	43	矿产保护与利用			43	洛阳理工学院学报（自然科学版）		
44	小樱桃	44	电力系统保护与控制			44	平顶山学院学报		
45	金色少年	45	拖拉机与农用运输车			45	信阳农林学院学报		
46	时代青年	46	成组技术与生产现代化			46	郑州师范教育		
47	妇女生活	47	全球定位系统			47	开封教育学院学报		
48	人生与伴侣	48	临床医学			48	安阳师范学院学报		
49	老人春秋	49	中医研究			49	河南机电高等专科学校学报		
50	党史博览	50	河南医学研究			50	河南外科学杂志		

续表

大众综合		自然科学		社会科学		学报			
						自然科学		社会科学	
51	人大建设	51	河南预防医学杂志			51	郑州大学学报（理学版）		
52	河南文史资料	52	河南林业科技			52	郑州大学学报（医学版）[JOURNAL OF ZHENGZHOU UNIVERSITY（MEDICAL SCIENCES）]		
53	协商论坛	53	机械传动			53	郑州大学学报（工学版）[JOURNAL OF ZHENGZHOU UNIVERSITY (ENGINEERING SCIENCE）]		
54	党的生活	54	机械强度			54	许昌学院学报		

续表

大众综合		自然科学		社会科学		学报			
						自然科学		社会科学	
55	河南省人民政府公报	55	烟草科技			55	铁道警察学院学报		
56	漫画月刊	56	资源导刊			56	中医学报（英文版）		
57	漫维	57	中医正骨（The Journal of Traditional Chinese Orthopedics and Traumatology）						
58	少林与太极	58	矿山机械						
59	家庭医学	59	肿瘤基础与临床						
60	婚育与健康	60	气象与环境科学（Meteorological and Environmental Sciences)						

续表

大众综合		自然科学		社会科学		学报			
						自然科学		社会科学	
61	公民与法	61	中州建设						
62	农家参谋	62	河南水利与南水北调（Water Resources & South-to-north Water Diversion）						
63	农村 农业 农民	63	创新科技						
		64	河南科技						
		65	乡村科技						
		66	现代牧业						
		67	食管疾病 [原《河南科技大学学报（医学版）》]						

续表

大众综合		自然科学		社会科学		学报			
						自然科学		社会科学	
		68	管理工程师						
		69	粮油科技(英文版)						
		70	能源与环境材料(Energy & Environmental Materials)						
		71	中国实用神经疾病杂志						
		72	胃肠病学和肝病学杂志						
		73	磷肥与复肥						
		74	偏微分方程(Journal of Partial Differential Equation)						

续表

大众综合		自然科学		社会科学		学报			
						自然科学		社会科学	
		75	化学研究						
		76	现代食品						
		77	中国棉花加工						
		78	炼油技术与工程						
		79	河南中医						
		80	人民黄河						

（根据课题组分类，河南 245 种期刊的数据，大众综合类期刊 63 种，社会科学类期刊 46 种，自然科学类期刊 136 种）

总附表2：河南省新闻出版局期刊分类表

序号	社会科学类期刊	自然科学类期刊	学报类期刊
1	档案管理	磷肥与复肥	濮阳职业技术学院学报
2	中学政史地	现代食品	河南城建学院学报
3	寻根	眼科新进展	郑州大学学报（理学版）
4	小樱桃	中华实用诊断与治疗杂志	南阳理工学院学报
5	黄河年鉴	中国棉花加工	河南财政税务高等专科学校学报
6	河南图书馆学刊	化学研究	河南工程学院学报（自然科学版）
7	金色少年	耐火材料	新乡医学院学报
8	幼儿智力开发画报	河南外科学杂志	河南理工大学学报（自然科学版）
9	中原文化研究	灌溉排水学报	河南理工大学学报（社会科学版）
10	莽原	偏微分方程（英文刊）	三门峡职业技术学院学报
11	散文选刊	材料开发与应用	商丘师范学院学报
12	区域经济评论	华电技术	黄河科技大学学报
13	中州学刊	人民黄河	新乡学院学报
14	中原文物	金刚石与磨料磨具工程	南阳师范学院学报

续表

序号	社会科学类期刊	自然科学类期刊	学报类期刊
15	武侠故事	航空兵器	河南工程学院学报（社会科学版）
16	作文	石油地质与工程	河南大学学报（社会科学版）
17	中学生阅读	炼油技术与工程	河南大学学报（自然科学版）
18	漫维	国医论坛	河南大学学报（医学版）
19	小学教学	金属制品	河南师范大学学报（哲学社会科学版）
20	河南文史资料	棉花学报	河南科技大学学报（社会科学版）
21	企业观察家	中国棉花	河南科技大学学报（医学版）（更名为《食管疾病》）
22	数字教育	轴承	河南科技大学学报（自然科学版）
23	流行歌曲	断块油气田	安阳工学院学报
24	征信	河南冶金	河南医学高等专科学校学报
25	今日消费	宽厚板	周口师范学院学报
26	快乐阅读	河南畜牧兽医	郑州航空工业管理学院学报
27	小小说选刊	化学推进剂与高分子材料	郑州航空工业管理学院学报（社会科学版）
28	百花园	棉花研究（英文刊）	商丘职业技术学院学报

续表

序号	社会科学类期刊	自然科学类期刊	学报类期刊
29	河南社会科学	中国耐火材料（英文刊）	焦作大学学报
30	故事家	河南电力	郑州铁路职业技术学院学报
31	华夏考古	石油化工腐蚀与防护	开封大学学报
32	河南年鉴	中学生数理化（初中版）	河南警察学院学报
33	金融理论与实践	中学生数理化（高中版）	中原工学院学报
34	郑州铁路局年鉴	电气防爆	河南农业大学学报
35	河南省人民政府公报	胃肠病学和肝病学杂志	河南工业大学学报（自然科学版）
36	教育信息化论坛	能源与环保	河南工业大学学报（社会科学版）
37	汉字汉语研究	电光与控制	焦作师范高等专科学校学报
38	行政科学论坛	地域研究与开发	洛阳师范学院学报
39	牡丹	河南农业科学	天中学刊
40	史学月刊	河南农业	郑州轻工业学院学报（社会科学版）
41	外文研究	河南化工	河南师范大学学报（自然科学版）
42	大观	现代牧业	黄河水利职业技术学院学报

续表

序号	社会科学类期刊	自然科学类期刊	学报类期刊
43	心理研究	河南水产	郑州大学学报（工学版）
44	躬耕	矿产保护与利用	济源职业技术学院学报
45	汉语言文学研究	舰载武器	河南广播电视大学学报
46	美与时代	电力系统保护与控制	轻工学报
47	招生考试之友	河南中医	华北水利水电大学学报（社会科学版）
48	党史博览	中国水土保持	华北水利水电大学学报（自然科学版）
49	老人春秋	拖拉机与农用运输车	河南教育学院学报（哲学社会科学版）
50	人大建设	家庭医学	河南教育学院学报（自然科学版）
51	新闻爱好者	中国卫生检验	河南牧业经济学院学报
52	青少年书法	成组技术与生产现代化	中州大学学报
53	农村 农业 农民	电波科学学报	殷都学刊
54	妇女生活	临床医学	安阳师范学院学报
55	决策科学（原《决策探索》）	河南预防医学杂志	中医学报
56	青年歌声	河南林业科技	河南科技学院学报
57	理财	果树学报	河南科技学院学报（自然科学版）
58	人才资源开发	中国瓜菜	漯河职业技术学院学报

续表

序号	社会科学类期刊	自然科学类期刊	学报类期刊
59	名人传记	果农之友	信阳师范学院学报（自然科学版）
60	魅力中国	机械传动	信阳师范学院学报（哲学社会科学版）
61	人生与伴侣	机械强度	南都学坛
62	传奇故事	中医研究	河南财经政法大学学报
63	东方艺术	河南科学	经济经纬
64	时代报告	烟草科技	河南司法警官职业学院学报
65	河南教育	种业导刊	郑州大学学报（医学版）
66	统计理论与实践	中国实用神经疾病杂志	许昌学院学报
67	管理工程师	婚育与健康	铁道警察学院学报
68	黄河　黄土　黄种人	数学季刊（英文刊）	洛阳理工学院学报（自然科学版）
69	时代青年	资源导刊	洛阳理工学院学报（社会科学版）
70	销售与市场	河南建材	河南机电高等专科学校学报
71	商业 2.0	中医正骨	平顶山学院学报
72	北大商业评论	矿山机械	信阳农林学院学报
73	营销界	肿瘤基础与临床	郑州大学学报（哲学社会科学版）
74	党的生活	气象与环境科学	管理学刊

续表

序号	社会科学类期刊	自然科学类期刊	学报类期刊
75	领导科学	全球定位系统	郑州师范教育
76	学习论坛	中州建设	开封教育学院学报
77	漫画月刊	河南医学研究	中共郑州市委党校学报
78	南腔北调	试题与研究	中医学报（英文刊）
79	少林与太极	河南水利与南水北调	
80	公民与法	农家参谋	
81	协商论坛	创新科技	
82	大学书法	河南科技	
83		乡村科技	
84		能源与环境材料（英文刊）	
85		粮油科技（英文刊）	

（2020 年 6 月 23 日统计，社科类期刊 82 种，自科类期刊 85 种，学报类期刊 78 种，共计 245 种）

总附表 3：河南省期刊主管主办单位明细表

序号	主管单位	主办单位	期刊名称	出版单位
1	河南大学	河南大学出版社有限责任公司	中学政史地	《中学政史地》编辑部
		河南省历史学会	史学月刊	史学月刊编辑部
			汉语言文学研究	汉语言文学研究编辑部
			外文研究	外文研究编辑部
			心理研究	《心理研究》编辑部
			化学研究	《化学研究》编辑部
			数学季刊	《数学季刊（英文）》编辑部
			河南大学学报（社会科学版）	河南大学学报编辑部
			河南大学学报（自然科学版）	河南大学学报编辑部

续表

序号	主管单位	主办单位	期刊名称	出版单位
2	中原大地传媒股份有限公司	大象出版社有限公司	寻根	寻根杂志社
			数字教育	数字教育编辑部
		海燕出版社有限公司	金色少年	金色少年杂志社
			幼儿智力开发画报	幼儿智力开发画报杂志社
		河南美术出版社有限公司	青少年书法	河南美术出版社有限公司
		文心出版社有限公司	作文	文心出版社有限公司期刊编辑部
		河南电子音像出版社有限公司	教育信息化论坛	《教育信息化论坛》编辑部
		河南文艺出版社有限公司	快乐阅读	快乐阅读编辑部
			名人传记	河南文艺出版社有限公司
3	中原出版传媒投资控股集团有限公司	河南销售与市场杂志社有限公司	销售与市场	河南销售与市场杂志社有限公司
			商业 2.0	河南销售与市场杂志社有限公司
			营销界	河南销售与市场杂志社有限公司
			北大商业评论	河南销售与市场杂志社有限公司
		《中学生学习报》社有限公司	试题与研究	中学生学习报社试题与研究编辑部

续表

序号	主管单位	主办单位	期刊名称	出版单位
4	河南省文化和旅游厅	河南省图书馆学会、河南省图书馆	河南图书馆学刊	《河南图书馆学刊》编辑部
		河南省文化和旅游厅	传奇故事	河南传奇故事文化传媒有限责任公司
5	河南省人民政府发展研究中心	河南省人民政府发展研究中心	决策探索	决策探索杂志社
			农村 农业 农民	农村·农业·农民杂志社
6	河南省社会科学院	河南省社会科学院	中原文化研究	中原文化研究杂志社
			区域经济评论	区域经济评论杂志社
			中州学刊	中州学刊杂志社
7	河南省科学院	河南省金属学会、安阳钢铁集团有限责任公司	河南冶金	河南冶金编辑部
		河南省科学院地理研究所	地域研究与开发	地域研究与开发编辑部
		河南省化工研究所	河南化工	《河南化工》编辑部
		河南省科学院	河南科学	《河南科学》杂志社
		河南省硅酸盐学会、河南建筑材料研究设计院有限责任公司	河南建材	河南建材编辑部

续表

序号	主管单位	主办单位	期刊名称	出版单位
8	河南省文学艺术界联合会	河南省作家协会	武侠故事	武侠故事杂志社
		河南省文学艺术界联合会	莽原	《莽原》与《南腔北调》杂志社
			散文选刊	散文选刊杂志社
			时代报告	河南时代报告杂志社有限责任公司
			故事家	河南故事家杂志社有限责任公司
			南腔北调	《南腔北调》杂志社
9	河南日报报业集团	河南日报报业集团	新闻爱好者	河南日报报业集团
			今日消费	河南今日消费文化传媒有限公司
			漫画月刊	漫画月刊杂志社
10	河南教育报刊社	河南教育报刊社	河南教育	河南教育报刊社
			小学教学	河南教育报刊社
			中学生数理化（初中版）	河南教育报刊社
			中学生数理化（高中版）	河南教育报刊社
			中学生阅读	河南教育报刊社
			漫维	河南教育报刊社
11	河南省教育厅	河南大学	河南大学学报（医学版）	河南大学学报编辑部
		河南中医药大学 中华中医药学会	中医学报	《中医学报》编辑部
		河南中医药大学	河南中医	《河南中医》编辑部

续表

序号	主管单位	主办单位	期刊名称	出版单位
11	河南省教育厅	新乡学院	行政科学论坛	新乡学院
			新乡学院学报	新乡学院
		中国社会主义经济规律系统研究会	管理学刊	管理学刊编辑部
		河南牧业经济学院	现代牧业	河南牧业经济学院现代牧业编辑部
			河南牧业经济学院学报	河南牧业经济学院学报编辑部
		濮阳职业技术学院	濮阳职业技术学院学报	濮阳职业技术学院学报编辑部
		河南城建学院	河南城建学院学报	河南城建学院学报编辑部
		南阳理工学院	南阳理工学院学报	南阳理工学院学报编辑部
		河南工程学院	河南工程学院学报（自然科学版）	河南工程学院学报编辑部
			河南工程学院学报（社会科学版）	河南工程学院学报编辑部
		河南理工大学	河南理工大学学报（自然科学版）	河南理工大学学术出版中心
			河南理工大学学报（社会科学版）	河南理工大学学术出版中心
		三门峡职业技术学院	三门峡职业技术学院学报	《三门峡职业技术学院学报》编辑部

续表

序号	主管单位	主办单位	期刊名称	出版单位
11	河南省教育厅	商丘师范学院	商丘师范学院学报	商丘师范学院学报编辑部
		黄河科技学院	黄河科技学院学报（JOURNAL OF HUANGHE S&T COLLEGE）	《黄河科技学院学报》编辑部
		南阳师范学院	南阳师范学院学报	《南阳师范学院学报》编辑部
		河南科技大学	河南科技大学学报（社会科学版）	河南科技大学学报编辑部
			河南科技大学学报（自然科学版）	河南科技大学学报编辑部
			食管疾病	《食管疾病》编辑部
		安阳工学院	安阳工学院学报	《安阳工学院学报》编辑部
		河南医学高等专科学校	河南医学高等专科学校学报	河南医学高等专科学校
		周口师范学院	周口师范学院学报	周口师范学院学报编辑部
		郑州航空工业管理学院	郑州航空工业管理学院学报	郑州航空工业管理学院学报编辑部
			郑州航空工业管理学院学报（社会科学版）	郑州航空工业管理学院学报编辑部
			管理工程师	管理工程师编辑部

续表

序号	主管单位	主办单位	期刊名称	出版单位
11	河南省教育厅	商丘职业技术学院	商丘职业技术学院学报	商丘职业技术学院学报编辑部
		焦作大学	焦作大学学报	焦作大学学报编辑部
		郑州铁路职业技术学院	郑州铁路职业技术学院学报	郑州铁路职业技术学院学报编辑部
		开封大学	开封大学学报	开封大学学报编辑部
		河南警察学院	河南警察学院学报	河南警察学院学报编辑部
		中原工学院	中原工学院学报	《中原工学院学报》编辑部
		河南工业大学	河南工业大学学报（自然科学版）	河南工业大学学报编辑部
			河南工业大学学报（社会科学版）	河南工业大学学报编辑部
			粮油科技（英文）	粮油科技（英文）编辑部
		焦作师范高等专科学校	焦作师范高等专科学校学报	焦作师范高等专科学校学报编辑部
		洛阳师范学院	洛阳师范学院学报	洛阳师范学院学报编辑部
		郑州轻工业学院	郑州轻工业学院学报（社会科学版）	郑州轻工业学院学报编辑部
			轻工学报	《轻工学报》编辑部
		黄河水利职业技术学院	黄河水利职业技术学院学报	黄河水利职业技术学院学报编辑部

续表

序号	主管单位	主办单位	期刊名称	出版单位
11	河南省教育厅	济源职业技术学院	济源职业技术学院学报	济源职业技术学院学报编辑部
		河南广播电视大学	河南广播电视大学	河南广播电视大学学报编辑部
		华北水利水电大学	华北水利水电大学学报（社会科学版）	华北水利水电大学学报编辑部
			华北水利水电大学学报（自然科学版）	华北水利水电大学学报编辑部
		中州大学	中州大学学报	《中州大学学报》编辑部
		河南科技学院	河南科技学院学报	河南科技学院学报编辑部
			河南科技学院学报(自然科学版）	河南科技学院学报编辑部
		漯河职业技术学院	漯河职业技术学院学报	漯河职业技术学院学报编辑部
		河南财经政法大学	河南财经政法大学学报	河南财经政法大学学报编辑部
			经济经纬	河南财经政法大学《经济经纬》编辑部
		河南司法警官职业学院	河南司法警官职业学院学报	河南司法警官职业学院学报编辑部

续表

序号	主管单位	主办单位	期刊名称	出版单位
11	河南省教育厅	洛阳理工学院	洛阳理工学院学报(自然科学版)	洛阳理工学院
			洛阳理工学院学报(社会科学版)	洛阳理工学院
		平顶山学院	平顶山学院学报	平顶山学院学报编辑部
		信阳农林学院	信阳农林学院学报	《信阳农林学院学报》编辑部
		郑州师范学院	郑州师范教育	郑州师范教育编辑部
		开封文化艺术职业学院	开封文化艺术职业学院学报	开封文化艺术职业学院学报编辑部
		安阳师范学院	安阳师范学院学报	《安阳师范学院学报》编辑部
			殷都学刊	《殷都学刊》编辑部
		河南工程学院	河南工程学院学报	河南工程学院学报编辑部
		河南财政税务高等专科学校（现：河南财政金融学院）	河南财政税务高等专科学校学报	河南财政税务高等专科学校学报编辑部
		郑州大学	河南外科学杂志	河南外科学杂志编辑部
			郑州大学学报（理学版）	郑州大学学报（理学版）编辑部

续表

序号	主管单位	主办单位	期刊名称	出版单位
11	河南省教育厅	郑州大学	郑州大学学报（医学版）	郑州大学学报（医学版）编辑部
			郑州大学学报（工学版）	郑州大学学报编辑部
			大学书法	《大学书法》编辑部
			能源与环境材料（Energy & Environmental Materials）	郑州大学 John Wiley & Sons, Inc.
12	中华人民共和国教育部		中国实用神经疾病杂志	《中国实用神经疾病杂志》编辑部
13	郑州大学		汉字汉语研究	郑州大学出版社有限公司
			胃肠病学和肝病学杂志	胃肠病学和肝病学杂志编辑部
			美与时代	美与时代杂志社
			偏微分方程	郑州大学数学研究所
			郑州大学学报（哲学社会科学版）	郑州大学学报（哲学社会科学版）编辑部
		中国磷复肥工业协会	磷肥与复肥	磷肥与复肥编辑部

续表

序号	主管单位	主办单位	期刊名称	出版单位
14	河南省政协	河南省政协学习和文史委员会	河南文史资料	河南文史资料编辑部
		政协河南省委员会	协商论坛	协商论坛杂志社
15	河南省社会科学界联合会	河南省社会科学界联合会	人生与伴侣	人生与伴侣杂志社
			河南社会科学	河南社会科学杂志社
			领导科学	领导科学杂志社
16	共青团河南省委	共青团河南省委	时代青年	时代青年杂志社
			流行歌曲	时代青年杂志社
17	郑州市文学艺术界联合会	郑州市文学艺术界联合会	小小说选刊	郑州小小说文化传媒有限公司
			百花园	郑州小小说文化传媒有限公司
18	中华人民共和国水利部	水利部、中国农业科学院农田灌溉研究所、中国水利学会	灌溉排水学报	《灌溉排水学报》编辑部
19	水利部黄河水利委员会	水利部黄河水利委员会	中国水土保持	中国水土保持杂志社
			人民黄河	人民黄河杂志社
			黄河　黄土　黄种人	《黄河　黄土　黄种人》杂志社
			黄河年鉴	黄河年鉴社

续表

序号	主管单位	主办单位	期刊名称	出版单位
20	河南省政府办公厅	河南省地方史志办公室	河南年鉴	河南省地方史志办公室
		河南省人民政府办公厅	河南省人民政府公报	河南省人民政府办公厅
21	新乡医学院	新乡医学院	眼科新进展	《眼科新进展》杂志编辑部
			新乡医学院学报	《新乡医学院学报》编辑部
22	国家卫生健康委员会	河南省人民医院	中华实用诊断与治疗杂志	中华实用诊断与治疗杂志编辑委员会
		中华预防医学会	家庭医学	家庭医学刊社
			中国卫生检验	中国卫生检验杂志社
23	中钢集团洛阳耐火材料研究院有限公司	中钢集团洛阳耐火材料研究院有限公司	耐火材料	耐火材料杂志社
			中国耐火材料	耐火材料杂志社
24	中国船舶重工集团公司	洛阳船舶材料研究所	材料开发与应用	《材料开发与应用》杂志社
		郑州机电工程研究所	舰载武器	《舰载武器》编辑部

续表

序号	主管单位	主办单位	期刊名称	出版单位
25	中国航空工业集团公司	中国空空导弹研究院	航空兵器	《航空兵器》编辑部
		中国航空工业集团公司洛阳电光设备研究所	电光与控制	洛阳电光设备研究所《电光与控制》编辑部
26	中国石油化工集团有限公司	中国石油化工股份有限公司河南油田分公司	石油地质与工程	石油地质与工程杂志社
		中国石化集团中原石油勘探局有限公司	断块油气田	断块油气田编辑部
		中石化洛阳工程有限公司	石油化工腐蚀与防护	《石油化工腐蚀与防护》编辑部
27	河南省中医管理局	南阳医学高等专科学校、中华中医药学会	国医论坛	《国医论坛》编辑部
28	中华人民共和国农业农村部	中国农业科学院郑州果树研究所	果树学报	中国农业科学院郑州果树研究所杂志社
			果农之友	中国农业科学院郑州果树研究所杂志社
			中国瓜菜	中国农业科学院郑州果树研究所杂志社
		中国农业科学院棉花研究所	中国棉花	中国棉花杂志社
		中国农业科学院棉花研究所、中国农学会	棉花研究（英文）	《棉花研究（英文）》编辑部

续表

序号	主管单位	主办单位	期刊名称	出版单位
29	中国科学技术协会	中国农学会	棉花学报	《棉花学报》编辑部
		中国电子学会	《电波科学学报》	中国电波传播研究所
30	河南省农业科学院	河南省农业科学院	河南农业科学	《河南农业科学》编辑部
		河南省农业科学院农业经济与信息研究所	种业导刊	《种业导刊》编辑部
31	河南省农业农村厅	河南省农业科学技术展览馆	河南农业	河南农业编辑部
		河南省水产科学研究院	河南水产	河南水产编辑部
32	河南省卫生健康委员会	中华医学会河南分会	临床医学	中华医学会河南分会
33	河南省卫生健康委员会	河南省中医药研究院、中华中医药学会	中医研究	中医研究杂志社
		医药卫生报社	婚育与健康	《婚育与健康》杂志社
		河南省医学科学院	河南医学研究	河南医学研究杂志社有限公司
		河南预防医学会	河南预防医学杂志	河南预防医学杂志编辑部

续表

序号	主管单位	主办单位	期刊名称	出版单位
34	中国机械工业联合会	郑州机械研究所、中国机械工程学会、中国机械通用零部件工业协会齿轮分会	机械传动	机械传动编辑部
		郑州机械研究所有限公司、中国机械工程学会	机械强度	机械强度编辑部
35	中国国家中医药管理局	河南省正骨研究院、中华中医药学会	中医正骨	中医正骨编辑部
36	河南省科学技术协会	河南省抗癌协会、郑州大学、河南省肿瘤医院、河南省肿瘤研究所	肿瘤基础与临床	肿瘤基础与临床编辑部
		河南省科学技术协会	农家参谋	农家参谋杂志社
37	河南省科学技术厅	河南省科学技术信息研究院	创新科技	河南《创新科技》杂志社
			河南科技	河南《创新科技》杂志社
			乡村科技	河南《创新科技》杂志社

续表

序号	主管单位	主办单位	期刊名称	出版单位
38	河南师范大学	河南师范大学	河南师范大学学报(自然科学版)	河南师范大学学报编辑部
			河南师范大学学报（哲学社会科学版）	河南师范大学学报编辑部
39	河南财政金融学院	河南财政金融学院	河南教育学院学报（哲学社会科学版）	河南教育学院学报编辑部
			河南教育学院学报(自然科学版）	河南教育学院学报编辑部
			河南财政金融学院学报	河南财政金融学院学报编辑部
40	信阳师范学院	信阳师范学院	信阳师范学院学报(自然科学版）	信阳师范学院学报编辑部
			信阳师范学院学报（哲学社会科学版）	信阳师范学院学报编辑部